Ln.²⁷ 19161

I0125629

MÉMOIRES

DE

MADAME DE STAËL

In 87 19161

PARIS. — IMP. SIMON RAÇON ET COMP., RUE D'ERFURTH, 1.

MÉMOIRES

DE

MADAME DE STAËL

(DIX ANNÉES D'EXIL)

OUVRAGE POSTHUME PUBLIÉ EN 1818

PAR

M. LE DUC DE BROGLIE ET M. LE BARON DE STAËL

NOUVELLE ÉDITION

PRÉCÉDÉE D'UNE

NOTICE SUR LA VIE ET LES OUVRAGES DE MADAME DE STAËL

PAR Mᵐᵉ NECKER DE SAUSSURE

PARIS

CHARPENTIER LIBRAIRE-ÉDITEUR

28, QUAI DE L'ÉCOLE, 28

1861

Tous droits réservés.

NOTICE

SUR LE CARACTÈRE ET LES ÉCRITS

DE MADAME DE STAËL

INTRODUCTION.

Appelée par les enfants de madame de Staël à écrire les observations qu'une longue intimité avec elle m'a mise à portée de faire, je cède à leur désir sans consulter mes forces, comme sans prévoir la douleur que je vais ranimer en moi. Un sentiment supérieur à toute considération personnelle me détermine. Si l'amie, si la proche parente que madame de Staël a honorée du titre de sœur, réussit à la peindre telle qu'elle l'a vue, elle entourera son nom de plus d'amour; et, n'ayant jamais pu m'acquitter envers elle, ayant dû souvent me reconnaître vaincue dans les témoignages extérieurs d'attachement, je payerai du moins un faible tribut à sa mémoire.

On n'a pas encore formé un ensemble des traits qui caractérisent madame de Staël; on ne s'est pas complétement expliqué cette étonnante réunion; et le jour plus éclatant que vrai sous lequel elle s'est présentée est loin, bien loin, d'éclairer tout ce qu'il y avait de bon et d'intéressant en elle. Rien de ce qui est venu d'elle ne peut être comparé à elle-même. Supérieure par son esprit à ses écrits les plus renommés, comme par son cœur à ses actions les plus généreuses, elle avait dans l'âme un foyer de chaleur et de lumière dont les rayons épars n'offrent que de faibles émanations.

Il eût été à désirer sous plusieurs rapports que les enfants de madame de Staël eussent eux-mêmes entrepris de faire connaître leur mère ; et, à ne considérer seulement que l'intérêt qu'ils eussent inspiré en parlant d'elle, j'aurais déjà à me justifier d'avoir osé prendre leur place. Toutefois, outre que leurs souvenirs n'embrassent qu'un temps bien court, il y a pour eux dans un lien trop étroit et trop sacré, dans une tendresse trop souffrante, trop ombrageuse peut-être, des motifs particuliers de réserve et de silence. Des enfants ne sauraient parler d'une mère illustre et adorée avec une apparence d'impartialité. Une sorte de pudeur craintive, une émotion sans cesse renaissante, les gênent et les troublent tour à tour quand ils veulent expliquer des sentiments si intimes. Ils savent qu'ils seront récusés, et ils n'osent épancher leur cœur. Leur fierté se révolte également, et quand ils ont l'air de solliciter les hommages, et quand ils répriment l'expression de leur juste enthousiasme. D'autre part, un amour trop voisin du culte leur interdit presque l'examen, et ils se refusent à employer mille nuances caractéristiques. Enfin, trop éloignés du point de vue des spectateurs, trop unis d'intérêt et de cœur à l'objet dont ils pleurent la perte, tous leurs efforts pour rehausser sa gloire n'aboutissent qu'à prouver leur tendresse. Le grand talent, la plume exercée de madame de Staël, pouvaient seuls surmonter de tels obstacles ; et encore son morceau sur la vie privée de son père, chef-d'œuvre de sentiment et d'éloquence, n'a-t-il pas obtenu dans le temps le succès qu'il méritait.

Néanmoins ce n'est pas l'histoire de madame de Staël

que je me propose d'écrire. Elle-même a raconté les événements les plus remarquables de sa vie, soit dans son ouvrage sur la Révolution française, soit dans les Mémoires
qu'elle avait commencés sous le titre de *Dix années d'exil.*
D'ailleurs, sa destinée particulière, comme celle de la plupart des femmes, n'a presque rien qui caractérise ce qu'elle
avait de saillant et d'unique. C'est aux hommes seuls qu'il
a été accordé de se peindre dans leurs actions, et d'imprimer à leur existence extérieure un cours analogue à celui
de leurs pensées. Vue du dehors, la vie de madame de Staël
ne répondrait pas à l'attente qu'on a le droit d'en concevoir; et qui jamais se placera au dedans de son être pour
dire ce qu'elle a éprouvé? Qui pourra se résoudre à donner
une faible et souvent une fausse idée de ce qu'elle eût exprimé avec tant de vérité et de force? D'ailleurs, quand
ses contemporains sont encore debout sur la scène du
monde, comment dégager son rôle des leurs? comment
démêler ce qui lui appartient dans le tissu délicat et com-
pliqué de l'histoire présente? Elle seule, avec son discernement exquis, sa touche si juste et si sûre, aurait su faire
la part des autres et la sienne, et se serait rendu justice à
elle-même, sans démentir un instant son inépuisable bonté.
Je me garderai donc d'entreprendre ce qu'elle seule eût pu
exécuter. L'histoire fidèle de ses sentiments et de sa vie est
au nombre de ses trésors en espérance, qu'elle a emportés
avec elle dans le tombeau.

Sous le rapport politique, madame de Staël, comme fille
de M. Necker, comme témoin d'événements mémorables, a
écrit elle-même sa déposition; hors de là, il reste peu à
recueillir. L'influence qu'elle a exercée sur son siècle ne
prête guère aux récits. Elle a répandu ses principes, communiqué ses sentiments; mais il n'était pas dans son caractère de donner des conseils positifs, de dicter des résolutions. Connaissant toujours la situation, voyant ce

qu'exigeait et ce qu'interdisait le moment, elle a dit, elle a fait comprendre la vérité, et son influence se confond avec la force des choses.

C'est dans les ouvrages de madame de Staël qu'il faut chercher la trace d'elle-même, trace imparfaite peut-être, mais pourtant extraordinairement brillante. C'est là que ses amis retrouvent, avec des impressions toujours nouvelles, d'ineffaçables souvenirs; c'est là qu'ils reconnaissent jusqu'aux affections de madame de Staël, parce que tout partait du cœur chez elle, même la pensée. Quand on sait ce qu'elle a été, on sent l'empreinte du caractère à travers l'effet du talent; on la revoit en la lisant; mille observations faites autrefois confusément prennent de la consistance, et l'on ose d'autant mieux les énoncer qu'on n'avance rien sans preuve. D'ailleurs, comme madame de Staël généralisait sans cesse ses remarques sur elle-même et sur les événements, ses ouvrages sont pour ainsi dire les mémoires de sa vie sous une forme abstraite, et c'est en les examinant selon l'ordre de leur composition qu'on peut le mieux suivre le cours de son existence morale.

Les productions de madame de Staël servent d'autant mieux à la représenter, qu'elle a voulu, en écrivant, exprimer ce qu'elle avait dans l'âme, bien plus qu'exécuter des ouvrages de l'art. La gloire littéraire n'a point été un premier but dans sa vie; ses livres sont le résultat naturel de cette abondance prodigieuse de pensées qui se succédaient dans sa tête, et qui ne pouvaient être enchaînées et pleinement développées qu'en les fixant sur le papier. Elle ne réfléchissait pas parce qu'elle voulait écrire; elle écrivait parce qu'elle avait réfléchi. L'on ne peut considérer séparément madame de Staël et ses ouvrages. Son talent d'écrivain et son éloquence dans la société s'appuient, et, pour ainsi dire, se vérifient réciproquement : l'un prouve que ses rapides et étonnantes paroles supportaient l'examen;

l'autre, que ses productions les plus excellentes coulaient de la source vive et étaient comme poétiquement inspirées.

L'histoire parlera de madame de Staël sous plusieurs rapports. La postérité verra en elle un auteur qui a marqué une époque nouvelle dans la littérature et peut-être dans les sciences politiques; une femme extraordinaire, si ce n'est unique, par ses facultés, et enfin une personne qui a exercé une influence immédiate dans la période la plus féconde en grands résultats. Les nombreux voyages de madame de Staël, la curiosité qu'excitait la merveille de sa conversation, le charme et les qualités qui lui conci-liaient d'abord la bienveillance et ensuite l'affection de ses auditeurs, les hommes distingués de chaque nation dont elle était partout entourée, le puissant intérêt des questions qu'elle agitait, et enfin la force, l'originalité et en même temps la grâce de ses expressions, sont cause que ses mots heureux ont circulé, que ses opinions se sont répandues d'une extrémité de l'Europe à l'autre.

Toutefois nous ne considérerons que passagèrement madame de Staël sous ce dernier point de vue. Ce qu'il nous appartient d'examiner, c'est elle-même. Nous devons chercher la cause des effets qu'elle a produits, et non déterminer leur étendue. C'est à ceux qui ont observé de près un grand phénomène à le décrire : d'autres peuvent évaluer son influence au dehors.

L'étude du caractère de madame de Staël est d'autant plus intéressante, que c'est pour ainsi dire l'étude de notre nature faite en grand. On voit en elle le relief de ce qui se passe confusément dans la plupart des âmes, car elle n'était extraordinaire que par l'étendue imposante de ses facultés. Tout était original chez elle, et rien n'était bizarre. Nulle forme étrangère ne lui avait été imposée; l'éducation même n'avait pas laissé de profondes traces chez elle. Mais, si ses jugements, dans leur sincérité impétueuse, n'étaient jamais influencés par l'opinion, ils ne l'étaient non plus au dedans d'elle par aucun caprice, par aucune inégalité d'humeur. On était introduit par elle dans une région poétique, dans un monde nouveau et pourtant ressemblant au nôtre, où tous les objets, plus grands, plus frappants, plus vivement colorés, offraient pourtant leurs formes et leurs proportions accoutumées.

D'ailleurs, nulle qualité comme nulle disposition naturelle ne lui a manqué. Ce qui est factice ou puéril lui est seul resté étranger. Elle a partagé toutes les émotions, conçu tous les enthousiasmes, saisi toutes les manières de voir; il ne s'est rien développé de grand ou d'intéressant dans le cœur humain, sous différents climats et à diverses époques de la civilisation, qui n'ait trouvé en elle de la sympathie.

Sous le rapport le plus essentiel, celui de la religion, l'exemple de madame de Staël est instructif encore. Cet esprit indépendant, cette intelligence amie de la lumière, et qui l'accueillait dans toutes les directions, a été de jour en jour plus persuadée des augustes vérités du christianisme. La vie a rempli pour elle sa destination, puisqu'à travers bien des vicissitudes elle l'a conduite à ces grandes pensées auxquelles tant de routes diverses nous ramènent également.

On se défiera, je le présume, d'un portrait tracé par l'amitié. Sera-t-on fondé à me récuser? C'est ce que j'ignore moi-même. Je dirai seulement avec franchise qu'assurément je ne voudrais pas nuire, mais que je n'ai pas l'intention de flatter. On peut promettre d'être sincère, et non d'être impartial. J'ai été, il est vrai, sous le charme: le rôle du juge impassible ne saurait être le mien; mais que ma tendre prévention n'a pourtant pas été aveugle, que l'effet puissant produit sur mon cœur a pourtant été en rapport avec sa cause, c'est là ce que j'espère prouver. D'ail-

leurs, à qui s'adresserait-on pour connaître madame de Staël?
A des ennemis? Non sans doute. A des indifférents? Mais
ceux qui ont vraiment lu dans son âme ne sont pas restés
tels auprès d'elle. Quiconque l'a vue d'assez près pour la
peindre a dû nécessairement l'aimer.

Cependant l'amitié elle-même a besoin de peindre juste;
la ressemblance l'intéresse plus encore que la beauté. Et,
quand il s'agit de madame de Staël, peut-être aurait-on à
se défendre d'un penchant à marquer un peu trop fortement
tous les traits. On veut peindre l'être de génie, et le génie
a toujours une forme individuelle bien prononcée. Il s'é-
lève à l'idéal, il le réalise dans ses œuvres, mais il n'est pas
l'idéal lui-même; et le mortel dont les conceptions nous
saisissent et nous enlèvent doit peut-être avoir une originalité trop marquante pour l'exacte régularité.

Quand celle qui a séduit notre imagination par l'éclat de
ses dons se trouve un être aimant, dévoué, confiant, parfaitement bon et vrai dans toutes les relations de la vie, il
est bien difficile de s'en détacher. Aussi les affections qu'a
inspirées madame de Staël ont été, dans leurs diverses sortes, singulièrement vives et profondes. Son attrait était irrésistible; elle étonnait d'abord, mais bientôt elle captivait.
Le genre de force qui peut déplaire n'était pas le sien, et
elle offrait un séduisant mélange d'énergie dans les impressions et de flexibilité dans le caractère. Il y avait en elle
tant de vérité, tant d'amour, tant de grandeur; la flamme
divine était si ardente dans son âme, si lumineuse dans
son esprit, qu'on croyait obéir à ses plus nobles penchants
en s'attachant à elle; on la contemplait comme un spectacle
unique par son intérêt, par son effet entraînant et dramatique. Le génie et la femme étaient unis intimement en
elle; si l'un dominait par son ascendant, l'autre semblait
s'assujettir par sa susceptibilité de souffrance, et la plus
vive admiration n'était jamais envers elle sans mélange de

tendre pitié. Son talent la pénétrait de toutes parts ; il étincelait dans ses yeux, il colorait ses moindres paroles, il donnait à sa bonté, à sa pitié, une éloquence pathétique et victorieuse ; mais il a tourmenté son existence. Cette prodigieuse émotion, ce feu, qui se communiquent dans ses écrits, ne pouvaient s'amortir dans sa destinée. Son âme, qu'on me passe l'expression, était plus vivante qu'une autre. Elle aimait, elle voyait, elle pensait davantage, elle était plus capable de dévouement et d'action, elle l'était parfois de jouissances ; mais aussi elle souffrait avec plus de vivacité, et l'intensité de sa douleur était terrible. Ce n'est pas son esprit qu'il faut accuser de ses peines, ses hautes lumières ne lui ont donné que des consolations ; c'est sa grande, sa dévorante imagination, cette imagination du cœur, son levier pour remuer les âmes, qui a ébranlé la sienne et troublé sa tranquillité. Et ce don, le plus sublime peut-être, ce don unique dans sa réunion avec d'autres aussi étonnants, a fait d'elle un génie audacieux et une femme malheureuse. Il y avait trop de disproportion entre elle et les autres. Elle a compris l'arrangement des choses humaines, longtemps avant de s'y résigner. Trop amère pour elle dans ses douleurs, la vie était trop monotone dans ses jouissances, et cette belle preuve de l'immortalité de l'âme, l'inégalité de nos vœux et de notre sort, prenait, en contemplant madame de Staël, un nouveau degré d'évidence. Elle donnait l'idée d'une intelligence supérieure, qu'un destin jaloux aurait assujettie aux misères et aux illusions terrestres, et à qui de hautes prérogatives ne feraient que mieux sentir le vide et le malheur de notre vie.

Telle était madame de Staël quand elle a composé *Corinne*, le chef-d'œuvre de la jeunesse de son talent. Dès lors un autre genre de grandeur s'est déployé en elle, et l'on a vu que l'élévation de ses pensées tenait à son caractère plus encore qu'à son imagination. Sa longue résistance à un pouvoir tyrannique, de grands sacrifices faits à de nobles opinions, lui ont obtenu la première des récompenses, un redoublement de vigueur dans ses plus belles qualités. Alors son âme a été raffermie, alors elle a retrouvé l'équilibre à une plus grande hauteur. Avec ce sentiment si exquis, cette vue si juste qui lui ont fait dire dans un de ses premiers ouvrages « que la morale était la nature des choses [1], » elle s'est constamment exercée à découvrir dans chaque tort la cause nécessaire d'un revers. Absolument incapable de haine, si elle a été émue d'une vive indignation, c'est lorsqu'elle a vu que l'on ne respectait pas le bonheur des hommes, en sorte que sa colère même avait pour origine la pitié. De cette passion pour le bien de tous il lui est né une sagesse qui tenait de la passion même, une sagesse ardente, généreuse, pleine de compassion et d'esprit, une sagesse qui, ne prenant son parti d'aucun malheur, n'était jamais satisfaite que lorsque le point de conciliation entre la circonstance et le principe était trouvé, et que nul n'avait de trop grands sacrifices à faire. Tel a été le caractère de ses dernières années; tel est celui de cet étonnant ouvrage dans lequel nous avons cru la voir reparaître toute rayonnante d'immortalité; de cet ouvrage où, demandant à la nation française un compte sévère des destinées et des dons si beaux qui lui avaient été départis, elle la relève toujours par l'espérance, et lui montre, de sa palme céleste, la route de la vraie gloire et d'une sage liberté.

La supériorité de madame de Staël a certainement été un grand phénomène naturel plutôt que le résultat du travail ou des circonstances. Dans toutes les situations elle eût été très-remarquable. Toutefois il est également vrai qu'un rare concours de causes extérieures a favorisé les premiers

---

[1] Mot que M. Necker et madame de Staël se sont réciproquement attribué.

développements de son esprit, et c'est là ce que je vais examiner.

Je ne l'ai pas connue moi-même dans son enfance, mais je puis donner avec confiance quelques informations que j'ai puisées à la source. Arrivée à l'époque où elle est entrée dans la carrière littéraire, je suivrai la marche de ses pensées dans ses écrits, en empruntant aux événements de sa vie ce qui m'est nécessaire pour indiquer les motifs de ses travaux; et je finirai par rassembler, sous le titre de *Vie domestique et sociale de madame de Staël*, les observations sur son caractère et sa manière de vivre que je n'aurai pas trouvé l'occasion d'insérer ailleurs.

PREMIÈRE PARTIE.

DE L'ÉDUCATION DE MADAME DE STAËL, ET DE SA PREMIÈRE JEUNESSE.

La mère de madame de Staël, madame Necker, avait, au moment de son mariage, une instruction plus précise et plus complète que celle de sa fille au même âge. Elle avait reçu de son père, savant ecclésiastique, des connaissances rares pour une femme, et cet esprit de méthode qui sert à les acquérir toutes. Douée d'un caractère ferme, d'une tête très-forte, et d'une grande capacité de travail, madame Necker avait obtenu beaucoup de succès dans l'étude, et était en conséquence portée à croire que tout pouvait s'étudier. Elle s'étudiait donc elle-même, elle étudiait la société, les individus, l'art d'écrire, celui de causer, celui de tenir une maison, celui surtout de conserver la pureté de ses principes, sans rien négliger de ce qui peut étendre l'esprit. Elle portait son attention sur toutes choses, faisait des observations très-fines, les réduisait en système, et tirait de là des règles de conduite. Les détails prenaient de l'élévation et de l'importance à ses yeux, parce qu'elle les rattachait aux grandes idées de la religion et de la morale, et son esprit assez métaphysique s'exerçait à trouver le point de contact. En intéressant ainsi le devoir aux moindres occurrences de la vie, elle s'épargnait l'irrésolution et le regret; mais cette alliance un peu artificielle n'était jamais bien sentie que par celle qui l'avait formée.

Ce genre de travail d'esprit est fidèlement représenté dans les *Mélanges* de madame Necker. Il règne une délicatesse de sentiment bien remarquable dans cet ouvrage, qui a obtenu de grands succès chez les étrangers et surtout en Allemagne; c'est en soi un intéressant spectacle que celui d'une jeune et belle femme passant d'une profonde retraite à une situation brillante, et de là au poste le plus éminent, exerçant sur tous les objets d'un monde nouveau pour elle un esprit déjà très-cultivé, et observant la société entière dans le double but d'y réussir et de s'y perfectionner.

Néanmoins cette attention de madame Necker, toujours tendue vers le bien, nuisait à l'aisance de ses manières; il y avait de la gêne en elle et auprès d'elle; son caractère aurait vraisemblablement été âpre et sa volonté passionnée, si elle n'avait pas senti de bonne heure la nécessité de se dompter : ayant beaucoup obtenu par l'effort, elle exigeait l'effort des autres, et elle n'accordait d'indulgence que quand le devoir de la charité chrétienne se présentait distinctement à son esprit. M. Necker a donné d'elle une idée très-juste quand il nous dit un jour dans l'intimité : « Il n'a peut-être manqué à madame Necker, pour être jugée parfaitement aimable, que d'avoir quelque chose à se faire pardonner. »

Ce n'est pas qu'elle ne réussit à captiver quand elle le voulait; elle n'épargnait pas les louanges méritées; ses yeux bleus étaient doux et parfois caressants, et il y avait dans sa physionomie une expression d'extrême pureté, d'ingénuité même, qui faisait avec sa figure grande et un peu trop droite un contraste assez séduisant

Le charme de l'enfance ne fut pas très-puissant sur madame Necker ; elle avait trop dominé la nature pour avoir conservé beaucoup d'instinct. Il lui fallait admirer ce qu'elle aimait, et une tendresse toute de pressentiment et d'imagination devait lui rester un peu étrangère. La reconnaissance était à ses yeux le premier des liens ; elle avait en conséquence chéri son père ; et cet amour filial si exalté, qui paraît être un caractère distinctif de cette famille, s'était déjà manifesté en elle. Dieu, ses parents, et son mari, qu'elle adorait encore comme son bienfaiteur, ont été les seuls objets de ses ardentes affections.

Toutefois elle entreprit l'éducation de sa fille avec cette chaleur de zèle que lui inspirait l'idée du devoir. Son système était totalement opposé à celui de Rousseau. On sait que cet auteur, partant du principe que les idées ne nous arrivent que par les sens, avait soutenu qu'il fallait commencer par perfectionner les organes de nos perceptions, si l'on voulait obtenir un développement moral qui ne fût ni irrégulier ni illusoire. Ce raisonnement, très-attaquable en lui-même, a toujours déplu aux âmes élevées et religieuses, par cela seul qu'il paraît accorder à la nature physique un trop grand empire sur la nature morale. Madame Necker, accoutumée à combattre le matérialisme sous toutes ses formes, dut le reconnaître à travers cette doctrine. Elle prit donc la route contraire, et voulut agir immédiatement sur l'esprit par l'esprit. Elle pensait qu'il fallait faire entrer dans une tête une grande quantité d'idées, sans perdre trop de temps à les mettre en ordre, persuadée que l'intelligence devient paresseuse quand on lui épargne un tel travail. Cette méthode n'est pas non plus sans inconvénient ; mais, relativement au développement de la pensée, l'exemple de madame de Staël fait présumer qu'elle est efficace.

Mademoiselle Necker était un enfant plein de gaieté, de vivacité, de franchise. Son teint était un peu brun, mais animé, et ses grands yeux noirs brillaient déjà d'esprit et de bonté. Les caresses de son père, qui encourageaient sans cesse l'enfant à parler, contrariaient un peu les vues plus sévères de madame Necker ; mais les applaudissements qu'excitaient ses saillies lui en inspiraient à tout moment de nouvelles ; et déjà elle repondait aux plaisanteries continuelles de M. Necker avec ce mélange de gaieté et d'émotion qui a si souvent caractérisé ses rapports avec lui. L'idée de donner du plaisir à ses parents était un mobile extraordinairement actif chez elle : ainsi, par exemple, à l'âge de dix ans, témoin de la grande admiration que leur inspirait M. Gibbon, elle s'imagina qu'il était de son devoir de l'épouser (et l'on sait ce qu'était cette figure), afin qu'il jouissent constamment d'une conversation qui leur était si agréable. Elle fit sérieusement la proposition de ce mariage à sa mère.

Il semble que madame de Staël ait toujours été jeune et n'ait jamais été enfant. Dans tout ce qui m'a été raconté à son sujet, je ne trouve qu'un seul trait qui porte le caractère du premier âge, et encore les goûts du talent s'y reconnaissent-ils : elle s'amusait, dans son enfance, à fabriquer des rois et des reines en papier, et à leur faire jouer la tragédie. Elle se cachait pour se livrer à ce plaisir, qu'on lui défendait ; et c'est là d'où lui est venue la seule habitude qu'on lui ait connue, celle de tourner entre ses doigts un petit étendard de papier ou de feuillage.

Pour donner à la fois l'idée de mademoiselle Necker à l'âge de onze ans, et de la maison de sa mère à cette époque, je citerai quelques passages d'un morceau sur l'enfance de madame de Staël, écrit par une personne fort spirituelle,

2

madame Rilliet, alors mademoiselle Huber, qui a toujours été intimement liée avec elle. L'éducation soignée de mademoiselle Huber et d'anciennes liaisons de famille ayant fait désirer à madame Necker qu'elle devînt l'amie de sa fille, elle raconte sa première entrevue avec mademoiselle Necker, les transports de celle-ci à l'idée d'avoir une compagne, les promesses qu'elle lui fit de la chérir éternellement. « Elle me parla avec une chaleur et une facilité qui étaient déjà de l'éloquence et qui me firent une grande impression... Nous ne jouâmes point comme les enfants ; elle me demanda tout de suite quelles étaient mes leçons, si je savais quelques langues étrangères, si j'allais souvent au spectacle. Quand je lui dis que je n'y avais été que trois ou quatre fois, elle se récria, me promit que nous irions souvent ensemble à la comédie ; ajoutant qu'au retour il faudrait écrire le sujet des pièces, et ce qui nous aurait frappées ; que c'était son habitude.... Ensuite, me dit-elle encore, nous nous écrirons tous les matins....

« Nous entrâmes dans le salon. A côté du fauteuil de madame Necker était un petit tabouret de bois où s'asseyait sa fille, obligée de se tenir bien droite. A peine eut-elle pris sa place accoutumée, que trois ou quatre vieux personnages s'approchèrent d'elle, lui parlèrent avec le plus tendre intérêt : l'un d'eux, qui avait une petite perruque ronde, prit ses mains dans les siennes, où ils les retint longtemps, et se mit à faire la conversation avec elle comme si elle avait eu vingt-cinq ans. Cet homme était l'abbé Reynal ; les autres étaient MM. Thomas, Marmontel, le marquis de Pesay et le baron de Grimm.

« On se mit à table. — Il fallait voir comment mademoiselle Necker écoutait ! Elle n'ouvrait pas la bouche, et cependant elle semblait parler à son tour, tant ses traits mobiles avaient d'expression Ses yeux suivaient les regards et les mouvements de ceux qui causaient : on aurait dit qu'elle allait au-devant de leurs idées. Elle était au fait de tout, même des sujets politiques, qui à cette époque faisaient déjà un des grands intérêts de la conversation...

« Après le dîner, il vint beaucoup de monde. Chacun, en s'approchant de madame Necker, disait un mot à sa fille, lui faisait un compliment ou une plaisanterie.... Elle répondait à tout avec aisance et avec grâce ; on se plaisait à l'attaquer, à l'embarrasser, à exciter cette petite imagination qui se montrait déjà si brillante. Les hommes les plus marquants par leur esprit étaient ceux qui s'attachaient davantage à la faire parler. Ils lui demandaient compte de ses lectures, lui en indiquaient de nouvelles, et lui donnaient le goût de l'étude en l'entretenant de ce qu'elle savait ou de ce qu'elle ignorait. »

En conséquence du système de sa mère sur l'éducation, mademoiselle Necker fit à la fois de fortes études, écouta beaucoup de conversations au-dessus de la portée de son âge, et assista à la représentation des meilleures pièces de théâtre. Ses plaisirs comme ses devoirs étaient tous des exercices d'esprit, et la nature, qui la portait déjà à les aimer, fut secondée de toutes manières. Des facultés intellectuelles très-énergiques prirent, par ce moyen, un accroissement prodigieux. En 1781, lorsque le *Compte rendu* fut publié, mademoiselle Necker écrivit une lettre anonyme à son père, qui en reconnut bientôt le style. Dès sa plus tendre jeunesse elle a composé. Elle écrivait des portraits, des éloges. Elle a fait à quinze ans des extraits de l'*Esprit des lois* avec des réflexions. L'abbé Reynal voulait l'engager à écrire, pour son grand ouvrage, un morceau sur la révocation de l'édit de Nantes.

Ce goût pour composer n'était pas favorisé par M. Necker ; et il n'a pu le pardonner qu'à une supériorité décidée, car il n'aimait pas naturellement les femmes auteurs.

La sensibilité de la jeune personne était également dé-

veloppée. Les louanges données à ses parents la faisaient
fondre en larmes; elle avait pour mademoiselle Huber une
espèce de passion; la vue des personnages célèbres lui donnait des battements de cœur. Ses lectures aussi, dont madame Necker, plus sévère que vigilante, ne prescrivait pas
toujours le choix, ses lectures produisaient sur elle une
impression extraordinaire. Elle a dit depuis que l'enlève-
ment de Clarisse avait été un des événements de sa jeunesse.
La nature avait donné à madame de Staël, à côté d'une
grande mobilité, quelque chose de sérieux et de solennel
qui se manifestait déjà dans ses compositions comme dans
ses goûts littéraires. « Ce qui l'amusait, dit madame Rilliet, était ce qui la faisait pleurer. »

Tant de stimulants, des aiguillons si puissants, là où
pour le bonheur du moins il aurait fallu des freins, donnèrent une activité merveilleuse à l'être moral; mais l'être
physique souffrit, et les leçons surtout usaient des forces
trop excitées. Une attention longtemps soutenue a toujours
fatigué madame de Staël, et la hauteur à laquelle elle s'est
élevée dans des matières difficiles en est d'autant plus étonnante. Une sagacité singulière la portait au but sans qu'on
la vît jamais sur la route.

La santé de la jeune personne, alors âgée de quatorze
ans, déclinant de jour en jour, on appelle le docteur Tron-
chin : celui-ci inspire des alarmes ; il ordonne immédiatement la campagne, exigeant que mademoiselle Necker
passe ses journées en plein air et abandonne toute étude
sérieuse.

Madame Necker éprouva dans cette occasion un chagrin
et un mécompte également sensibles. Ce nouveau plan ren-
versait tous les siens; son ambition pour sa fille était
grande, et renoncer à de vastes connaissances était, selon
elle, renoncer à toute distinction. Elle n'avait pas cette
souplesse qui permet de varier les moyens, et, ne pouvant

plus travailler aux progrès de sa fille comme elle l'entendait, elle cessa de la regarder comme son ouvrage.

Toutefois cette liberté accordée à l'esprit de mademoiselle Necker fut précisément ce qui lui fit prendre un grand essor. Une vie toute poétique succéda pour elle à une vie toute studieuse, et la sève la plus abondante se porta vers l'imagination. Elle parcourait les bosquets de Saint-Ouen avec son amie ; et les deux jeunes filles, vêtues en nymphes ou en muses, déclamaient des vers, composaient des poëmes, des drames de toute espèce, qu'elles représentaient aussitôt.

Un effet heureux de cette oisiveté pour mademoiselle Necker fut encore qu'elle put profiter de tous les loisirs de son père. Saisissant les moindres occasions de se rapprocher de lui, elle trouva dans sa conversation des plaisirs et des avantages extraordinaires. M. Necker était chaque jour plus frappé de son esprit, et jamais cet esprit n'était plus charmant qu'auprès de lui. Sa fille s'aperçut bientôt qu'il avait besoin d'être distrait et amusé, et elle se retournait de mille manières ; elle essayait, elle risquait tout pour obtenir de lui un sourire. M. Necker n'était pas prodigue de son approbation ; ses regards étaient plus flatteurs que ses paroles, et il trouvait plus gai et plus nécessaire de relever les fautes que les mérites. Sa raillerie était à l'affût des plus légers torts ; nulle prétention, nulle exagération, nul ton faux dans aucun genre, ne pouvait passer inaperçu. « Je dois à l'incroyable pénétration de mon père, nous a souvent dit madame de Staël, la franchise de mon caractère et le naturel de mon esprit. Il démasquait toutes les affectations, et j'ai pris auprès de lui l'habitude de croire que l'on voyait clair dans mon cœur. »

Ces entretiens, dont madame Necker n'était point exclue, mais dont sa présence changeait la nature, ne pouvaient lui être entièrement agréables. Elle avait à un très-haut degré l'admiration, la confiance et même l'amour de son mari ; mais pourtant sa fille correspondait mieux qu'elle à un certain genre piquant et inattendu qu'on remarquait parfois chez M. Necker. La jeune personne annonçait l'esprit de sa mère, et bien d'autres esprits encore. Madame Necker aurait voulu qu'on ne pût plaire que par ses qualités, et sa fille plaisait précisément par ce qu'elle avait dans le caractère de dangereux pour son bonheur. Madame Necker était tentée de protester contre des succès obtenus malgré ses avis, et les succès semblaient protester contre ses avis mêmes.

De plus, mademoiselle Necker commettait mille étourderies. Sa vivacité, son entraînement, lui donnaient sans cesse des torts, et, tandis que sa mère regardait les petites choses comme des dépendances des grandes, les minuties n'avaient nulle importance à ses yeux. Pour éviter d'être trouvée en contravention, elle se plaçait un peu à l'écart derrière son père ; mais bientôt il se détachait du cercle un homme d'esprit, puis un autre, puis un troisième, et un groupe bruyant se formait autour d'elle ; M. Necker souriait involontairement de tel mot qu'il entendait, et la discussion fondamentale était dérangée.

La crainte de perdre la première place dans les affections de son mari pouvait seule faire connaître la jalousie à l'âme élevée de madame Necker. Si sa fille l'eût surpassée dans son propre genre, elle se serait associée à des succès qui eussent paru la suite des siens ; elle aurait cru être aimée de son mari dans sa fille. Mais ici il n'y avait moyen de rien revendiquer pour elle-même, car tout semblait dû à la nature ; et, lorsque M. Necker jouissait avec délices d'un esprit sans modèle aussi bien que sans égal, elle éprouvait du dépit et de l'impatience, et un peu de désapprobation lui voilait la rivalité.

Quant à elle, on ne lui plaisait que dans une seule route.

Je me souviens qu'au temps où l'éclat de madame de Staël était encore nouveau pour moi, je témoignai à madame Necker mon étonnement de sa prodigieuse distinction. « Ce n'est rien, me répondit-elle, absolument rien à côté de ce que je voulais en faire. » Ce mot me frappa beaucoup, parce qu'il portait uniquement sur les qualités de l'esprit, et qu'il exprimait une conviction intime.

La douceur extrême du caractère de mademoiselle Necker se faisait remarquer lorsque sa mère lui adressait des reproches : peut-être que, fière de ses succès auprès de son père et de tous les hommes distingués, elle n'a pas attaché assez de prix au suffrage de madame Necker, elle n'a pas assez fait d'efforts pour la ramener ; mais son respect pour elle a toujours été profond et hautement proclamé. Douée dès son enfance du don de ces reparties vives et mesurées qui font la part de tous les devoirs et de toutes les vérités, jamais elle n'a dit un mot qui, sous le rapport même le plus frivole, montrât sa mère sous un aspect désavantageux.

Nous n'ajouterons que peu de mots au sujet de madame Necker, parce qu'ici finit l'influence qu'elle a exercée sur sa fille. Cette influence a été de deux sortes : elle lui a transmis avec le sang une âme ardente, des impressions fortes, l'enthousiasme du beau et du grand, un goût vif pour l'esprit, pour tous les talents, pour toutes les distinctions ; d'un autre côté, elle a bien involontairement sans doute poussé sa fille à contraster avec elle. Mademoiselle Necker avait souffert de la contrainte qu'imposait sa mère ; et, comme elle lui reconnaissait beaucoup de lumières et de vertus, il lui semblait qu'il n'y avait qu'à supprimer l'effort pour que tout fût bien. Elle crut pouvoir être, par le seul élan d'un bon cœur, par l'heureuse impulsion d'une âme bien née, tout ce que sa mère avait été à force de raison et de surveillance, et elle voulut être le représentant des dons

naturels, parce que sa mère était celui des qualités acquises.

Cette intention, qui n'était sans doute qu'à demi formée,
a pourtant trop lontemps influencé les jugements de madame de Staël. Son admiration pour les vertus de premier
mouvement a été trop exclusive et trop érigée en système.
Les qualités naturelles sont les plus aimables sans doute ;
mais à quoi sert-il de les vanter? Faut-il exciter les
hommes, tantôt à s'enorgueillir de ce qu'ils sont, tantôt à
désespérer de ce qu'ils peuvent devenir? Et qu'y a-t-il de
plus digne d'estime sur la terre que la volonté vertueuse?

C'est là ce que madame de Staël elle-même a reconnu,
lorsque ses idées ont été mûries par la réflexion, et surtout
lorsque la religion, mieux et plus fortement conçue, lui a
montré toutes choses sous un jour plus juste. Aussi les
années, en s'écoulant, lui ont-elles toujours mieux appris à
sentir le mérite de madame Necker. « Plus je vis, m'a-t-elle
dit, plus je comprends ma mère, et plus mon cœur a le
besoin de se rapprocher d'elle. »

On peut donc se représenter madame de Staël au temps
de sa première jeunesse, s'avançant avec confiance dans la
vie, qui ne lui promettait que du bonheur, trop bienveillante
pour deviner la haine, trop amie du talent dans les autres
pour soupçonner l'envie. Elle célébrait le génie, l'enthousiasme, l'inspiration, et donnait elle-même une preuve de
leur puissance. L'amour de la gloire, celui de la liberté, la
beauté naturelle de la vertu, le charme des sentiments tendres, fournissaient tour à tour des sujets à son éloquence.
Et qu'on ne croie pas que sa tête fût toujours exaltée ; elle
conservait de la présence d'esprit, et sa fougue ne l'empor-
tait pas. Aussi, dans un pays où la raillerie est si fort à redouter, le ridicule avait peine à l'atteindre. Elle s'élevait
au-dessus de la région où il s'exerce.

A la vérité, avant qu'elle eût encore marqué sa place

dans la société, on a cherché à dérouter l'opinion sur son
compte. Il était aisé de la prendre en défaut. On racontait
que dans telle occasion elle avait blessé un usage, enfreint
une étiquette, dérangé une gravité de circonstance. Ainsi
une révérence manquée, une garniture de robe un peu dé-
tachée lors de sa présentation à la cour, son bonnet oublié dans sa voiture, un jour qu'elle entrait chez madame
de Polignac, ont été des sujets d'amusement pour tout
Paris. Mais elle-même s'emparait de ces anecdotes, et les
racontait avec une grâce infinie. Aucune malveillance ne
pouvait tenir devant sa bonté; et elle a toujours eu un tact
singulier pour deviner la réponse à faire aux reproches non
exprimés. Lorsqu'elle paraissait le plus lancée dans la conversation, elle distinguait d'un coup d'œil ses adversaires,
et les déjouait, les captivait, ou les terrassait en passant.
Jamais elle ne s'appesantissait, jamais elle n'avait de l'aigreur; et, si la dispute menaçait de devenir sérieuse, elle
tournait en pleine course à la gaieté, et un mot heureux
réunissait tous les suffrages. Enfin on n'eût pas été applaudi
en cherchant à la déconcerter : comme elle intéressait en
amusant, l'audience entière était pour elle; et celui qui
l'eût mise hors de combat eût lui-même désespéré de la
remplacer dans l'arène.

C'est ainsi qu'un homme de lettres de ses amis l'a repré-
sentée dans un portrait inédit dont je vais citer quelques
fragments. L'ayant peu vue moi-même durant sa première
jeunesse, je montrerai l'effet qu'elle produisait dans la société. Ce morceau est censé traduit d'un poëte grec.

« Zulmé n'a que vingt ans, et elle est la prêtresse la plus
célèbre d'Apollon; elle est la favorite du dieu; elle est celle
dont l'encens lui est le plus agréable, dont les hymnes lui
sont les plus chers; ses accents le font, quand elle le veut,
descendre des cieux, pour embellir son temple et pour se
mêler parmi les mortels....

« Du milieu de ces filles sacrées (le chœur des prêtresses),
s'en avance tout à coup une : mon cœur s'en souviendra
toujours. Ses grands yeux noirs étincelaient de génie ; ses
cheveux, de couleur d'ébène, retombaient sur ses épaules
en boucles ondoyantes ; ses traits étaient plutôt prononcés
que délicats ; on y sentait quelque chose au-dessus de la
destinée de son sexe. Telle il faudrait peindre ou la Muse de
la poésie, ou Clio, ou Melpomène. La voilà ! la voilà, s'é-
cria-t-on quand elle parut, et on ne respira plus.

« J'avais vu autrefois la Pythie de Delphes ; j'avais vu la
Sibylle de Cumes : elles étaient égarées ; leurs mouvements avaient l'air convulsif ; elles semblaient moins remplies de la présence d'un dieu que dévouées aux Furies. La
jeune prêtresse était animée sans altération, et inspirée sans
ivresse. Son charme était libre, et tout ce qu'elle avait de
surnaturel paraissait lui appartenir.

« Elle se mit à chanter les louanges d'Apollon, en unissant
sa voix aux sons d'une lyre d'or et d'ivoire. Les paroles et
la musique n'étaient point préparées. A la flamme céleste
de la composition qui exaltait son visage, à la profonde et
sérieuse attention du peuple, on voyait que son imagination les créait à la fois ; et nos oreilles, tout ensemble éton-
nées et ravies, ne savaient qu'admirer le plus de la facilité
ou de la perfection.

« Peu après elle posa sa lyre, et elle entretint l'assemblée des grandes vérités de la nature, de l'immortalité de
l'âme, de l'amour de la liberté, du charme et du danger
des passions...

« En ne faisant que l'entendre, on eût dit que c'étaient
plusieurs personnes, plusieurs âmes, plusieurs expériences
fondues en une seule ; en voyant sa jeunesse, on se demandait comme elle avait pu faire pour exister avant de naître,
et pour deviner la vie.....

« Je l'écoute, je la regarde avec transport ; je découvre

dans ses traits des charmes supérieurs à la beauté. Que sa physionomie a de jeu et de variété ! que de nuances dans les accents de sa voix ! quel accord parfait entre la pensée et l'expression ! Elle parle, et, si ses paroles n'arrivent pas jusqu'à moi, ses inflexions, son geste, son regard, me suffisent pour la comprendre. Elle se tait un moment, et ses derniers mots résonnent dans mon cœur, et je trouve dans ses yeux ce qu'elle n'a pas dit encore. Elle se tait entièrement, alors le temple retentit d'applaudissements ; sa tête s'incline avec modestie ; ses longues paupières descendent sur ses yeux de feu, et le soleil reste voilé pour nous. »

Dans l'extrême prodigalité de la nature envers madame de Staël, c'est son père qui l'a forcée à faire un choix judicieux ; son esprit a gagné avec M. Necker, et pour l'agrément et pour la solidité. Il lui a, comme il le disait lui-même, enseigné la plaisanterie, et dans le genre sérieux elle était à la fois inspirée et ramenée au vrai et à la modération simplement en le regardant. Mais, sous des rapports plus essentiels, qui dira ce qu'elle lui doit ? Qui dira quel a été l'effet de tant d'amour, fondé sur tant d'admiration ? Si trop de mouvements, trop de besoins divers, ont agité sa vie, pour que M. Necker en ait eu la pleine direction, jamais elle ne lui a volontairement résisté. Il a puissamment influé sur elle et par son exemple et par l'éternel regret de l'avoir perdu. Mais comment apprécier une telle influence ? L'heureux effet des vertus paternelles se prolonge à notre insu, et ressemble à l'action de la Divinité sur notre âme.

Un regard attentif découvrait entre le père et la fille bien plus de ressemblance que la réserve de l'un et la manière ouverte et communicative de l'autre n'eussent porté à le présumer. Avec une force de tête, une capacité d'attention bien supérieure à celle de madame de Staël, M. Necker (et je le représente ici tel que je l'ai vu dans les dernières années de sa vie), M. Necker montrait sur des sujets moins variés des vues aussi étendues. Il avait ces mêmes aperçus lumineux, ce coup d'œil pénétrant, cette finesse d'observation, et cette même gaieté sur un fonds de mélancolie. Il combattait une imagination forte, et concentrait une chaleur d'âme, une sensibilité qui n'en devenaient que plus touchantes. Rien n'était attendrissant comme ses témoignages d'affection, et on ne peut se les retracer sans une émotion profonde. Son expression toujours un peu contenue, son regard si vif et si doux, pénétraient le cœur; on y retrouvait toute sa vie. On y voyait et la mort toujours déplorée de madame Necker, et la sienne qui s'avançait, et sa bonté adorable, et l'ingratitude des hommes, et les hautes consolations de la religion, et l'ardent désir de faire encore du bien sur la terre. Mais, quand ses grandes facultés venaient à se déployer, quand une belle cause réclamait son appui, ou qu'une noble inclination enflammait son âme, il s'exaltait par degrés, et les flots toujours grossissants de sa magnifique éloquence se précipitaient en torrent rapide et impétueux.

De tels moments étaient rares toutefois : son cœur s'agitait et se calmait le plus souvent en silence. Une dignité un peu nonchalante l'empêchait d'imprimer à la conversation le mouvement qui eût réagi sur lui-même, et il se résignait à l'ennui, que pourtant il redoutait beaucoup. Il avait peine à voiler une antipathie mêlée de mépris pour la nullité de l'esprit ou du caractère; et sa bouche un peu dédaigneuse contrastait avec son regard doux et bienveillant. Toutefois la grâce le captivait : aussi ne demandait-il aux femmes que du naturel, et était-il plein d'indulgence pour les jeunes gens; mais la médiocrité consolidée lui était insupportable. Après qu'il avait longtemps rongé son frein dans une société insipide, rien au monde n'était plus divertissant que la première explosion de son mécontentement. Les maximes communes qu'on lui avait débitées, les

nuances de ridicule qu'il avait saisies, les petits buts qu'il
avait démêlés, et jusqu'à l'idée qu'il voyait les autres se
former de lui-même, lui inspiraient les expressions les
plus originales, les plus vivement constrastantes avec son
extérieur grave et imposant. Une force comique singulièrement mordante se développait en lui; et sa bonté naturelle,
qui se faisait jour comme par bouffées à travers ce genre
de verve, le rendait plus remarquable encore. Il a pu facilement renoncer à montrer ce talent dans ses écrits; mais
ce qui est bien à regretter, ainsi que l'a insinué madame de
Staël, c'est que la pompe continuelle de son style ne lui ait
pas permis de donner assez de relief, des couleurs assez
tranchantes, à la foule de pensées neuves, salutaires ou
agréables, qu'il a réellement exprimées. La musique distrait des paroles quand on le lit, et, dans ses périodes caden-
cées, il y a une grande quantité d'esprit qui est perdue pour
l'effet.

Après avoir donné une idée générale de madame de Staël
dans sa jeunesse et des deux personnes qui ont le plus
influé sur cette période de sa vie, je vais maintenant la
suivre dans le cours de ses travaux. Sans trop m'attacher
à juger en elle l'écrivain, je regarderai les ouvrages de
madame de Staël comme des faits de son histoire ou comme
le dépôt de ses pensées, le point de vue littéraire n'étant
peut-être ni le plus important à son égard, ni celui qu'il
m'appartient le mieux de choisir.

DES ÉCRITS DE MADAME DE STAËL.

PREMIÈRE PÉRIODE.

Quoique les ouvrages de madame de Staël aient générale-
lement été dictés par le même esprit, on y reconnaît un
caractère un peu différent, suivant l'époque à laquelle elle
les a composés. Je les diviserai donc en trois classes cor-

respondantes à trois périodes de sa vie : la première, très-courte, qui a précédé la Révolution ; la seconde, qui s'étend du commencement de la Révolution à la mort de M. Necker ; et la troisième, qui est postérieure à cet événement.

La réputation naissante de madame de Staël fit accueillir ses moindres productions. On lisait avec avidité des synonymes, des portraits écrits par elle, et d'autres essais de ce genre, qui, au moment où elle entra dans le monde, étaient l'objet de certains défis de société ; et déjà dans ces légères compositions on remarque la finesse de pensées, les traits vifs de sentiment qui ont toujours été le cachet de sa manière. Mais, avant cette époque et celle de son mariage, elle avait déjà écrit une comédie en vers, qui fut bientôt suivie de deux tragédies.

Il est inutile de dire que ces pièces ne sont que des ébauches très-imparfaites. Elles n'étaient point destinées à l'impression, mais madame de Staël en a fait quelquefois la lecture dans des réunions nombreuses, où elles ont eu un succès inouï ; succès qui prouve l'instinct du talent chez les juges, car c'est surtout comme d'heureux présages qu'on a dû les considérer.

L'idée principale de la comédie intitulée *Sophie, ou les Sentiments secrets*, ne parut pas irrépréhensible à madame Necker. Sophie est une jeune orpheline qui a conçu pour son tuteur, le mari de son amie, une passion dont elle ne se doute pas ; mais l'excuse de l'héroïne, l'ignorance du sentiment qu'elle exprime, put sembler à des yeux sévères ne pas s'étendre jusqu'à l'auteur. Toutefois le sujet est traité avec délicatesse, ou, pour mieux dire, avec innocence. On voit que mademoiselle Necker n'a songé qu'à peindre un attachement sans espoir. D'ailleurs, le caractère moralement très-beau de la femme mariée, rivale de Sophie balance l'effet de ce dernier rôle.

Il est étonnant qu'un si jeune auteur, dont la tête était déjà pleine de tant d'idées, n'ait pas eu davantage la prétention de varier ses moyens d'effet. Mademoiselle Necker s'est entièrement renfermée dans la région du sentiment, et son esprit fécond, borné à une seule couleur, y a multiplié les nuances. Les *Sentiments secrets* sont une pièce toute d'amour, et d'amour malheureux ; il y règne une douce et mélancolique sensibilité. Mais, dans cette espèce d'élégie, quatre situations, quatre caractères différents, se dessinent pourtant d'une manière nette et distincte. Le style, comme l'a dit plus tard madame de Staël en la publiant, n'est pas correct, mais il est coulant et harmonieux. Elle avait une telle facilité, qu'il semble qu'elle ait en toutes choses commencé par l'habitude.

Une tragédie étant une œuvre bien autrement difficile qu'une comédie, *Jane Grey* est, à tous égards, inférieure à *Sophie*. Cependant l'inspiration y est plus élevée, et les indices du talent y sont plus fortement marqués. Le rôle de Jane Grey a un coloris doux et pathétique ; celui de Northumberland est conçu avec une vigueur qui paraît bien étonnante quand on considère l'âge de l'auteur. On a surtout remarqué quelques vers très-énergiques de ce dernier rôle.

Jane Grey est peut-être la seule des productions de madame de Staël où il se trouve une peinture animée du bonheur. La situation de l'héroïne au commencement offre, il est vrai, ce qui devait être l'idéal de la félicité aux yeux de l'auteur même, un mariage avec un héros adoré, les jouissances d'un esprit supérieur, et, dans l'avenir, des chances brillantes ou funestes, mais toujours glorieuses. Aussi, comme madame de Staël avait toujours besoin de reconnaissance, et par conséquent de religion dans le bonheur, elle a donné au caractère de Jane Grey une teinte religieuse très-prononcée.

Peut-être a-t-on trop désespéré de la peinture du bonheur pour l'effet littéraire : on éprouve je ne sais quel attendrissement pour les êtres qui savent être heureux; et dans la tragédie surtout, où l'orage s'annonce, il résulte une vérité, une force singulière, du calme et de la douceur des premières impressions. Nous céderons au plaisir de citer quelques vers qui peignent cette plénitude de contentement dont l'expression est si rare, dans les fictions comme dans la vie réelle, chez les écrivains de génie; c'est Jane Grey qui parle :

> Au lever du soleil, alors qu'en m'éveillant
> Je retrouve mon âme et recommence à vivre,
> A sentir mon bonheur quelque temps je me livre;
> J'éprouve le plaisir de m'apprendre mon sort;
> J'y pense lentement; ma voix nomme Guilfort, etc.

Il paraît que l'histoire de Jane Grey avait singulièrement frappé madame de Staël, car elle s'est encore occupée de cette femme infortunée dans les *Réflexions sur le suicide* qu'elle a composées en 1811. Elle voulait prouver que l'attente d'une mort affreuse n'est pas, aux yeux du vrai chrétien, une raison suffisante pour attenter à ses jours. Dans ce but, elle suppose une lettre écrite par Jane Grey en réponse à la proposition qui lui a été faite de prévenir son supplice en s'empoisonnant. Cette lettre, où respire le pur esprit du christianisme, est de la beauté la plus touchante et la plus élevée.

Il est à remarquer que ces premiers ouvrages, écrits à un âge si tendre, ont une vérité plus parfaite et plus intime dans l'expression du sentiment que ceux de la période suivante, qui prouvent néanmoins une plus haute portée. Cependant j'ignore si les traits de génie qu'on a relevés dans ces pièces en feront pardonner les défauts, hors du cercle de l'amitié. *Jane Grey* surtout ne peut soutenir l'examen : ce sont des monuments curieux de l'histoire d'un grand talent; mais leur vrai mérite est dans ce qu'ils annoncent.

Madame de Staël fit, à peu près dans le même temps, une seconde tragédie intitulée *Montmorency*. Cette pièce, qui n'a jamais été imprimée, contient de belles scènes, et le rôle du cardinal de Richelieu y est tracé avec esprit. Toutefois le caractère du héros, poussé à la rébellion par une femme ambitieuse, ne pouvait pas être bien théâtral. Il est donc à présumer qu'un sentiment particulier a influé sur le choix de ce sujet, et qu'à l'époque où commençaient à se former les nœuds d'une amitié qui a embelli ou consolé la vie de madame de Staël, elle se plaisait à répéter le beau nom de son ami [1].

Le goût de madame de Staël s'était d'abord déclaré en faveur de la poésie; mais, depuis ces essais dramatiques, elle n'a guère composé qu'une seule pièce de vers un peu considérable. Le mécanisme de la versification a été tellement perfectionné en France, qu'il lui fallait ou se résigner à un genre d'infériorité, ou s'assujettir à un travail qui eût amorti sa verve. Peut-être que l'essor irrégulier de son talent ne pouvait s'accommoder d'une marche mesurée. Elle y aurait perdu de l'originalité; et elle s'est montrée plus grand poëte en prose qu'elle ne l'eût vraisemblablement été en vers.

En suivant l'ordre des temps, je dois parler ici de trois Nouvelles que madame de Staël a composées avant l'âge de vingt ans, mais qu'elle n'a publiées qu'en 1795. Elle n'attachait aucune importance à ces légères productions. Ainsi elle dit elle-même dans l'avertissement « que les situations y sont indiquées plutôt que développées, et que c'est dans la peinture de quelques sentiments du cœur qu'est leur seul mérite. » Il s'y trouve en effet des traits ravis-

---

[1] M. le vicomte Mathieu de Montmorency.

3.

sants de sensibilité; mais les situations, qui avaient séduit le
jeune auteur, sont trop fortes pour le cadre, et l'on voit
que madame de Staël les avait imaginées dans le temps où
elle cherchait des sujets frappants pour la scène. Il y a
toujours une veine tragique dans son talent. Produire de
grands effets, exciter de fortes émotions, ce besoin du génie
et de la jeunesse a longtemps dominé chez elle; aussi a-
t-elle prodigué la mort dans ces Nouvelles avec une sorte
de témérité. Celui-là seul que la mort a frappé dans ses plus
chères affections devrait avoir le droit de traiter ce sujet
terrible : seul il peut parler dignement des peines qu'il
connaît; seul il peut évoquer l'image du roi des épouvan-
tements, sans une sorte de légèreté profane.

Au reste, la publication de ces Nouvelles n'a fait que
fournir un prétexte à celle du morceau extrêmement distingué qui leur sert d'introduction. C'est un traité sur les
fictions, plein de vues neuves et de pensées agréables. Les
différents genres de fictions, leur convenance relative aux
divers degrés de la civilisation, y sont appréciés avec une
rare sagacité, et l'imagination y est analysée par un esprit
accoutumé à vivre avec elle.

LETTRES SUR ROUSSEAU.

Mais son ouvrage le plus achevé de cette période, ce sont
les *Lettres sur les écrits et le caractère de J. J. Rousseau.*
Là se trouve toute la vivacité de la jeunesse et son plus
grand charme, ce qu'elle est et ce qu'elle promet. Là on
entrevoit un penseur, un moraliste, une femme capable de
peindre les passions, mais tout cela confusément et dans
le nuage. Là est déposé le germe de toutes les opinions que
madame de Staël a développées depuis. Elle parcourt un
champ immense d'idées; elle effleure, en passant, une
foule de sujets; et, quoique sa marche soit dirigée par celle

de Rousseau, elle accompagne cet auteur d'un pas si léger et si rapide, elle le croise et le devance tant de fois, qu'on voit qu'il l'a excitée bien plus qu'il ne l'a soutenue. C'est toujours d'abondance qu'elle parle; elle cède au besoin de répandre son âme; et l'on juge que, si elle eût choisi un tout autre objet, elle s'en serait peut-être occupée avec moins d'amour, mais qu'elle aurait écrit avec autant de facilité et d'éloquence. Quel que soit l'enthousiasme que lui inspire Rousseau, elle maintient l'indépendance de son esprit; elle sème avec profusion ses propres pensées, en les exprimant avec cette grâce, ce léger embarras d'une jeune femme qui souffre un peu d'avoir à déployer tant de force. C'est dans des morceaux d'une vive sensibilité, c'est surtout dans des élans d'admiration et d'amour pour son père, qu'elle a épanché tout son cœur. Enfin, malgré quelques mouvements et quelques jugements un peu jeunes, elle est déjà étonnamment elle-même dans cet écrit. C'est déjà cette personne sur qui tout produit de l'effet, qui examine tout de ses propres yeux, qui, ayant une manière à elle d'envisager les objets, se donne la peine de vous expliquer cette manière, et qui étend toujours vos idées, par cela seul qu'elle change votre point de vue. C'est cette personne enfin qui ne trace pas une ligne sans avoir pensé ou senti ce qu'elle écrit, et qui exprime toujours, si ce n'est exactement la vérité des choses, du moins celle de son impression. Peut-être cette production ressemble-t-elle, pour la manière, à ses meilleurs ouvrages plus qu'à ceux d'une époque intermédiaire. Dans cette première période, où, de même que dans la dernière, madame de Staël vivait au milieu d'une société extraordinairement brillante et y avait de grands succès, l'esprit de conversation a communiqué de la clarté, de la brièveté, du trait et de l'éclat à son style.

Peut-être y a-t-il même des rapports particuliers entre les *Lettres sur Rousseau* et l'ouvrage posthume de ma-

dame de Staël. Rien assurément ne peut différer davantage
pour le sujet et la forme que ces deux écrits, et cependant
ils se rapprochent par la limpidité de la diction, et parce
qu'à travers la chaleur ou la vivacité de sentiments bien
dissemblables, il y règne une égale sérénité d'esprit : le
calme du matin et celui du soir de la vie s'y font sentir.
Elle n'avait pas été encore atteinte par l'orage, quand elle
a composé ces lettres; aussi, dans une foule de remarques
charmantes, on ne trouve ni la profondeur de ses impressions, ni celle de sa connaissance du cœur. C'est presque
toujours la souffrance qui nous porte à creuser dans notre
âme, il faut que l'abîme s'ouvre pour qu'il y pénètre un
rayon du jour. L'analyse des effets de la douleur, l'emploi
de couleurs très-sombres, en contraste avec les traits lumineux de ses pensées, ont été un des grands moyens de
madame de Staël. Elle s'est montrée unique dans ce genre;
et pourtant, en relisant les *Lettres sur Rousseau*, où elle
a cherché à se modérer, l'on retrouve avec bien du plaisir
son esprit et même sa sensibilité, revêtus de teintes plus
douces.

Ceux qui ont voué un culte au talent veulent qu'il produise sur eux ses plus grands effets : ils veulent éprouver
sa puissance, fût-elle malfaisante et cruelle; et, comme eux
seuls exigent de lui des preuves de force, eux seuls ont aussi
le droit de lui distribuer la gloire. Mais la plupart des lecteurs ne cherchent qu'une douce distraction. Il est mille
destinées douteuses qu'une représentation embellie de la vie
berce d'agréables illusions, et peut-être faut-il être ou très-
heureux, ou très-malheureux, pour aimer à répandre des
larmes. C'est parce que les *Lettres sur Rousseau* raniment
et exercent doucement le cœur et la pensée sans trop exiger de l'un et de l'autre, que le charme en a été si univer-
sellement senti.

Toutefois, n'en déplaise à ceux qui aiment à renfermer

le dénigrement général d'un écrivain dans l'éloge de son premier essai, cet ouvrage étonnant pour l'âge de l'auteur, brillant et distingué pour tous les âges, ne manifeste encore ni la grande imagination ni la supériorité transcendante dont madame de Staël a fait preuve depuis.

ÉCRITS DE MADAME DE STAËL.

DEUXIÈME PÉRIODE.

Peu de temps après la publication des *Lettres sur Rousseau* commença la Révolution française : madame de Staël avait déjà rendu dans cet ouvrage un hommage éclatant à la liberté, et l'amour de la liberté l'avait enflammée dès son jeune âge. Placée près du centre de l'action, s'élevant par son esprit à la hauteur de tous les principes, et atteinte dans ses sentiments par tous les résultats, ni son caractère ni sa destinée ne lui permettaient de demeurer étrangère au mouvement général. Quand toutes les têtes étaient exaltées, ce n'est pas la sienne qui pouvait rester froide. Elle admirait la constitution anglaise autant qu'elle chérissait la France. L'idée de voir les Français aussi libres que les Anglais, de les voir placés au même niveau pour tout ce qui assure les droits et relève la dignité de l'espèce humaine, devait répondre à ses vœux les plus ardents ; et, quand on songe qu'à cette perspective s'ajoutait l'espoir que son père contribuait à un tel bien et en recueillerait la reconnaissance, on ne peut s'étonner de son enthousiasme. Tout ce qu'il y avait de vif dans son cœur et dans ses pensées la portait sur la même route, et elle allait plus loin que son père dans cette route, comme pour s'exposer à recevoir le premier choc.

Toutefois la modération que commandaient à M. Necker et son caractère et ses hautes lumières fut bientôt imposée à madame de Staël par son respect pour le malheur. D'après l'ardeur de ses espérances, on peut juger de ce qu'elle éprouva lorsqu'elle vit son attente trompée. Avec un sentiment de pitié tellement vif, même avec les indifférents, qu'il était une douleur personnelle; avec une aversion pour la tyrannie qui soulevait toutes les puissances de son âme, le règne de la Terreur fut pour madame de Staël particulièrement épouvantable. Parmi ceux qui n'ont pas eu à déplorer la perte des premiers objets de leur attachement, nul n'a pu souffrir plus qu'elle. A la plus profonde compassion pour les maux de tous, à d'horribles craintes pour ses amis, se joignait l'idée que le nom de la liberté serait à jamais calomnié, et que celui de son père subirait un pareil sort. Ses deux idoles sur la terre, la liberté et la gloire de M. Necker, semblaient renversées du même coup.

« Il me semble, dit-elle (*Influence des passions*, p. 115), que les partisans de la liberté sont ceux qui détestent le plus pofondément les forfaits qui se sont commis en son nom. Leurs adversaires peuvent sans doute éprouver la juste horreur du crime; mais, comme ces crimes mêmes servent d'argument à leur système, ils ne leur font pas ressentir, comme aux amis de la liberté, tous les genres de douleur à la fois. »

Aussi, pendant le règne sanglant de Robespierre, madame de Staël fut hors d'état d'entreprendre aucun travail suivi; toutes ses facultés étaient absorbées par le désir de dérober des victimes à la mort : désir sans cesse renaissant, car, lorsqu'elle avait donné asile à un infortuné, elle croyait n'avoir rien fait pour lui tant qu'elle n'avait pas sauvé ses proches. Son dévouement dans ce genre est si connu, qu'il est inutile de le retracer, et l'amitié éprouverait une sorte d'embarras à le faire.

DÉFENSE DE LA REINE. — ÉPÎTRE AU MALHEUR. — DEUX
OPUSCULES POLITIQUES.

La première fois qu'elle retrouva son talent, ce fut pour
l'employer à la défense de la reine. On sait, dans ces temps
désastreux, ce qu'il fallait de ménagements et d'adresse
pour ne pas irriter des monstres sanguinaires. On a même
souvent employé alors, dans un bon but, un langage bas
et féroce; mais c'est là ce qui était impossible à madame
de Staël. La tyrannie populaire ne lui était pas plus aisée à
flatter qu'une autre. Cependant, comme il fallait se faire
entendre des chefs, elle essaye de tous les tons, elle use
de tous les moyens pour trouver le défaut de la peau du
tigre, et parvenir au cœur de l'homme. Elle cherche
à faire oublier la reine, pour ne montrer dans Marie-Antoinette que la femme charmante, l'être bon et compa-
tissant, la tendre mère, l'épouse dévouée et courageuse.
Il règne un sentiment actif, profond, une pitié ingénieuse
et délicate dans cette pièce. Dirons-nous que madame de
Staël n'avait jamais été en faveur auprès de la reine?
Eût-elle, ce qui ne se pouvait pas, eût-elle été haïe, proscrite, persécutée par Marie-Antoinette, elle n'en eût pas fait
moins, et eût également gémi de ne pouvoir en faire plus.

Plus tard, elle épancha la douleur qui l'oppressait dans
une épître adressée au Malheur, petit poëme bien remarquable par la force et la vérité de l'expression. On a surtout
distingué ces vers, où elle montre ce que l'idée du désastre
universel ajoute pour chaque malheureux aux peines particulières de la vie :

> De la nature enfin le cours invariable
> A travers tant de maux ne s'est point arrêté;
> La mort, comme autrefois, se montre impitoyable,
> Et l'hymen le plus saint n'en est point respecté.
> L'amour peut être ingrat, et l'amitié légère;

Et, sous le poids affreux des communes douleurs,
Nourrissant en secret une peine étrangère,
Seule, à d'autres chagrins on donne encor des pleurs.
Dieu puissant! du malheur daigne borner l'empire..... »

Après la chute de Robespierre, madame de Staël a publié, à peu d'intervalle, deux brochures anonymes, l'une intitulée *Réflexions sur la paix, adressées à M. Pitt et aux Français;* et l'autre, *Réflexions sur la paix intérieure.* Ces deux écrits, dont le premier a été l'objet des éloges de M. Fox dans le parlement d'Angleterre, contiennent tout ce que l'auteur osait exprimer de ses idées sur la situation intérieure et extérieure de la France en 1795; et ce sont par là même des monuments précieux pour l'histoire. Sans prétendre discuter les opinions politiques de madame de Staël, je dirai, relativement à ces deux ouvrages, qu'ils lui ont été dictés par un sentiment impérieux. Les Français des deux partis ont pu vouloir la guerre, et l'Europe entière a pu croire être intéressée à sa continuation; mais il n'était pas dans le caractère de madame de Staël d'adopter jamais un tel système. Hors de l'intérêt sacré de l'indépendance nationale, il n'était donné à aucun raisonnement de la réconcilier avec l'effusion du sang, et son esprit se mettait toujours au service de son cœur pour prouver la convenance de la paix.

On peut en dire autant du second écrit. Indépendamment de son amour pour la liberté, madame de Staël eût toujours signalé avec effroi la route qui semblait alors, selon son énergique expression, « forcer à traverser une seconde fois le fleuve du sang. »

Quand on donne des conseils pour une position déterminée, on est obligé de transiger avec le mal existant et avec ses conséquences nécessaires; mais madame de Staël le fait sans consacrer le mal, et sans cesser de le reconnaître pour ce qu'il est. S'il est possible de lire ses écrits avec impartialité, d'évaluer et les circonstances du temps et ce qu'elles exigeaient d'un écrivain, on sera étonné de tout ce qui y est déployé de force d'argumentation, de respect pour tous les intérêts, pour toutes les opinions honnêtes, de candeur, et non-seulement d'esprit, ce qui va sans dire, mais de solidité et de saine raison. Sans doute, elle ne désirait pas le rétablissement de la monarchie; mais était-il dans l'ordre des choses possibles que cette même restauration, qui depuis a ramené des jours de liberté et de bonheur pour les Français, eût lieu à l'époque où elle écrivait, sans que de terribles vengeances fussent exercées? Elle n'a pas vu à vingt ans de distance, parce que telle n'est pas la portée du regard humain; mais, dans un horizon plus rapproché, elle a présagé avec une singulière justesse. N'est-il pas bien remarquable, par exemple, qu'en 1795 elle ait dit que la France ne pouvait arriver à la monarchie mixte sans passer par le despotisme militaire [1]?

DE L'INFLUENCE DES PASSIONS SUR LE BONHEUR DES INDIVIDUS ET DES NATIONS.

Quelque abstraite et générale que soit la question traitée dans ce livre, elle n'était point, même au sein du trouble et des inquiétudes, étrangère aux pensées habituelles d'un esprit philosophique comme celui de madame de Staël. Aussi, quoique les traces de la commotion violente qu'a donnée la révolution à tous les êtres réfléchissants et sensibles se fassent remarquer dans cet ouvrage, des forces plus grandes y sont déployées, et leur masse entière est en mouvement.

---

[1] J'avais rassemblé d'autres citations, et les phrases que j'avais en vue étaient bien saillantes; mais peut-être vaut-il mieux, quand on ne retrace pas l'ensemble de la situation, éviter de réveiller des souvenirs douloureux, et trop souvent empreints d'injustice.

Dans les *Lettres sur Rousseau*, on voit une jeune personne étincelante d'esprit, qui agite avec feu, avec sentiment, une foule de questions brillantes au milieu des applaudissements d'une nombreuse assemblée. Dans l'*Influence des passions*, au contraire, tout porte l'empreinte des méditations solitaires, et de cette effervescence douloureuse que l'exercice de la pensée ne parvient pas toujours à calmer. Le jeune aigle épouvanté par la tempête de la vie cherche un asile et un lieu de repos. Les passions sont déchaînées autour d'elle. Témoin et près d'être victime elle-même de la fureur des partis, elle a sous les yeux une vaste ruine. Les institutions du vieux temps, celles qui les avaient d'abord remplacées, tout a été renversé. La vertu, la raison, la liberté même, au nom de laquelle les passions s'étaient soulevées, ont lutté en vain contre les passions. Madame de Staël cherche donc à analyser ces forces mystérieuses; elle se demande si les ardentes espérances que les passions excitent se réalisent jamais, et la réponse est négative. Toujours les passions attendent du sort ou des hommes l'accomplissement de leurs vœux, et mettent ainsi notre bonheur sous une dépendance étrangère. L'amour de la gloire, l'ambition, la vanité, veulent atteindre un but qui recule sans cesse. Les affections tendres ont besoin d'une réciprocité qu'elles ne croient jamais obtenir, et les désirs sensuels ou égoïstes, en desséchant le cœur qu'ils agitent, détruisent le foyer commun de toutes les jouissances.

Les passions sont donc le véritable obstacle au bonheur des individus, et elles nuisent aussi à celui des nations; car, pour un peuple chez lequel il n'existerait pas de violents désirs, toutes les formes de gouvernement seraient également bonnes. Toutefois il s'offre ici une distinction fondamentale : l'homme considéré isolément peut toujours aspirer à étouffer ses sentiments désordonnés; mais on doit regarder les passions comme indestructibles dans l'espèce, et c'est à leur laisser le degré d'activité convenable que consiste l'art du législateur. D'après cette différence, l'auteur a divisé son plan en deux parties : l'une qui traite de la destinée des individus, et l'autre du sort constitutionnel des nations.

La première moitié de ce plan est la seule qui ait été exécutée, et elle suffit à former un ouvrage complet. Madame de Staël y a analysé, en premier lieu, les passions, puis les sentiments qui tiennent à la fois de la nature des passions et de celle des ressources qu'on peut leur opposer; enfin, elle examine quels sont les secours contre le malheur qu'on doit chercher en soi-même.

L'analyse des passions est admirable ; plusieurs de ces mobiles, qui semblent ne différer entre eux que par d'imperceptibles nuances, sont caractérisés avec des traits si nets et si fermes, qu'ils prennent des physionomies parfaitement distinctes ; et les définitions d'idées abstraites deviennent en quelque sorte des portraits d'individus. Un rare talent pour la satire est déployé dans ces peintures : toutefois on n'y remarque pas cette gaieté vive et légère qui a brillé depuis chez madame de Staël. Elle était absorbée par le chagrin à cette époque désastreuse.

Un chapitre bien remarquable, c'est celui de l'*Esprit de parti*. Le fanatisme politique, son aveuglement, sa folle confiance, sa crédulité, sont représentés par une personne si jeune avec la plus énergique justesse ; et elle a ensuite caractérisé avec la même précision les deux grandes classes d'enthousiastes, les novateurs et les défenseurs du passé. Tout est vrai dans ces tableaux, et restera tel tant que les mêmes partis existeront encore.

Mais quelle effrayante révélation du plus affreux mystère de la nature humaine n'est pas contenue dans le chapitre intitulé du *Crime*, mot par lequel elle entend surtout la cruauté! Dans un temps où le crime marchait déchaîné, l'esprit d'observation n'a pourtant pu suffire à tracer un tel tableau. Il fallait un talent pour ainsi dire dramatique, cette force d'imagination qui, dans un mot, un mouvement, une expression de physionomie, trouve l'homme tout entier, le comprend au point de devenir lui, de revêtir un instant sa nature. Quelle peinture terrible de ce besoin d'enivrement, de cette férocité convulsive, de cette rage intérieure qu pousse sans cesse à de nouveaux forfaits celui pour qui le repos est devenu un supplice, celui qui se sent haï parce qu'il hait, et qui veut infliger aux autres les tourments dont il est lui-même la proie !

Et quel trait de lumière jeté sur le cœur humain que ces paroles : « Si l'on pouvait avoir quelque prise sur un tel caractère, ce serait en lui persuadant tout à coup qu'il est absolument pardonné ! » Voilà, remarquerai-je à l'appui de ce que dit madame de Staël, voilà une des causes des révolutions morales qu'opère si fréquemment la religion. Elle dit au coupable qu'il est pardonné dans le ciel ; il méprise le reste et recommence à vivre.

Madame de Staël considère les passions sous le rapport de leur danger pour le bonheur et non pour la vertu. Elle commence par reconnaître que toute félicité suppose l'observation des lois de la morale ; mais elle ne dit pas aux hommes : Les passions vous rendront peut-être coupables ; elle leur dit : Les passions vous rendront sûrement malheureux. Pour les êtres que la chance de commettre une faute n'effraye pas avant tout, ce langage a beaucoup de force, en ce qu'il se fonde sur la nature même des choses, sur l'essence immuable des sentiments immodérés, et non sur leurs suites incertaines. Ainsi, quelque base qu'on veuille donner à la morale, cette partie de l'ouvrage aura toujours de l'importance, et les observations curieuses qu'elle renferme ne seront perdues dans aucun système. Toute philosophie usuelle doit viser à rendre la volonté indépendante des passions. Mais, quand madame de Staël, dans le but de mieux assurer cette indépendance, semble proscrire jusqu'aux affections les plus légitimes, ne dément-elle pas et son propre sentiment et la nature? N'y a-t-il pas un stoïcisme moins âpre à dire que la douleur n'est pas un mal qu'à soutenir qu'aimer innocemment n'est pas un bien? L'amitié, la tendresse paternelle et filiale, doivent-elles être sacrifiées à un froid calcul, et n'est-ce pas un cruel emploi du talent que de peindre avec un détail frappant de vérité tout ce qui blesse le cœur dans les relations les plus chères? Le philosophe chrétien a peut-être seul le droit de dissiper des illusions consolantes; et il faut nous promettre autre chose que cette vie, si l'on veut nous dégoûter de ce qu'elle renferme de mieux.

Il n'était pas en général dans le caractère de madame de Staël de poursuivre aveuglément un principe jusque dans ses dernières conséquences, et elle était ordinairement avertie par un tact très-sûr du moment où l'application abusive d'une règle conduirait à en violer une autre. Mais, qu'on ne s'y trompe pas, ce n'est point par une affectation d'austérité que madame de Staël a soutenu un tel système, et on peut assez juger que ce n'est point non plus par froideur d'âme. Elle peint en traits de feu le malheur des passions et leur puissance; c'est uniquement aux êtres passionnés qu'elle s'adresse : les autres n'ont pas besoin de ses secours; ils n'entendraient pas son langage, et ce n'est pas avec eux qu'elle a des traits de sympathie. Il résulte ainsi de la sévérité de ses conseils et de la chaleur de ses sentiments un singulier contraste, qui vient de ce qu'ayant beaucoup souffert, elle aurait voulu paralyser chez les autres et chez elle-même cet excès de vie qui est une si grande cause de malheur.

Il a sans doute échappé à la jeunesse et à l'ardente vivacité de l'auteur, des jugements hasardés et des expressions trop fortes ; mais, à juger généralement de la moralité de cet ouvrage, on ne peut guère lui reprocher d'autres défauts que ceux de la philosophie qui n'a pas un fondement religieux, la privation d'espérance, l'absence d'un motif hors de soi pour le sacrifice de soi-même, défauts qui sont toujours recouverts d'une teinte de sensibilité bien étrangère à cette philosophie.

Madame de Staël ne laisse pas sans quelques ressources les mortels qu'elle a délivrés des passions ; elle conseille l'étude indépendamment du succès, la bonté indépendamment de la reconnaissance, et elle indique comme un état assez doux, après qu'on a renoncé au bonheur, cette disposition tendre et rêveuse qu'elle appelle la mélancolie. La religion a toutes ces consolations, et mieux encore ; mais la religion n'était alors ni un principe d'action ni un secours intérieur pour madame de Staël, et on peut en appeler de tout ce qu'elle dit sur ce sujet à César mieux informé, c'est-à-dire à elle-même dans ses derniers écrits.

Son ouvrage contre le suicide, en particulier, est très-curieux à rapprocher de celui-ci, dont il semble être le complément, puisque madame de Staël y offre le seul remède efficace aux maux qu'elle n'avait guère fait auparavant que signaler.

Toutefois, quand on a reconnu dans les passions une fièvre funeste et destructrice, dans les affections les plus innocentes une source de peines et de regrets ; quand la méditation, la bienfaisance, et une sorte de résignation contemplative, sont devenues les seules ressources sur lesquelles on ose compter, on a fait, sans le savoir, bien des pas sur la route qui conduit au christianisme : on s'est pénétré de son esprit sans songer à sa doctrine, et c'est là ce qui rend plus intéressant encore ce livre, d'ailleurs éminemment distingué.

Si madame de Staël n'a pas exécuté la seconde moitié de

son plan, ce n'est point par légèreté; ce n'est pas non plus
qu'elle ait été effrayée des grands travaux qu'il lui fallait
entreprendre : on a vu depuis ce dont elle était capable en ce
genre. Selon toute apparence, elle aura senti que, malgré
ses efforts, les deux parties de l'ouvrage n'eussent pas été
assez fortement liées l'une à l'autre, et que la seconde aurait difficilement rempli son titre. En traitant de l'influence
des passions sur le bonheur des nations, le but de madame
de Staël était de prouver, par l'histoire, cette opinion qu'elle
a professée toute sa vie, savoir : que les institutions politiques
font l'éducation des peuples, qu'elles forment leur caractère, et décident par là de leur destinée intérieure. Or il
est très-vrai que le problème à résoudre dans ces institutions, c'est celui de laisser aux passions le degré d'activité
qui permet un grand développement moral, sans néanmoins compromettre la tranquillité publique; mais le jeu
des passions est compris dans l'idée de la liberté, et il ne
paraît pas très-nécessaire de décomposer cette idée : la
question serait donc rentrée dans celle de l'union de l'ordre
avec la liberté. Et si l'auteur avait voulu rechercher quelle
a été la passion dominante dans le caractère de chaque peuple, comme il eût expliqué ce caractère par les institutions,
la passion n'aurait paru qu'accidentelle. De toute manière
les passions eussent été assez étrangères au sujet de cette
partie, ou ne s'y seraient rattachées qu'au moyen d'une
métaphysique trop déliée : toutefois il serait bien intéressant de traiter ces diverses questions en s'appuyant sur l'histoire, comme voulait le faire madame de Staël.

Lorsqu'elle eut renoncé à son premier plan, elle resserra,
dans une introduction, toute la substance de l'ouvrage
qu'elle avait d'abord projeté. Ce morceau, qui attira fortement dans le temps l'attention des penseurs, offre en effet
une masse imposante d'idées; c'est une mine non exploitée,
où celui qui voudra puiser trouvera d'immenses richesses.

DE LA LITTÉRATURE CONSIDÉRÉE DANS SES RAPPORTS AVEC LES INSTITUTIONS SOCIALES.

Il s'est écoulé quatre années entre la publication de l'*Influence des Passions* et celle de la *Littérature*. Durant cet intervalle, une révolution heureuse semble s'être opérée dans l'esprit de madame de Staël. Ses opinions sont restées les mêmes, mais le cours de ses pensées a changé. La réflexion a mûri ses idées, des études suivies ont allégé pour elle le poids du malheur, et son âme s'est relevée. Déjà sa vie est toute d'avenir, et, puisque le temps présent ne répond pas à ses vœux, elle vogue à pleines voiles vers une gloire lointaine ; son besoin d'espérance se reporte sur le monde entier. Elle pense que l'esprit humain s'enrichit de l'héritage des siècles. Selon elle, les générations ne se succèdent pas en vain, et il s'avance peu à peu un meilleur ordre de choses, dont l'œil prophétique du talent distingue les principaux traits. L'état de bouleversement et d'anarchie cesse de lui paraître un mal inutile, quand elle le considère comme une crise qui doit conduire à une situation plus heureuse, quand surtout elle l'attribue aux résistances inévitables qu'éprouvent, lorsqu'on vient à les appliquer à la vie réelle, des principes longtemps méconnus ou relégués parmi les vérités spéculatives. Mais il faut que l'examen du passé justifie cet augure favorable ; il faut prouver que les progrès des lumières ont été certains, qu'ils ont été constants malgré leurs vicissitudes, et qu'on peut, à travers l'obscurité des temps, reconnaître la loi d'un développement moral chez la race humaine. C'est là ce qu'entreprend madame de Staël.

Elle était, par son esprit analytique, particulièrement propre à un tel travail, et sa brillante imagination devait y répandre du charme. La difficulté de suivre la marche inégale de la civilisation, d'en expliquer les irrégularités, les interruptions momentanées, les apparences parfois rétrogrades, d'amener à un résultat commun les faits variés de l'histoire, cette difficulté prodigieuse ne l'effraye pas ; et, sans peut-être l'avoir mesurée, elle l'a presque toujours surmontée avec bonheur. Le même talent d'observation qu'elle avait porté sur les mouvements du cœur s'exerce sur toutes les facultés pensantes, sur tous les résultats de leur activité. Elle considère les institutions, les mœurs et la littérature dans leur dépendance mutuelle ; elle démêle les fils nombreux et délicats qui lient l'état de la société avec celui de la religion et de la philosphie, et montre comment les écrivains, qui sont toujours influencés par le caractère de leur nation, réagissent sur ce caractère même. C'est une belle idée que celle de suivre le développement de l'esprit humain à travers les siècles, en assignant à chacun des grands événements et des grands hommes la part qu'ils ont eue à ses progrès.

On ne peut qu'être singulièrement frappé de l'étendue d'esprit déployé dans cet ouvrage. Ce n'est point, comme la plupart des bons livres de cette classe, un résumé élégant des idées reçues, relevé par quelques nouveaux rapprochements. Ce n'est point non plus une de ces compositions systématiques dans lesquelles un auteur, en observant tous les objets sur une face particulière, peut avoir certains aperçus neufs, mais nous fatigue à la longue par la répétition du même genre d'examen. Tout se dirige, il est vrai, vers un but ; mais la marche de madame de Staël n'a rien de forcé ni de pénible ; son point de vue est juste, vaste, impartial. Elle considère tous les sujets comme si elle était la première à les étudier ; elle voit les choses par leur grand côté, elle les regarde avec des yeux pénétrants, des yeux bienveillants, pour ainsi dire, qui découvrent une foule de rapports inattendus et agréables. Il est étonnant qu'elle se soit rencontrée, comme elle l'a fait, avec les littérateurs de la nouvelle école allemande, dont elle n'avait alors point lu les écrits. Un goût pareil pour tout ce qui exalte la sensibilité et ranime l'imagination l'a conduite sur la même route.

Plusieurs opinions, qui ont été par la suite des objets de discussion entre les critiques, sont exposées pour la première fois dans ce livre; on y trouve l'origine de tout ce qu'on a lu depuis, et il paraît qu'on s'en est servi bien plus qu'on ne l'a cité. Peut-être madame de Staël ne cherchait-elle pas alors à faire ressortir le plus possible ce qu'elle avançait. Telle idée qui devait être féconde, tel sentiment qui pourrait fournir à un beau mouvement d'éloquence, sont exprimés avec précision, mais sans développement. Elle écrit avec intérêt, elle tient à ses opinions, mais sans paraître attacher une grande importance à sa propriété en fait de pensées; et il semble qu'elle se soit persuadée elle-même, quand elle a prêché l'indifférence pour le succès. Il y a de la noblesse et de la fierté dans cette manière. Elle n'avait pas encore obtenu ce qu'elle sentait mériter, et elle se contente de marquer la place qu'on sera forcé de lui accorder. N'osant pas trop compter sur la faveur publique, elle ne se livre pas à toute son originalité; et dans ce livre je la trouve extraordinaire par la supériorité de son esprit plus que par le piquant ou la chaleur de son style.

Cet ouvrage aurait certainement eu en France un succès aussi éclatant que chez les autres nations, si le moment où il a paru eût été plus favorable. Mais quelle femme que celle qui, dans un temps où des événements décisifs absorbaient toute l'attention, a pu composer un tel livre! qui l'a pu dans l'exil, dans la persécution, en butte aux injustices des deux partis! qui a su et fixer son esprit sur des sujets en apparence si étrangers aux questions politiques, et les rattacher avec calme à ces grandes questions!

Si on a méconnu la modération de madame de Staël dans la conversation, c'est parce qu'elle était impartiale avec véhémence : dans ses écrits elle l'est sans passion, et dans cet ouvrage-ci à peine a-t-elle de la vivacité.

L'introduction est destinée à relever l'importance des travaux de l'esprit. L'auteur montre quels sont les rapports de la littérature avec la vertu, avec la liberté, avec le bonheur. Il prouve que les grandes beautés littéraires ont leur source dans la morale la plus élevée ; que le bon goût se rallie à la raison, comme le génie à l'exaltation des facultés ardentes et généreuses. Enfin, madame de Staël parle avec attendrissement de la consolation que certains écrits ont répandue à travers les siècles sur les infortunés. Elle voit tout ce qui a vécu d'êtres souffrants et distingués, comme une société illustre que n'interrompt point la mort ; et, sentant qu'elle en fait déjà partie, elle prépare pour les malheureux à venir les bienfaits de cette correspondance des âmes qu'elle-même a entretenue avec les malheureux qui ne sont plus.

Une moitié de l'ouvrage est consacrée à l'examen du passé et du présent, et l'autre à la prévision des temps futurs. Dans la première, l'auteur détermine et le caractère de chaque peuple durant les diverses périodes de son histoire, et celui de ses écrivains les plus distingués. Il passe ainsi rapidement en revue toute la littérature existante, et tout ce qui a eu de l'influence sur les écrits, savoir : les institutions, les climats, les religions, les mœurs. L'esprit du passé tout entier peut nous être révélé de la sorte, car il n'y a rien eu d'important dans le monde réel qui ne soit réfléchi dans le monde littéraire.

Madame de Staël avait un rare talent pour relever le trait marquant de chaque objet. Il y a dans toutes ses peintures une idée en saillie ; mais la vérité n'est pas sacrifiée au besoin de faire valoir cette idée. C'est un centre qui donne aux observations de détail l'ensemble sans lequel il n'est point d'intérêt; mais ces observations n'en sont pas moins justes et impartiales. Elle commence par faire connaître ce qui est; elle décrit avec précision le caractère d'un peuple, d'une période, d'un écrivain, en signalant toutes les singularités remarquables; et puis elle explique si nettement pourquoi cela est ainsi, qu'on finit par trouver parfaitement naturel ce qui avait le plus étonné.

Sans doute l'on peut contester à madame de Staël quelques assertions; et c'est à quoi elle s'est souvent exposée lorsqu'elle s'est écartée de l'opinion des érudits. Mais il s'agit ici de jugements et non de faits, et l'on recommencera nécessairement à juger les anciens, à mesure que les points de comparaison avec eux se multiplieront. En envisageant l'antiquité d'une manière qui lui est propre, madame de Staël nous force à penser à neuf sur des objets qui semblent avoir épuisé les méditations humaines. Lorsqu'un sujet important se trouve usé, n'est-il pas heureux qu'on le ranime? L'écrivain qui rend de la couleur aux pâles ombres de l'histoire ne mérite-t-il pas notre reconnaissance? On doit redouter l'erreur, cela va sans dire; mais l'ignorance est aussi une cause d'erreur, et l'on ignore éternellement ce qui n'a pas produit d'impression. A force de scrupules sur la vérité, on reste étranger à la vérité même. On ne se croit en sûreté contre l'imagination d'un auteur que quand il ennuie; mais l'oubli ne tarde pas à dévorer les fruits d'une étude languissante.

D'après son système sur les heureux fruits du temps, madame de Staël devait donner aux Romains la supériorité sur les Grecs; et rien n'est plus neuf et plus frappant que la manière dont elle signale le mérite particulier de la littérature romaine.

Quelle beauté d'expression et de pensée n'y a-t-il pas, par exemple, dans les réflexions suivantes : « Ils n'avaient point (les Grecs) ce sentiment, cette volonté réfléchie, cet esprit national, ce dévouement patriotique qui ont distingué les Romains. Les Grecs devaient donner l'impulsion à la littérature et aux beaux-arts; les Romains ont fait porter au monde l'empreinte de leur génie.

« L'histoire de Salluste, les lettres de Brutus, les ouvrages de Cicéron, rappellent des souvenirs tout-puissants sur la pensée. Vous sentez la force de l'âme à travers la beauté du style; vous voyez l'homme dans l'écrivain, la nation dans cet homme, et l'univers aux pieds de cette nation. »

La supériorité qu'elle attribue aux écrivains les moins anciens est ce qu'on a le plus contesté à madame de Staël; mais il faut se souvenir d'abord qu'on n'a pas le droit de lui objecter Homère et la poésie antique, puisqu'elle a excepté l'imagination du nombre des facultés susceptibles de progrès; ensuite, que lorsqu'elle a considéré la littérature dans ses rapports avec les institutions sociales, elle a dû l'envisager sous son aspect le plus grave. Elle l'a vue comme l'expression du sentiment des peuples, comme le dépôt des pensées qui décident de leur sort, plutôt que comme le recueil des jeux brillants de l'esprit. La partie de l'art s'est ainsi éclipsée pour elle devant la grandeur des vues, l'universalité du jugement, l'analyse philosophique du cœur, et toutes les qualités enfin qui sont longtemps avant de se développer dans les sociétés.

Le second volume est tout de conseils aux écrivains des États libres, et il traite, par conséquent, pour la France, de la littérature à venir. Cette partie a eu beaucoup de succès dans le temps, et peut-être est-elle en effet la plus brillante, parce que le sujet en est aussi neuf que les idées. Elle doit inspirer un intérêt particulier, à présent que l'espoir conçu par madame de Staël renaît avec un fondement plus solide, et qu'on voit déjà ses prédictions à demi réalisées. On n'y trouve pas, il est vrai, ce mélange du fait et de la pensée, qui est si agréable à quelques esprits, mais le mérite de ce morceau est d'un ordre plus relevé. Il tend directement au grand but de tous les écrits, si ce n'est de la vie entière de madame de Staël, le but de régler et d'étendre l'influence de la liberté. L'analyse dirigée sur les idées générales n'en est pas moins fine et moins précise, et c'est ainsi que l'auteur distingue avec une parfaite sagacité les éléments dont la gloire littéraire doit se composer dans un État libre.

Sans doute il n'est question là que de la république, mais on voit que ce gouvernement n'était pour madame de Staël qu'une forme accidentelle de la liberté. Tout ce qu'elle dit s'applique généralement à la monarchie limitée, et souvent avec avantage. La France est toujours son objet, quoique la triste comparaison de ce qui était avec ce qu'elle avait en vue la rejette sans cesse dans la peinture idéale d'un grand peuple, libre, éclairé, généreux, chez lequel les mœurs seraient en harmonie avec les institutions. Bien souvent la satire des hommes du moment échappe à sa plume indépendante. Les ambitieux, les peureux, les flatteurs du pouvoir, toutes les vanités, les avidités en présence, sont peints des plus vives couleurs.

Le chapitre éminemment spirituel, intitulé *Du goût, de l'urbanité des mœurs, et de leur influence littéraire et politique*, est lui-même une censure fine et piquante du ton de la littérature, et même de la société à l'époque où elle écrivait. Les inconvénients d'un raffinement excessif, de tout le rigorisme de l'élégance, sont mis en contraste avec ceux des formes vulgaires : elle montre que le vrai talent n'est jamais obligé à sacrifier ni la force ni le bon goût. Dans toute sa critique, madame de Staël a frappé d'un égal anathème la grâce sans fonds de pensées, et les pensées défigurées par l'inconvenance de leur expression.

Ceux qui aiment à la retrouver dans ses écrits relisent avec bien de l'intérêt le chapitre intitulé *Des femmes qui cultivent les lettres.* Dans sa manière de traiter cette question presque personnelle, on voit comment elle généralisait ses propres impressions. Elle observait sur elle-même ces mouvements si délicats, qu'ils semblent n'appartenir qu'à l'individu ; et puis elle découvrait qu'ils sont la suite nécessaire de telle situation dans la vie. Je ne puis résister à transcrire le passage où elle prouve que cette célébrité qui excite l'envie est généralement un malheur pour des être s qui ne vivent que d'affections.

« L'aspect de la malveillance fait trembler les femmes, quelque distinguées qu'elles soient. Courageuses dans le malheur, elles sont timides contre l'inimitié : la pensée les exalte, mais leur caractère reste faible et timide. La plupart des femmes auxquelles des facultés supérieures ont inspiré le désir de la renommée ressemblent à Herminie revêtue des armes du combat : les guerriers voient le casque, la lance, le panache étincelant ; ils croient rencontrer la force, ils attaquent avec violence, et dès les premiers coups ils atteignent au cœur. »

On ne peut qu'applaudir à l'auteur d'un tel ouvrage ; mais son système fut fort attaqué. La perfectibilité de l'espèce humaine a toujours été le sujet de bien des débats, et l'on doit convenir que l'expression même présente un sens faux au premier aspect. Pour prévenir toute équivoque, il faut donc rappeler ce qu'ont entendu ceux qui ont soutenu cette doctrine sans exagération. Voici les paroles de madame de Staël : « Je ne prétends pas dire que les modernes ont une puissance d'esprit plus grande que les anciens, mais seulement que la masse des idées en tout genre s'augmente avec les siècles. » De même, relativement à la moralité, on sait fort bien que le cœur humain sera toujours composé des mêmes éléments ; mais qui osera dire que tel système d'éducation ou d'organisation sociale ne puisse pas tirer un meilleur parti de ses dispositions immuables ?

Ce n'est peut-être pas sur le terrain de la littérature qu'on est le mieux placé pour défendre la perfectibilité de l'espèce humaine. Il n'a pu nous parvenir des divers âges anciens que des productions transcendantes, et celles-là prêtent peu à la comparaison. Les talents extraordinaires paraissent différer de genre plutôt que de grandeur, et ils fixent tellement nos regards sur l'écrivain, qu'on n'évalue pas ce qu'il doit à son siècle. D'ailleurs, quand on parle de littérature, il est difficile de mettre de côté les ouvrages d'imagination, et l'extrême éclat de la poésie antique attire malgré nous la pensée. Les remarques de madame de Staël n'en sont pas moins justes, mais l'extrême finesse de la matière qu'elle examine, jointe à la part que réclame la diversité des goûts littéraires, empêche qu'elle ne produise une entière conviction.

C'est quand on considère l'histoire en masse qu'on voit clairement ce que le temps nous a fait gagner. L'idolâtrie est tombée en Europe, et est ébranlée sur toute la terre. Le servage, la traite des nègres, ont cédé l'un après l'autre à l'influence du christianisme, non que cette religion ait soulevé les opprimés, mais parce qu'elle a désarmé les oppresseurs. Une morale patiente et résignée s'est trouvée incompatible avec la servitude, et des fers non encore brisés ont paru se détacher d'eux-mêmes. D'autres motifs moins purs ont encore servi la cause de l'humanité, et des abus sans nombre ont été réformés, et la condition des malheureux s'est adoucie. Que ces changements aient été dus ou non aux progrès de l'esprit humain, n'est pas la question, il suffit qu'ils aient amené ces progrès. La connaissance des vrais intérêts des hommes a été acquise, et cette connaissance n'est autre chose que le perfectionnement de la raison.

Combien faudrait-il de générations parmi des insectes éphémères pour qu'ils pussent constater l'amélioration de la saison ! Que de fois, au mois de février, dans les jours de neige, de frimas, de bise glacée, ces penseurs nés du matin nieraient l'approche du printemps! Tel est l'état de cette question parmi les hommes. Qu'importe, dira-t-on, à notre vie d'un moment, d'un moment si souvent malheureux, que les siècles s'avancent lentement vers une période meilleure? Peu importe à l'égoïste sans doute, et peu aussi, pour de nobles motifs, au chrétien qui n'aspire qu'à l'éternité. Toutefois comment repousser une magnifique espérance? comment ne pas accueillir la doctrine qui seule propose un but utile aux esprits supérieurs, donne un prix réel à la pensée, et attribue, dans le gouvernement des choses terrestres, une marche bienfaisante à la Providence?

Toutes les objections auxquelles le livre de madame de Staël pouvait donner lieu furent rassemblées, peu après sa publication, dans deux articles du *Mercure de France*. Ces morceaux, remarquables surtout par le style, ont été fort cités; et, bien qu'il y perce une amertume dirigée contre la personne de madame de Staël autant que contre ses écrits, on y retrouve ces formes de politesse et d'élégance dont une femme est réduite à savoir gré, lors même qu'elles sont un avantage pour son adversaire. Des coups soigneusement mesurés n'en sont que plus sûrs; mais ici les coups n'ont pas été mortels; et, quoique madame de Staël ait négligé l'avis, galamment exprimé, de se contenter de parler au lieu d'écrire, elle s'est relevée de là. Néanmoins cette attaque lui fut sensible, et celle qui n'a jamais répondu à aucune critique repoussa indirectement les traits de celle-ci dans une préface ajoutée à sa seconde édition.

Cette réplique est toute remplie d'esprit, de grâce et de douceur. Madame de Staël se justifie complétement sur les faits; et, après avoir de nouveau défendu ses opinions avec chaleur, elle donne, dans les dernières lignes, la preuve évidente de cette bonté qui l'empêchait de croire à la haine. Car, tandis que la Rochefoucauld conseille de voir des ennemis futurs dans les objets actuels de notre affection, elle ne pouvait regarder que comme des amis à venir tous les hommes distingués dont elle avait à se plaindre.

Depuis ce temps, les idées répandues dans ce livre ont fructifié. Le beau talent de M. de Chateaubriand a fait des prosélytes à ce système, quand il a attribué exclusivement au christianisme les progrès que madame de Staël avait compris, avec le christianisme même, dans les preuves du perfectionnement de l'esprit humain. Cette doctrine s'est donc insensiblement établie dans la plupart des têtes, sans néanmoins qu'on se soit tout à fait réconcilié avec les termes qui avaient d'abord servi à l'exposer. C'est là ce qui inquiétait peu madame de Staël. Toujours portée en avant par son esprit, elle abandonnait les phrases contestées, sûre de trouver sans cesse des formes nouvelles pour exprimer le même fonds d'opinions.

DELPHINE.

Un talent tout de verve et d'abandon, tel que celui de madame de Staël, ne pouvait trouver son plein essor dans des ouvrages philosophiques; il devait lui être difficile de soumettre à une marche sévère un esprit aussi vif que le sien; et c'est peut-être quand sa supériorité s'est involontairement déployée qu'on l'a reconnue avec le plus de plaisir. Tous ces brillants enfants du moment, ces pensées que l'occasion lui suggérait, ne pouvaient recevoir une existence durable que dans une fiction, et il fallait que son imagination évoquât la scène du monde pour retrouver ce que la société lui inspirait. La forme variée d'un roman par lettres offrait une place naturelle à ses idées les plus arrêtées, comme à ses aperçus les plus fugitifs, et fournissait encore à son âme ardente et sensible un moyen de s'épancher complétement. Nul ne sent cette force d'éloquence, sans avoir besoin de l'exercer. Il y a un bonheur, dangereux peut-être, mais enfin il y a un bonheur dans ces émotions puissantes, à la fois calmées et fixées par l'expression, et cette jouissance suffirait seule à récompenser le talent. La passion la plus dramatique de toutes, celle dont tous les développements sincères ont un caractère de beauté, celle qui ressemble à la générosité, au dévouement, au culte même, était aussi pour madame de Staël la plus séduisante à peindre.

Une pensée mélancolique a poursuivi sa jeunesse : pénétrée d'une profonde pitié pour le sort des femmes, elle plaignait surtout les femmes douées de facultés éminentes. Et, quand le bonheur à ses yeux le plus grand de tous, l'amour dans le mariage, ne leur avait pas été accordé, il lui semblait alors également difficile qu'elles pussent se renfermer dans les bornes étroites de leur destinée, ou franchir ces bornes, sans s'exposer à d'amères douleurs. Cette pensée, qui pouvait se déployer dans un roman, sous une infinité de formes, amenait naturellement la peinture d'une femme à la fois brillante et malheureuse, dominée par ses affections, mal dirigée par l'indépendance de son esprit, et souffrant par ses qualités les plus aimables.

Une telle héroïne convenait merveilleusement à madame de Staël. Sous le voile léger de ce personnage fictif, elle se trouvait délivrée de sa propre responsabilité ; et, en exprimant une foule de sentiments qui lui appartenaient à demi, elle conservait toute la vivacité de ses impressions, sans se croire obligée à les juger. Les différences entre Delphine et elle sont recherchées à dessein. Elle n'a point donné à son héroïne ce coup d'œil pénétrant qui lui faisait prévoir toutes choses, ni cette fermeté d'âme au moyen de laquelle elle supportait ce qu'elle n'avait pas cherché à éviter. Delphine ne prévoit rien, et souffre de tout. Prompte à saisir les moindres nuances des sentiments et des idées, elle ne comprend rien aux vanités ni aux intérêts ; mais son caractère reçoit de cette ignorance même une teinte de pureté. Elle se présente au conflit de la vie avec l'unique espoir de désarmer par une bienveillance inaltérable, par le sacrifice d'elle-même dans toutes les relations; aussi les peines infligées par la malignité de la société à une âme confiante et ingénue sont-elles supérieurement dépeintes dans cet ouvrage.

Mais, à travers mille différences extérieures, il y a une parité intime entre l'auteur et l'héroïne du roman : les ressemblances sont d'autant plus fortes qu'elles sont involontaires. Corinne est l'idéal de madame de Staël, Delphine en est la réalité, durant sa jeunesse. Aussi tout est de premier mouvement dans ce personnage qui semble formé par l'art. Delphine est un être vivant et un être unique. Il y a en elle une bonté inspirée, un dévouement d'instinct, une délicatesse, une générosité natives; et cela, joint à quelque chose d'enfant ou de sauvage dans l'impétuosité de ses sentiments, ressemble si peu aux qualités qu'on donne, et si rarement à celles qu'on a, qu'il semble réellement qu'elle existe et qu'elle est la seule qui soit ainsi.

Mais c'est le charme, ce sont les vertus naturelles de Delphine qui rendent insupportables ses torts et ses imprudences. On souffre, on s'irrite, parce qu'on l'aime. On s'est si bien associé à elle, qu'on craint de partager ses fautes, et l'on se hâte d'être son censeur, de peur d'être son complice. On ne lui sait nul gré de n'avoir pas été tout à fait coupable, puisqu'elle l'est assez pour qu'on ne doive point lui pardonner. On oublie sans cesse qu'elle est là pour nous empêcher de suivre son exemple, et que si avec des opinions dangereuses elle avait eu de moindres torts, elle avait moins cruellement expié ses erreurs, c'est alors qu'il eût fallu condamner l'ouvrage.

L'intérêt du roman est puissant, et je ne sais s'il ne l'est pas surtout dans les situations les moins orageuses. Peut-être le talent est-il plus remarquable quand il ne se doute pas de lui-même, et que l'auteur et le lecteur ne sont pas

avertis d'avance. Madame de Staël était mieux faite pour
peindre l'amour dans sa plus noble exaltation que dans ses
fureurs. Aussi, comme expression de la passion même, les
morceaux écrits par Delphine, au moment où elle se croit
à jamais séparée de Léonce, sont-ils sans comparaison les
plus beaux. Mais ce qui est toujours charmant, c'est la
peinture nuancée des mouvements les plus délicats du cœur.
Il y a entre autres des peines d'amitié si vivement et si naturellement exprimées, que leur effet n'est point diminué
par celui de douleurs plus impétueuses; et Delphine est
d'autant plus touchante que son âme tendre peut être agitée
par des sentiments plus innocents.

Les caractères sont en général dessinés avec une force et
une justesse de touche extraordinaires. Celui de madame de
Vernon est un chef-d'œuvre absolument neuf dans son
genre, et la peinture de cette amie perfide dévoile des trésors de compassion et de tendresse chez l'auteur qui a su
répandre un charme irrésistible sur un tel portrait. Sans
cesse on retrouve madame de Staël dans cet ouvrage : ce sont
ses goûts, ses jugements; c'est sa théorie sur les devoirs
d'amitié, sur les services, sur la reconnaissance; c'est sa
pitié pour toutes les peines, c'est sa manière à la fois
si vaste et si détaillée de considérer l'existence. On y
voit son habitude d'analyser les diverses impressions,
les pensées mêmes des gens sans esprit; en sorte que
lorsque ceux-ci, dans le roman, viennent à développer
leurs motifs, ils le font avec une singulière finesse :
légère invraisemblance sans doute, mais invraisemblance
pleine de grâce, et qui rappelle le plaisir de ces entretiens
dans lesquels madame de Staël s'amusait à raconter les
autres, où elle interprétait l'ineptie en termes si spirituels,
qu'il résultait de là le plus piquant contraste. Le style même
qu'on a critiqué, le style est bien souvent celui de la conversation sans égale de madame de Staël. Il est vrai que,

quand elle parlait, son regard si vif, son attitude expressive, une manière animée et mordante d'accentuer, donnaient un sens frappant et particulièrement agréable à certains mots qu'elle-même avait consacrés.

Je l'avoue, en lisant cet ouvrage les souvenirs me saisissent avec trop de force. Je me perds dans mille rapprochements, dans l'émotion qu'ils excitent. Les événements, ainsi qu'un vain cadre, disparaissent à mes yeux, et je vois le fond de la pensée. C'est du passé, c'est de la vie, hélas! c'est de la mort que Delphine, ce n'est plus de la fiction. Cette lecture est un rêve douloureux où une foule d'images se retracent, où tout ce qu'on a connu se montre, se transforme, se confond sous cent apparences fugitives, où une angoisse cachée, sinistre avertissement de ce qu'on a perdu, se mêle à une illusion trop douce. Il était également au-dessous du caractère de madame de Staël et de son talent d'introduire des personnages réels dans ce tableau fantastique; et cependant quel de ses anciens amis peut relire un tel ouvrage sans voir passer comme des ombres ces êtres tous distingués sous quelque rapport, qui vivaient de sa vie et se disputaient ses affections? société dispersée, rayons détachés d'un centre anéanti, gens séparés par toutes sortes de différences, et qui, peut-être, ne se conviendraient plus dans la vie, mais qui doivent pourtant à jamais se retrouver dans leurs regrets.

Ne pouvant donc m'attacher au roman dans cette production, je ne parlerai que de son effet sur les autres lecteurs. On y reconnut un talent dans sa plus vigoureuse croissance plutôt que dans sa maturité. La fougue de la jeunesse s'y joignait à celle de l'imagination; et, quoiqu'il y eût là les éléments de tous les genres de distinction, comme madame de Staël s'était pour la première fois abandonnée à sa verve, comme elle avait offensé ce qu'il y a de plus irritable au monde, les passions politiques, elle ne

pouvait guère échapper à la censure. *Delphine* donc fut
vivement admirée et vivement attaquée. Madame de Staël
prenait très-gaiement son parti du blâme littéraire; mais
ceux qui condamnèrent ce roman sous le rapport de la moralité lui causèrent une peine réelle. *Delphine* était à cet
égard un sujet très-sensible pour elle, et elle a toujours pro-
testé de l'innocence de ses vues en l'écrivant. Puisqu'elle a
fait un ouvrage exprès pour rétracter l'espèce d'apologie du
suicide, qu'on lui avait reprochée, il est inutile de revenir
sur ce point. Mais je dirai que, bien qu'elle eût une extrême
répugnance à s'occuper de ses anciennes compositions,
elle a encore écrit des *Réflexions sur le but moral de Del-*
phine. Dans ce morceau qui mérite d'être imprimé, elle
traite toutes les questions relatives au roman, en les ratta-
chant, suivant sa coutume, à des idées générales. Ainsi, après
avoir prouvé, d'après son épigraphe même : « Un homme
doit savoir braver l'opinion, une femme s'y soumettre, »
qu'elle désapprouve Léonce et Delphine, elle cherche à expliquer pourquoi chacun de nous est entraîné par un penchant naturel vers les êtres sensibles et exaltés, tandis que
la société en masse les juge avec une grande rigueur. Son
but moral a été double selon elle. D'un côté, elle a dit aux
femmes distinguées : Respectez l'opinion, puisque tout ce
que vous avez de bon et de fier peut être blessé par elle, et
qu'elle vous poursuivra jusque dans le cœur de ceux que
vous aimez ; et, d'un autre côté, elle a dit à l'opinion : Ne
soyez point inexorable envers des êtres rares, susceptibles
de beaucoup de malheur, et qui font le charme et l'ornement de la vie.

L'on peut trouver qu'une leçon de sévérité et une leçon
d'indulgence s'affaiblissent réciproquement ; mais pourtant
il est vrai que toutes deux sont méritées. Ce sont en effet
les passions basses et haineuses qui s'acharnent d'ordinaire
contre les qualités exaltées ; et peut-être fallait-il que la pu-

nition des imprudents et des faibles fût confiée à la malignité, car la pure vertu n'eût jamais été assez cruelle.

Si, contre le dessein de madame de Staël, cet ouvrage peut donner lieu à quelques reproches, il faut l'attribuer à l'influence du moment où elle a écrit. Ce moment, de même que celui où la scène fictive a été placée, appartient à la période révolutionnaire. Or, dans ce temps, différentes causes se réunissaient pour exalter l'imagination des écrivains. Des exemples affreux de cruauté, de bassesse, d'égoïsme, reportaient toute l'admiration vers les qualités élevées et généreuses; des situations violentes dans la vie réelle en appelaient de correspondantes dans les fictions; et enfin, lorsque l'édifice social croulait de toutes parts, il était bien difficile que l'idée des grands sentiments involontaires, du dévouement qui les accompagne, ne prît pas dans l'esprit des auteurs de l'ascendant sur l'idée des liens que les convenances sociales avaient trop souvent formés. Des conclusions plus nettement tirées, un censeur parmi les personnages, eussent aisément fait ressortir le côté moral de cet ouvrage; mais madame de Staël n'aimait pas les ruses de métier, et elle n'a pas cru ces moyens nécessaires. Toutefois elle a changé le dénoûment de *Delphine;* « mais non, dit-elle, pour céder à l'opinion de ceux qui ont prétendu que le suicide devait être exclu des compositions dramatiques, puisqu'un auteur n'exprime point son opinion particulière en faisant agir ses personnages. » Néanmoins il faut convenir, malgré la farouche et cruelle beauté de la première catastrophe, que le nouveau dénoûment, et surtout une admirable lettre de Delphine mourante, laissent à tous égards dans l'âme une meilleure impression.

Ici finit la seconde période des travaux littéraires de madame de Staël. Elle avait réalisé les espérances données dans la première, et déjà fondé l'édifice de sa réputation. Ses écrits avaient fortement attiré l'attention des penseurs étrangers, tandis qu'en France on ne leur rendait encore qu'une justice imparfaite. Les idées grandes et neuves qui étincellent de toutes parts ne rachetaient point, aux yeux de certains critiques, de légères incorrections, quelques néologismes, et parfois un peu d'obscurité. On regardait madame de Staël comme une personne extraordinairement brillante en conversation; mais dans les lettres on la mettait encore au nombre de ces auteurs spirituels que des défauts de manière ont exclus du premier rang. Elle en a appelé d'un tel jugement; mais cette sévérité lui a été utile : son talent était de force à se compléter sur tous les points. Jusqu'alors la langue n'avait pas été assez assouplie entre ses mains, pour qu'elle pût exprimer les nuances infinies de ses pensées sans employer des formes un peu extraordinaires. Ce qui donne un faux brillant à la médiocrité nuisait à la supériorité véritable. On prenait un esprit très-original pour une manière d'écrire bizarre; et c'est quand le langage de madame de Staël a davantage ressemblé à celui de tout le monde qu'on a bien vu que son talent n'était celui de personne.

ÉCRITS DE MADAME DE STAËL.

TROISIÈME PÉRIODE.

Ce fut vers la fin de 1803, après avoir publié *Delphine*, que madame de Staël, exilée par la tyrannie d'un seul, comme elle l'avait été par celle de plusieurs, fit son premier voyage en Allemagne. Là, elle trouva sa réputation plus grande qu'elle ne l'imaginait. Des hommes de génie, et d'un génie analogue au sien, l'accueillirent avec transport; les souverains se la disputèrent, et une société bienveillante applaudit à ses talents, à sa conduite politique, à son enthousiasme pour son père. Là, elle eut encore l'avantage de fixer auprès d'elle un écrivain distingué, M. Schlegel, qui lui a été également agréable par les rapports et par les différences de leurs esprits, et dont les éloges comme les contradictions ont sans cesse excité sa pensée. Cette année fut prodigue, pour madame de Staël, de plaisirs, de succès, d'idées nouvelles; mais elle lui réservait un coup affreux, elle la priva de son père.

Je reviendrai sur ce temps désastreux, et je ne veux le considérer ici que comme l'époque d'un beau développement dans le talent de madame de Staël. Elle avait déjà connu le malheur. Les crimes de la révolution, l'ingratitude des hommes envers M. Necker, leur injustice à son égard, d'autres peines encore, avaient déchiré son cœur. Mais il est dans ces chagrins dont on accuse les autres, ou même soi, quelque chose d'âpre et d'irritant qui arrête le plein épanchement de l'âme. Elle a eu quelquefois cette verve amère et satirique qui est bien aussi un moyen de succès; mais la grande beauté de son talent, c'était l'inspiration élevée et pathétique. Une douleur qui venait du ciel, une douleur dans l'ordre de la nature, une douleur qui tenait du sentiment religieux, devait modifier son âme d'une manière qu'on peut appeler heureuse, si l'on regarde comme le premier bonheur le plus grand perfectionnement. Son esprit sans cesse fixé sur les qualités véritablement admirables de M. Necker, le désir ardent de devenir pour ses enfants ce qu'il avait été pour elle, la lecture qu'elle faisait constamment avec eux de ces beaux écrits de religion et de morale, où des lois sacrées leur semblaient imposées par un père avec la double autorité de sa vie et de sa mort, tout concourait à produire sur elle cette impression solennelle et profonde, si propre à imprimer un cours bienfaisant à ses pensées et un grand caractère à ses écrits.

Dès lors ses opinions religieuses furent mieux prononcées, ses sentiments de piété plus constants et plus actifs. Le va-

gue d'une croyance poétique cessa de suffire à son cœur; il
lui fallut une foi ferme dans cette promesse d'immortalité,
qui seule la sauvait du désespoir; en un mot, elle eut besoin d'être chrétienne, parce que son père était mort en
chrétien. Ces illusions des âmes tendres, que tolère ou fa-
vorise avec tant de douceur une religion pourtant si pure,
le sentiment d'une communication avec les amis qui ne sont
plus, l'idée qu'ils nous protégent encore, que peut-être un
jour ils obtiendront pour nous, comme une partie de leur
récompense, le bonheur d'une réunion avec eux; toutes ces
espérances remplirent dès lors le cœur de madame de Staël;
elles l'ont soutenue jusque dans cette longue et cruelle
lutte durant laquelle elle repoussait les terreurs de la mort
en pensant qu'elle allait rejoindre son père.

Ce sont de tels sentiments qui lui ont dicté cet admirable morceau sur la vie privée de M. Necker, qu'elle a imprimé à la tête des manuscrits qu'il avait laissés. Parmi les
amis de madame de Staël qui ont rendu un hommage
public à sa mémoire, un écrivain aujourd'hui bien célèbre,
M. Benjamin Constant, a signalé le mérite extraordinaire
de cet écrit, en disant qu'aucun des ouvrages de madame
de Staël ne peut la faire aussi bien connaître.

Il est vrai que celui-là est unique dans son genre. C'est
peut-être la seule fois qu'on ait vu un talent de première
force, aux prises avec une douleur réelle, la peindre si involontairement. Non-seulement elle ne cherche à tirer
parti de son affliction pour aucun effet, mais elle ne
se doute pas qu'elle l'exprime. Il y a entier oubli, je
dis plus, il y a sacrifice d'elle-même dans ce morceau;
elle se met au-dessous de sa mère, parce qu'elle veut
rehausser M. Necker dans l'objet qu'il avait choisi; elle
cherche à se faire paraître légère, inconsidérée, pour
que, si jamais elle a encouru quelque blâme, il ne
retombe pas sur son père; enfin, elle va jusqu'à donner à

entendre qu'elle n'aurait pas eu naturellement des sentiments bien profonds, afin qu'on croie que l'impression qu'il
a produite sur elle eût été plus forte sur une autre. La
souffrance de son âme perce à travers chaque mot, et pourtant elle déploie une variété inconcevable de tons, de
moyens, de ressources, quand elle veut faire sentir les différents mérites de M. Necker. Craignant pour lui de fatiguer
de sa peine, elle essaye mille cordes différentes; elle rai-
sonne pour convaincre, elle séduit pour désarmer, elle
cherche même à amuser pour s'assurer d'être écoutée.
C'est par des explosions subites que son sentiment se fait
jour; mais on voit que toute son intention est d'observer
une noble réserve. La peur de nuire par de l'exagération la
poursuit. Quelque chose de contenu, de timide, montre
une défiance douloureuse de ses moyens de persuasion, et
ses phrases jetées, entrecoupées, et comme prononcées avec
une haleine trop courte, prouvent qu'elle écrivait la rougeur
sur le front, tremblant de ne pas trouver le ton juste et
d'exposer l'objet de son culte.

Quand on a connu madame de Staël et son père, quand
on les sait réunis dans le même tombeau, ce n'est pas sans
répandre des larmes qu'on pense à l'immensité de tendresse que prouve et justifie un tel écrit.

CORINNE, OU L'ITALIE.

Après avoir un peu soulagé son cœur par cet hommage,
madame de Staël partit pour l'Italie. Encore absorbée par la
douleur, ce voyage ne lui offrait aucune perspective agréable, et le genre d'attrait qu'il peut avoir n'était d'ailleurs
pas celui auquel elle se croyait le plus sensible. Jusqu'alors
elle n'avait admiré que l'esprit, elle n'avait étudié que le
cœur humain et les livres. Bannie depuis longtemps du
brillant théâtre des plaisirs et des succès de son jeune âge,

elle avait avant son malheur vivement regretté Paris, et Paris seul semblait encore fait pour l'intéresser. Assez étrangère aux jouissances des beaux-arts, elle n'avait été que faiblement touchée par le spectacle de la nature. Les beautés champêtres n'étaient guère à ses yeux que la décoration de l'exil, la froide parure d'un séjour insipide, et elle avait pris une sorte d'humeur contre les lacs, les montagnes, les glaciers de la Suisse, dont on lui comptait la vue pour un dédommagement. Rien de ce qui n'était ni sentiment ni pensée n'avait de valeur à ses yeux.

Sa disposition à plusieurs égards était déjà changée quand elle partit pour l'Italie : son père était mort sans que les Français lui eussent rendu justice; les Français lui plaisaient encore, mais dans ce moment-là elle les aimait certainement moins. Sûre de souffrir partout, le choix du séjour lui était devenu plus indifférent, et elle devait préférer celui qui ne lui retraçait aucun souvenir amer. Elle éprouva dans ce voyage un soulagement que sa touchante superstition attribuait à l'intercession de son père. Le beau ciel, le climat heureux de l'Italie, agissaient sur elle à son insu. Son âme attendrie s'ouvrait aux douces émotions, et peut-être fallait-il qu'elle eût perdu quelque chose de son activité pour que les objets extérieurs fissent sur elle leur pleine impression. Celle qu'ils produisirent fut grande, puissante, inattendue, et elle crut découvrir pour la première fois et la nature et les arts, quand ils s'offrirent à ses regards dans leur plus splendide magnificence.

Le développement de ce sentiment nouveau fut sans doute favorisé par la société de M. Schlegel. Les connaissances de ce savant dans les beaux-arts, sa manière ingénieuse et néanmoins poétique de rendre compte de leurs effets, réussirent à intéresser madame de Staël. En vertu d'une analogie secrète, l'admiration de l'art réveilla dans son cœur celle de la nature, et les copies la ramenèrent au modèle.

Peut-être y a-t-il à gagner pour le talent dans ces impressions tardives qui opèrent une révolution subite chez un esprit déjà très-exercé. Si madame de Staël eût été sensible dès son enfance aux charmes des objets champêtres, ses premiers ouvrages auraient été enrichis de plus de tableaux, mais elle n'eût pas écrit *Corinne*.

Dans la littérature proprement dite, et hors du domaine de la politique, *Corinne* est le chef-d'œuvre de madame de Staël, *Corinne* est l'ouvrage éclatant et immortel qui lui a le premier assigné un rang parmi les grands écrivains.

C'est une composition de génie dans laquelle deux œuvres différentes, un roman et un tableau de l'Italie, ont été fondues ensemble. Les deux idées sont évidemment nées à la fois : l'on sent que l'une sans l'autre elles n'auraient pas pu séduire l'auteur, ni correspondre à ses pensées. Aussi, parmi la plus riche variété de couleurs et de formes, il règne un ravissant accord, et une teinte harmonieuse est répandue sur l'ensemble. *Corinne* est à la fois un ouvrage de l'art et une production de l'esprit, un poëme et un épanchement de l'âme. Le naturel, et un naturel ardent, passionné, bien que tendre et mélancolique, y perce de toutes parts, et il n'y a pas une ligne qui ne soit écrite avec émotion. Madame de Staël s'est, pour ainsi dire, divisée entre ses deux principaux personnages. Elle a donné à l'un ses regrets éternels, à l'autre son admiration nouvelle : Corinne et Oswald, c'est l'enthousiasme et la douleur; et tous deux, c'est elle-même.

La mélancolie attribuée dès l'origine à lord Nelvil est une belle idée dans l'ouvrage. De là vient que la seconde partie, si lugubre dans sa totalité, ne discorde point avec la première; et cette nuance de tristesse forme un fond doucement sombre, sur lequel tous les objets, et la brillante

figure de Corinne en particulier, ressortent avec un singulier éclat. De là vient encore qu'un charme plus pur est répandu sur Corinne elle-même. La pitié se mêle à tout ce
qu'elle éprouve. Ce n'est plus seulement une femme passionnée qui cherche à captiver, c'est un génie bienfaisant
qui vient au secours de la douleur. Tout est attendrissement, jusque dans ce qui éblouit ou étonne. Il semble que
des couplets très-variés sont chantés sur un air charmant,
mais dont l'expression est triste et pénétrante. Rien toutefois
de plus animé, de plus vif, souvent même de plus riant que
le coloris de l'ouvrage, et c'est parce que la vie y est repré-
sentée avec force, dans ses joies comme dans ses peines, que
la fiction entière est si belle et si frappante.

La première partie, l'Italie démontrée par l'amour, est
un enchantement continuel. Corinne célèbre toutes les merveilles des arts en faisant connaître à Oswald la plus grande
des merveilles, Rome, empreinte du génie de tant de siècles, Rome qui a triomphé de l'univers et du temps. Elle
chante la nature féconde et magnifique du Midi, les monuments du passé dans leur auguste mélancolie, les héros, les
poëtes, les citoyens qui ne sont plus. Tout ce que l'histoire
offre de grand, tout ce que le moment présent peut inspirer de traits agréables, piquants, et parfois comiques, à un
esprit observateur, se trouve réuni dans ses paroles. Aux
vues originales d'une jeune imagination elle joint la connaissance de tout ce qui a été pensé sur les objets dont elle
parle. Elle sait quelle a été la manière de juger des anciens
et celle des artistes du moyen âge, quelle est celle des diverses nations modernes, et elle explique, elle met en contraste tous ces points de vue avec la grâce animée d'une
jeune femme qui veut avant tout plaire et se faire aimer.
Une véritable instruction nous est donnée par un être sensible
qui s'adresse à notre cœur.

C'est avec habileté que l'auteur a repoussé dans l'ombre

le commencement du voyage de lord Nelvil, afin de porter toute la lumière sur la superbe scène qui est le vrai début de l'ouvrage. Accablé par le chagrin d'avoir perdu son père, Oswald lord Nelvil était entré la veille dans Rome sans rien observer, lorsqu'au matin un soleil éclatant, le bruit des fanfares, des coups de canon, le réveillent. La muse de l'Italie, Corinne, improvisatrice, musicienne, peintre et femme charmante, va être couronnée au Capitole. La ville entière est en mouvement, la fête du génie est célébrée par tout un peuple. On s'associe aux diverses impressions d'Oswald, lorsqu'il suit involontairement le char brillant de Corinne. Comme lui, on avait conçu des préventions contre la femme qui recherche des hommages publics, et comme lui on se réconcilie avec Corinne, quand on croit voir, dans cette physionomie aimable où se peint la bonté, la simplicité du cœur unie au plus bel enthousiasme. On partage son émotion, lorsque, mêlé avec la foule au Capitole, il s'aperçoit que sa noble taille, ses habits de deuil, et peut-être son expression de tristesse, ont attiré l'attention de Corinne; qu'elle s'est attendrie en le regardant; que déjà elle a eu besoin de changer le sujet de ses chants, et de joindre des paroles sensibles à son hymne de triomphe. Mais, à travers le trouble que ressent Oswald, son caractère se fait jour. On voit que l'idée de la patrie est celle qui disposera de lui. Quand au sortir du Capitole la couronne de Corinne tombe, quand Oswald la relève et qu'elle le remercie par deux mots anglais, c'est l'inimitable accent national qui bouleverse toute son âme. Il avait été séduit, à présent il est frappé au cœur; on sait quelle est chez lui la corde délicate, et c'est ainsi que le roman est annoncé, et que cet exorde magnifique renferme le secret du reste.

Les improvisations de Corinne, qui sont censées traduites de l'italien dans l'ouvrage, y ajoutent un ornement très-brillant; néanmoins je ne sais si leur éclat avoué l'emporte beaucoup sur le charme des autres discours de Corinne. Tout ce que dit Corinne est ravissant. Dans le cercle d'amis dont elle est entourée, elle excite toujours le plus vif enthousiasme. Ses paroles, toujours attendues avec impatience, sont toujours justement applaudies. Chacun dit : « Écoutez Corinne, elle vous enchantera ; » Corinne parle, elle nous enchante en effet. Et nous ne pensons pas que madame de Staël se loue elle-même en vantant ce qu'elle a écrit, tant nous trouvons qu'elle a raison de se louer. Énorme difficulté pour un auteur que celle d'annoncer un miracle d'esprit et de tenir toujours parole ! que de nous préparer à l'étonnement et de nous étonner néanmoins ! Tour de force inouï, si l'abondance, la facilité de la verve, n'excluait pas l'idée du tour de force, pour donner celle du prodige !

Cette multitude de morceaux d'éloquence ou de tableaux charmants ne nuit point à l'intérêt de la fiction, parce que l'auteur a eu l'art de ne placer les digressions que dans les moments où la marche de l'action est suspendue, où le lecteur craint même de lui voir reprendre son cours, et où il jouit d'autant mieux d'un moment de calme, qu'il sent que l'orage se prépare.

La destinée de Corinne est enveloppée de mystère ; elle parle toutes les langues ; elle réunit les agréments de tous les climats, et l'on ne sait où elle est née. Oswald, qui ne conçoit de bonheur que le bonheur domestique, voudrait s'unir à elle par un lien sacré ; mais auparavant il exige sa confiance. Cette explication, que Corinne retarde d'un jour à l'autre, est redoutée du lecteur même ; il se plaît à ces promenades, à ces courses intéressantes qu'elle ne cesse de proposer à Oswald, afin de le distraire de la curiosité du cœur par celle de l'esprit. Le bonheur, mais un bonheur qui va finir, la passion qui doit lui survivre, respirent dans les discours de Corinne. Plus le moment de l'aveu fatal approche, plus elle veut s'étourdir elle-même, enivrer celu qu'elle aime des plus hautes jouissance de la poésie et des arts. Il semble que des couleurs toujours plus vives frappent tous les objets, à mesure que le ciel devient plus menaçant et qu'un rayon unique perce encore le nuage que la foudre ne tardera pas à sillonner.

C'est après avoir monté le Vésuve avec Oswald et vu de près les torrents embrasés de la lave que Corinne remet entre les mains de lord Nelvil le cahier où elle a écrit son histoire.

Jamais concours de circonstances n'a été plus funeste. Corinne est Anglaise, et elle n'a pu supporter la vie monotone d'une province d'Angleterre ; Corinne a été destinée dans son enfance à devenir l'épouse d'Oswald lui-même, et le père de celui-ci, effrayé de la vivacité des goûts et des idées qui déjà se développaient en elle, a tourné ses vues du côté de Lucile, la sœur cadette de Corinne. Oswald est donc blessé dans son sentiment d'Anglais ainsi que dans son sentiment de fils. Il est atteint dans tout ce qui est en lui plus profond, plus enraciné que l'amour même. Dès lors la fiction prend un autre caractère, et l'on sent qu'il ne s'agira plus que de séparation et de mort. Désormais il n'y aura plus dans les relations d'Oswald et de Corinne que de cruels combats, que ces déchirements de l'âme, résultats de l'opposition entre des sentiments également vifs, que l'inégalité de conduite qui en est la suite, et les ménagements plus tristes que les orages mêmes. Oswald doit songer à retourner dans sa patrie, et la description du séjour qu'il fait à Venise avec Corinne, au moment de la séparation, est d'une beauté lugubre extrêmement originale. Je ne suivrai pas plus loin cette esquisse. Je ne puis me résoudre à retracer l'affreux voyage que Corinne fait secrètement en Angleterre, la maladie de langueur qui la consume, les noces d'Oswald avec sa sœur, dont elle est presque témoin, son retour solitaire à Florence, l'arrivée d'Oswald et de Lucile dans ce séjour, et enfin les adieux de Corinne à tous deux, adieux contenus dans un hymne sublime, véritable chant du cygne, source intarissable de larmes, qui, hélas ! n'ont plus à présent une fiction pour objet.

La dernière moitié de l'ouvrage est tout en contraste avec la première ; la couleur la plus sombre y règne, et elle offre un déploiement qu'on peut appeler effrayant du talent de peindre la douleur. C'est une fécondité extraordinaire de nuances pour graduer les impressions tristes, pour fixer, si on peut le dire, les misères fugitives du cœur. On voit d'abord un léger déclin dans le bonheur, puis une peine vague et passagère qui prend à chaque instant un caractère plus arrêté, puis le malheur dans sa force la plus cruelle, et enfin le désespoir avec son apparence plus calme, le désespoir d'un être trop doux et trop pieux pour se révolter, mais trop faible pour ne pas mourir. Étonnante et fidèle peinture qui oblige à reconnaître chez l'auteur une capacité de souffrance aussi rare que son génie[1] !

Malgré cette profonde tristesse, il y a toujours une belle harmonie dans chaque tableau. Corinne malheureuse est toujours une Muse inspirée ; et la jouissance des beaux-arts dont l'objet est tragique n'est jamais perdue pour le lecteur.

Peut-être faut-il excepter de cet éloge une intrigue épisodique dont le théâtre est à Paris. Ce morceau me paraît sortir du ton ; et le mérite qu'il peut avoir n'est pas à sa place dans l'ouvrage.

---

[1] L'infortunée reine de Prusse, victime innocente des calomnies d'un homme qui, sur le trône du monde, se plaisait à insulter à la beauté et au malheur, la reine de Prusse disait qu'elle était souvent obligée de suspendre la lecture de *Corinne*, parce qu'elle se sentait l'âme déchirée, non pas tant par la douleur que par cette privation d'espérance qui lui rappelait son propre sort.

On a dit que le personnage de Corinne avait quelque chose de trop théâtral pour la vraisemblance. Mais ce n'est pas une nature ordinaire que l'auteur a voulu peindre ; c'est le caractère exalté d'une femme poëte qui, lorsqu'elle aime et qu'elle souffre, est toujours une improvisatrice. La conscience de son talent, celle de l'admiration qu'elle excite, ne la quittent point, et donnent à l'expression de ses sentiments les plus vrais une couleur particulièrement éclatante. Madame de Staël, bien plus simple que son héroïne, devait pourtant mieux qu'une autre concevoir une pareille modification de l'existence. C'est même cette inspiration, portée sur l'univers extérieur comme sur les affections de l'âme, qui met de l'accord entre la partie descriptive et la partie romanesque de la composition.

Ceux qui jugent cet ouvrage comme un roman trouvent que le héros n'est pas assez passionné. Mais Corinne ne devait être surpassée en rien, pas même dans l'amour ; et il fallait un caractère absolument différent du sien pour qu'il se soutînt à côté d'elle. Celui d'Oswald est dans la nature, et il est surtout dans celle d'un Anglais. Combien n'existe-t-il pas, principalement dans les pays sévères, de ces êtres qui regrettent tour à tour le plaisir et l'austérité, qui paraissent à la fois dominés par leurs habitudes et par le désir de s'en affranchir, et qui ne sont jamais plus près de rompre avec leurs passions ou avec leurs principes que quand on les croit sur le point de leur céder ! Ce caractère, qui tenait la malheureuse Corinne dans un état d'alarmes perpétuelles, était peut-être exactement ce qu'il fallait pour fixer son imagination et captiver ses pensées.

Tout ce qui concerne les beaux-arts est plein d'intérêt et de mérite. Il y a une fraîcheur, une vivacité extrême dans les impressions, et pourtant une érudition ingénieuse s'y laisse entrevoir. Les idées les plus marquantes de Winkelmann, celles qu'y ont ajoutées d'autres auteurs allemands, celles même des érudits italiens, sont exposées par Corinne, et semblent souvent renaître chez elle sous la forme de l'inspiration. Corinne, avec son enthousiasme, a tout le tact de madame de Staël. Chez elle l'admiration la plus vive est toujours circonscrite ; le mot qui l'exprime en marque la borne ; elle voit ce qui manque à travers ce qui est, et sans cesser de jouir de ce qui est.

Je ne sais si l'on a reproché à madame de Staël de s'être peinte elle-même dans Corinne. Peut-être n'a-t-elle pas été étrangère au désir d'affaiblir les préventions qu'on a dans le monde contre les femmes à grands talents ; peut-être a-t-elle voulu montrer, ainsi qu'elle le savait par expérience, que l'amour de la gloire ne supposait pas nécessairement les défauts avec lesquels l'opinion commune l'associe. Elle a donc créé un être semblable à elle, une femme qui unit le besoin du succès à une sensibilité profonde, la mobilité de l'imagination à la constance du cœur, l'abandon dans la conversation à cette dignité de l'âme qui commande celle des manières, et enfin la passion dans toute sa force à l'examen de soi et des autres. Cet être qu'elle a conçu, elle l'a tellement réalisé, elle lui a donné aux yeux de tous une forme si prononcée, que la fiction a servi de preuve à la vérité ; et Corinne a fait enfin connaître madame de Staël.

Toutefois une pareille vue n'a pu être que secondaire. Il ne faut pas chercher d'explication à ce qui est beau en soi. *Corinne* est le fruit de l'inspiration. C'est un tableau qui s'était trop fortement emparé de l'imagination de l'auteur pour qu'il n'eût pas le besoin de le tracer ; et le propre du génie est de se peindre lui-même dans ses œuvres.

Ce qui est remarquable dans l'invention de la fable, c'est que le hasard n'y joue un rôle qu'en apparence ; les événements n'y font que mettre la nature des choses en relief. Aucune loi immuable n'obligeait certainement le père d'Oswald à refuser Corinne pour sa belle-fille. Mais on voit que

7

ce père n'est là que pour représenter les pensées secrètes, les pensées inévitables d'Oswald lui-même, qui craint qu'une femme célèbre ne soit pas propre à remplir d'obscurs devoirs. Lucile et Corinne sont aussi des idées générales; elles sont l'Angleterre et l'Italie, le bonheur domestique et les jouissances de l'imagination, le génie éclatant et la vertu modeste et sévère. Les plaidoyers pour et contre ces deux genres d'existence sont également forts; les deux faces opposées de la vie sont saisies avec une même vivacité de conception, et une grande question est continuellement traitée dans l'ouvrage sans qu'on s'en doute, tant l'intérêt dramatique entraîne irrésistiblement le lecteur.

Il est aisé de juger que l'idée fondamentale de *Delphine* et de *Corinne* est la même. C'est toujours une femme douée de facultés supérieures qui ne peut s'astreindre à suivre la ligne que l'opinion lui a tracée, et qui est bientôt en proie aux plus cruelles douleurs, parce qu'elle s'est écartée de cette ligne. Mais, entre ces deux productions, tout l'avantage est du côté de *Corinne*. L'héroïne, dans *Delphine*, est fort spirituelle, mais elle n'a pas pour excuse des talents extraordinaires. Plus scrupuleuse que Corinne peut-être, elle se place dans une situation plus équivoque; elle n'a complétement ni de l'innocence ni de l'éclat, et rien ne distrait de l'impression pénible qu'elle cause. Corinne se présente avec plus de grandeur. Elle a ouvertement rompu avec l'opinion, et sur la terre classique de l'Italie, l'oppression ne se fait point sentir. Elle ne veut avoir affaire qu'avec la gloire, et elle l'obtient. Le combat de la passion n'a rien non plus qui la dégrade. Ce n'est point cette lutte qui rabaisse toujours un peu la femme même qui en sort triomphante. Il s'agit pour elle du mariage ou du désespoir, du bonheur ou de la mort; et il y a de la dignité dans cette alternative. Elle n'est point aux prises avec le remords, point avec l'humiliation ; elle l'est avec le cours des choses, avec le malheur, et le génie la relève.

Corinne eut un succès prodigieux. Un ouvrage à toutes les portées, où les artistes puisaient un nouvel enthousiasme avec de nouveaux moyens de l'exprimer, les érudits des rapprochements ingénieux, les voyageurs des directions heureuses, les critiques des observations pleines de finesse, où les âmes les plus froides s'ouvraient à l'émotion, enfin où il y avait du plaisir jusque pour la malice même, dans ces portraits de nations si plaisamment caractéristiques; un tel ouvrage, dis-je, enleva de vive force tous les suffrages, entraîna toutes les opinions. Il n'y eut qu'une voix, qu'un cri d'admiration dans l'Europe lettrée, et ce phénomène fut partout un événement [1].

Dès ce moment, madame de Staël n'a plus recueilli que de la satisfaction de ses travaux; l'envie lui avait pardonné sous le nom de Corinne, et elle a obtenu ce qu'il lui fallait, une admiration mêlée de sympathie, je dirais presque de faible. Elle avait surtout besoin d'intéresser, et voulait qu'on devinât ses peines; aussi a-t-elle tracé la route à ceux qui voulaient la louer. Une franchise naturelle, une certaine modestie sur plusieurs points, la portaient à repousser toute gloire qui ne lui allait pas; et elle accueillait encore à titre de bienfait celle même qu'elle sentait mériter.

Ce livre est peut-être le seul ouvrage de madame de

---

[1] J'ai su par mon fils, qui était à Édimbourg au moment où, malgré la guerre, il y parvint quelques exemplaires de *Corinne*, que ce livre produisit dans cette ville si éclairée une inconcevable sensation. La société entière fut électrisée; les métaphysiciens, les géologues, les professeurs de toute espèce, s'arrêtaient les uns les autres dans les rues, se demandant où ils en étaient de la lecture. La peinture des mœurs anglaises fut trouvée parfaitement fidèle, et l'on apprit qu'il y avait une petite ville de province qui s'était choquée, parce qu'elle avait cru que madame de Staël, qui n'en avait jamais entendu parler, avait voulu la tourner en ridicule.

Staël qui soit entièrement étranger à la politique; et
pourtant l'esprit n'en convint pas à un dominateur ombrageux, qui conduisait les hommes par leurs intérêts,
et qui ne voulait d'autre enthousiasme que celui de
la victoire. Il ne pardonnait au talent que quand il avait
obtenu de lui ce mot d'éloge par lequel le talent abdiquait
son indépendance, et par conséquent son pouvoir. Mais
louer le despotisme et celui qui se sert de ses plus odieux
moyens pour obtenir la louange était impossible à une
âme fière.

Madame de Staël se résigna donc à l'exil, et, regardant
les hommes distingués de tous les pays comme ses véritables compatriotes, elle alla, en 1807, à Vienne, dans le
but de rassembler de nouveaux matériaux pour le grand
ouvrage qu'elle préparait, le tableau de l'Allemagne, sous
le rapport des mœurs, de la littérature et de la philosophie.
Parmi les avantages qu'elle retira de ce voyage, elle-même
comptait pour beaucoup le plaisir d'avoir embelli les dernières années d'un vieillard aimable qui avait conçu pour
elle une grande affection. Elle promit au prince de Ligne
de publier une partie des anecdotes qu'il avait rédigées, en
les faisant valoir par une préface; et c'était lui assurer un
plein succès littéraire. Cet ouvrage, comme on sait, a fait
une telle fortune, qu'on a espéré en étendre la réussite
jusque sur les anecdotes que madame de Staël avait lais-
sées de côté. Il en a donc été fait un second et même un
troisième choix, qui ont dû montrer à quel point son goût
l'avait bien conseillée.

DE L'ALLEMAGNE.

L'Italie pouvait être chantée, mais il fallait raconter l'Allemagne. Un pays où il n'y a de grand que la pensée, où
les arts, la nature, la société même, n'ont rien qui frappe

les yeux ou captive l'imagination, ne pouvait inspirer une
improvisatrice. Néanmoins il y avait là pour l'esprit d'immenses richesses à recueillir. Là, s'offrait au regard observateur de madame de Staël une manière de voir, de sentir, d'exister enfin, tout à fait particulière; et la foule
d'idées nouvelles qu'elle avait trouvées en circulation parmi
les hommes éclairés exigeait toute son adresse pour les
expliquer et les faire valoir. Dépouillant donc le costume
emprunté de Corinne, elle parle en son propre nom, et paraît elle-même sur la scène.

C'était le parti le plus judicieux. La forme didactique,
ne demandant point d'unité, admettait une grande variété
de tons. Aussi les divers talents de l'auteur prennent-ils
chacun dans cet ouvrage une physionomie bien prononcée.
Toute l'ardeur de son âme, son esprit piquant et original,
sa gaieté même, s'y déploient, et elle y prouve de plus une
force de tête, une faculté d'abstraction qu'on n'aurait pas
devinée d'après l'élan poétique de son imagination. Ce livre
se place, sans aucun doute, au niveau du précédent, et
peut-être est-il plus extraordinaire, comme l'œuvre d'une
femme.

Toutefois on s'attendait à une autre *Corinne*, et il y eut
un instant de mécompte. On avait espéré des émotions, et
l'on ne voyait pas d'avance comment l'auteur en donnerait.
Mais madame de Staël ne pouvait pas marcher sur ses propres traces. Elle avait d'ailleurs assez fait parler la passion,
et, si le feu de son génie ne se fût pas porté sur d'autres
objets, elle n'eût point obtenu sa meilleure gloire.

Il existe dans l'*Allemagne* un mérite au-dessus de toute
comparaison; c'est un ouvrage profondément moral et religieux. La vertu et la religion n'y sont pas des moyens d'effet. Ce ne sont pas des cordes sonores que le talent se plaît
à faire vibrer dans nos cœurs. Il règne dans la composition
entière un désir, une passion de faire prévaloir des prin-

cipes régénérateurs, de vivifier à la fois le sentiment et l'i-
magination, en combattant des doctrines qui paralysent l'un
et l'autre. Ces motifs sont les seuls qui aient inspiré madame de Staël. Ici, nul retour sur soi, nulle trace d'impulsion personnelle. Dans ses écrits précédents, elle est encore
occupée d'elle-même. Elle peint sa destinée sous des traits
généraux, et puise dans l'idée des peines inévitablement
attachées au sort des femmes la résignation qui lui fait
supporter les siennes. Il n'est rien de pareil dans l'*Allemagne*. Elle ne cherche, elle ne veut que le bien, celui
des lettres, celui de la société, celui de l'âme. Montrer l'u-
nion intime et nécessaire du génie de la religion avec celui
des beaux-arts et de la haute philosophie, tel est le but
constant de l'auteur.

Mais comment se fait-il qu'en marchant à un but si loua-
ble, on trouve si peu d'encouragement? Y a-t-il un accord
secret entre ceux qui veulent entendre parler de religion
le moins possible et ceux qui, à force de scrupules, rendent
ce sujet tellement délicat à traiter, qu'ils l'excluent par cela
même? Certaines personnes pieuses s'effrayent peut-être
moins d'une lecture entièrement profane, pourvu qu'elle
soit innocente, que de celle qui les expose à recevoir des
pensées mondaines dans l'asile le plus sacré de leur cœur.
Ainsi le mélange des beaux-arts et de la religion dans cet
ouvrage a été blâmé par un écrivain (madame More) que
madame de Staël elle-même a compté parmi les plus distingués de l'Angleterre.

Il faut respecter les motifs d'un auteur si estimable et
généralement si judicieux, mais on peut oser dire qu'il n'a
pas envisagé la question dans son ensemble. Pour que la
religion influe sur tous les moments et sur tous les hommes,
il faut que la vie entière, avec les sciences et les arts qui
en sont le brillant apanage, puisse être envisagée religieusement. Tant que les pensées religieuses ne s'allieront pas

à toutes les autres, il y aura absence d'harmonie dans l'âme, inconséquence dans les actions. Si l'on ne sent pas que tout émane de Dieu, si la communication des rayons au centre est intercepté, l'idée la plus vaste de toutes, celle de la Divinité, deviendra une idée étroite, et nous échappera par cela même.

Madame de Staël était intimement convaincue de ces vérités, qu'elle trouva déjà répandues en Allemagne, le pays où l'on a le plus cherché à former un même faisceau de toutes les connaissances humaines. Nul spectacle ne pouvait l'intéresser plus que celui d'une nation où le règne des opinions qu'elle avait professées jusqu'alors était solidement établi, où elle trouvait ses propres idées, d'un côté appliquées de mille manières à la vie réelle, et de l'autre appuyées sur les principes d'une haute philosophie. Néanmoins elle juge de nouveau ces idées. Elle voit leurs inconvénients dans l'abus qu'on en fait parfois, et la force de ses impressions inattendues lui fournit sans cesse l'occasion de rectifier ses systèmes.

Rien assurément ne lui a semblé parfait en Allemagne : les livres, le théâtre, l'art de converser, rien n'était porté à un haut degré d'excellence ; mais partout il y avait de la chaleur, de la vie, de l'émulation parmi les écrivains, de la bienveillance dans la société. Tout était en espérance, mais l'espérance animait tout. Elle crut respirer plus librement quand elle se vit entourée d'hommes qui n'imposaient nulle entrave au talent, nulle borne à la pensée, qui étaient étrangers à toute intolérance, et qui accueillaient le génie comme un enfant du ciel, sans se défier de lui. L'esprit qui dirigeait les écrivains l'a portée à juger plus favorablement de leurs œuvres, mais elle a désiré voir régner cet esprit en France, bien plus qu'elle n'a proposé la littérature allemande pour modèle à l'imitation des Français. Dans un temps où la pensée même paraissait asservie, elle a proclamé les bienfaits de l'indépendance intellectuelle, comme ceux de la liberté politique dans son dernier écrit.

Cet ouvrage était épineux à composer. On s'attend à de la pédanterie, à une métaphysique embrouillée ou à une fausse exaltation sentimentale, dès qu'il s'agit de l'Allemamagne. Comme madame de Staël découvrait à l'instant ces défauts partout où ils existaient, elle devait prouver qu'elle ne pourrait jamais en être la dupe. En outre, on était armé d'avance contre une multitude d'idées qu'elle avait à développer, et le combat déjà engagé sur certains points rendait les amours-propres nationaux très-intraitables. Mais, avec le vif sentiment de son équité naturelle, elle marche à travers toutes ces difficultés. Elle ne ménage personne, et il ne semble pourtant pas qu'elle doive blesser, parce qu'elle voit d'en haut les sujets qu'elle traite, et que, réduisant les débats littéraires à leur valeur, elle a la bonne foi de sourire la première dès que ses protégés eux-mêmes prêtent au ridicule en quelque point; enfin, parce qu'elle conserve la grâce d'une femme, et qu'il y a du désir de plaire jusque dans les choses piquantes qu'elle dit.

Aussi les Allemands ont-ils fort bien pris ses reproches les plus sévères. En leur qualité de débutants, ils voulaient se montrer dociles; et, comme madame de Staël donnait précisément à leur littérature ce qui lui manquait, une existence européenne, ils ont été plus flattés qu'offensés; mais il n'en a pas été de même des Français. Une immense renommée, des auteurs naturalisés chez toutes les nations, des pièces jouées sur tous les théâtres, une langue devenue dans le monde entier comme une langue maternelle pour la classe cultivée, avaient rempli les Français d'un juste orgueil; ils étaient de toutes manières au faîte de la puissance, et leur parler avec franchise était dire la vérité à des rois.

Mais c'est là précisément ce qui mettait à l'aise madame

de Staël. Elle n'aimait pas naturellement le pouvoir, et toute sa générosité la portait à relever la réputation d'un peuple malheureux et méconnu. Toutefois, malgré ce sentiment, malgré l'ivresse d'enthousiasme qu'elle inspirait d'un côté, et la persécution qu'elle éprouvait de l'autre, elle n'a pas commis d'injustice, et une tournure un peu épigrammatique donnée à des jugements équitables au fond est tout ce que les Français peuvent lui reprocher.

Il faut se rappeler qu'au moment où elle écrivait la France entière était dans une fausse position. Tout se fondait sur la révolution, et l'on détruisait chaque jour le fruit chèrement acheté de la révolution, l'espérance de la liberté. Une hypocrisie violente dans le gouvernement n'en imposait à personne, et, hors du gouvernement même, un vernis de légèreté et d'insouciance, ou l'orgueilleuse consolation de la victoire, servait à recouvrir un peu l'esclavage qu'on n'espérait pas cacher. De là résultaient de toutes parts des contradictions qui ne pouvaient être voilées que par des sophismes; mais l'emploi continuel de ces sophismes provoquait une irritation singulière chez les victimes de l'ordre existant. Les apologistes de l'arbitraire prenaient des armes où ils pouvaient, ils en cherchaient dans l'ancienne gloire des écrivains français, dans l'éclat du règne de Louis XIV; et, comme il n'y avait pas de littérature vivante, vu les données du moment, on évoquait des armées de morts et on se battait avec des siècles. Le parti que devait prendre madame de Staël était indiqué; elle était nécessairement rejetée dans une espèce d'opposition, et un peu d'hostilité contre la critique française n'était que la défense naturelle de ses opinions.

Néanmoins des motifs plus grands l'ont animée. Elle savait, par expérience, qu'on double ses idées en changeant de point de vue. La littérature d'un peuple spirituel et cultivé paraît toujours former un tout complet, quand on la considère du dedans, et elle est si exactement en rapport avec l'esprit qui l'a formée et celui qu'elle forme à son tour, qu'il n'existe à son égard plus de juges. Mais, quand on sort de cette sphère, quand on vient à respirer un autre air, parmi les sensations nouvelles qu'on éprouve, il se trouve des plaisirs inconnus. De retour chez soi, on regrette ces plaisirs. Tout se montre sous un autre aspect, et l'on s'aperçoit que ce qui semblait être la nature des choses n'est bien souvent que la manière de sentir d'un peuple.

C'est là l'effet que veut produire madame de Staël. Trouvant à côté de la France le pays qui offre les plus fortes oppositions avec la France même, elle puise là le secret de ces contrastes au moyen desquels on fait ressortir ce qui serait trop vague et trop indéfini, si on le présentait seul. Deux différences fondamentales s'offrent à ses regards, et ces différences, relevées dans tout son ouvrage, en font pour ainsi dire l'esprit. Elle oppose, d'une part, l'empire exercé par la société à la liberté de la pensée solitaire, et, de l'autre, l'effet de la doctrine métaphysique qui assujettit l'âme aux sensations, à celui d'un système qui donne la souveraineté à l'âme. Le premier de ces contrastes devait surtout ressortir dans la partie littéraire, le second dans la partie philosophique de l'ouvrage.

L'auteur débute par le pur esprit français. Voulant prouver qu'elle est chez elle sur le terrain de la noble élégance et de la grâce légère, madame de Staël se montre capable de satisfaire toutes les délicatesses d'un goût difficile, lorsqu'elle rend hommage à un nouveau genre de beautés. C'est peut-être la seule fois qu'on ait vu la cause de l'enthousiasme défendue avec l'arme du ridicule et de la bonne plaisanterie.

Le chapitre charmant *De l'esprit de conversation*, peut se mettre au nombre des traités sur l'art faits par un grand maître dans l'art même. Là, madame de Staël donne tous ses secrets, sans courir grand risque qu'on les lui prenne.

La première partie, sur les mœurs de l'Allemagne et l'aspect général du pays, se rapproche de la forme d'un voyage. Madame de Staël y peint la sensation de tristesse dont on est d'abord saisi sous un climat sombre et sévère, et la disposition plus douce qui lui succède. Ce qu'elle raconte d'une musique ravissante qu'elle entendit, pendant une noire matinée d'hiver, dans les rues encombrées de neige d'une petite ville, serait propre à devenir l'emblème du pays même. On éprouve encore une sensation pareille quand on étudie la langue et la littérature allemandes. Quelque chose de pénétrant et d'intime, quelque chose de tendre et de fort, semble parvenir à notre cœur à travers un brouillard d'expressions indécises.

Madame de Staël caractérise avec un discernement exquis l'esprit de la société et des institutions dans les différents États de ce pays divisé de tant de manières ; et, quand elle vient à parler de l'éducation, elle expose ses propres idées sur ce grand sujet. Rien de plus ingénieux et de plus juste que les raisons données par elle du peu de succès qu'on obtient lorsqu'on veut substituer, pour l'enfance, l'étude des mathématiques et de l'histoire naturelle à celle des langues mortes. Cette partie se termine avec éclat par la description d'une fête nationale dans les montagnes de la Suisse, morceau que des rigoristes en géographie ont trouvé déplacé, mais qui est d'une beauté ravissante.

La seconde partie, qui traite de la littérature, est la plus étendue, et c'est celle qui doit piquer le plus vivement la curiosité. L'élite des œuvres de l'esprit chez une nation enthousiaste et laborieuse s'y déploie aux regards, et tout un ordre de beautés inconnues frappe et intéresse tour à tour. Avant de parler des ouvrages, l'auteur nous met en société avec les écrivains, car cette littérature, toute jeune encore, a vu à peine deux générations d'hommes, et madame de

Staël a pu elle-même s'entretenir avec les vieillards illustres qui en ont été les fondateurs. C'est un phénomène
curieux que le déploiement subit d'un esprit très-original chez une vieille nation européenne, arrivée sous
plusieurs rapports au même degré de civilisation que les
autres. Peindre ce phénomène avec vérité, en démêler avec
sagacité les causes, était tout à fait du ressort de madame
de Staël.

Elle a tracé les portraits des écrivains avec la chaleur et
la bienveillance qui étaient dans son cœur. Schiller surtout,
le vertueux auteur de tant de pièces de théâtre, dont une
poésie admirable suffirait pour assurer la réputation, Schiller
est traité avec une prédilection particulière. Il avait gagné
personnellement ses affections par les qualités les plus aimables, et par cette touchante candeur qui s'allie si bien
avec le génie.

Les extraits des pièces de théâtre sont ravissants ; les tableaux les plus éclatants, les plus forts d'effet, souvent les
plus déchirants, se succèdent. On est transporté dans la
situation par deux ou trois paroles, et l'art dramatique avec
sa magique puissance s'empare aussitôt de nous. Là encore Schiller est présenté à son plus grand avantage, et les
tragédies de ce poëte sont extraites ou traduites avec une
étonnante beauté de couleur. On peut remarquer là, ainsi
que dans les improvisations de Corinne, à quelle hauteur
madame de Staël s'est élevée dans la prose poétique, genre
si difficile en français, lorsqu'il s'agit de remuer fortement
le cœur à travers la pompe du langage.

Le génie devant lequel les Allemands se prosternent
tous, celui de Gœthe, est très-bien caractérisé par madame
de Staël. L'adresse infinie qu'elle met à définir cet esprit si
hardi et si profond, ce talent flexible et toujours maître de
lui-même au milieu de ses bizarreries, cette adresse était
d'autant plus nécessaire, que peut-être les productions ex-

traordinaires d'un pareil écrivain ne seront jamais bien appréciées hors de l'Allemagne.

Dans le nombre des morceaux distingués dont cette partie se compose, on a cité comme une esquisse de génie le portrait que madame de Staël elle-même a tracé d'Attila. Ses traductions de *Marie Stuart*, de la *Louise* de Voss, celle d'une multitude de pièces détachées, montrent sa prodigieuse susceptibilité d'émotion, ses étonnants moyens pour tout exprimer. Le langage, les habitudes, les préjugés nationaux, sont pour elle des milieux transparents à travers lesquels elle voit distinctement la beauté des sentiments, des situations, des conceptions littéraires les plus étrangères à nos mœurs; et son imagination frappée transmet comme par miracle ses impressions.

Relativement aux systèmes dramatiques des Français et des Allemands, madame de Staël n'a point pris un parti aussi tranché qu'on l'a prétendu. Elle a balancé des inconvénients ou des avantages, plutôt qu'assigné aucune prééminence. Elle a été vivement émue au théâtre allemand, et c'est fort heureux pour ses lecteurs. Celui qui rend compte d'une littérature étrangère doit l'avoir goûtée, sans quoi il est probable qu'il y est lui-même resté étranger. Chez les deux nations, telles que madame de Staël les a dépeintes, la littérature entière devait prendre une direction différente. Des auteurs inspirés par le désir de plaire à la société se conforment naturellement à ce qui a toujours plu à cette société, tandis que des écrivains solitaires se livrent davantage à leurs propres impressions. Les premiers se proposent d'exécuter une œuvre, les autres ne songent qu'à épancher leurs sentiments. Ceux-là ont un plan bien conçu à exécuter, ceux-ci ont les riches matériaux de leur pensée à employer. De là vient que la beauté des formes l'emportera dans une littérature, et la vérité des sentiments dans l'autre. Les grands maîtres concilient tout; mais, quand il y a un sacrifice à faire, le principe dominant se découvre.

Dans le genre dramatique, le moi du poëte se transporte ailleurs; mais alors les auteurs allemands et anglais mettent le même prix au développement d'un caractère adopté qu'à la manifestation du leur. Ils veulent suivre les changements que subit un même être, et tracer la marche progressive d'une révolution morale, en conservant l'identité de l'individu. Or cela seul exclut la règle des vingt-quatre heures, puisque les brusques vicissitudes montrent la force des passions bien mieux que celle de l'homme, et dénaturent le caractère plutôt qu'elles ne le révèlent. La tragédie historique, qu'appellent de partout les intérêts du moment, se ploie surtout difficilement à la règle des unités.

Voilà ce qui se trouve dans l'application; mais, quand la question sera traitée abstraitement, les critiques français auront toujours l'avantage, puisque le genre de vraisemblance exigé par les lois d'Aristote ne semble rien avoir en lui-même d'incompatible avec le naturel et la force. L'art ne s'est point introduit dans l'ordonnance extérieure des pièces allemandes, quoiqu'on y admire une sublime poésie de sentiments et de situations. La forme française est la seule belle, la seule régulière, la seule même qui soit une forme. Quand donc les critiques ont voulu la conserver, quand ils ont toujours dit aux auteurs : Faites mieux, produisez une impression profonde en restant fidèles au bon sens, unissez la vraisemblance morale à la vraisemblance matérielle, ils ont eu parfaitement raison; mais, à force d'avoir raison, ils finiront par chasser les poëtes.

Quand l'arbre qui a donné les plus beaux fruits devient rebelle à la culture, faut-il condamner le sol à la stérilité? Si désormais la séve refuse de jaillir abondamment de ses anciens canaux, qu'arrivera-t-il? Il arrivera que, le changement des mœurs bannissant journellement beaucoup de

pièces, la scène s'appauvrira ; il arrivera que les imagina-
tions fortes et pathétiques se rejeteront sur le roman, au
grand détriment de leur gloire, de celle de leur nation et
de leur siècle, au détriment des plus beaux effets et de cette
émotion électrique qui se communique au théâtre ; de plus,
au détriment de la poésie elle-même, qui languira faute
d'un emploi à la fois noble et populaire. Il arrivera enfin
que, comme on veut des impressions tragiques, il se trouvera toujours des auteurs qui, laissant tout art de côté, se
contenteront de larmes et de salles pleines, et qui feront des
mélodrames.

Que tel ait été le sentiment de madame de Staël, c'est
ce que prouvent évidemment ces paroles : « Quelques scènes produisent des impressions plus vives dans les pièces
étrangères ; mais rien ne peut être comparé à l'ensemble
imposant et bien ordonné de nos chefs-d'œuvre dramatiques : la question seulement est de savoir si, en se bor-
nant, comme on le fait maintenant, à l'imitation de ces
chefs-d'œuvre, il y en aura jamais de nouveaux [1]. »

Après la lecture si amusante des deux premières parties,
il est possible que celle de la troisième, sur la philosophie
et la morale, paraisse un peu abstraite et difficile ; mais
on n'en doit pas moins beaucoup d'estime au beau travail de madame de Staël, travail entrepris par les plus nobles motifs, exécuté avec la plus rare intelligence. Il y
avait du courage à traiter des sujets importants sur lesquels on cherchait alors en France à jeter une extrême
défaveur.

L'origine des idées dans l'entendement humain étant la
question métaphysique à laquelle se rattachent surtout les
grands intérêts de la religion et de la morale, c'est celle-là
que madame de Staël examine particulièrement. La philo-

---

[1] *De l'Allemagne*, tome II, page 4.

sophie matérialiste avait gagné beaucoup de terrain en Europe, depuis qu'un principe vrai en lui-même avait servi à fonder un système faux autant que destructif de toute responsabilité morale. De ce que les éléments de nos idées nous sont arrivés par le canal de nos sens, on avait conclu que l'âme elle-même n'était qu'une machine à sensations ; et, comme une intelligence active dans le sein de l'homme et un Dieu dans l'univers sont des idées tellement correspondantes, qu'on ne rejette guère l'une sans l'autre, un matérialisme absolu ou l'athéisme était le résultat de ces opinions. C'est à combattre une telle doctrine que tous les philosophes allemands se sont appliqués depuis Leibnitz. Mais, en voulant rétablir la nature morale dans ses droits, plusieurs ont été poussés vers l'idéalisme, et ceux-là même qui ont fait jouer le plus grand rôle aux objets extérieurs ont *spiritualisé* la matière bien plus qu'ils n'ont *matérialisé* l'esprit.

La clarté et je dirai la grâce avec lesquelles madame de Staël rend compte de tous ces systèmes est quelque chose de bien étonnant. En elle, nulle trace de pédanterie. Évitant autant qu'il se peut les mots scientifiques, elle ne dit et ne prétend même savoir que tout juste ce qu'il faut pour apprécier l'influence morale de ces docrines. Elle ne se fait point immédiatement juge de la vérité ; mais, convaincue que l'univers entier est l'œuvre d'une pensée bienfaisante et sublime, elle cherche la vérité dans ce qui élève le plus notre âme, dans ce qui nous rend le plus capables d'accomplir le beau et le grand, tels que le génie ou la vertu les conçoivent.

L'esprit général de ces systèmes devait plaire à madame de Staël. Rien de plus favorable à l'essor de l'imagination qu'une philosophie qui exalte l'activité de l'âme et soumet le monde à l'intelligence. Aussi, quand elle vante son heureuse influence sur les arts et la poésie, y a-t-il peu à lui

objecter. Les beaux-arts étant fondés sur les rapports mystérieux de notre âme avec l'univers, toutes les affections,
toutes les émotions de l'âme, doivent être écoutées par l'artiste. Il doit tenir compte de ses moindres impressions, les
grossir en s'y abandonnant, pour devenir capable de les
transmettre. Dans les sciences morales, le sentiment est
aussi un de nos guides ; mais il n'en est pas de même des
sciences naturelles. Là, l'homme n'est que spectateur ; ce
sont les rapports des choses entre elles qu'il étudie ; il doit
faire abstraction de lui-même et de tout ce qu'il éprouve.
Aussi les sectateurs des dernières doctrines allemandes
ont-ils peu fait de progrès dans l'étude de la nature, et
madame de Staël n'a pas été assez sévère à l'égard du
travers, ou pour mieux dire de la maladie de l'Allemagne,
l'idée que l'âme peut trouver toutes les sciences en elle-
même.

Sans doute elle n'a pas entièrement approuvé une telle
rêverie ; mais, en regrettant que de certains aperçus d'i-
magination ne fussent pas saisis davantage par les savants,
elle a paru croire que la méthode expérimentale n'avançait
les connaissances que par une sorte de procédé mécanique,
et que tout s'y bornait à l'observation des faits. N'ayant
malheureusement jamais porté son regard d'aigle sur ces
matières, elle n'a pas rendu justice à l'immense grandeur
des facultés qui se déploient dans les sciences, quand on
suit la seule marche qui assure leurs progrès. Non-seulement (ce qu'elle n'a pu tout à fait méconnaître) il s'y développe des forces prodigieuses dans l'intelligence, mais
l'imagination, pour être tenue en bride, ne reste néanmoins
pas inactive. C'est l'imagination qui indique en secret à
l'investigateur le sentier où il doit s'engager, c'est elle qui
forme ces suppositions souvent si hardies dont l'expérience
doit déterminer la valeur ; mais elle ne se trahit pas elle-
même ; des découvertes inespérées décèlent seules son exis-

tence, et alors ses lueurs incertaines disparaissent devant la splendeur de la vérité[1].

En revanche, on ne saurait lire sans une profonde admiration le chapitre intitulé : *De la morale fondée sur l'intérêt personnel.* Avec une force terrassante dans le raisonnement, avec une éloquence sensible qui n'est qu'à elle, madame de Staël y pulvérise la doctrine qui prétend nous imposer le sacrifice de nous-même au nom de notre propre utilité ; qui confie à l'ennemi, l'égoïsme, la garde de la place attaquée, et qui, donnant un même calcul intéressé pour base à toutes les actions, justifie le vice autant qu'il déshonore la vertu. On peut défier toute subtilité d'obscurcir une telle lumière, et l'on ne saurait trop recommander la lecture de ce morceau, qui classe à lui seul madame de Staël parmi les premiers moralistes.

Mais la dernière partie de l'ouvrage, sur la religion et l'enthousiasme, est celle où son superbe talent d'inspiration parvient à la plus grande hauteur. Là reparaît une autre Corinne, ou plutôt un céleste génie qui rassemble dans un hymne ravissant tout ce qui soutient et fortifie les cœurs généreux. Ce qu'elle entend par enthousiasme n'est point (elle a soin de l'expliquer) une exaltation délirante ; c'est la divine harmonie d'une âme à la fois ardente et calme, où règne le culte de la beauté morale et de la source première de toute beauté. Interrogeant les plus hautes jouissances, celles du cœur, celles de la pensée, les plaisirs même de l'imagination, elle retrouve dans toutes cette flamme divine qui

---

[1] On pardonnera cette digression à la fille d'un savant qui se sentait attaquée dans son bien le plus cher, la gloire des hommes illustres qui ont suivi la méthode expérimentale. M. de Saussure a donné en effet l'exemple de la plus forte imagination contenue par la raison, puisque sa modeste défiance le forçait à révoquer en doute ses idées les plus heureuses, tant qu'il ne pouvait pas les appuyer incontestablement sur des faits.

enlève à la terre le cœur où elle est allumée. La gloire, les talents, les arts, la musique, la poésie, l'amour lui-même, toutes ces joies souvent profanées, mais souvent aussi calomniées par l'homme, lui apparaissent dans leur pureté primitive, comme les dons du Créateur. Un rayon de la bonté céleste illumine à ses yeux la nature entière, et, voyant dans son propre enthousiasme un bonheur qui ne l'abandonnera jamais, elle sent que, *quand arrivera la grande lutte* (puisse un tel présage s'être accompli!), il a été préparé du secours pour l'âme inspirée « dont les derniers soupirs sont comme une noble pensée qui remonte vers le ciel [1]. »

On sait quel fut le sort de cet ouvrage : la censure y fit de nombreux retranchements, et les phrases supprimées, qui ont été rétablies depuis, font, par leur innocence même, la satire du gouvernement qui ne pouvait les supporter. Toutefois, si chaque ligne paraît irrépréhensible, l'esprit général de la composition était trop contraire à l'intérêt du despotisme, toutes les passions égoïstes qu'il importait alors de fomenter y étaient trop dévoilées et trop combattues, et, si ce fut une injustice de faire saisir un tel livre, ce ne fut peut-être pas une inconséquence. On mit donc au pilon ces belles pages, et bientôt l'auteur en fut plus cruellement persécuté. Il y eut des hommes auxquels une pénétration infernale suggéra que c'était dans les objets de son affection qu'il fallait frapper madame de Staël. Son premier ami à tant de titres, M. de Montmorency, et une femme belle et aimable avec laquelle elle était liée, madame Récamier, furent condamnés à un exil perpétuel pour avoir été consoler le sien. Ce coup est un des plus cruels dont elle ait été atteinte; jamais douleur ne fut plus déchirante, et dès lors elle résolut de quitter à tout prix une terre où elle croyait répandre la contagion du malheur.

---

[1] Dernière page de l'*Allemagne*.

Entourée comme elle l'était de surveillants et d'espions, la fuite paraissait dangereuse autant que difficile. Il fallait traverser les armées pour aller chercher en Russie, non pas un asile, mais la seule mer dont le chemin lui fût encore ouvert. L'idée d'exposer sa fille aux dangers d'un tel voyage, celle de quitter tous ses amis, le tombeau de ses parents, la Suisse même, qui, malgré la tristesse de ce séjour, était devenue pour elle une seconde patrie, celle enfin de fuir comme une criminelle à travers les terres et les mers ; toutes ces idées l'épouvantaient ou lui déchiraient le cœur. Courageuse par fierté, elle avait une imagination facile à alarmer, et les fantômes de la peur prenaient une terrible réalité pour elle. Ses craintes, ses irrésolutions, les combats qui se livraient en elle, la mirent dans un état affreux ; mais, parmi tous les partis à prendre, il en est un qui n'a pas fixé un instant son attention. Une ligne d'éloge au tyran, une ligne qu'assurément elle eût su amener et rédiger avec convenance, cette ligne qui lui aurait rendu la France, ses amis, l'exercice de son talent, les biens confisqués de son père, cette ligne, elle n'a jamais admis la possibilité de l'écrire.

Ce fut pour fortifier son âme ébranlée qu'elle composa, en 1812, peu avant son grand voyage, un écrit contre le suicide. Elle se reprochait quelquefois d'avoir montré, dans ses premiers ouvrages, une sorte d'admiration pour le courage qu'exige cet acte coupable ; et, bien qu'elle n'eût point eu d'autre dessein que celui de laver la mémoire de quelques infortunés de la tache la moins méritée, celle de lâcheté, l'occasion de professer une meilleure doctrine s'étant présentée, elle la saisit avidement. Un double meurtre volontaire, accompagné de circonstances romanesques, avait excité en Allemagne un enthousiasme insensé parmi les journalistes et les gens du monde. Madame de Staël sentit vivement le besoin de se séparer, dans cette occasion, de

ceux qu'elle avait tant vantés. Elle démêlait un mélange de
vanité dans cette horrible scène ; elle y voyait un mauvais
mélodrame exécuté sur le réel, et voulait montrer qu'une
sorte d'affectation peut suivre jusque dans le moment suprême ceux qui donnent ainsi leur propre mort en spectacle. Prenant son sujet sous un point de vue universel,
elle emploie toute la force de son talent à développer les
ressources que la religion et une morale élevée donnent à
l'homme dans l'infortune. La douleur, dans cet écrit, est
présentée comme un moyen régénérateur entre les mains
de la Providence. Ne pas nous soustraire à l'action de la
souffrance, qui est destinée à nous perfectionner, étudier
les lois et surtout l'esprit du christianisme, pour nous convaincre que cette religion condamne le suicide, et placer la
dignité morale dans la résignation plutôt que dans la révolte, tels sont les conseils qu'elle donne aux malheureux.
Elle avait, dans d'autres ouvrages, admiré le christianisme
et vanté les secours qu'il prodigue aux affligés ; mais cela
pouvait se faire pour ainsi dire du dehors. Dans cet écrit,
le dernier sur ces matières qu'elle ait composé, elle se place
au centre du système, et, malheureuse elle-même, elle
adhère à la seule croyance qui sauve du désespoir en con-
sacrant la douleur.

Enfin, au printemps de 1812, c'est-à-dire au dernier des
instants où la fuite était encore possible, madame de Staël
se décida à partir. Elle avait en quelque sorte épuisé ses
forces dans l'incertitude ; et quand, après avoir franchi les
frontières de la Suisse, il n'y eut plus moyen de reculer, son
courage sembla l'avoir abandonnée. En relisant, dans ses *Dix
années d'exil*, la relation de ce singulier voyage, on s'étonne
qu'au milieu des dangers dont elle se formait l'idée elle ait
pu observer, comme elle l'a fait, les pays qu'elle a si rapidement et si secrètement traversés. Ce moment, le plus intéressant de tous à étudier, touchait à celui de la délivrance

européenne ; et, tandis que, d'un côté, les sentiments qui
allaient causer une explosion si terrible étaient parvenus à
leur dernier degré d'exaltation, de l'autre une pusillani-
mité, une soumission presque serviles, semblaient caractériser les gouvernements enlacés dans le grand filet de la politique bonapartiste.

Suivie de près par les armées françaises, madame de
Staël ne respira pas même en Russie, car déjà ces armées
étaient sur ses pas. Dans son effroi, elle fut sur le point de
prendre la route de Constantinople pour se rendre en Grèce.
Son dessein avait toujours été de visiter la Grèce, et de
puiser à la source la couleur orientale qui devait animer
son poëme de *Richard Cœur-de-Lion*. Mais la crainte d'exposer sa fille aux périls d'un tel voyage lui fit prendre le
chemin de Moscou.

Rien n'est plus curieux que la manière dont madame de
Staël avait jugé le peuple russe. A travers la servitude, à
travers la superstition et l'ignorance, elle avait démêlé des
traits admirables de caractère dans la nation, un superbe
esprit public, allié à une douceur, à une mobilité d'imagination qui contrastent avec les passions les plus véhémentes.
Elle voyait ce peuple comme une race méridionale trans-
plantée dans le Nord. Le spectacle singulier d'une civilisation récente, entée sur les restes de l'ancien Orient, celui
d'une nature et d'un climat terribles, domptés en quelque
sorte à force de magnificence, l'eussent vivement intéressée
dans un autre moment ; mais déjà s'avançait l'armée française : madame de Staël partit de Moscou avec précipitation, et la flamme y dévora ses traces.

Son séjour à Pétersbourg ne fut pas long, car non-seulement elle ne s'y croyait pas en sûreté, mais elle y éprouvait des sentiments très-douloureux. Cette ville si belle, ces
édifices splendides, une société aimable, des institutions
naissantes qui donnaient le plus grand espoir, tout était

menacé de destruction ; des impressions opposées et également pénibles se joignaient à celles-là. L'exaltation nationale était extrême, et, bien que cette disposition des esprits augmentât l'enthousiasme inspiré par la femme illustre qui n'avait pas voulu fléchir sous le joug, l'idée qu'une telle effervescence allait se diriger contre les Français remplissait madame de Staël de terreur. La Suède, patrie de M. de Staël, lui offrait un asile plus doux et plus sûr ; et, après quinze jours passés à Pétersbourg, elle se rendit à Stockholm.

Les désastres de cette année, si redoutables pour l'Europe entière, l'affectèrent profondément ; mais, dans une pareille situation d'âme, elle trouva quelque consolation à vivre en Suède sous la protection d'un héros français auquel elle voua une amitié véritable. Comme lui, madame de Staël tenait à la France par ses affections ; à la cause européenne par une espérance mêlée de bien des craintes : c'est en Suède qu'elle a publié l'écrit sur le suicide, qu'elle a dédié au prince royal.

Au commencement de l'année suivante, madame de Staël passa en Angleterre. Là elle produisit la plus vive sensation. Recherchée d'abord comme prodige, elle excita toujours un égal empressement par ses ressources inépuisables et par le charme de son caractère. Aucune prévention contre les femmes qui se mêlent de politique, aucune de ces habitudes qui tendent à restreindre l'influence des femmes dans la société, ne put tenir contre l'attrait qu'elle inspirait. Bientôt instruite de l'état du pays, elle étonne ces vieux défenseurs des libertés civiles par la justesse, par la netteté de ses vues, par son habileté à saisir l'intérêt du moment et celui de l'avenir. Comme en France, comme partout, son inclination l'avait portée à se rattacher à l'opposition modérée et conservatrice, sans jamais se séparer entièrement du parti ministériel.

Toutefois le succès était une faible distraction pour ma-

dame de Staël, et bientôt un grand chagrin vint de nouveau bouleverser son âme. Ce fut en Angleterre qu'elle
apprit la mort de son second fils, jeune homme dont le
caractère fougueux lui avait toujours donné des inquiétudes, mais dont les sentiments nobles et tendres étaient
dignes des larmes qu'il a coûté à sa famille.

Les impressions de madame de Staël à son retour en
France ont été décrites par elle dans ses *Considérations sur
la révolution française,* le seul de ses ouvrages dont il me
reste à parler.

CONSIDÉRATIONS SUR LA RÉVOLUTION FRANÇAISE.

Quoique madame de Staël eût communiqué successivement les diverses parties de son manuscrit à ses amis, quand
ce monument s'est présenté à leurs regards dans son entier,
ils ont été étonnés de son imposante grandeur. Peut-être
est-ce l'effet d'une imagination frappée, mais je ne sais
quel éclat d'immortalité m'a semblé l'envelopper. Cette vie
si ardente, si animée, est pourtant de la vie éternelle ; ce
mouvement si actif, si soutenu, n'est plus celui des passions. L'âme qui s'adresse à nous plane dans une région
supérieure ; elle est parvenue à ce point d'élévation où les
objets terrestres paraissent encore revêtus de leurs plus
riches couleurs, mais où ils se montrent dans leur ensemble, et où, déjà, l'on respire l'air du ciel.

Quelque idée que madame de Staël eût donnée de sa capacité, il y a une telle hauteur de pensée dans cet ouvrage,
qu'il faut avoir devant les yeux toute sa vie pour concevoir
qu'elle-même ait pu l'écrire C'est le fruit du passé le plus
instructif dans une intelligence occupée d'avenir. L'éducation politique qu'avaient donnée à madame de Staël les
deux ministères de son père et les diverses phases de la révolution ; l'expérience qu'elle avait faite des maux infligés

par la tyrannie ; ses voyages dans toute l'Europe, et surtout
ce séjour en Angleterre, où la vue d'une belle constitution
en activité lui avait appris ce que n'enseigne point la théorie,
et où toutes ses idées sur la législation s'étaient mûries dans
des discussions avec les hommes les plus distingués; voilà
ce qui l'a mise en état de composer un tel livre. Et, si l'on
songe au mouvement imprimé à cette masse de pensées par
l'effroi que causa à madame de Staël le retour de Bonaparte, par l'alternative de ses craintes et de ses espérances durant les désastreux Cent-Jours, enfin par la douleur de revoir la France envahie, on s'expliquera l'élan,
la vivacité qui s'allient dans cet ouvrage au calme de la réflexion. Elle était peut-être dans la disposition la plus favorable à un grand écrivain, celle où un repos extérieur succède à des agitations violentes, et où les facultés exaltées par
la lutte prennent une nouvelle direction.

Deux grands motifs ont animé madame de Staël. Écrire
la vie politique de son père était à ses yeux un devoir sacré
dont elle ne voulait pas retarder l'accomplissement; mais,
quand elle a vu la liberté, l'indépendance nationale, et par
conséquent la monarchie, dans un état vacillant et précaire
en France, elle s'est encore proposé un autre but. Celle qui
lisait l'explication du présent dans le passé, et de l'avenir
dans le présent; celle qui croyait voir avec les dangers les
moyens d'y échapper, a pu se sentir appelée à dire la vérité. L'idée d'une si haute vocation a calmé à la fois et inspiré tout son être. Sans enthousiasme pour le bien, elle
n'eût pas écrit un tel livre ; avec une exaltation passagère,
elle ne l'eût pas écrit non plus. Excitée par la volonté ardente et ferme de montrer la nécessité de la morale dans
la politique, elle associe son père à son grand dessein. Regardant M. Necker et elle-même comme deux avocats d'une
seule cause, elle prouve par les faits ce qu'il avait posé en
principe : c'est que tout ce qui est fondé sur la perversité

doit nécessairement s'écrouler. Jamais on n'a été plus inaccessible à tout calcul de succès, à tout ménagement de prudence. Aussi madame de Staël, qui était toujours prête à accueillir les observations de ses amis, a-t-elle uniformément répondu à leurs réflexions circonspectes : « C'est la vérité, je la pense et je la dirai. » Il semble qu'elle ait eu le pressentiment que rien ne pourrait bientôt l'atteindre. La juste appréciation des choses humaines, l'élévation, la douceur même qui caractérisent les derniers moments de la vie, paraissent s'unir chez elle à toute la force de la jeunesse.

Si la forme de la composition n'eût pas été imposée à madame de Staël par ses différents buts, on pourrait y relever quelques défauts. Trois sujets analogues, la biographie d'un ministre d'État, l'histoire d'une période agitée de troubles politiques, et l'exposé d'une théorie des gouvernements, rentrent par la nature du travail sans cesse les uns dans les autres ; et il résulte de là que le tout et les parties ne se dessinent pas bien nettement dans l'esprit. Mais, s'il n'y a pas unité de plan dans l'ouvrage, il y a une admirable unité d'inspiration. C'est madame de Staël elle-même, avec sa pénétration, ses sentiments vifs et généreux, qui est l'idée centrale de son livre ; et cette idée, on la saisit complétement. D'ailleurs, le titre qu'elle a choisi est si vague et si modeste, qu'elle est sûre de tenir plus qu'elle n'a promis. On ne peut exiger ni une histoire, ni une théorie complète de l'auteur qui n'annonce que des *Considérations*. Je ne ferai donc pas un extrait régulier d'un livre qui se prête difficilement à l'analyse, et je me contenterai de considérer dans madame de Staël le biographe, l'historien et le publiciste.

La biographie doit être jugée relativement à son but. Savoir si la relation de la vie politique de M. Necker ajouterait ou non au mérite de l'ouvrage qu'écrivait sa fille n'était pas pour elle la question. Nuirait-elle à son père, comme on le prétendait, en faisant de nouveau parler de lui? Elle était fondée à ne pas le croire. Madame de Staël ne demandait pas mieux que d'appeler l'examen sur une telle conduite; et, quand son livre eût suscité quelques vains propos, n'était-il pas fait pour leur survivre? Elle ne pouvait pas d'ailleurs, quand elle l'eût désiré, vouer son père à l'obscurité; car l'histoire voudra savoir ce qu'était au vrai M. Necker. L'avenir croira-t-il sa fille? dira-t-on. Oui, il la croira, qu'il le veuille ou non, si on peut le dire. Il n'est pas aisé de résister à l'ascendant d'une telle conviction; et qu'importe qu'on ait récusé d'avance madame de Staël, si finalement elle persuade?

Elle se met de toute manière en mesure d'être écoutée. Revenue de l'espoir de persuader sur un tel sujet par de l'enthousiasme, elle se retranche dans les faits. Elle voit M. Necker dans le siècle où il a vécu, et reconnaît que sa délicate moralité l'inquiétait de trop de scrupules pour qu'il pût maîtriser des circonstances si fortes; mais, croyant que du moins les résultats seront appréciés, elle récapitule les titres incontestables de son père à la reconnaissance publique, et semble dire avec un accent douloureusement concentré : Ceci, du moins, on ne me le contestera pas.

Espérons que son sentiment l'a bien conseillée, et qu'elle aura du moins affaibli d'inconcevables préventions. Elle a dû relever le mérite de M. Necker comme homme d'État, en faisant toucher au doigt la justesse de ses prédictions; comme écrivain, en forçant les indifférents à lire ses éloquentes pages; et, puisqu'à travers la diversité des genres on ne peut méconnaître la parenté des deux talents, pourquoi n'accorder qu'à madame de Staël seule le tribut d'éloges qu'elle eût trouvé si juste et si doux de partager avec son père?

Désirant éviter les discussions politiques, je m'arrêterai peu à considérer madame de Staël comme publiciste. Son admiration pour la constitution anglaise était le fruit de l'étude et de la réflexion. Elle la voyait comme la meilleure théorie réalisée, comme le chef-d'œuvre combiné de la sagesse et du temps. Les principes sur lesquels cette constitution repose, ces principes déjà consacrés en France par la charte, devaient, selon madame de Staël, assurer le bonheur national lorsqu'ils seraient bien compris et sincèrement adoptés. Une telle opinion prouve déjà à elle seule une grande sincérité d'intentions, car on n'a point de dessein ultérieur quand on s'attache à un système éprouvé, et qui ne mène à aucun autre.

L'application d'un pareil système à un pays continental, à un peuple bien différent du peuple anglais pour les mœurs et le caractère, offrait des difficultés que madame de Staël s'est appliquée à résoudre. Il était très-permis sans doute de combattre ses arguments; mais du moins il ne fallait pas l'accuser de se livrer à des idées d'imagination, quand elle n'a fait autre chose qu'admettre les conséquences de la forme de gouvernement qu'elle préférait. Comment, par exemple, a-t-on pu voir l'effet d'une faiblesse de femme dans l'importance qu'elle attribue aux noms historiques? Sincèrement attachée à la monarchie limitée, elle pensait que l'hérédité ne peut pas se soutenir isolée sur le trône, et qu'il faut lui donner une sorte de continuité au dehors dans une noblesse constitutionnelle. Or, une chambre héréditaire ne pouvant à perpétuité être composée de grands hommes, elle doit l'être de grands noms, de noms qu'une gloire récente ou ancienne recommande aux siècles futurs. Si les députés électifs représentent les lumières actuelles d'une nation, les pairs doivent être l'emblème de ses destinées successives.

Il semble que le pacte offert dans cet ouvrage ne devrait pas être refusé, ce pacte honorable si loyalement proposé. Jamais la liberté, jamais l'humanité et la justice ne trouveront un défenseur plus zélé. Déjà chaque parti s'est appuyé sur les raisonnements de madame de Staël, et s'est armé, ainsi qu'on l'a dit, de son talent ; mais ce n'est pas qu'elle ait passé de l'un à l'autre ; elle est restée sur la ligne de la raison, et chacun, dans la moitié équitable et modérée de son opinion, s'est trouvé d'accord avec elle.

Aussi la voix qui se fait entendre dans cet ouvrage a-t-elle été écoutée en France et hors de France avec la plus sérieuse attention. Elle a fait rentrer un moment les hommes passionnés en eux-mêmes ; et, pour la masse impartiale, elle a avancé de plusieurs années l'effet instructif du temps. C'est la première fois que l'apologie des idées libérales a fait impression sur ceux qui étaient intéressés à les repousser.

La partie historique est celle où l'auteur se présente avec l'éclat le plus grand peut-être, et sûrement le plus inattendu. Le point de vue moral choisi par madame de Staël devient, dans ses tableaux, singulièrement frappant et varié. Prenant toujours le cœur humain pour sujet, elle en fait apercevoir les ressorts secrets à travers tous les événements de la vie. Elle peint tour à tour les crises violentes des passions, l'agonie du remords, et jusqu'aux misérables agitations de la vanité. Toujours éloquente, souvent gracieuse et naïve, elle est parfois terrible et foudroyante dans son indignation. Nul historien, avant elle, n'avait aussi nettement dégagé la défense de la liberté de celle des forfaits commis en son nom. Elle expose ces forfaits sans atténuation, sans excuse, frémissant à l'idée du crime, et ne trouvant la force de surmonter l'horreur d'une telle idée que dans le désir de rendre le retour du crime impossible en montrant son inutilité. L'énergie, l'intensité du sentiment moral, peuvent seules expliquer l'effet de ce livre, et ce qui rend cet effet si fort, c'est qu'il n'y a point de palliation.

Si madame de Staël a frappé d'anathème les mauvais motifs, elle n'a point épargné les erreurs ni les bévues.

9.

Tout vice comme toute borne du cœur et de l'esprit est mis par elle à découvert. En disant tant de vérités, comment n'a-t-elle pas offensé davantage ? C'est qu'elle distribue le blâme avec impartialité, c'est que le plaisir d'entendre si bien relever les torts de ses ennemis a un peu consolé chacun du mal qu'elle a dit de lui-même ; c'est surtout qu'on voit son motif. A-t-elle voulu blesser, humilier ? Non sans doute. La peine qu'elle cause est l'effet inévitable, et non le but. Il lui fallait retracer la faute pour montrer qu'elle a trouvé son châtiment ; et la justice divine ne peut être manifestée que par la faiblesse humaine.

Aussi a-t-elle de l'indignation, et jamais de la haine ; du courroux, et jamais du ressentiment. Chez elle, l'animosité ne tenait pas sur les individus, si on peut s'exprimer ainsi, et elle en faisait bientôt du blâme pour les maximes de conduite. Les mémoires qu'elle avait ébauchés sous le titre de *Dix années d'exil*, au moment où le triomphe de la tyrannie excitait en elle la plus grande révolte, ces mémoires ne lui ont fourni que des matériaux ou quelques fragments épars, et elle a tout retravaillé avec la modération d'une âme apaisée. C'est parce qu'elle a vu, comme elle le dit, un système dans Bonaparte, qu'elle analyse son caractère et sa politique avec un scalpel si rigoureux. Il est à ses yeux le génie de l'ardent égoïsme, l'être qui avait arboré l'étendard de l'intérêt personnel, du profond dédain pour la Divinité et pour les hommes. Jamais exemple plus éclatant, plus terrible, ne pouvait être choisi pour montrer le danger des principes qu'elle avait toujours combattus. C'est surtout à titre d'idée générale qu'elle l'attaque, et celui dont l'histoire réelle semble être un apologue oriental ne pouvait échapper à la moralité qu'elle en tire.

Il se présente ici une observation à faire. Madame de Staël est l'auteur qui a le mieux établi, en théorie, que la morale ne doit pas être fondée sur l'utilité personnelle, ni

même sur l'intérêt particulier d'une nation ; et, d'un autre
côté, elle est encore l'écrivain qui a le plus irrésistiblement
prouvé par les faits que les hommes et les peuples marchent vers la prospérité ou la ruine, selon qu'ils observent
ou qu'ils négligent les saintes lois de la justice. Haute et
lumineuse raison dans les deux cas, puisque l'avantage de
l'individu et de l'État est bien ordinairement le résultat
d'une conduite irréprochable ; mais, si cet avantage est
présenté comme un but, chacun croira trouver mille chemins plus courts que celui de l'équité pour parvenir à ce
but même.

Mais qui méconnaîtra chez madame de Staël l'amour de
la patrie dans sa plus grande vivacité? un amour souffrant, irrité, blessé, qui a parfois besoin de l'expression
acerbe. C'est là ce qui fait couler son sang avec rapidité, ce
qui l'inspire toujours, ce qui la trouble quelquefois, ce qui
dicte jusqu'aux éloges qu'elle donne à une nation étrangère.
L'Angleterre n'est à ses yeux que la France future. Voilà où
vous arriverez, semble-t-elle dire, et il fallait bien vanter
le but pour animer la marche. Elle admire sans doute le
noble caractère anglais, mais c'est comme le fruit tardif des
plus belles institutions ; et la créature humaine, l'œuvre
intelligente de Dieu, lui paraît égale, si ce n'est supérieure
en France! Quelle énergie! quelle susceptibilité sur tout
ce qui tient à l'honneur national! Quelle indignation à
l'idée que les Français ne seraient pas faits pour la liberté!
quel frémissement à la vue des étrangers dans Paris!
quel superbe courroux à la pensée du partage de la France!
Il faut considérer le mouvement général, la tendance de ce
livre, et non s'arrêter à quelques détails que madame de
Staël eût peut-être supprimés ou modifiés [1].

---

[1] Elle revoyait ses ouvrages sous un jour tout nouveau en les faisant imprimer, et la correction des épreuves était pour elle une seconde composition. Les éditeurs ont mis un tel sentiment de devoir

Les sentiments de l'auteur se révèlent toujours involontairement. Jamais on ne lui voit développer ses motifs pour son propre compte; jamais surtout ils ne lui servent de moyens de justification. Madame de Staël n'a pas seulement conçu l'idée qu'on pût la calomnier; et voilà pourquoi sa marche est si ferme, si hardie même. Elle a osé célébrer le réveil redoutable de la liberté; elle a le courage d'avouer qu'il a été des moments où il eût fallu désirer la guerre civile. De même encore, elle ne craint pas de relever ce qu'il pouvait y avoir de grand chez des hommes justement marqués du sceau de la réprobation publique. Elle confesse avec ingénuité tous ses engouements, toutes ses illusions de jeunesse. Il semble qu'elle a transmis son âme à son lecteur, et que c'est par ses pairs qu'elle est jugée.

On peut observer encore que jamais madame de Staël n'a moins parlé de religion que dans cet ouvrage. Elle y montre souvent une grande irritation contre l'intolérance; elle se prononce contre l'idée d'un culte payé par le gouvernement, contre l'influence du clergé dans les affaires d'État; mais un sentiment religieux perce à chaque instant dans cet écrit. La morale chrétienne y est, pour ainsi dire, infuse, et c'est la première fois qu'on l'a vue appliquée à la politique du siècle.

Le talent du peintre est bien remarquable chez madame de Staël. Quelque envie qu'elle ait d'arriver à un résultat moral, aussitôt qu'elle est saisie par ses souvenirs, elle met en scène la chose même, sans autre idée que celle de la représenter vivement. Cela seul affaiblit déjà nos préventions : en nous replongeant irrésistiblement dans le passé,

à conserver sa pensée, que, dans le travail dont ils se sont chargés, peut-être ont-ils laissé plus intact ce qui contredisait un peu leur opinion que ce qui l'exprimait, parce qu'ils craignaient davantage de toucher à la lettre quand rien en eux-mêmes ne leur répondait de l'esprit.

cet ouvrage dissipe l'illusion naturelle qui reporte nos sentiments actuels sur les temps écoulés, et nous fait aimer et haïr en arrière, sans égard à nos anciennes impressions. Il nous oblige à passer en revue nos propres erreurs, et par là il nous prépare à l'indulgence. Aussi, malgré toute sa sévérité, ce livre invite à pardonner; il dispose le cœur à l'oubli et à l'espérance; et, s'il a avancé le règne de quelques opinions, c'est encore parce qu'il a souvent adouci leurs adversaires.

Cette lecture, où tout se retrouve, se fait avec une extrême rapidité. Le cœur bat au renouvellement de tant de scènes si fortes; l'attente recommence, et il semble que tous les lots soient remis dans l'urne du sort. On lit d'une seule haleine ce qui paraît écrit d'un seul trait. L'expression si vive et si originale n'arrête point, ou court à travers les remarques les plus heureuses, et l'évidence nous frappe tellement, qu'on oublie la difficulté de la mettre au jour. Il y a peut-être moins d'esprit donné pour tel dans cet ouvrage que dans les autres, et cependant aucun ne laisse à ce point la conviction d'une transcendante supériorité.

C'est là, sans doute, une belle manière d'écrire l'histoire, une réunion nouvelle du génie philosophique qui plane au-dessus des événements pour en déduire les causes, avec le talent dramatique qui excite un intérêt puissant par la frappante représentation des choses et des hommes. Une sorte d'inspiration prodigieusement élevée résulte de ce mélange; il semble que cette peinture de la réalité, ainsi que les tableaux fantastiques d'Homère, nous montre les passions, ces divinités irritées, préparant les scènes terribles dont on ne tarde pas à contempler l'accomplissement. Mais ce qu'un tel livre rappelle surtout, c'est l'étonnante conversation de madame de Staël. Là, sont ces portraits si spirituels où elle frappait droit sur l'idée saillante d'un caractère, ces anecdotes piquantes, ces récits de certaines occurrences de sa

propre vie où elle se mettait elle-même en contraste avec
les êtres qui lui ressemblaient le moins. Là, sont encore ces
explosions de sensibilité, ces mots qui forçaient leur passage
à travers son émotion, et qui l'ébranlaient elle-même,
comme ils attendrissaient les autres. La vie de madame de
Staël est fixée sous plusieurs rapports dans cet ouvrage, et
jamais on ne parlera d'elle comme lui.

De plus, on retrouve là un certain cachet promptement
et fermement appliqué qui la distinguait encore. Elle met
un point final à tous les jugements, elle dit le dernier mot
sur chacun et sur chaque chose. On l'écoute, en conséquence, bien plus qu'on ne la lit ; et ce qui prouve le mieux
le mérite de l'ouvrage, c'est qu'il est comme impossible de
le juger littérairement.

Aussi, quand le but est si élevé, quand le sentiment est
si vif et si noble, toute louange sur les moyens d'exécution
devient puérile. Madame de Staël a inspiré ce qu'elle
éprouvait ; voilà le vrai succès de son livre. Elle a fait
connaître une liberté protectrice, et non hostile ; une
liberté amie de toute grandeur, et non de tout nivellement ;
une liberté dont le culte se compose d'amour, et non de haine
et d'envie ; une liberté enfin que l'on ne distinguerait plus
de la justice, si le temps avait consacré et mieux défini ses
droits.

EXAMEN GÉNÉRAL DU TALENT DE MADAME DE STAËL.

Après avoir cherché madame de Staël dans tous ses écrits,
j'essayerai de la retrouver encore dans l'ensemble de son
talent. Ce qui me semble caractériser et ce talent et elle-
même, c'est la fusion intime et les proportions égales entre
l'esprit, le sentiment et l'imagination. Et, tandis que chez
la plupart des écrivains et des hommes on peut aisément
déterminer lequel de ces éléments domine, il est impos-

sible de nommer celui qui l'emporte chez elle, et très-difficile de les considérer séparément.

De là vient qu'elle n'a rien sacrifié de ce qui honore l'humanité. La religion et les lumières ont eu jusqu'à elle séparément leurs défenseurs. Ces deux grandes causes ont été plaidées, pour ainsi dire, contradictoirement; chacune se trouvant étrangère à tout un système d'idées, il y a eu, sous ce rapport, une division cachée parmi les hommes; les uns ne paraissant tolérer le règne de la raison, et les autres celui de la foi, que par pure condescendance.

Madame de Staël seule a embrassé avec un même zèle le parti des lumières et celui de la religion; elle seule a adopté du fond du cœur ce qu'il y avait de mieux dans les divers âges; combattant d'un côté les préjugés et l'ignorance ancienne, de l'autre l'égoïsme et l'incrédulité modernes.

L'écrivain avec lequel on serait le plus tenté de la comparer, c'est Rousseau, parce qu'il avait la même réunion de facultés; mais il diffère d'elle en ce qu'il ne les a pas dirigées vers un but commun. Il a souvent abjuré la plus noble moitié de lui-même, et, employant toute la susceptibilité de son esprit à démentir ses sentiments, il a été sceptique dans la philosophie et haineux dans la vie, avec cette chaleur d'âme qui donne la foi et l'amour. C'était un maître plus consommé dans son art; ses compositions sont plus achevées, plus profondément méditées peut-être; et pourtant moins de bonne foi, plus de déclamations, plus de sophismes, le mettent, comme penseur, au-dessous d'elle, tandis que son farouche orgueil, son caractère âpre et sauvage, communiquent à son talent une sombre ardeur qui ne ressemble en rien à la flamme généreuse de madame de Staël. Le genre humain que Rousseau croyait aimer n'était qu'un idéal inconnu à lui-même. Madame de Staël chérit tout ce qui l'entoure, et reporte sur l'humanité son affection pour ses proches. Ce qui peut manquer en fini précieux à sa diction est plus que racheté par le charme du premier mouvement, par la fraîcheur de l'inspiration, si on ose le dire. C'est l'onde qui sort toute vive de la source et qui brille quand elle court.

Mais on observe dans son talent autre chose que cette réunion d'esprits divers. Il y a une originalité marquée dans chacun, et pourtant ils portent tous un sceau pareil qui appartient en propre à madame de Staël. Ce cachet particulier est dû à son caractère, à la force ainsi qu'à la nature mobile de ses impressions, à des élans subits d'indignation, de compassion, de fierté, et aussi à ce qu'elle ne cesse jamais d'être femme.

Voilà peut-être le secret de son charme. Elle s'adresse à titre de femme à son lecteur ; elle se met personnellement en relation avec lui pour lui dire ce qu'elle a et ce qu'il a aussi dans l'âme ; mais ce titre, elle n'ignore pas qu'il l'oublierait bientôt, si elle cessait de lui paraître aimable ou piquante ; ainsi, soit qu'elle cherche à l'éclairer ou à l'éblouir, jamais elle ne l'écrase de sa supériorité, jamais elle ne s'arroge aucune prééminence. Il semble que le hasard lui ait donné une bonne place au spectacle des choses morales, et elle raconte les idées.

Parfois aussi elle se présente comme un enfant qui guiderait un homme sage, dont la vue serait un peu trouble. Elle explique à celui-ci tout ce qu'il apercevait confusément, et le place à un beau soleil pour qu'il voie un peu plus clair lui-même. Quand elle vient à le mener dans des sentiers escarpés et difficiles, elle lui dit : « Prenez courage, vous serez bien aise d'avoir passé ici, nous nous en tirerons bientôt, vous et moi. » Cherchant toujours à lui rendre la route agréable, elle se met en scène pour le divertir, en se moquant un peu des vives impressions qu'elle reçoit. Les personnes, les paroles, les visages, les accents, les attitudes, les habits, tout la frappe en effet, tout est caractéristique dans ses tableaux. Elle se connaît comme le reste, et cet instinct aveugle qui décide si souvent de nos répugnances et de nos goûts est en elle un sentiment motivé dont elle se rend clairement compte.

La netteté de ses aperçus est telle, qu'on oublie leur extrême finesse. Elle n'a point de vaine subtilité, et ne force point ses lecteurs à discerner l'imperceptible ; mais tout grandit entre ses mains. Son attention entière se porte un instant sur chaque point, et il devient si distinct pour elle, qu'aucun rapport ne lui échappe ; mais elle a soin de rattacher les fils trop déliés à d'autres plus forts, dont on reconnaît l'importance. On passe ainsi facilement des détails à l'ensemble avec elle, et l'on se trouve tout à coup à la racine des idées, quand on croyait ne faire qu'en suivre les dernières ramifications.

Une des causes du plaisir qu'elle donne, c'est celui qu'elle prend à regarder toutes choses, à contempler les faces nombreuses et brillantes que lui présentent les objets. Cette personne, si sensible aux découvertes des autres, paraît jouir aussi des siennes. Elle produit de nouvelles impressions sur elle-même par le jeu de son propre esprit, et alors ses pensées, comme des fusées étincelantes, jaillissent de toutes parts sur la route.

Néanmoins on s'est plaint d'éprouver quelque fatigue en lisant ses ouvrages, à l'exception pourtant du premier et du dernier. Une sensation est un fait sur lequel il n'y a pas à disputer, et, si celle-là était assez générale pour mériter d'être comptée, il faudrait l'attribuer à deux causes, l'une, la multitude de ses idées, et l'autre, quelques défauts de style, sensibles surtout dans la seconde période de sa carrière.

La richesse des pensées est extraordinaire chez elle. Peut-être aucun écrivain ne l'a-t-il égalée sous ce rapport. Qu'on prenne au hasard trois de ses pages, et trois pages de l'auteur le plus spirituel, il est à parier que le nombre des idées originales et marquantes sera supérieur chez madame de Staël. Ce n'est pas qu'elle affecte la concision, chaque pensée est bien revêtue des mots nécessaires; mais on n'est pas accoutumé à voir tant de pensées ensemble, et peut-être y en a-t-il trop Peut-être certaines phrases qui ne sont que du remplissage pour le raisonnement, font-elles sur notre âme l'effet de ces morceaux de drap dans les clavecins, qui étouffent le retentissement d'une corde avant qu'on en frappe une autre. La succession des pensées est trop rapide, trop continue chez madame de Staël, pour le mouvement moyen des esprits; elle est la déesse de l'abondance; elle répand à pleines mains des épis, des perles, des roses, des rubans et des diadèmes. On ne veut rien laisser échapper, parce que tout a sa valeur; mais il se peut qu'on se fatigue à recueillir.

Le style périodique, dont la mode passe maintenant, avait l'avantage de donner de l'espace au développement du sentiment en forçant la phrase à accomplir une révolution musicale. Mais, comme les pensées de M. Necker avaient perdu de leur relief par l'abus qu'il a fait de l'harmonie, sa fille a pris un genre différent, et elle a été, en effet, bien plus brillante; mais peut-être aurait-elle eu quelquefois besoin d'une forme qui l'obligeât à ralentir sa marche.

On a encore reproché un peu d'obscurité aux anciens ouvrages de madame de Staël. Ce défaut vient de ce qu'elle faisait usage, dans sa jeunesse, d'une langue assez particulière, qui, depuis, a été en partie abandonnée par elle, et en partie apprise et finalement aimée par le public; il vient ensuite de ce qu'elle n'a pas d'abord trouvé la manière qui convenait le mieux à son talent. Il s'est toujours présenté à son imagination féconde une foule d'aperçus accessoires qu'il eût été grand dommage de ne pas indiquer; mais, lorsqu'elle voulait les réunir avec l'idée principale, il en résultait de la confusion : elle forçait ainsi son lecteur à embrasser des rapports trop éloignés. Depuis, elle a pris le parti de rompre net le fil de son discours; et, quand elle a donné ses saillies d'imagination pour ce qu'elles étaient, on l'a trouvée plus claire et plus originale tout ensemble.

Il a donc manqué longtemps quelque chose aux ouvrages de madame de Staël sous le rapport de l'art, c'est-à-dire sous le rapport de la correspondance parfaite d'une composition avec les facultés des hommes pour lesquels elle est faite. Ce n'était pas non plus en artiste qu'elle travaillait, et elle ne voyait pas ses œuvres hors d'elle-même, à part de ses sentiments ou de ses opinions. En parlant de ses projets littéraires, elle disait toujours : « Je montrerai, je prouverai, je ferai comprendre; » et non, je composerai un morceau sur un tel sujet. Buffon, repolissant toute sa vie sa description du *Cygne*, Rousseau, recopiant de sa propre main pour madame de Luxembourg sa *Nouvelle Héloïse* déjà imprimée, sont des peintres qui se complaisent dans l'œuvre de leurs mains. Ils s'arrêtent devant la forme qu'ils ont créée, et l'admirent. Madame de Staël ne s'occupe que de l'esprit. La parole n'est à ses yeux qu'un instrument; et, quoique l'expression soit presque toujours très-heureuse, son mérite tient à ce qu'elle représente, plus encore qu'à ce qu'elle est.

Dans les écrits de madame de Staël, l'enchaînement des pensées est toujours motivé, mais il l'est par le sentiment qui les inspire : toutes marchent vers le même but, mais rangées dans l'ordre naturel de leur naissance, plutôt que disposées avec recherche. Aussi peut-on trouver ailleurs des contrastes plus habilement ménagés, des combinaisons d'effets plus savantes. Chez elle on reconnaît partout la trace d'un esprit brillant en conversation, auquel il survient des éclairs à l'improviste. Souvent un aperçu très-lumineux et plus important que l'objet traité interrompt un discours léger par son ton et sa matière; plus souvent encore une discussion abstraite est ranimée par un trait inattendu, et la femme aimable vient chasser le philosophe.

Une espèce d'insouciance sur le prix qu'on attachera à ses découvertes se fait souvent remarquer en elle. C'est le fruit de cet immense pouvoir de création qui lui donne la certitude de se renouveler sans cesse; mais cela vient particulièrement de ce que, tout entière à son objet, elle perd de vue sa réputation littéraire. Madame de Staël veut faire avancer l'esprit humain, elle veut ranimer chez ses contemporains, chez les Français surtout, ces mêmes puissances de l'âme qui sont si actives en elle. On l'aurait vue se dévouer, s'il l'eût fallu, pour les causes qu'elle a soutenues, et elle est peut-être, hors des lettres sacrées, le seul écrivain supérieur dont le principal but ait été plus noble que la gloire.

Plus ses louables motifs se sont développés, plus aussi le mérite de ses ouvrages a été grand. Elle avait toujours écrit d'impulsion, mais une inspiration dont l'origine est personnelle n'imprime point au talent son caractère le plus auguste. Ce n'est pas seulement pour la manière que madame de Staël a gagné; l'excellence toujours croissante du fond et de la forme dans ses livres semble tenir à une marche analogue dans son existence intime Il y a eu plus d'harmonie en elle-même, et plus aussi entre elle et les autres. Sa chaleur, portée tout entière dans un beau sentiment de moralité, a vivifié une sphère plus étendue, a été en même temps plus égale et plus communicative; ses mouvements mieux réglés se sont transmis davantage au dehors. L'effervescence de la jeunesse n'augmentait pas ses forces réelles; en elle, l'ardeur de l'âme n'avait pas besoin de celle du sang.

Si aucune des productions de madame de Staël n'est tout

à fait elle, son âme est répandue dans toutes. Il sera difficile de recomposer par la pensée cet être prodigieux, mais
la postérité retrouvera dispersé ce que nous avons possédé
dans sa plus étonnante comme dans sa plus aimable réunion. Ceux qui veulent écrire surtout liront et reliront ses
ouvrages, non pas assurément qu'ils doivent viser à imiter
une originalité qui, chez eux, ne mériterait plus ce titre;
mais parce qu'ils trouveront les deux éléments de la création, le mouvement et la matière. Ils pourront puiser in-
définiment dans cette mine, et sans qu'on s'en doute, parce
que tout ce qu'elle renferme n'a pas été mis en œuvre. A
une seconde, à une troisième lecture, on trouve avec surprise des idées qu'on n'avait pas encore remarquées, des
idées que nous croyions avoir acquises par l'effet de notre
propre expérience. Ces livres, où tout semble dit, invitent
encore à réfléchir; et ils ouvrent à l'esprit plus de routes
que celui de l'auteur n'a eu le temps d'en parcourir.

En tout, les ouvrages de madame de Staël paraissent appartenir à des temps nouveaux. Ils annoncent, comme ils tendent à amener une autre période dans la société et dans les
lettres, l'âge des pensées fortes, généreuses, vivantes; des
sentiments venant du fond du cœur. Elle a donné l'idée
d'une littérature en quelque sorte plus parlée qu'écrite,
d'un genre dans lequel l'improvisation des assemblées na-
tionales pour la politique, l'abandon des confidences pour
l'expression de la passion, et les saillies de conversation
pour l'observation de la société, nous disent quelque chose
de plus intime et de plus fort que ne l'a jamais fait la rhé-
torique étudiée.

Ainsi l'art littéraire aura été relevé par elle. Ce ne sera
plus une industrie oiseuse, un moyen de réveiller l'image
d'une vaine beauté dans nos cœurs. Il tiendra de plus près
à la vie, et y exercera plus d'influence; il offrira moins le
travail de l'homme que l'homme lui-même en rapport avec

l'immortalité. Il sera l'expression générale des plus nobles vœux, le dépôt des pensées qui se réaliseront un jour dans des institutions ou des entreprises utiles, et l'avenir y existera tout entier.

SECONDE PARTIE

VIE DOMESTIQUE ET SOCIALE DE MADAME DE STAËL.

Il est temps de considérer madame de Staël en elle-même, et de la peindre immédiatement d'après mes souvenirs : tâche douloureuse et difficile, tâche qu'il faut remplir sans trop l'envisager, en s'abandonnant au genre de sentiment qui entraîne, et en réprimant celui qui arrêterait à chaque pas.

Je présenterai donc cette femme illustre sous les rapports qui m'ont été le mieux connus, ou qui me semblent le plus caractéristiques. Sans m'astreindre, en aucune manière, à suivre l'ordre des temps, je la montrerai d'abord telle que l'ai vue durant la vie de son père, me réservant d'indiquer plus tard les changements presque tous avantageux que le temps a opérés en elle.

RELATIONS DOMESTIQUES.

Quand on veut se faire une idée juste de madame de Staël, c'est dans ses affections qu'il importe de la contempler. Assez de gens sont portés à croire que chez une femme aussi célèbre l'amour-propre devait être en première ligne. Mais, s'il en eût été ainsi, sa destinée eût été plus heureuse, car ses succès pouvaient suffire à un bonheur fondé sur la vanité. Il faut avoir vu madame de Staël dévorée par ses peines, il faut l'avoir vue étrangère à sa gloire, et prête mille fois à sacrifier le fruit de ses travaux aux objets de ses affections, pour rester certain que l'être aimant était en elle au centre, et que sa véritable vie était celle du cœur.

On a dit, avec plus de vraisemblance, que la grande imagination de madame de Staël entrait pour beaucoup dans tous ses sentiments; mais cela aussi est injuste. Il est sans doute difficile de faire exactement la part d'une faculté qui, dans l'attachement le plus vrai, dispose des craintes et des espérances, qui grossit tour à tour les agréments et les torts de ceux qui nous sont chers. Toutefois il n'y avait rien de chimérique dans les affections de madame de Staël. Elle ne se figurait pas qu'elle aimait; sa tendresse était réelle et profonde, mais son pauvre cœur a souvent été en proie aux fantômes de son imagination.

Rien d'étranger au sentiment n'altérait chez madame de Staël la pureté de ses motifs lorsqu'elle aimait. Elle n'avait aucune ambition de subjuguer, de diriger; on ne lui voyait pas non plus cette susceptibilité inquiète sur les moindres nuances de ce qu'elle inspirait, qui caractérise, si on peut le dire, la vanité du cœur. Ceux dont le premier objet est eux-mêmes sont peut-être les plus jaloux du culte qu'on rend à cet objet; et ce qui leur plaît chez les autres n'est souvent que l'admiration qu'ils leur font éprouver. Il n'en était pas ainsi de madame de Staël; elle chérissait dans ses amis leurs qualités plus encore que leur enthousiasme; et, comme elle aimait franchement, elle trouvait aussi fort simple d'être aimée. De même, l'élévation de ses sentiments lui inspirait une généreuse confiance dans l'estime de ceux qui la connaissaient, et elle pouvait supporter de leur part beaucoup de reproches sans s'offenser. C'était en grand et d'après la conduite qu'elle jugeait des sentiments, les actions lui paraissant, après tout, la meilleure manière d'apprécier les mouvements du cœur. Ainsi, d'un côté, elle n'admettait pas facilement d'excuse pour le manque d'empressement; et de l'autre, quand la conduite était bonne, elle n'en épiloguait pas les motifs. Si l'on avait auprès d'elle quelque but intéressé, elle l'apercevait à l'instant, mais sans le supposer d'avance.

Jamais les distinctions entre les différentes espèces d'attachement n'ont été moins marquées que chez elle. Le sentiment était un dans son cœur, et il prenait la teinte prononcée de son caractère, beaucoup plus que celle des diverses relations de la vie, ou du naturel des personnes qu'elle aimait. En elle la tendresse maternelle et filiale, l'amitié, la reconnaissance, ressemblaient toutes à l'amour. Il y avait de la passion, de l'émotion du moins, dans tous ses attachements. Ils paraissaient varier d'intensité plutôt que de nature, et cette nature était expansive, ardente, impétueuse, orageuse même; non que chez madame de Staël les orages fussent l'effet d'aucun caprice, mais parce qu'elle se révoltait contre les obstacles que l'organisation sociale, et souvent l'inertie humaine, opposent aux jouissances du cœur. Longtemps elle n'a compris que sa propre manière d'aimer; longtemps elle s'est refusée à croire qu'il existât des sentiments sincères qui ne s'exprimaient pas comme les siens; et cette connaissance si nette qu'elle avait d'elle-même l'induisait en erreur quand elle jugeait des autres d'après elle. Mais ces reproches les plus vifs étaient aussi les plus touchants; on voyait son amour à travers sa colère. Elle n'a jamais causé de douleur que parce qu'elle en éprouvait davantage. et on avait pitié d'elle quand elle blessait.

Si l'on veut juger de ses attachements dans toute leur énergie comme dans toute leur beauté, il faut connaître celui qu'elle avait pour son père : admirable sentiment qui a embrassé toute son existence, et qui a puisé encore plus de force dans l'idée de la mort que dans celle du lien le plus sacré de la vie. D'ailleurs, comme cette tendresse a fait partie d'elle-même, comme elle s'est confondue avec toutes ses pensées et les a modifiées, on ne peut en faire abstraction quand on parle de madame de Staël.

Il y avait une telle entente entre M. Necker et sa fille, ils trouvaient un tel plaisir à causer ensemble, et leurs esprits étaient si bien d'accord, que madame de Staël était portée à s'exagérer l'idée de ses ressemblances avec son père. Et plus elle se croyait de rapports avec lui, plus elle concevait d'enthousiasme pour les qualités dans lesquelles il lui était réellement supérieur. Elle le voyait comme un être semblable à elle, que l'excès des vertus aurait enchaîné. Il supportait la retraite, il se passait de plaisirs et de succès; la conscience et un sentiment de dignité étaient des mobiles uniques dans une vie que la sagesse simplifiait; il résistait même à l'ascendant de sa première affection sur la terre, quand il lui refusait de vivre avec elle à Paris; elle pouvait souffrir de cette résistance, mais elle se prosternait devant lui. Elle lui prêtait son propre besoin de mouvement, tout le feu de son caractère, afin de rehausser le prix des sacrifices qu'il s'imposait, lui attribuant les goûts de la jeunesse pour lui faire un plus grand mérite de ses privations, et ne songeant à son grand âge que pour trouver plus merveilleux l'esprit et la grâce qu'il conservait.

Deux sentiments excessivement vifs chez madame de Staël, la reconnaissance et la pitié, avaient encore leur objet dans M. Necker. Reconnaissance la mieux fondée pour une sollicitude rare, même chez un père, par sa constance et sa direction bien entendue, et pitié, profonde et déchirante pitié, pour les peines qu'il éprouvait, pitié pour ce grand esprit, ce beau caractère méconnu et calomnié; pitié pour sa vieillesse, pour les maux dont il était menacé; pitié, et non pour lui seul, à l'idée du moment fatal qui s'avançait; en sorte que les plus vives jouissances de sa fille auprès de lui étaient parfois bien près des larmes.

Néanmoins elle était peu sujette à anticiper sur les peines

futures ; et si des éclairs subits lui révélaient l'avenir, le
moment présent réclamait bientôt sa pensée. Le ciel l'a-
vait faite imprévoyante, et M. Necker disait qu'elle était
comme les sauvages qui vendent leur cabane le matin, et
ne savent que devenir le soir. Relativement à lui, elle passait
subitement des plus vives inquiétudes à la plus complète sécurité. Cette personne, si pleine de vie, avait peine à croire à
la mort. Ne pouvant supporter de voir un vieillard dans son
père, tout ce qu'elle lui trouvait d'agrément et de charme,
la manière dont il la comprenait, une certaine fraîcheur
d'imagination, de curiosité, de gaieté qu'il avait encore, lui
faisaient sans cesse illusion. Elle le traitait d'égal à égal
pour l'esprit, et oubliait la différence des âges. Quelqu'un
lui ayant dit une fois que M. Necker était vieilli, elle repoussa une telle idée avec une sorte de courroux, répondant
qu'elle regarderait comme son plus grand ennemi celui qui
lui répéterait des mots pareils, et qu'elle ne le reverrait de
sa vie.

Elle se nourrissait donc d'espérance et conservait ainsi la
possibilité de distraire et d'amuser son père. Le connaissant
fort bien au fond, sachant que, pour avoir renoncé à l'activité extérieure, il avait d'autant plus e besoin d'une vie animée intérieurement, elle a sans cesse alimenté en lui le feu
sacré du sentiment et de la pensée, et peut-être a-t-elle
longtemps écarté de lui et la crainte des maux et les maux
eux-mêmes, en répandant un puissant intérêt sur chacun
de ses jours.

Pour elle, le mouvement d'esprit, les objets nouveaux
qui l'entretiennent, la distraction enfin, étaient une condition nécessaire du talent, de la gaieté, du bonheur, de la
santé même. Ce qu'elle retirait de la scène variée du monde
est inconcevable, et ce spectacle si peu profitable pour d'autres mettait en jeu tout son esprit, et ravivait ses forces morales Dans une retraite trop prolongée, au contraire, ses

grandes facultés la dévoraient. Le bonheur domestique était
bientôt troublé pour elle par cette imagination qui n'a-
vait pas une pleine action au dehors ; et, malgré sa douleur
extrême, elle ne pouvait répandre les mêmes plaisirs dans
sa famille. Souvent se blâmant elle-même, elle eût voulu
surmonter de force son naturel, et s'accoutumer à la vie retirée ; mais alors il semblait qu'une autre personne vînt se
mettre à sa place, et madame de Staël domptée n'était plus
tout à fait madame de Staël.

Nul ne l'a mieux comprise sous ce rapport que M. Necker. Il avait saisi l'ensemble de cette manière d'être, et le
besoin d'objets nouveaux paraissait à ses yeux paternels
une dépendance nécessaire du genre de distinction qui le
charmait. Que les fréquents séjours de madame de Staël à
Paris eussent la pleine approbation de son père, rien de plus
simple assurément. De puissants motifs l'appelaient en
France, et elle y cultivait les seuls liens que lui-même conservât encore avec ce pays qui lui a toujours été si cher. Mais,
lorsque l'exil a commencé pour elle, M. Necker a également
approuvé qu'elle coupât la monotonie du séjour de Coppet
par des voyages de plaisir ou d'instruction. Il se soumettait à
l'absence sans effort, sans affectation de générosité, et parce
qu'il sentait que, ce naturel qu'il aimait étant donné, il fallait lui laisser de l'essor.

D'ailleurs, avec une correspondance aussi soutenue, aussi
animée, aussi ravissante que celle de M. Necker et de sa
fille, l'idée complète de la séparation n'existait pas. Jamais
elle n'a écrit à personne comme à lui. Les lettres qu'elle
adressait à ses amis étaient charmantes ; mais, à moins
qu'elle n'eût en vue un objet déterminé, elles ont eu, depuis la mort de son père, quelque chose d'un peu trop vague, de trop mélancolique peut-être. Toujours quelque
trait heureux, quelque nuance de sentiment délicieuse la
rappelait ; mais, après l'avoir vue distinctement, on retom-

bait dans une obscurité profonde sur ce qui la concernait. Nous lui reprochions de ne point raconter assez ; et sans doute elle voulait éviter ce qui lui rappelait trop vivement le genre de correspondance qu'elle avait eue avec son père. « Chère amie, m'écrivait-elle d'Italie, je m'arrête malgré moi au milieu de ces récits : c'est ainsi que l'année dernière je lui écrivais, je l'amusais de mes observations, de mes pensées ; ah ! tout peut-il se passer comme quand il existait ! »

En effet, dans ses lettres à M. Necker, quelle foule d'anecdotes piquantes ! que de descriptions tracées de main de maître ! Rien d'agréable comme ce mélange de narrations, de saillies, de vues rapides, et grandes néanmoins, de douces moqueries, de portraits d'illustre personnages tellement caractérisés, qu'ils tournaient légèrement à la caricature ; le tout fondu, pour ainsi dire, dans la teinte générale de cet attendrissement qu'elle éprouvait à la seule idée de son père. Ces lettres ont malheureusement été brûlées pour la plupart, et jamais, peut-être, on ne verra rien de pareil.

Mais ce qui était plus frappant, plus extraordinaire encore, c'est le premier feu de ses récits, lorsqu'au retour d'un grand voyage elle revoyait son père à Coppet. Sa profonde émotion, qu'elle réprimait un peu pour ne pas la lui communiquer, se répandait comme un torrent dans ses discours. Les choses, les hommes, les gouvernements, l'effet qu'elle avait produit elle-même, tout était raconté avec une effusion de joie, de caresses, de larmes, de tendres plaisanteries. Tout avait rapport à son père, et elle lui donnait, pour ainsi dire, un rôle dans la pièce qu'elle jouait devant lui, tant le contraste de ce qu'elle avait rencontré, avec son esprit à lui, sa bonté, sa moralité parfaite, était vivement relevé. Les formes les plus piquantes, les plus étranges même, recélaient un éloge indirect de son père, ou une

expression de tendresse pour lui. Comme la gloire paternelle animait en l'écoutant la noble physionomie de M. Necker ! comme elle éclatait dans ses yeux toujours jeunes ! non
pas assurément qu'il acceptât de si grandes louanges, mais
parce qu'il lisait dans le cœur de sa fille, et jouissait de ses
dons prodigieux.

Dans le cours d'une vie agitée, elle a pu causer quelques
inquiétudes à son père ; mais que de plaisirs ne lui a-t-elle
pas donnés ! que de grâces n'a-t-elle pas déployées dans
cette sainte intimité ! que d'abandon ! que de dévouement !
que d'amour ! Il y avait de tout en elle pour lui, goût involontaire, confiance filiale la plus aveugle, sollicitude en
quelque sorte maternelle, personnalité même, âpre égoïsme
dans l'association à ses intérêts et à sa gloire. Elle ne
croyait pas matériellement pouvoir exister sans son père.
Incertaine et irrésolue dans les petites choses, elle avait besoin de lui à tout instant, elle le consultait sur chaque détail, sur sa dépense, sur sa parure, sur ses arrangements
domestiques, sur le gouvernement de ses enfants. Et, dans
la persuasion où elle était que l'esprit sert à tout, elle voulait qu'il lût les romans qui paraissaient, pour les comparer avec les siens. Dans une de ses lettres, elle plaisante
elle-même d'une pareille commission donnée à un homme
d'État.

Un des plus grands plaisirs de madame de Staël était que
son père se moquât d'elle. Il y avait quelques anecdotes où
elle jouait un rôle assez risible, et qu'elle ne se lassait point
de lui entendre répéter. Elle les amenait de loin, et, pendant que M. Necker les racontait, ses yeux se remplissaient
de larmes. Ainsi il y avait l'histoire de la vieille maréchale
de Mouchy, une des plus grandes dames de l'ancien régime,
à laquelle mademoiselle Necker, alors âgée de dix-sept ans,
avait demandé ce qu'elle pensait de l'amour ; il y avait celle
du regard furtif et langoureux de je ne sais quelle princesse

polonaise, regard que mademoiselle Necker, encore enfant, avait imité, et qu'elle aurait peut-être adopté, s'il n'eût été reconnu par son père : il y avait bien d'autres histoires encore que M. Necker contait avec une grâce infinie.

Je ne sais si j'ose rapporter certaines scènes trop intimes, trop familières peut-être. En voici une que je hasarde cependant, tant elle me paraît caractériser chez madame de Staël sa grande susceptibilité d'émotion dans tout ce qui tenait à son père, et la manière dont elle cherchait à agir sur l'imagination, même quand elle s'adressait aux gens du peuple.

M. Necker, étant à Coppet avec elle, nous avait envoyé chercher à Genève, dans sa voiture, mes enfants et moi. Il était nuit quand nous partîmes, et nous versâmes en route dans un fossé. Aucun de nous ne se fit de mal ; mais on perdit du temps à relever la voiture, et il était tard quand nous arrivâmes. Nous trouvâmes madame de Staël seule dans le salon. Elle était assez inquiète de nous ; mais, lorsque je commençai à lui raconter notre accident, elle m'interrompit tout à coup pour me demander : « Comment êtes-vous venus ? — Dans la voiture de votre père. — Oui, je le sais ; mais qui est-ce qui vous menait ? — Eh mais ! son cocher sans doute. — Comment ! son cocher, Richel ? — Oui, Richel. — Ah, bon Dieu ! s'écria-t-elle, il aurait pu verser mon père. » Aussitôt elle s'élance vers la sonnette, ordonnant qu'on fasse venir Richel. Richel dételait ; il fallut attendre.

Pendant ce temps, madame de Staël, en proie à la plus violente agitation, parcourait à grands pas la chambre. « Quoi ! mon père, mon pauvre père, disait-elle, on l'aurait versé ! A votre âge, à celui de vos enfants, ce n'est rien ; mais avec sa taille, sa grosse taille !... Dans un fossé, et il aurait pu y rester longtemps ; et il aurait appelé, appelé inutilement peut-être.... » Alors, vaincue par son émotion, elle était obligée de s'arrêter jusqu'à ce que la colère lui eût redonné des forces.

Enfin, Richel entre. J'étais extrêmement curieuse d'entendre ce qu'elle lui dirait, parce que chez cette personne, ordinairement très-indulgente avec les inférieurs, un sentiment si vif devait s'exhaler de la manière la plus originale. Elle s'avance sur lui avec solennité, et d'une voix d'abord étouffée, mais qui, grossissant peu à peu, finit par de grands éclats : « Richel, vous a-t-on dit que j'avais de l'esprit ? » L'homme ouvre de grands yeux. « Savez-vous que j'ai de l'esprit, vous dis-je ? » L'homme reste encore muet. « Apprenez donc que j'ai de l'esprit, beaucoup d'esprit, prodigieusement d'esprit ; eh bien ! tout l'esprit que j'ai, je l'emploierai à vous faire passer le reste de vos jours dans un cachot, si jamais vous versez mon père. »

J'ai souvent, par la suite, essayé de l'amuser en lui peignant cette scène dans laquelle elle menaçait un cocher de son esprit. Mais elle, si facile à égayer à ses propres dépens, n'a jamais pu seulement songer à cette aventure, sans être de nouveau saisie par la colère et l'émotion. « Et de quoi, » obtenais-je d'elle tout au plus, « de quoi voulez-vous donc que je menace, si ce n'est de mon pauvre esprit ? »

Si les dangers imaginaires produisaient sur elle un tel effet, on doit juger de ce qu'étaient des inquiétudes mieux fondées. Je voudrais pouvoir donner l'idée des lettres qu'elle écrivait d'Allemagne, au moment où elle se préparait à revenir, parce qu'elle avait conçu des craintes pour son père. Il en est une surtout qui dépasse toute imagination par sa force effrayante, terrible, et pourtant profondément touchante, c'est la lettre de douze pages qu'elle m'adressa trois jours après avoir reçu la fatale nouvelle. Il n'est rien là qui doive rester secret, et, en la publiant, j'honorerais la mémoire de madame de Staël. Mais cet épanchement d'un cœur déchiré, cette nature dévoilée tout entière dans l'abandon du désespoir, c'est ce que je ne puis me résoudre à livrer. Une autre raison encore m'empêche de transcrire ici une autre lettre de madame de Staël. Je l'ai souvent entendue parler avec une juste indignation de la coutume qui s'est dernièrement introduite, de publier sans respect pour les morts, et sans égard pour les vivants, les correspondances intimes des personnages célèbres. N'osant donc me croire autorisée par mes intentions, je m'abstiendrai religieusement de ce qui aurait pu blesser un sentiment que je partage.

Madame de Staël était déjà en route pour Coppet, lorsqu'elle apprit son malheur. Nous allâmes à sa rencontre, mon mari et moi, menant avec nous son second fils; et, l'ayant retrouvée à Zurich, nous revînmes tous ensemble.

J'avais eu la douloureuse satisfaction d'assister aux derniers moments de M. Necker; j'avais contemplé cette mort du juste, du chrétien, du plus tendre père; j'avais vu ses lèvres déjà pâles, ses mains toutes tremblantes, implorer le ciel pour sa fille, pour la France et pour lui; et jamais le ciel n'a reçu de vœux plus purs. Depuis ce moment, mes liens avec madame de Staël ont encore été resserrés; je suis devenue la sœur de ma cousine, et un caractère plus sacré et plus intime a été imprimé à notre amitié.

Je ne décrirai point les scènes cruelles qui se succédèrent pour nous. Ce n'est pas quand la douleur se déploie dans toute sa violence que le génie est reconnaissable. Les convulsions, les horribles angoisses d'un cœur désolé, sont les mêmes chez toute la pauvre race humaine, et il n'y a pas place pour la distinction dans les grands accès des souffrances morales. C'est dans les intervalles un peu calmes que je retrouve madame de Staël, et c'est dans ceux-là que je la peindrai.

Il y eut quelques-uns de ces moments de trêve durant notre sinistre voyage, et jamais peut-être ce qu'il y avait de merveilleux en elle ne m'a-t-il frappée davantage. Lorsque l'abattement de la douleur en avait remplacé les grands éclats, madame de Staël nous priait de causer dans la voiture, apparemment parce que le bruit des paroles l'aidait à se maîtriser. Elle amenait avec elle M. Schlegel, et, comme pour peu qu'elle fût maîtresse d'elle-même on la voyait occupée des autres, elle désirait qu'il se montrât à son avantage, et lui indiquait en deux mots les sujets qu'il devait traiter. En conséquence, M. Schlegel nous développait une grande quantité d'idées nouvelles et quand l'entretien s'animait, il arrivait quelquefois que madame de Staël, reprise par son talent, se lançait tout à coup dans la conversation. Alors, racontant l'Allemagne, les hommes, les systèmes, la société, elle déployait un feu, une beauté d'expression extraordinaires ; mille tableaux éclatants se succédaient, jusqu'à ce que, ressaisie comme par une griffe meurtrière, elle retombât sous l'empire de la douleur. On eût dit de ces feux d'artifice tirés un jour d'orage, dans lesquels une explosion subite fait jaillir des gerbes d'étincelles que des bourrasques de vent et de pluie viennent éteindre aussitôt.

Il ne faut pas supposer toutefois que sa distraction fût complète ; un tremblement presque imperceptible, une légère contraction dans les lèvres, montraient qu'elle n'avait pas cessé de souffrir, et qu'elle parlait, si on peut le dire, par-dessus sa douleur.

Au milieu de la désolation de notre arrivée, les singularités de son imagination se firent bientôt sentir ; une sorte de vertige s'empara d'elle. Croyant avoir perdu le gardien de tout ce qui lui était nécessaire, le lien général des choses lui sembla dissous. Elle s'imagina que sa fortune s'en irait, que ses enfants ne seraient pas élevés, que ses gens ne lui obéiraient pas, que rien ne marcherait, ne se ferait sans son père. Des inquiétudes puériles étaient une des formes de son chagrin ; et, lorsque la voyant tourmentée par des minuties, jusqu'alors si étrangères à ses pensées, je lui disais : « Qu'est-ce que cela vous fait ? — C'est que je n'ai plus mon père, » me répondait-elle.

Pendant la vie de M. Necker, madame de Staël était véritablement restée dans une ignorance d'enfant sur la plupart des choses matérielles ; non-seulement elle n'avait pas voulu lui donner l'idée qu'elle pût se passer un jour de lui, mais cette idée, elle ne l'avait pas conçue elle-même ; en sorte qu'il soignait en effet toute son existence. La terre sembla donc à sa fille manquer avec lui, et elle eut besoin d'un acte de volonté très-fort et très-difficile pour se mettre au fait de ses affaires au moment du malheur. Néanmoins elle s'y crut obligée ; et, soutenue par un sentiment de respect filial, elle y réussit. Ne voulant pas qu'une fortune qui avait été faite par M. Necker se dilapidât entre ses mains, elle l'a dès lors administrée avec une rare intelligence, et elle a toujours été généreuse et scrupuleuse à la fois dans l'emploi des biens hérités de son père et destinés à ses enfants.

Il faudrait raconter chaque journée de madame de Staël, pour donner l'idée de la place que son père mort a constamment tenue dans cœur. Elle n'a jamais cessé de vivre avec lui. Elle s'est toujours sentie protégée, consolée, secourue par lui. Elle l'invoquait dans ses prières, et il n'y a jamais eu pour elle d'événement heureux, sans qu'elle ait dit : « Mon père a obtenu cela pour moi. » Son portrait ne la quittait pas, et il était l'objet pour elle d'une sorte de superstition. Elle ne s'en est séparée qu'une seule fois, lorsque, déjà bien malade elle-même, et trouvant une grande consolation à contempler ce portrait, elle s'imagina que, quand sa fille accoucherait, il produirait le même effet sur elle. « Regarde-le, lui écrivait-elle en le lui envoyant, regarde-le quand tu souffriras. » Les hommes âgés lui retraçaient aussi la figure de son père, et ils lui causaient une impression particulière. Tout ce qui venait de leur part lui était singulièrement sensible; et, une fois que dans le temps de ses persécutions, un vieillard tint avec elle cette conduite pusillanime si commune alors et sans doute plus excusable à cet âge, elle en éprouva une douleur extraordinaire. « Je ne suis pas raisonnable, me dit-elle, mais que voulez-vous; il était bon, il était vieux, il était là assis à ma table, je dérangeais mes heures pour lui, et tout cela me remue le cœur. » Ses aumônes aux personnes âgées qui avaient besoin de ses secours étaient immenses ; l'idée de leurs souffrances avait quelque chose de déchirant pour elle, et, de même que les vrais chrétiens voient Jésus-Christ dans tous les pauvres, elle voyait son père dans tous les vieillards.

Il n'y avait d'irréparable avec madame de Staël que l'offense faite à M Necker. Son extrême facilité à oublier les torts qu'on avait avec elle aurait pu même la faire passer pour légère, si elle n'avait pas gardé une éternelle reconnaissance du moindre service. Mais, quand il s'agissait de son père, il n'y avait pas moyen de l'apaiser, et elle n'a jamais pu ni oublier le mal qu'on avait dit de M. Necker, ni se souvenir de celui qu'on a dit d'elle-même. Elle ne se vengeait pas, mais elle montrait une éternelle froideur. Après avoir lu un livre intitulé l'*Anti-Romantique* : « L'auteur se moque bien de moi, dit-elle, mais c'est de bon goût, et il a de la vraie gaieté française : c'est dommage qu'il ait mis deux mots contre mon père, car sans cela je l'aurais prié, à Paris, de venir souvent dîner chez moi. »

On peut être assuré que, si l'occasion s'en était présentée, elle eût défendu la mémoire de sa mère avec la même chaleur. On connaît sa longue patience envers madame de Genlis, qui n'a cessé de la harceler de critiques amères tandis qu'elle était en butte à la persécution. « Elle m'a attaquée, disait-elle; je l'ai louée : c'est ainsi que nos correspondances se sont croisées. » Mais, quand sous le règne

de Bonaparte ce même écrivain vint à parler de madame
Necker en termes défavorables, madame de Staël conçut la
plus forte irritation que je lui aie vu éprouver. « S'ima-
gine-t-on, disait-elle, parce que je m'abandonne moi-même,
que je ne défendrai pas ma mère? Que madame de Genlis
s'en prenne à mes ouvrages, à ma personne tant qu'elle
voudra ; les uns sont là pour se faire lire, l'autre pour se
faire aimer ou craindre. Mais ma mère morte, ma mère
qui n'a plus que moi dans le monde pour prendre son parti!...
Elle a préféré mon père à moi, et elle a eu bien raison,
sans doute ; je sens d'autant mieux, que j'ai tout son sang
dans mes veines, et, tant que ce sang coulera, je ne la lais-
serai pas outrager. » On fut longtemps avant de lui persuader qu'il serait au moins inutile de repousser cette
agression, parce qu'écrivant, comme elle y était contrainte
par l'exil, en pays étranger, son ouvrage ne parviendrait
qu'aux hommes du gouvernement français, et qu'elle mul-
tiplierait les attaques contre ceux qu'elle aimait, sans
obtenir qu'on rendît public en France ce qu'elle dirait
pour les défendre.

Il est à regretter cependant, sous bien des rapports,
qu'elle n'ait pas exécuté son dessein, et qu'on ne possède
pas le portrait de sa mère, tel qu'elle l'eût tracé dans un
pareil moment.

Il y a de la beauté dans l'idée du bas-relief que madame
de Staël a fait placer, après la mort de Necker, sur le monument funéraire de ses parents : une figure légère et
comme déjà glorifiée entraîne vers le ciel une autre figure
qui paraît regarder avec compassion une jeune femme voilée et prosternée sur un tombeau. Madame Necker, son
époux et leur fille sont représentés sous cet emblème, qui
indique aussi le passage de la vie terrestre à la vie éternelle.

Ainsi le respect filial, ce sentiment intermédiaire entre

la piété et l'amour, a été un trait saillant du caractère de madame de Staël. Il a rempli sa vie, il a encore adouci sa mort. Et pour nous qui la pleurons à cette heure, l'idée qui l'a tant occupée, celle de sa réunion avec son père, verse sur notre blessure un baume consolateur. Ils sont ensemble maintenant, ils sont auprès de celui qui a fait leurs cœurs, et la postérité elle-même ne séparera plus leurs noms : ces noms se relèvent réciproquement ; chacun garantit à l'autre un genre particulier d'excellence, et il n'est aucune grandeur, aucune beauté morale qui n'appartienne à leur réunion.

La devise de madame de Staël aurait pu être ce vers, qu'elle répétait souvent avec émotion :

> O liberté de Rome! ô mânes de mon père!

Lorsque j'ai raconté les premières années de la jeunesse de madame de Staël, je me suis arrêtée au moment de son mariage, parce que mon unique but était de faire connaître l'éducation que lui ont donnée ses parents et les circonstances. A présent que j'interroge mes souvenirs, je voudrais y trouver des détails relatifs à M. de Staël, mais il a été à peine connu de moi. Mon intimité avec madame de Staël ne date que de l'année 1792, époque où elle vint se réfugier auprès de son père en Suisse, après avoir échappé comme par miracle à la sanglante journée du 2 septembre. M. de Staël, alors absent de France, n'avait pu l'accompagner, et dans la suite j'ai eu peu d'occasions de le voir.

Malgré le grand nombre d'aspirants à la main de mademoiselle Necker, le choix d'un époux qui convînt à ses parents et à elle n'avait pas été facile à faire. Elle ne voulait pas quitter la France, et sa mère, protestante zélée, exigeait qu'elle épousât un homme de sa religion. Dans ces circonstances, le baron de Staël fixa sur lui les regards de M. et de madame Necker. A une grande loyauté, à une

grande bonté de caractère, à beaucoup d'admiration pour
mademoiselle Necker, il joignait des manières nobles et
une naissance distinguée. Le roi de Suède, Gustave III,
dont il était fort aimé, favorisait hautement ses prétentions,
et promettait de lui assurer pour plusieurs années la place
d'ambassadeur en France, afin de rassurer mademoiselle
Necker contre la crainte de quitter Paris ; et d'ailleurs
M. de Staël s'engageait à ne la mener jamais en Suède
malgré elle. Telles sont les raisons qui ont décidé son
mariage avec un étranger beaucoup plus âgé qu'elle, et
qui avait avec elle peu de rapports dans les goûts. Le cours
de cette union, un peu froide sans doute, n'aurait point
cependant été interrompu, si la générosité imprévoyante
de M. de Staël n'eût pas dégénéré en prodigalité. Quelque
désordre s'étant mis dans ses affaires, madame de Staël se
crut, par la suite, obligée de chercher à préserver de cette
influence la fortune de ses enfants. Mais la séparation qui
résulta de là ne fut pas de longue durée. Quand, affaibli
par les progrès de l'âge et de la maladie, il eut besoin des
soins de sa famille, madame de Staël se rapprocha de lui.
Elle revenait s'établir avec son mari, en Suisse, auprès de
M. Necker, lorsqu'au milieu du voyage la mort enleva
M. de Staël, et lui ravit à elle-même et à ses enfants la
satisfaction qu'ils auraient trouvée à répandre du bonheur
sur ses dernières années.

Madame de Staël a été une très-tendre mère ; et, si
l'amour maternel a eu moins d'éclat chez elle que l'amour
filial, c'est qu'elle s'est fait davantage une loi d'en réprimer l'expression. Déjà dans *Delphine*, ce roman où elle
se montre si frappée de la beauté poétique des sentiments
exaltés, elle a dit que les démonstrations passionnées ne
valaient rien pour l'enfance, et que la bonté et la justice
lui convenaient mieux. Plus tard elle s'est imposé la même
réserve par d'autres motifs. Ainsi elle m'écrivait, en par-

lant de son fils aîné : « Je ne sais pourquoi je dis moins à
Auguste que je n'éprouve. Il y a une certaine pudeur maternelle que j'ai toujours eue en moi. Il faut se séparer dans
cette relation. N'ai-je pas survécu à ce qu'il y avait de
meilleur sur la terre ! Pourquoi donc tant s'attendrir sur
ce que la mort doit briser ! »

Malgré cette expression plus contenue, le sentiment maternel, comme elle en a donné mille preuves, participait
chez elle à la nature de tous les autres. Ce n'était peut-être
pas un amour aveugle, indépendant du mérite de son objet :
les défauts de ses enfants se présentaient fortement aux yeux de
madame de Staël ; mais il y avait pourtant de l'instinct en
elle; il y en avait dans son courroux quand ils commettaient
des imprudences; il y en avait dans une sorte d'ardeur
courageuse et dévouée lorsqu'il s'agissait de les protéger;
il y en avait surtout dans ses terreurs quand leur santé
était menacée. Sa fille, à l'âge de six ans, étant tombée
malade à Francfort, la tête fut sur le point de lui tourner
de douleur. « Que deviendrait, écrivait-elle, que deviendrait une mère qui craint pour son enfant, sans la prière ?
Cette situation ferait découvrir la religion si jamais personne ne vous en avait parlé. » Les succès, les plaisirs de ses
enfants, l'opinion qu'on avait d'eux, étaient pour elle des intérêts d'une extrême vivacité, et les scrupules qu'elle se faisait
sur les suites qu'auraient à leur égard les déterminations
qu'elle prenait étaient fort sujets à la tourmenter. Ainsi la
crainte de la fâcheuse influence que l'exil pouvait avoir sur
leur destinée a été une des grandes causes de ses chagrins.

Dans l'éducation privée, elle ne croyait pas au succès des
systèmes extraordinaires. Il faut, selon elle, inspirer à la
jeunesse des sentiments élevés et religieux, mais l'initier à
ce qu'il y a de plus pur dans le monde réel, plutôt que lui
faire un monde à part toujours incomplet et factice. « J'ai
présenté à mes enfants la vie telle qu'elle est, disait-elle, et

je ne me suis servie d'aucune ruse avec eux. » La vérité était la base première sur laquelle elle se fondait, et non-seulement toute supercherie, mais toute affectation lui semblait inutile et dangereuse; elle dédaignait également de prendre avec les enfants ce ton de niaiserie maniérée par lequel on croit se mettre à leur portée; elle les élevait jusqu'à son esprit, et s'élevait jusqu'à leur innocence.

Quand on n'intimidait pas d'avance les enfants par l'idée qu'on leur donnait de madame de Staël, elle leur plaisait naturellement, et il en est à qui elle a inspiré une passion singulière. Il y avait de l'ingénuité, et par conséquent de la jeunesse dans sa manière de parler; et le génie, avec ses impressions inattendues, garde toujours quelque chose d'enfant. Elle observait le premier âge avec attendrissement et avec curiosité. Je l'ai vue se divertir bien naïvement elle-même des aperçus bizarres, de certaines associations grotesques de cet âge; on en recueillait afin de les lui raconter, et c'était un aliment pour sa pensée.

Elle était portée à blâmer ce dévouement trop ostensible des parents aux enfants, qui est un défaut de l'éducation actuelle. De petits êtres qui voient toutes choses se rapporter à eux deviennent vains et égoïstes, et, loin qu'ils prennent de ce qui les entoure l'exemple du dévouement, ils croient travailler à l'œuvre commune en soignant eux-mêmes leurs intérêts. Ils exercent une capricieuse puissance sur ceux dont ils se supposent l'unique but, et de part et d'autre il s'établit une lutte de finesse. Madame de Staël exprimait nettement sa volonté. Ayant toujours eu une haute idée du pouvoir paternel, elle donnait la loi dans sa famille, et ne croyait point que l'obéissance religieusement inculquée avilit le cœur.

Un exercice juste et modéré de l'autorité épargne mille ruses, mille faussetés dans l'éducation. Le raisonnement échoue, la prière abaisse ceux qui y ont recours; le sentiment, employé comme moyen, blase, et finalement endurcit le cœur. Les rapports entre des parents qui ordonnent avec douceur et des enfants qui obéissent sont les seuls vrais, les seuls sérieux, les seuls paisibles ; et l'enfance, faible et dénuée, comme elle se sent au fond, ne s'attache pour longtemps qu'à la fermeté protectrice.

Néanmoins le motif des ordres de madame de Staël était beaucoup trop spirituel pour qu'elle se refusât au plaisir de l'énoncer. Elle l'expliquait clairement, mais sans ouvrir la discussion, et le *considérant* de la loi ne la rendait pas moins absolue.

Elle a donné elle-même beaucoup de leçons à ses enfants ; mais, conformément à son principe sur la nécessité de la bonne foi, elle rejetait ces petits jeux au moyen desquels on prétend enseigner les éléments de toutes les connaissances. Lorsque l'intérêt de l'étude est en défaut, ce qui ne peut manquer parfois d'arriver, l'idée simple du devoir doit y suppléer. Cette idée est très-bien conçue par l'enfance, et, loin qu'il faille la réserver pour une autre saison de la vie, elle n'a jamais de force que quand elle a jeté lentement de profondes racines dans l'âme. Les enfants ne sont pas longtemps les dupes de ces divertissements forcés, et mille saillies nuisibles au but proclament le droit qu'ils ont de jouer à leur manière. D'ailleurs, comme le principal avantage de l'étude, pour le premier âge, consiste dans les efforts qu'elle fait faire à l'esprit, et celui de l'amusement, dans l'essor qu'il donne à tout un petit être, quand on met la distraction dans la leçon, et la gêne dans le plaisir, on perd le fruit de l'une et de l'autre.

Mais c'est lorsqu'ils ont commencé à entrer dans la jeunesse que la candeur de madame de Staël avec ses enfants a été le plus remarquable. Sans doute elle ne compromettait pas auprès d'eux par indiscrétion les intérêts des autres ou les siens, mais elle a été naturelle et vraie dans toute sa

manière de se présenter à eux; elle leur a développé son
caractère tel qu'il était, ne s'épargnant point elle-même, et
ne s'attribuant jamais ni une qualité ni un sentiment qu'elle
n'eût pas. Ainsi elle s'est toujours donné tort dans ses rapports avec sa mère; ainsi elle a dit, à sa fille surtout, que
la vivacité de ses affections et de ses opinions l'avait entraînée dans des routes dangereuses dont nulle autre qu'elle
n'aurait pu se tirer; et, par exemple, que sa trop grande
chaleur en politique lui avait attiré des haines dont les
effets, très-douloureux pour son cœur, auraient pu même
être redoutables, sans l'éclat de son talent, et peut-être sans
celui des services qu'elle avait rendus. Elle avait trop souffert elle-même pour engager sa fille à marcher sur ses traces. Aussi ne lui a-t-elle point conseillé de chercher la célébrité; et même dans la conversation, tout en la trouvant
très-spirituelle, elle l'a détournée de l'imitation, soit qu'elle
jugeât, avec raison, qu'on ne pouvait que lui être inférieur
dans son propre genre, soit parce que son genre ne lui
plaisait pas dans une autre. Elle n'aimait pas les copies.
« Les échos m'ennuient, disait-elle; j'ai assez de moi en
moi, et je veux qu'on me renvoie autre chose que ma
voix. »

Son ambition pour ses fils eût été plus grande, et néanmoins elle voulait développer avant le talent, non-seulement
la moralité, mais la capacité dans les affaires, trouvant que,
quand on va au succès par la route des choses réelles, on
peut du moins rester en chemin sans inconvénient. Ainsi
elle a placé de bonne heure son fils aîné à Paris, au centre
du mouvement et des intérêts, en le dirigeant par ses admirables lettres. « Observe les impressions, lui disait-elle,
et apprends la vie; cette étude-là en vaut bien une autre. »

Par une confiance et une sincérité bien rares, par une
vigilance singulière au milieu de tant d'occupations diverses,
par un soin continuel de la moralité, du bonheur, de l'exis-

tence entière de ses enfants, madame de Staël s'est fait
adorer d'eux, en même temps qu'elle a mis de toutes parts des
contre-poids à l'enthousiasme qu'elle leur inspirait. Ainsi,
à côté de cette imagination, de cette sensibilité qu'ils ad-
miraient en elle, ils trouvaient le sens moral le plus droit,
un goût pur, sévère même, dans sa conversation, et
cette persuasion raisonnée pour le fond, et presque superstitieuse par sa vivacité, qu'il n'est aucun malheur qui ne
provienne d'une faute. Ils trouvaient surtout cette religion
du cœur qui, s'unissant en elle à l'idée de son père, ajoutait aux affections du sang dans leur famille. Elle écrivait à
son fils, le jour de l'anniversaire de la mort de M. Necker :
« Je t'écris, cher enfant, un bien triste jour que mon départ
rend encore plus solennel. J'ai pensé à toi au pied du monument que tu reverras avant moi, où tu feras ta prière.
C'est aux saintes pensées dont il est l'image que j'attache
mon âme dans des moments si douloureux. Crois-moi, cher
ami, il n'y a qu'elles contre la vie. »

Je ne puis mieux donner l'idée de l'impression que madame de Staël produisait sur ses enfants qu'en citant quelques fragments d'une lettre que m'écrivait à ce sujet la
duchesse de Broglie :

« Ma mère attachait une grande importance à notre bonheur dans l'enfance, et prenait une part sensible aux chagrins de notre âge. Elle avait quelquefois des conversations
d'égal à égal avec moi à l'âge de douze ans, et rien ne peut
donner une idée de la joie qu'on éprouvait quand on avait
passé une demi-heure d'intimité avec elle. On sentait une
vie nouvelle, on était placé plus haut, et cela donnait du
courage pour toutes les études.

« Ses enfants l'ont toujours passionnément aimée. Dès
l'âge de cinq ou six ans, nous nous disputions pour savoir
celui de nous qui l'aimait le plus, et, quand elle causait
tête à tête avec un de nous, c'était une récompense dont

nous étions vivement jaloux. On était heureux de cœur et d'amour-propre anprès d'elle.

« Le dimanche, elle lisait toujours avec nous les sermons de mon grand-père ; elle n'a jamais voulu avoir de gouvernante pour moi, et elle m'a donné des leçons tous les jours dans ses plus grands chagrins. Le développement de notre esprit était une jouissance si vive pour elle, qu'il n'était aucune récompense qui pût valoir pour nous le spectacle du bonheur qu'on lui donnait.

« Elle s'est mise le plus tôt possible en relation. d'égalité avec ses enfants, et leur a dit non-seulement qu'elle avait besoin d'eux par le cœur, mais même qu'ils pouvaient lui prêter une sorte d'appui. Dans ses chagrins d'exil, elle les consultait souvent. Je lui ai entendu dire à Auguste : « J'ai besoin de ton approbation. » Elle me parlait de ma vie future, et de tous ses projets sur moi avec une franchise parfaite.

« Dans dé certaines circonstances, elle aurait remarqué qu'un de ses enfants avait été supérieur à elle en courage ou en décision, elle aurait témoigné du respect pour son caractère, et cependant on ne cessait jamais de la respecter, elle, et ce respect était toujours mêlé d'une sorte de crainte. Quoiqu'elle montrât la plus grande confiance, du moment qu'elle rentrait dans l'éducation, elle imposait.

« Elle poussait fort loin le scrupule à notre égard, se reprochant même nos défauts, et nous disant : « Si vous « aviez des torts, non-seulement j'en serais malheureuse, « mais j'en aurais des remords. » Quand elle nous blâmait en disant : « C'est ma faute, je n'ai pas pu supporter l'exil, je « ne vous ai pas donné l'exemple du courage et de la résigna-« tion, » cela était déchirant. Rien ne pourra jamais donner l'idée de l'impression produite par ce mélange de dignité et de confiance, d'émotion et de réserve, qu'il y avait dans sa manière vis-à-vis de ses enfants. Ces paroles, qu'elle prononçait avec des larmes contenues, sont gravées dans leur âme, et l'idée de la souffrance qu'ils lui auraient causée en se conduisant mal, l'idée des reproches qu'elle se serait faits à elle-même, est une des barrières les plus fortes pour les retenir dans le bien.

« Personne n'a jamais eu plus qu'elle de dignité naturelle, et c'est ce qui lui a permis d'admettre ses enfants à la familiarité la plus intime, de leur inspirer même parfois de la pitié pour ses chagrins, sans qu'ils aient cessé de la révérer. Jamais une mère n'a été plus confiante et plus imposante à la fois. »

Il est curieux, pour ceux qui réfléchissent sur l'éducation, d'examiner la succession des caractères dans les familles : on peut souvent observer, entre les parents et les enfants, des formes assez opposées, jointes à une grande ressemblance de fond. Un désir d'originalité, la vue de quelques inconvénients dans certaines manières d'être, produisent des contrastes extérieurs, tandis que les sentiments se transmettent inaperçus d'une génération à l'autre. Ainsi madame de Staël a été une personne ardente et passionnée comme l'était réellement madame Necker, malgré le vertueux empire qu'elle exerçait sur elle-même ; et madame de Broglie (qui me permettra de parler d'elle, puisque je fais une remarque avantageuse pour sa mère), madame de Broglie a pris cette élévation, cette candeur, cette pureté d'âme qui, à travers des singularités d'imagination, ont toujours percé chez madame de Staël.

RELATIONS DE CHOIX.

J'ose mettre au nombre des liaisons volontaires celle que j'ai eu le bonheur de former avec madame de Staël, puisque nos rapports de famille en ont été l'occasion plus que la cause. Or c'est dans le cours de ces liaisons que le naturel se déploie le plus librement. Les devoirs y sont moins étroits, l'égalité y est toujours supposée ; et, comme la durée de l'intimité n'est garantie que par celle du sentiment, on y éprouve des craintes d'éloignement ou de rupture qui mettent davantage en jeu tous les ressorts. Ici donc l'on contemplera dans la vie réelle ces contrastes entre des qualités opposées qui rendent le talent de madame de Staël si remarquable, et l'on retrouvera dans la personne l'originalité de l'écrivain.

Madame de Staël a dû former beaucoup de relations d'amitié. Elle inspirait ce sentiment presque dès la première vue, et elle était touchée de l'effet qu'elle produisait. De plus, tout semblait pour elle motif d'aimer : elle aimait pour les vertus, pour les talents, pour la grâce, pour le bonheur qu'on lui donnait, pour le malheur qu'on éprouvait soi-même. Toute admiration, pour peu qu'elle s'étendît aux qualités du cœur, était en elle une affection tendre ; la reconnaissance en était une, et le plus léger attrait, la bienveillance même, avaient quelque chose de vif et d'animé qui faisait naître le sentiment chez les autres, et par contre-coup chez elle. Et, comme elle ne changeait jamais, comme elle n'oubliait personne, comme après dix ans de séparation « on renouait, ainsi qu'elle l'exprimait elle-même, la phrase interrompue, » il est résulté de là qu'elle a conçu de l'amitié à un nombre infini de degrés, et de l'amitié solide à tous ces degrés.

Mais, qu'on ne s'y méprenne pas toutefois, les rangs éminents dans son cœur étaient difficiles à atteindre. On était plus ferme encore aux premières places qu'aux autres, et il y avait peu d'usurpations. Les oscillations inévitables, avec une imagination telle que la sienne, avaient lieu pour chacun de ses amis autour d'un point fixe auquel son cœur revenait toujours. « Il y a quatre-vingt-dix degrés invariables dans toutes mes affections, disait-elle, et il n'y en a que dix de mobiles. »

Quand on parle de madame de Staël, il semble qu'on voudrait donner aux mots une signification plus active et plus pénétrante. Ainsi la pitié était un trait douloureux qui la transperçait, et dont elle ne pouvait se délivrer qu'en soulageant le malheur. Sa bonté avait quelque chose d'inspiré, si on peut le dire. L'idée d'un plaisir à procurer la poursuivait comme celle d'une douleur à calmer, et elle ne trouvait de repos qu'après l'action bienfaisante. Le mot d'aimer est faible aussi pour exprimer ce qu'elle sentait, et pourtant il ne faut pas employer une autre nuance, car le malheur seul donnait à ses affections les plus puissantes les grands caractères de la passion.

En effet, et c'est ici que le contraste est surtout frappant, elle démêlait avec une sagacité extrême le côté faible de ces mêmes amis qui lui étaient si nécessaires et si chers, et elle sentait leurs défauts avec une vivacité douloureuse. Comme je l'ai remarqué pour les auteurs qui lui plaisaient le plus, son enthousiasme, même exalté, était circonscrit, et n'embrassait pas tout un ensemble. Le scalpel de son analyse n'a épargné aucun des objets de son attachement, et peut-être n'a-t-il laissé intact que son père ; mais les qualités que l'examen le plus rigoureux leur laissait, ces qualités faisaient une si forte impression sur son cœur, frappaient tellement son imagination, qu'elles lui semblaient uniques, inappréciables pour son bonheur, et une admiration limitée produisait en elle une tendresse sans bornes.

Cette évaluation continuelle de ses amis, non-seulement pour chacun, mais pour chaque jour de chacun, cette évaluation faite sans cesse en leur présence, les blessait parfois et les portait à douter de son affection. « Il faut se soumettre avec vous à être jugé sur nouveaux frais chaque matin, lui disais-je. — Qu'importe, me répondit-elle, si j'aime davantage chaque soir ! J'irais à l'échafaud, disait-elle encore, que je jugerais les amis qui m'accompagneraient. »

Au reste, cet examen s'étendait sur elle-même. Elle était, si on peut le dire, curieuse de ses impressions, et l'on était bien venu à diriger ses regards sur son propre cœur par des observations et même par des reproches. Elle s'étudiait dans toutes les circonstances ; et, si elle a un peu trop souvent fait dire aux personnages de ses romans : « Tel est mon caractère, telle est ma nature, » c'est que ces expressions lui étaient familières. Elle cherchait à bien connaître ses penchants, la tournure particulière de son imagination, afin d'en faire abstraction autant que possible dans ses jugements. Ainsi elle se récusait quelquefois dans ses trop fortes antipathies, quoiqu'elle fût portée à croire que son tact était juste au fond, et que l'avenir justifierait ses pressentiments.

Elle a souvent dit qu'après s'être accusée elle-même de précipitation dans sa manière d'évaluer le mérite, la connaissance plus approfondie d'une personne l'avait presque toujours ramenée à la première idée qu'elle s'en était formée. « Un jour ou dix ans, disait-elle, voilà ce qu'il faut pour connaître les hommes ; les intermédiaires sont trompeurs. »

Jamais on ne se fera l'idée de madame de Staël, si on ne lui attribue pas la clairvoyance la plus complète. Elle voyait clair et toujours clair ; clair dans l'opinion générale de la société, clair dans les impressions, dans les motifs de chaque individu ; clair dans le cœur de ses amis et de ses proches. Ses illusions, quand elle s'en est fait, n'ont porté que sur l'avenir ; non que souvent elle ne devinât aussi l'avenir quand elle y pensait, mais parce qu'elle était peu sujette à s'en occuper. Et de même que, dans le feu du discours le plus animé, son esprit observateur ne la quittait point, de même qu'elle apercevait à l'extrémité de la chambre tel sourire approbateur, tel amour-propre souffrant, tel visage préparé à l'objection ; de même dans les actions, soit que ses affections ou ses opinions en fussent le mobile, elle savait parfaitement si elle exposait ou non sa destinée. Elle a

marché à un but choisi par la volonté ou imposé par le
malheur, sans méconnaître un seul des obstacles ou des
dangers qui devaient se rencontrer sur la route. Sa vie était
un drame d'une haute poésie, une tragédie où tous les rôles
ont été fortement conçus et amplement développés La
sagesse, la prudence, y étaient en plein représentées ; nul
ne pouvait rien ajouter à la beauté, à la force de leurs raisonnements ; mais un sentiment dominateur y jouait souvent le rôle de la destinée chez les anciens, et faisait pen-
cher la balance.

Madame de Staël avait une constance extrême dans ses
attachements ; jamais elle n'a pu rompre avec personne,
jamais elle n'a pu cesser d'aimer. L'affection une fois conçue
devenait une maladie de son cœur ; dont les torts la gué-
rissaient bien difficilement. Ces torts, elle les sentait au plus
vif, mais elle ne demandait qu'à être soulagée d'un tel
souvenir. Peut-être savait-elle au fond qu'il n'y aurait plus
de sécurité fondée, et que les mêmes occasions ramèneraient
les mêmes fautes ; mais elle n'en pardonnait pas moins
parce qu'elle aimait. Elle était indulgente par sa nature et
aussi par un effet de sa supériorité. Elle voyait toutes choses
de haut, et après un premier mouvement, souvent bien
douloureux, elle ne s'étonnait d'aucune imperfection. A sa
connaissance, à sa compassion profonde de la nature humaine, se joignait, pour ceux qu'elle aimait, la puissance
que leurs traits, leurs mouvements, le son de leur voix, exerçaient sur elle. Ils étaient *eux*, c'était là leur excuse : ils
lui plaisaient encore et ils lui semblaient justifiés. Un certain attendrissement sur leur faiblesse, sur cet alliage imposé à toute excellence, à toute grandeur dans ce monde,
venait à s'emparer de son cœur, et elle allégeait, en l'éten-
dant sur l'humanité entière et jusque sur elle-même, le
poids des torts de ses amis.

On peut voir dans *Delphine*, ce livre où elle a tout dit,

la preuve de ce que j'avance Au moment où Delphine apprenait que tout espoir d'épouser Léonce lui avait été ravi par la perfidie de madame de Vernon, sa plus impétueuse douleur porte sur l'amitié trahie. Elle exhale son courroux en reproches violents. Mais madame de Vernon, se voyant démasquée, ne prend plus la peine de se justifier; elle dédaigne de chercher encore à plaire, et, répondant avec sécheresse, elle se montre sous un aspect nouveau et singulièrement désagréable : ce changement frappe Delphine d'une espèce d'effroi, sentant pour la première fois qu'elle a tout à fait perdu son amie, l'idée qu'elle ne la reverra plus telle qu'elle était jadis l'occupe seule, et dès lors les rôles sont intervertis. C'est Delphine qui devient suppliante, et qui, par toute son émotion, voudrait reproduire au moins un mouvement de pitié chez celle qu'elle a tant aimée. Telle était exactement madame de Staël ; elle eût voulu effacer du cœur d'un ami jusqu'au souvenir de ses torts envers elle, de peur que le remords ne lui ôtât de l'abandon, et qu'il n'eût moins de bonheur et de charme.

Quant aux indifférents, elle pardonnait leurs offenses sans y songer, et sans qu'il lui en coûtât même de la magnanimité. Ils étaient pour elle des choses matérielles qui obéissent aveuglément à la loi de leur intérêt. Elle ne donnait à leur ingratitude aucune prise sur son bonheur, trouvant par trop insensé de laisser troubler ce bonheur par ceux qui ne peuvent y contribuer. « Comment se fâcher, disait-elle, contre d'autres que ceux qu'on aime? »

Lors donc que son estime pour ses amis n'était pas foncièrement altérée, madame de Staël supportait tous leurs torts : ce qu'elle était hors d'état de soutenir, c'est la crainte de ne plus les revoir, c'est l'idée d'une séparation éternelle. Voilà le fantôme qui la poursuivait, voilà le monstre dont les formes mobiles lui causaient sans cesse un nouvel effroi;

et lorsque, durant son exil à Coppet, ses alentours commencèrent aussi à devenir les objets de la proscription, et que le désert lui parut se former autour d'elle, ce qu'elle a souffert de ce genre de terreur est affreux. Toutes les puissances de son âme conjuraient ensemble pour la déchirer, et son talent, mort pour toute œuvre utile, exerçait contre elle même sa force avec cruauté. Néanmoins, dans ses moments les plus douloureux, sa conversation était parfois très-brillante. Elle l'était au point de m'étonner d'abord ; mais pourtant, en examinant madame de Staël avec attention, on voyait l'état de son âme. « C'est une sonate que j'ai exécutée, disait-elle ensuite ; je suis un musicien exercé qui joue la difficulté sans y songer. Je parle sans que je m'en mêle, et je n'ai pas un instant cessé de souffrir. »

Mais, de toutes les séparations, celle qui naît de la rupture était encore la plus déchirante pour madame de Staël. L'amour-propre entrait si peu dans ses affections, qu'elle aimait mieux voir ses anciens amis refroidis et changés pour elle que de ne pas les revoir du tout. Cette impossibilité où elle se sentait de briser aucun lien la plaçait même, à ce qu'elle disait, dans une infériorité vis-à-vis de ceux qu'elle aimait. La partie, selon elle, n'était pas égale ; on pouvait la menacer de la rupture dont elle ne menaçait jamais, et chercher à usurper ainsi un cruel empire. Ses véritables amis lui étaient à la lettre nécessaires, ils l'étaient plus qu'ils ne se sentaient portés à le croire. La voyant toujours entourée, toujours étincelante d'esprit, toujours occupée de mille objets divers, ils croyaient ou feignaient de croire qu'ils pouvaient se retirer inaperçus : mais il n'en était pas ainsi ; tous ces intérêts, si vifs en apparence, se seraient évanouis pour elle avec le bonheur de l'amitié. « Jamais, disait-elle souvent bien à tort, mais avec une persuasion intime et douloureuse, jamais je n'ai été aimée comme j'aime. »

Dans le tête-à-tête, sa conversation était quelque chose

d'inouï. Nul n'a pu la connaître hors de l'intimité. Ses plus belles pages, ses discours les plus éloquents dans la société, sont loin d'égaler, par leur force entraînante, ce qu'elle disait lorsque, n'étant point obligée de se conformer aux dispositions de tel auditoire, elle agissait sur un instrument unique, qu'elle-même avait accordé. Alors son grand esprit, déployant ses ailes, prenait librement son vol ; alors elle ne se prévoyait pas, et, témoin plutôt que maîtresse de sa propre inspiration, elle exerçait une influence surnaturelle qu'elle paraissait subir aussi ; influence bien ou mal faisante, mais dont elle n'avait pas la responsabilité. Tantôt, animée d'une verve amère et mordante, elle desséchait d'un souffle de mort toutes les fleurs de la vie, et, portant le fer et le feu au fond du cœur, elle détruisait l'illusion des sentiments, le charme des relations les plus chères. Tantôt, se livrant à une gaieté singulièrement originale, elle avait la grâce ingénue et la confiance d'un enfant naïf qui est dupe de toutes choses ; tantôt enfin, s'élevant plus haut, elle s'abandonnait à la sublime mélancolie du génie religieux qui pénètre le néant de l'existence terrestre.

Mais c'était auprès de ses amis malheureux qu'elle déployait encore sa plus grande puissance. Entraînée par un sentiment rapide et profond, il semblait qu'elle parcourût le ciel et la terre pour trouver du soulagement à leurs peines. Rien d'ingénieux, rien de bon comme ce qu'elle inventait pour les distraire, pour éclaircir un moment les sombres nuages de la tristesse : elle paraissait disposer de l'avenir et en créer un exprès pour eux, dans lequel, à force d'amitié, elle remplaçait toutes choses. Les maux d'imagination, toujours compris dans leur genre, étaient allégés par des moyens aussi singuliers qu'eux-mêmes. Avec quelle avidité elle écoutait ! Une ardente curiosité pour les impressions des personnes sincères se mêlait si évidemment à sa tendre pitié, que jamais on ne craignait de la fatiguer quand on lui confiait ses peines. Il n'y avait plus ni elle ni soi, les âmes se confondaient, et elle vous élevait à une telle hauteur, on planait sur une telle immensité que le bonheur, le malheur, le passé, le présent, la destinée de tous et la vôtre s'évanouissaient. Un sentiment solennel avait remplacé tous les autres, et l'on croyait assister ensemble au plus auguste des spectacles, celui de la Divinité accomplissant son œuvre régénératrice sur la créature, par le moyen terrible et pourtant salutaire de la douleur.

Ah! qu'il est affreux d'avoir à souffrir sans elle! Que faire des sentiments qu'elle avait tous partagés! Il y a presque un remords dans le chagrin de l'avoir perdue; c'est que les regrets ne sont pas assez désintéressés. On se sent exilé d'une région délicieuse où l'on éprouvait des jouissances que l'on ne retrouvera plus. Elle était elle-même avec ses dons ravissants, et puis elle était encore le milieu à travers lequel on recevait tout ce qu'il y a de curieux, d'instructif, de digne d'attention sur la terre. On sent comme un rétrécissement, comme un appauvrissement de l'existence; on se perd soi-même avec elle, et il y a de la personnalité à la pleurer.

Pour donner l'idée de la manière dont elle sentait les peines des autres, je citerai un trait qui me concerne, parce que comme il est naturel, rien ne m'a jamais autant frappée. On verra ce qu'elle était, même après avoir perdu la vivacité de la jeunesse.

Dans l'année 1816, l'âme encore ébranlée par le plus affreux malheur, la perte d'une fille angélique, j'étais à Nice avec mon autre fille, fort malade elle-même. Il survint une crise violente dans son état; et, durant ces heures décisives, ce que j'éprouvai fut si cruel, que ne voulant pas épouvanter ma famille par mes lettres, il n'y avait que madame de Staël au monde à qui j'osasse ouvrir mon cœur. Elle ne me répondit point sur ce sujet, et notre correspondance ordinaire ayant continué, je crus que ma lettre s'était perdue, et je n'y avais nul regret; car je craignais, même après avoir été rassurée, que la réponse ne renouvelât mon émotion. Quelques mois après, je fus entièrement confirmée dans cette idée. Nous nous étions déjà revues plusieurs fois sans qu'elle m'eût parlé de ma lettre, quand un jour, à Coppet, comme nous causions depuis longtemps ensemble, elle cesse tout à coup de me répondre; je la regarde, et la voyant pâle et troublée : « Qu'avez-vous? » lui dis-je avec effroi; « C'est, reprit-elle, que je n'ai jamais pu vous écrire. . vous dire... » Elle hésitait tellement qu'il m'était impossible de la comprendre. « Votre lettre, s'écria-t-elle, enfin... n'en parlons plus, n'en parlons jamais... » et elle sortit de la chambre tout en larmes.

Comme je n'écris pas l'histoire de madame de Staël, je dois m'abstenir de multiplier les récits qui donneraient à cette notice l'apparence d'une biographie incomplète. Néanmoins, je me reprocherais de passer sous silence un événement aussi important que celui de son second mariage; et la circonstance de sa vie qui a dû exciter le plus d'étonnement m'oblige à quelques détails.

Un jeune homme bien né inspirait beaucoup d'intérêt dans Genève par ce qu'on racontait de son brillant courage, et par le contraste de son âge avec sa démarche chancelante, sa pâleur, et l'état de faiblesse auquel il était réduit. Des blessures reçues en Espagne, des blessures dont les dernières suites ont été funestes, l'avaient mis aux portes de la mort, et il était resté malade et souffrant. Deux mots de pitié, adressés par madame de Staël à cet infortuné, produisirent sur lui un effet prodigieux. Elle avait quelque chose de céleste dans le langage. Madame de Tessé disait : « Si j'étais reine, j'ordonnerais à madame de Staël de me parler toujours. » Cette musique ravissante renouvela l'existence du jeune homme, sa tête et son cœur s'enflammèrent;

il ne mit point de bornes à ses vœux, et forma tout de suite les plus grands projets. « Je l'aimerai tellement, » a-t-il dit de très-bonne heure à un de ses amis, « qu'elle finira par m'épouser; » mot singulier que pouvaient inspirer divers motifs, mais que l'enthousiasme, le dévouement le plus soutenu obligent à interpréter favorablement.

De si hautes prétentions furent secondées par les circonstances. Madame de Staël était excessivement malheureuse et lasse de malheur; son âme pleine de ressort tendait à se relever, et ne demandait qu'une espérance. Lors donc qu'au moment où sa captivité se resserrait de plus en plus, et où de sombres nuages s'amoncelaient de toutes parts sur sa tête, un nouveau jour vint à luire pour elle, le bonheur, dans son cœur désolé, renaquit comme de ses cendres, et le rêve de toute sa vie, l'amour dans le mariage, lui sembla pouvoir se réaliser. On sait ce qu'une telle union était à ses yeux. Cette plaisanterie d'elle qu'on a citée : « Je forcerai ma fille à faire un mariage d'inclination; » cette plaisanterie renfermait une opinion sérieuse. Jamais la pensée de former elle-même de pareils nœuds ne lui avait été complétement étrangère. En parlant de l'asile qu'elle espérait trouver un jour en Angleterre, elle avait dit quelquefois : « J'ai besoin de tendresse, de bonheur et d'appui; et si je trouve là un noble caractère, je sacrifierai ma liberté. » Le noble caractère se trouva tout à coup près d'elle. Sans doute, elle aurait pu faire un choix mieux assorti, mais l'inconvénient des mariages d'inclination, c'est précisément qu'on ne choisit pas.

Toutefois il est certain que cette union l'a rendue heureuse. Elle avait bien jugé l'âme élevée de M. Rocca : une tendresse extrême, une constante admiration, des sentiments chevaleresques; et, ce qui plaisait toujours à madame de Staël, un langage naturellement poétique, de l'imagination, du talent même, comme l'ont prouvé quelques écrits,

de la grâce dans la plaisanterie, une sorte d'esprit irrégulier et inattendu qui excitait le sien et mettait de la variété
dans sa vie; voilà ce qu'elle a trouvé en lui. A cela se joignaient une profonde pitié pour les maux qu'il endurait, et
des craintes toujours renaissantes qui entretenaient son
émotion et enchaînaient sa pensée.

Elle eût sans doute mieux fait de déclarer ce mariage;
mais une timidité dont son genre de courage ne l'affranchissait point, mais l'attachement pour le nom qu'elle avait
illustré l'ayant retenue, tout son esprit s'est employé à parer
aux difficultés de sa situation. Faut-il dire qu'il valait mieux
ne pas se mettre dans cette situation? faut-il dire que madame de Staël ne doit pas en tous points servir d'exemple?
Elle l'eût avoué bien volontiers : c'est là ce qu'elle a dit à
ses enfants, c'est là ce qu'elle indique dans ses écrits, autant
que le lui a permis une âme fière, qui a la conscience de
sa grandeur. Elle était un phénomène unique sur la terre.
On oublie avec elle les conditions de notre nature; on oublie que la société s'étant arrangée sur la moyenne des facultés, les dons prodigieux sont en désaccord avec l'organisation de la vie. Ce qui serait plus étonnant encore que
madame de Staël, c'est que son génie seul eût été extraordinaire en elle, c'est qu'une existence intérieure si active,
la source de son talent même, ne se fût manifestée que par
son talent.

L'heureuse imprévoyance de son caractère l'a bien servie
dans le cours de cette union. Après des alarmes cruelles
sur la santé de M. Rocca, elle revenait promptement à
croire que sa vie n'était pas attaquée, et que ses maux n'é-
taient qu'accidentels. Il ne lui restait de l'inquiétude qu'une
attention continuelle et remarquable chez une personne si
vive, pour les soins nécessaires à sa conservation. Toute
cette grande intelligence était employée à le servir. Mais
qui dira ce qu'elle a souffert dans les moments de crises!

À Pise, où il fut près d'expirer, elle se comparait elle-même au maréchal Ney, qui attendait alors sa sentence d'un instant à l'autre. Douée d'un talent qui ne la préservait d'aucune douleur et qui s'agrandissait de toutes, elle a dit ensuite qu'elle écrivait un ouvrage ayant pour titre : *Un seul malheur dans la vie, la perte d'un objet qu'on aime.*

Ce malheur a été celui du jeune et infortuné Rocca ; cette vie menacée, ce frêle roseau qui avait un moment servi d'appui à une existence en apparence si forte, ce roseau a été moins fragile encore qu'elle-même. Toutefois il ne lui a pas longtemps survécu. La douleur, l'indifférence pour ses jours, ont achevé de trancher cette courte destinée. Il est allé mourir sous le beau ciel de la Provence, où un frère a recueilli ses derniers soupirs !

SOCIÉTÉ ET CONSERVATION.

Au milieu de sa société habituelle, madame de Staël était pleine de charme. Elle avait une simplicité de manières, et même une apparence d'insouciance qui mettait chacun à l'aise. Il n'existait aucune contrainte avec elle. Les cercles, les dissertations en forme, l'esprit obligé, ne lui plaisaient pas ; elle aimait trop l'imprévu en toutes choses pour ne pas laisser beaucoup à décider au hasard, et il régnait autour d'elle un mouvement animé et facile. Observant toujours, elle n'avait jamais l'air d'examiner ; et comme son attention paraissait se porter sur le sujet de l'entretien plutôt que sur la manière dont chacun le soutenait, l'on ne se croyait point en présence d'un juge. Sa supériorité ne pesait donc sur personne ; elle demandait qu'on lui donnât de l'amusement, et non qu'on fît ses preuves auprès d'elle.

Madame de Staël avait de la grâce dans tous ses mouvements; sa figure, sans satisfaire entièrement les regards, les attirait d'abord, et les retenait ensuite, parce qu'elle avait, comme un organe de l'âme, un avantage fort rare; il s'y déployait subitement une sorte de beauté, si on peut le dire, intellectuelle. Ses pensées successives se peignaient d'autant mieux sur son visage, qu'à l'exception de ses yeux, qui étaient d'une rare magnificence, aucun trait bien saillant n'en avait déterminé d'avance le caractère. Elle n'avait aucune de ces expressions permanentes qui à la longue ne signifient rien, et sa physionomie était, pour ainsi dire, créée sur place par son émotion. Peut-être aurait-elle même eu dans le repos les paupières un peu pesantes; mais le génie éclatait tout à coup dans ses yeux, son regard s'allumait d'un noble feu, et annonçait, comme l'éclair, la foudre de sa parole.

De même elle n'avait point, dans sa contenance ni dans ses traits, cette mobilité inquiète qui est un indice d'esprit si trompeur. Une sorte d'indolence extérieure régnait plutôt chez elle; mais sa taille un peu forte, ses poses marquantes et bien dessinées, donnaient une grande énergie, un singulier aplomb à ses discours; il y avait quelque chose de dramatique en elle, et même sa toilette, quoique exempte de toute exagération, tenait à l'idée du pittoresque plus qu'à celle de la mode.

Lorsque madame de Staël entrait dans un salon, sa démarche était assez grave et solennelle; un peu de timidité l'obligeait à recueillir sérieusement ses forces, quand elle allait attirer les regards. Et, comme cette nuance d'embarras ne lui avait permis de rien distinguer d'abord, il semblait que son visage s'illuminât à mesure qu'elle reconnaissait les personnes. On pouvait juger que tous les noms étaient inscrits chez elle avec bienveillance; et bientôt ces mots charmants, dont elle était si généreuse, montraient qu'elle avait présentes à la pensée les actions et les qualités les plus distinguées de chacun. Ses louanges partaient du cœur et y arrivaient, parce qu'elles étaient données avec sincérité. Elle louait sans flatter; « la politesse, selon madame de Staël, n'étant que l'art de choisir dans ce qu'on pense. » Peut-être des yeux fins auraient-ils aperçu la borne de tous les éloges, mais elle avait un désir si réel d'obliger, qu'on ne chicanait pas ses expressions, et sa cordialité imposait silence à l'amour-propre.

Quelles que fussent les peines intérieures de madame de Staël, elle portait presque toujours dans la société cette liberté d'esprit qui seule permet d'en jouir. Une cause de la vivacité et de la netteté de ses conceptions, c'est qu'il n'existait en elle aucune préoccupation trop tenace. Ses impressions venaient toutes du dehors, et étaient en conséquence parfaitement justes. Les images se formaient en elle comme sur une toile bien lisse, et leurs couleurs étaient encore relevées par la légère nuance de mélancolie dont le fond était empreint. De là vient que chaque objet produisait son plein effet sur elle, et qu'elle retirait du commerce social un soulagement réel et infaillible.

Ce soulagement lui était, comme je l'ai dit, nécessaire; l'instinct conservateur de son talent répugnait à l'engourdissement. Peut-être sa constitution, plus faible qu'on ne l'a cru, exigeait le stimulant de la distraction; car une sorte de terreur la saisissait à l'idée de la stagnation de l'existence. Dans sa jeunesse, elle ne pouvait pas supporter la solitude, et les impressions mélancoliques qui sont peintes avec tant de beauté dans ses ouvrages avaient chez elle une réalité redoutable; ce n'est que bien tard dans la vie, et lorsqu'elle a su tenir à distance les monstres créés par son imagination, qu'elle a pu, selon son expression, « vivre en société avec la nature. »

En conséquence, l'ennui, qui, dans le monde ou ailleurs, est une solitude où l'on n'a pas même soi, l'ennui était extrêmement redouté par elle. Il ne lui suffisait pas qu'on fût spirituel, il fallait qu'on fût animé, et peut-être les gens d'esprit qui ne se mettent nullement en frais pour la société lui donnaient-ils un peu plus d'humeur que les hommes médiocres. Elle ne pouvait pas souffrir qu'on parlât sans intérêt. « Comment veut-on que je l'écoute, disait-elle, quand il ne se fait pas l'honneur de s'écouter lui-même? » Elle supportait mieux certains défauts de caractère que l'esprit blasé et dégoûté, et elle disait un jour d'un homme égoïste et chicaneur : « Il ne parle que de lui; mais cela ne m'ennuie pas, parce qu'au moins je suis sûre qu'il s'intéresse à ce qu'il dit. »

Aussi la franche gaieté était toujours bien venue auprès d'elle; et pourvu que cette gaieté n'eût rien d'ignoble ni de mauvais goût (condition indispensable avec madame de Staël), elle ne lui cherchait jamais querelle. Il y avait de l'attendrissement, une vive reconnaissance dans ce qu'elle éprouvait pour ceux qui l'amusaient; un bon mot, une histoire comique, étaient pour elle un petit bienfait dont elle parlait avec effusion; et, à chaque nouveau survenant, elle voulait qu'on répétât les traits qui l'avaient divertie. Le piquant, l'originalité, l'imagination, voilà ce qui lui plaisait avant tout; voilà ce qui donnait de l'élan à son esprit, et des ailes à son génie. La médiocrité phrasière, les répertoires vivants d'idées reçues, les chefs-d'œuvre de l'éducation routinière, n'étaient rien pour elle; et ce qu'elle pouvait trouver dans sa bibliothèque ne lui était pas indispensable dans sa société. Elle n'exigeait pas que tous réunissent tout; un seul avantage marquant lui plaisait mieux qu'un assortiment d'avantages médiocres; et ayant en elle-même le complément de ce qui manquait à chacun, elle ne demandait aux autres que de certaines pensées en saillie, dont elle pût former un ensemble avec les siennes. « Ma fille a besoin d'un premier mot, » disait M. Necker, et peut-être

avait-il raison; mais ce premier mot eût été nul ou absurde
pour tout autre. C'était le panier près de la feuille d'a-
canthe qui a fait inventer le chapiteau corinthien; c'était
la muraille inégalement noircie par l'humidité, qui fournissait des sujets de tableau à un grand peintre.

Voilà pourquoi certains auteurs étrangers l'enchantaient
si fort. Lord Byron, en particulier, avait à ses yeux une valeur inépuisable. Il mettait en jeu toute son imagination,
et elle créait de nouveau sur les conceptions de ce poëte.
« Convenez que votre Richard Cœur-de-Lion sera un Lara,
lui dis-je une fois. — Peut-être, me répondit-elle en souriant ; mais je vous promets que personne au monde ne
s'en doutera. » En effet, elle n'a jamais rien imité ; mais
des germes inaperçus se développaient chez elle sous une
forme originale, et tandis qu'elle s'est toujours enrichie
de l'esprit des autres, elle n'a jamais montré que le sien.

On doit bien distinguer, même sous le rapport purement
intellectuel, ses goûts d'avec son estime. Personne n'a jamais mieux connu que madame de Staël le prix des bonnes
proportions; personne n'a fait plus de cas dans les choses
sérieuses de cette justesse qui naît de l'équilibre. Si elle eût
été appelée à former une évaluation, elle eût accordé la
plus haute place à l'esprit le plus solide. Nul n'aurait eu le
droit d'être mécontent de son numéro, mais le chiffre le
plus élevé ne lui était pas toujours le plus nécessaire.

Toutefois elle finissait par s'impatienter de l'absurdité,
et l'extravagance la fatiguait vite. Le point de conciliation
entre l'imagination et le bon sens était toujours cherché et
souvent trouvé par elle. « La folie peut être poétique, disait-elle un jour, mais la déraison ne l'est pas. »

Les imprudences de parole que madame de Staël a pu
commettre ont bien plus souvent été causées par l'ennui
que par l'entraînement. Quand la langueur paraissait sans
remède, il lui arrivait quelquefois de faire une révolution

dans la société; elle rompait la glace d'une conversation insipide par un coup d'éclat, et portait le trouble parmi les gravités diverses. Alors, par moments, elle pouvait manquer de mesure; mais plus elle était animée, plus sa marche était sûre et ferme. Une fois lancée dans la carrière, il n'y avait plus un faux mouvement. Certaine de ses forces, elle courait au centre du péril, traitait en passant les questions les plus épineuses, touchait aux points les plus délicats, et faisait trembler ses amis pour elle, les indifférents pour eux-mêmes. On ne savait sur qui tomberait le feu de cette artillerie volante; on entendait les balles siffler à côté de soi; l'effroi passait des uns aux autres; mais bientôt chacun était rassuré : la modification, l'exception désirées arrivaient à point nommé; un éloge relevait tout à coup celui qui se croyait l'objet de l'attaque, et elle sortait triomphante des difficultés qu'elle avait accumulées autour d'elle. Il y avait de la peur dans le plaisir qu'elle donnait, comme il y en a dans celui qu'on prend à voir voltiger sur la corde.

Mais c'est surtout dans la dispute qu'elle était extraordinairement brillante. Sa véhémence la plus impétueuse n'était jamais accompagnée d'aigreur ni de mépris. Aucune arrogance, aucune ironie, aucun sarcasme ne pouvaient lui être reprochés, et il y avait quelque chose de flatteur pour son antagoniste jusque dans les forces qu'elle jugeait nécessaire de déployer contre lui. S'il échappait à celui-ci quelque expression inconvenante, elle le réprimandait avec vivacité; mais bientôt elle le tenait pour pardonné, et passait outre. Elle aimait qu'on fît usage de tous ses moyens contre elle; et véritablement plus on se montrait fécond en ressources, plus on constatait sa supériorité. Elle avait tout l'esprit de son adversaire et quelque chose par delà. Quand la question était épuisée, et que la dispute menaçait de traîner en longueur, alors, rassemblant ses raisonnements les

plus victorieux, elle entonnait une espèce de finale en fan-
fare dont il n'y avait pas à appeler. L'arrêt était toujours
équitable; elle avait fait une bonne part au vaincu, et s'arrêtait définitivement au point où toutes les opinions se rencontrent.

Ce goût pour les conversations animées s'étendait jusque
sur les discussions auxquelles elle ne prenait point part.
On l'amusait en soutenant avec vivacité toutes sortes d'o-
pinions singulières, et chacun s'en donnait le plaisir. On se
battait à outrance dans sa société; il se portait d'énormes
coups d'épée, mais personne n'en gardait le souvenir. Coppet était cette salle d'Odin dans le paradis des Scandinaves
où les guerriers tués se relèvent sur leurs pieds et recom-
mencent à se battre.

La diversité des esprits et des caractères étant pour madame de Staël le sujet d'une étude constante, elle avait
dans la société une occupation très-différente de celle de
briller et de plaire; elle était le naturaliste qui observe une
espèce, autant que l'orateur qui veut persuader.

Mais ce qui la dérangeait complétement dans cette étude,
ce qui lui ôtait tout intérêt pour les paroles humaines, c'est
l'affectation. Ce défaut qui efface touts les traits saillants, qui
substitue un idéal faux et monotone à l'immense variété de
la nature morale, ce défaut l'ennuyait profondément et ne
l'impatientait guère moins. Elle s'exprimait ainsi à ce sujet : « Il n'y a jamais de tête-à-tête avec les gens affectés ;
le personnage adopté arrive en tiers, et c'est celui-là qui
répond quand on s'adresse à l'autre. — Les gens affectés
sont les seuls avec lesquels il n'y a rien à apprendre. »
L'exagération lui déplaisait aussi beaucoup. « Quand on
met cent au lieu de dix, on n'a pas plus d'imagination pour
cela, » disait-elle. Par là même, les grandes démonstrations
de sensibilité lui étaient suspectes : « Tous les sentiments
naturels ont leur pudeur, » a-t-elle remarqué.

On était, pour ainsi dire, forcé à la vérité avec madame de Staël, n'on pas qu'on fût à l'abri de la blesser quand on parlait franchement, mais parce que le contraire était trop insipide. Il valait mieux se quereller que s'annuler avec elle ; et, selon sa propre expression, elle demandait surtout *qu'on fût quelqu'un ;* de plus, elle voulait être instruite de tout, à tout prix : elle pensait qu'un signe certain de décadence, soit dans l'esprit, soit dans le caractère, c'est la répugnance à apprendre la vérité. « J'ai connu que Bonaparte baissait, a-t-elle dit, quand j'ai vu qu'il ne se souciait plus de savoir le fond des choses. »

Elle-même donnait trop fortement le ton à cet égard pour qu'on ne dût pas le prendre. Elle écrivait une fois à sa fille, à propos de je ne sais quelle discussion : « J'ai le tort de soutenir trop vivement le vrai, mais c'est toujours le vrai qui dispose de moi. »

Ce goût pour le vrai était encore chez elle une source d'indulgence, en ce qu'il balançait le trop d'attrait qu'elle eût pu avoir pour l'esprit. Partout où elle trouvait, je ne dis pas seulement le naturel de l'expression, qui est une grâce, mais un sentiment réel, mais une persuasion profonde et intime, elle éprouvait de l'intérêt. Une femme entièrement dévouée à ses enfants, ou sincèrement pieuse, un homme plein d'honneur et d'intégrité, lui étaient agréables par cela seul ; elle faisait cas de toutes les connaissances, de toutes les expériences positives ; les négociants, les gens d'affaires, tous ceux enfin qui ont appris à traiter avec leurs semblables, et cela, parmi le peuple même, fixaient son attention et lui donnaient à penser. Les êtres humains avaient plus de valeur proportionnelle à ses yeux qu'ils n'en ont les uns pour les autres. Elle savait tirer parti de certaines gens qui ennuient tout le monde.

Madame de Staël était convaincue au fond de son cœur de l'égalité de toutes les créatures, enfants de la Divinité;

et, bien qu'elle eût la conscience de son génie, elle ne s'est jamais véritablement crue au-dessus de qui que ce fût. Dans ses disputes avec M. Schlegel, elle soutenait toujours qu'il n'y a aucune différence réelle entre les hommes, et que tout est compensé. Elle ne pouvait souffrir ces mystères d'Éleusis des gens distingués, ces initiations à de prétendues vérités qu'on croit utile de cacher au vulgaire. Aussi le dédain était-il l'objet de son antipathie; elle y voyait le signe de quelque infériorité cachée. « Je ne dédaignerais pas, disait-elle, l'opinion du dernier de mes domestiques, si la moindre de mes impressions à moi tendait à justifier la sienne. »

Même pour les facultés intellectuelles, elle était portée à croire que ce qui élève les hommes distingués au-dessus du niveau général est très-peu de chose à côté de ce qui appartient à tous les êtres bien organisés. L'effet universel que produit le talent lui paraissait prouver une grande analogie entre les esprits, et un fonds de richesses communes à tous, auprès duquel les différences individuelles sont peu de chose. « Quand les gens sont bêtes, disait-elle, il y a toujours de leur faute ; et, si j'avais de la puissance, j'obligerais tout le monde à avoir de l'esprit. »

Aussi ne pouvait-elle souffrir qu'on se crût supérieur aux autres, en raison de ce qu'on n'était pas compris d'eux. Comme, à mesure que son talent avait grandi, elle s'était corrigée d'un peu d'obscurité dans le style, elle avait le droit de dire que plus on s'élève, et plus on trouve le moyen de répandre la lumière sur les grands sujets, et d'être intelligible et profond à la fois.

SUITE DE LA CONVERSATION, OPINIONS POLITIQUES, REPARTIES.

Ce qui mettait à l'aise les gens les plus médiocres auprès de madame de Staël, c'était son délicieux enjouement ; la gaieté, cette région charmante où les esprits de toutes les portées se rencontrent, la gaieté était son moyen de communication avec tous. Elle établissait l'égalité par une douce moquerie dont elle ne demandait pas mieux que de devenir l'objet; elle avouait qu'après ses amis, ce qui lui avait le plus manqué dans les pays étrangers, c'étaient des gens qui entendissent la plaisanterie. La moquerie était un signe d'amitié chez elle; et, quand elle disait à quelqu'un : « Pour vous, vous n'avez pas de ridicule, » il y avait dans son ton un peu de sécheresse.

Il lui était désagréable qu'on eût peur d'elle. Ne perdant jamais de vue les intérêts bien placés d'aucun amour-propre, elle récompensait la confiance avec laquelle on se remettait entre ses mains. Chacun se retrouvait embelli dans le portrait vivement colorié qu'elle lui traçait de lui-même, portrait piquant et flatteur à la fois, où les défauts, toujours indiqués, n'étaient pas sans quelque charme.

Un des sujets favoris de madame de Staël, dans la conversation, c'était la défense des plus beaux dons de la nature contre l'espèce de dénigrement dont ils sont parfois l'objet. Ainsi elle ne pouvait souffrir qu'on médît de l'esprit, et qu'on représentât un tel avantage comme nuisible au bon sens, et par là même au bonheur. Prenant toujours le mot d'esprit dans l'acception la plus étendue, elle l'appliquait à la haute intelligence, à la vue nette de toutes choses, à l'appréciation de tous les rapports : les inconvénients faussement attribués à l'esprit partent tous, selon elle, du point où l'esprit est en défaut. Lorsqu'on lui citait les sottises de tel homme spirituel : « Donnez-lui plus d'esprit encore, répondait-elle, et tout cela disparaîtra. » Un Suédois de ses amis lui ayant dit un jour : « Les gens d'esprit, quoi que vous prétendiez, ont bien des travers. — C'est vrai, reprit-elle, mais malheureusement les bêtes en ont aussi, quoiqu'il ne vaille pas la peine d'y faire attention. » Une autre fois elle disait : « Les sottises des gens d'esprit sont les revenants-bons des gens médiocres. »

Elle prenait de même la défense de l'imagination, de la beauté, de la jeunesse ; et les avantages acquis, ceux même qui dérivent de certains préjugés, trouvaient encore en elle un avocat. Ainsi la richesse, une naissance illustre avaient quelque-prix à ses yeux. Ces petits raisonnements, enfants de l'envie et consolation de la médiocrité ; ces sophismes par lesquels on s'attache à prouver que les biens ne sont pas des biens ; ces sophismes, dis-je, ne lui plaisaient pas ; elle trouvait plus de vraie grandeur à supporter les privations qu'à les nier.

« Tout cela tend à la mort, » disait-elle en parlant de cette philosophie négative qui fait cession, les uns après les autres, des plus beaux dons comme des plus innocentes jouissances, de peur qu'on n'ait à souffrir un jour ou de leur abus, ou de leur perte. On défigure, on affadit, selon elle, une conception de génie, quand on efface les grands traits de la nature intellectuelle. Et si elle a vanté la morale chrétienne, c'est encore parce que, dans le christianisme, la mort aux intérêts du monde est le signe d'une vie nouvelle, d'une vie immortelle au fond du cœur.

En général, madame de Staël a toujours embrassé le côté simple, le côté positif de chaque question, celui qu'eût choisi de préférence un enfant ou un sauvage. On a pu l'amuser en soutenant des thèses bizarres ; mais elle-même prenait presque toujours le parti du sens commun. Outre qu'elle ne pouvait parler que par conviction, elle pensait qu'il y a plus d'esprit réel à déployer dans la cause de la vérité que dans celle de l'erreur ; car il n'est pas absolument nécessaire de défendre la raison par des trivialités. C'est parce que madame de Staël a mis la raison de son côté, que sa réputation s'accroîtra avec le temps. A mesure que les hommes s'occupent davantage de leurs vrais intérêts, l'esprit paradoxal doit passer de mode. ;

L'activité morale étant à la fois pour madame de Staël un besoin et un système, il n'est pas étonnant qu'elle ait beaucoup souffert de l'exil. Elle pouvait exercer sa pensée dans la retraite, dira-t-on ; et qui le savait mieux qu'elle ? S'occuper d'idées générales, quand le sort de tous est en suspens, c'est un tour de force dont elle s'est montrée capable. Mais, principalement dans sa jeunesse, l'étude n'était pas une ressource suffisante contre le chagrin d'être séparée de ses amis, contre celui d'être, ainsi que son père, l'objet éternel de l'injustice, contre la douleur, surtout, de voir l'arbitraire planer sur la destinée de la France. Elle aimait la France avec passion. « J'ai un chagrin rongeur sur cette France, que j'aime plus que jamais, » écrivait-elle ; et ailleurs : « J'ai senti distinctement que je ne pouvais vivre sans cette France. » Au temps où il lui était encore permis d'habiter les provinces françaises, c'était un plaisir pour elle que d'entendre l'accent national dans les plus petites villes, et l'idée qu'elle était en France lui a fait supporter patiemment des séjours assez insipides. Mais il faut convenir que la patrie était surtout pour elle dans Paris.

« Montrez-moi la rue du Bac, » répondait-elle autrefois à ceux qui voulaient lui faire admirer l'aspect resplendissant du Léman et de ses rives. « Je voudrais vivre à Paris, disait-elle encore, avec cent louis par an, et logée à un quatrième étage. » En 1806, année où elle passa quatre jours cachée à Paris, son plus grand plaisir était de se promener à pied la nuit, pour voir les rues au clair de la lune. « J'ai une constance dans le cœur, écrivait-elle, et une inconstance dans l'esprit, pour lesquelles est fait le pays où les tableaux se renouvellent sans cesse, et où j'ai mes anciens amis. »

Toutefois, après avoir retrouvé cette patrie tant regrettée, elle s'est de nouveau exposée volontairement à l'exil, car elle composait son dernier ouvrage en 1815; et avant le 5 septembre elle était convaincue qu'elle ne pourrait le publier sans être forcée à sortir de France; mais cette persuasion ne l'ébranlait pas.

Les opinions politiques de madame de Staël étaient tellement dans la ligne de son caractère, que, son naturel étant donné, on ne peut guère lui supposer une autre doctrine. Le culte qu'elle rendait à la liberté était à la fois romain et chrétien. Elle avait cet élan de fierté, cette haine de la tyrannie qui caractérisaient les anciens; et puis elle éprouvait une compassion tout à fait évangélique pour les malheureux des classes inférieures. Elle eût voulu non-seulement soulager, mais relever à leurs propres yeux ceux qui souffrent le plus de l'organisation sociale. Et quand à cette double impulsion se joignait celle des plus vifs sentiments de son cœur, quand tout ce qu'elle admirait parmi les pensées et chérissait parmi les mortels la portait sur la même route, il n'est pas étonnant que les idées libérales aient, pour ainsi dire, passé dans son sang. Aussi elle est rentrée dans le domaine de la politique avec des forces toujours plus exercées, après que ses divers talents ont exigé qu'elle traitât d'autres genres.

Dans un temps où il était à peine permis d'écrire des romans, et où elle a paru se renfermer dans la pure littérature, les grands intérêts de l'humanité ont toujours fait indirectement le sujet de sa conversation. Bonaparte ne s'y est pas trompé; il sentait, comme par instinct, que toutes les paroles de madame de Staël devaient lui nuire. « Elle ne parle ni de politique ni de moi, à ce qu'on prétend, disait-il; mais je ne sais comment il arrive qu'on m'aime toujours moins quand on l'a vue. » — « Elle monte les têtes, a-t-il dit encore, dans un sens qui ne me convient pas. » Telle est la véritable cause de l'exil auquel il l'a condamnée ; à quoi il faut ajouter le succès indépendant de lui, et par conséquent désagréable pour lui, qu'avait madame de Staël à Paris.

Elle a certainement soutenu ses opinions politiques avec une grande vivacité, et pourtant sa véhémence n'avait rien d'hostile. Quand elle venait à heurter quelque sentiment douloureux, elle s'en apercevait à l'instant, parce qu'il y avait toujours dans son cœur quelque disposition analogue à celle de son adversaire. Ainsi, le passé, le culte des pères l'attendrissaient, et tout ce qui était une religion touchait son cœur. Cette brillante création des temps barbares, l'esprit chevaleresque dans lequel semblait jadis s'être réfugié tout ce que la nature morale avait de noble et de grand, au milieu de la désorganisation universelle, l'esprit chevaleresque lui plaisait singulièrement, et l'exemple de l'Angleterre lui prouvait qu'il peut s'allier avec la liberté. Les grands noms étaient pour elle de l'histoire vivante, et parlaient à son imagination. Cette classe à laquelle on a peine à pardonner des souvenirs, cette classe dont les regrets sont légitimes si les prétentions ne le sont pas, et dont on peut plaindre les malheurs sans désirer le triomphe, cette classe et sa destinée ont toujours tenu une grande place dans les pensées de madame de Staël. Elle ne pouvait oublier que parmi les anciens nobles avaient été ses premiers amis, qu'au milieu d'eux elle avait vu luire ses premiers beaux jours. Objet de leur ressentiment éternel, ainsi que son père, il avait fallu toute leur injustice, parfois toute leur orgueilleuse âpreté, pour combattre un fonds de sympathie qu'elle se sentait avec eux. Assurément ni les principes, ni les intérêts de madame de Staël ne la portaient à désirer le succès de leur cause : mais il y avait dans son cœur quelque chose de très-douloureux dans l'idée de leurs peines; on sait tout ce qu'elle a fait pour les servir, et c'était pour les ser-

vir encore qu'elle mettait un si grand prix à les persuader.
Elle voyait la marche des choses, la force irrésistible des
événements : « Évitez, semblait-elle leur dire, évitez une
lutte inutile, ne vous brisez pas contre la nécessité de fer ;
ainsi veulent le siècle, l'avenir, la destinée : au nom du ciel,
faites place au temps qui s'avance, ne vous laissez pas écraser
sous les roues son char. »

Il est bien remarquable que, tranchant toujours dans le
vif, touchant dans la dispute au point le plus sensible, elle
se soit constamment concilié en présence ceux qu'une idée
vague d'elle-même avait rendus ses ennemis. On pouvait
avoir été froissé, meurtri dans le combat, mais toujours on
s'en allait guéri, ou du moins elle avait mis un appareil sur
la blessure.

« Vous voulez donc ma perte ou mon déshonneur ? » lui
disait en Suisse un émigré qui allait se battre à la frontière.
« Non, lui répondit-elle, je veux votre défaite et votre
gloire ; je veux, à la mort près, que vous soyez, ainsi
qu'Hector, le héros d'une armée vaincue. »

Il était curieux de la voir se retourner contre les auxi-
liaires de sa propre cause, lorsqu'ils défendaient ses opinions
par des moyens blâmables, ou qu'ils manquaient aux lois
de cette bonté, l'instinct naturel de son âme. Son besoin de
vérité la ramenait à la justice, et par là même à la modération. Ainsi, un homme connu sous plus d'un régime lui
ayant dit, après la bataille de Waterloo, que Bonaparte n'avait
ni talent ni courage. « C'est aussi par trop rabaisser la nation française et l'Europe, lui répondit-elle, que de prétendre
qu'elles aient obéi quinze ans à une bête et à un poltron. »

L'exagération dans les opinions ainsi que la violence dans
le caractère n'ont jamais rien obtenu de madame de Staël.
Tout extrême la rejetait plutôt vers l'extrême opposé ; et
si elle a jamais semblé dévier de sa ligne, c'est par là qu'il
faut l'expliquer. Ainsi l'intolérance religieuse a pu la faire

paraître incrédule ; le culte de l'arbitraire, démocrate ; et l'esprit anarchique des niveleurs, aristocrate : mais ces balancements n'atteignaient pas le fond et n'étaient que l'effet subit d'un grand contre-poids qu'elle se croyait obligée de mettre du côté où la raison l'exigeait.

Madame de Staël imaginait si peu qu'on pût se haïr pour des opinions, qu'elle répondait aux attaques les plus vives sans soupçonner d'intention hostile. Mais si tout à coup elle venait à découvrir une malveillance réelle, cette personne si prompte à la repartie se déconcertait entièrement et n'était plus elle-même. Dans sa jeunesse, il lui était arrivé de fondre en larmes, lorsqu'elle a rencontré de la malignité ; et si, par la suite, sa fierté l'a davantage soutenue, la haine lui a toujours causé de l'étonnement et une espèce de stupéfaction. « Je n'ai plus de talent avec les méchants, disait-elle, et je leur donne simplement un coup de poing moral, si tant est que je le puisse. » Ne reconnaissant pas ses semblables dans ceux qui cherchaient à blesser, elle ne voulait rien avoir à faire avec une espèce étrangère et féroce. La femme se retrouvait toujours chez madame de Staël par le besoin qu'elle avait d'affection.

La première fois qu'elle fut exilée, en 1803, elle écrivit dans des notes faites pour elle seule : « J'ai bien pensé à mes amis en passant le Rhin ; mais je ne sais si le souvenir de ceux qui me haïssent s'est offert à moi : j'ai toujours regardé la haine, quand j'en ai été victime, comme une sorte d'accident extraordinaire et passager. Je n'y crois que par ses effets, tant j'en conçois mal la nature ; quand je rencontre un ennemi, je suis tentée de lui dire : « Est-ce sérieuse-« ment que vous me haïssez ? ignorez-vous donc que je n'ai pas un sentiment amer dans le cœur ? »

Après avoir traversé une révolution si violente, elle a dit mille fois qu'elle ne concevait ni l'animosité ni la vengeance ; et jamais on ne lui a entendu souhaiter un mal réel à qui que ce fût. Aussi oubliait-elle toutes les différences d'opinion auprès des victimes successives des diverses tyrannies. « Ma maison est l'hôpital des partis vaincus. » a-t-elle dit.

« Il y a comme une jouissance physique, disait-elle, dans la résistance à un pouvoir injuste. »

On a pu trouver que les discussions politiques ont tenu, vers les derniers temps, trop de place dans la conversation de madame de Staël, et c'est là ce dont se plaignait amèrement M. Schlegel. Mais, étant profondément convaincue que les institutions forment en entier le caractère humain, tout ce qu'il y a de beau et de grand lui paraissait devoir être le résultat d'une bonne organisation sociale. « S'occuper de politique est religion, morale et poésie, tout ensemble, » disait-elle.

Je citerai ici au hasard quelques mots de madame de Staël sur les événements publics, parce que s'ils ne sont pas tous remarquables en eux-mêmes, ce sont du moins des traits de caractère.

Étant en Angleterre en 1814, on crut devoir la féliciter sur la prise de Paris, qui terminait son exil ; elle répondit à ces démonstrations de politesse : « De quoi me faites-vous votre compliment, je vous prie, de ce que je suis au désespoir ? » C'est à dater de la bataille de Leipsick qu'elle avait commencé à souffrir pour la France.

En 1815, lorsque Bonaparte était déjà entré à Lyon, une femme attachée à ce parti vint dire à madame de Staël : « L'empereur sait, madame, combien vous avez été généreuse pour lui durant ses malheurs. — J'espère, répondit-elle, qu'il saura combien je le déteste. »

Pendant les Cent-Jours, elle disait : « Si l'on avait enrôlé toutes les phrases déclamatoires qui se sont prononcées cet hiver contre la Révolution, on aurait eu bien des soldats le 20 mars.

En 1816, M. Canning ayant choisi le salon du premier

gentilhomme de la chambre au château des Tuileries, pour dire à madame de Staël : « Il ne faut plus se faire d'illusions, madame ; la France nous est soumise et nous vous avons vaincus. — Oui, lui répondit-elle, parce que vous aviez avec vous l'Europe et les Cosaques ; mais accordez-nous le tête-à-tête et nous verrons. » Elle a encore dit à M. Canning : « On trompe le peuple anglais ; il ne sait pas qu'on l'emploie à priver les autres peuples de la liberté qu'il possède, à protéger l'intolérance envers ses frères en religion ; s'il le savait, il renierait ceux qui abusent de son nom. »

L'occupation de la France par les étrangers causait un chagrin amer à madame de Staël ; elle était décidée à quitter Paris en 1817, et à n'y plus revenir que les armées alliées ne fussent parties. Elle écrivait à son gendre, le duc de Broglie : « Il faut bien du bonheur dans les affections privées pour supporter la situation de la France vis-à-vis des étrangers. »

« Il faut, disait-elle, que la France fasse le mort pendant tout le temps qu'elle sera occupée par les étrangers. L'indépendance d'abord, on songera ensuite à la liberté. »

Elle a dit de M. de Bonald : « C'est le philosophe de l'anti-philosophie ; mais cela ne peut pas mener loin. »

« Le parti ministériel, remarquait-elle, voit le côté prosaïque de l'humanité, et l'opposition le côté poétique. Voilà pourquoi j'ai toujours eu du penchant pour ce dernier genre d'opinions. »

Quelqu'un soutenait un jour qu'il était impossible que des ministres d'État se bornassent à l'emploi des moyens parfaitement légitimes. « Que voulez-vous que je vous dise ? répondait-elle ; avec du génie on n'aurait jamais besoin d'immoralité ; et sans génie, il ne faut pas accepter des places difficiles. »

En 1816, elle disait du ministère : « Je ne l'aime pas, mais je le préfère : c'est une barrière de coton contre le retour des anciens abus, mais enfin c'est une barrière. »

A propos des nombreux anoblissements, elle a dit : « Il faudrait, une fois pour toutes, créer la France marquise. »

Elle ne faisait aucun cas des calembours, et cependant elle en a dit quelquefois avec sa promptitude ordinaire. Dans une dispute sur la traite des nègres avec une grande dame de France, celle-ci lui dit : « Eh quoi ! madame, vous vous intéressez donc beaucoup au comte de Limonade et au marquis de Marmelade? — Pourquoi pas autant qu'au duc de Bouillon? » répondit-elle.

Bonaparte lui ayant fait dire en 1815 qu'il fallait qu'elle revînt à Paris, parce qu'on avait besoin d'elle pour les idées constitutionnelles, elle refusa en disant : « Il s'est bien passé de constitution et de moi pendant douze ans, et à présent même il ne nous aime guère plus l'une que l'autre. » Cependant, à cette époque, lorsqu'il passait à Coppet des Français qui allaient rejoindre l'armée des alliés, elle cherchait à les détourner de leur dessein, n'approuvant pas que l'on compromît l'indépendance nationale, fût-ce pour conquérir la liberté.

Elle était déjà dangereusement malade lorsque le manuscrit venu de Sainte-Hélène causa en France une si vive sensation. Malgré l'état de faiblesse auquel madame de Staël était réduite, elle voulut que ses enfants lui fissent la lecture de cet ouvrage, et elle le jugea avec toute la force de son esprit. « Les Chaldéens adoraient le serpent, dit-elle, les bonapartistes en feront de même pour ce manuscrit de Sainte-Hélène ; mais je suis loin de partager leur admiration. Ce n'est que le style des notes du *Moniteur;* et si jamais je me rétablis, je crois pouvoir réfuter cet écrit de bien haut. »

Je finirai par une remarque générale sur l'effet de la conversation de madame de Staël. En laissant de côté des jugements politiques sur lesquels on ne peut encore s'ac-

corder entièrement, il est certain que son influence a toujours été salutaire. Non-seulement elle foudroyait de sa rapide indignation toute parole répréhensible sous le rapport
de la religion ou de la morale, mais rien de douteux et d'é-
quivoque dans les sentiments ne pouvait subsister en sa présence. On paraissait, pour un moment du moins, abjurer
sincèrement tout ce qui était vain, puérile ou égoïste. Il
fallait avouer ses motifs à soi et aux autres, et chacun était
forcé à cet examen de ses propres mouvements, qui est
toujours si utile aux consciences délicates. La vie se simplifiait avec madame de Staël; devoir, gloire, affection, plaisir,
voilà à quoi tout se réduisait à ses yeux; et les prétextes
tombaient en poussière auprès d'elle.

De plus, elle n'a jamais agi sur les autres qu'au moyen
de leurs qualités. Jamais elle n'a pris qui que ce fût par des
intérêts ignobles, par des motifs bas et personnels, car elle
était convaincue qu'il y a au fond de tous les cœurs un
principe de générosité auquel l'on doit s'adresser. Différente
en cela de son père, si j'ose le dire, qui méprisait assez les
individus, mais qui avait une grande idée de l'humanité
prise en masse, madame de Staël a parlé aux nations de
leurs intérêts et aux hommes isolés de leurs vertus; et elle
a été mieux entendue des uns et des autres.

Voilà sans doute une des raisons de la tendresse extraordinaire qu'elle a inspirée à ses alentours; ses enfants, ses
domestiques, les pauvres qu'elle secourait, sentaient tous
leur existence ennoblie auprès d'elle. Elle distribuait à
chacun des jouissances inconnues; et, comme elle semblait
proposer à tous les efforts généreux la récompense d'un plus
haut degré d'affection, le bonheur de s'estimer soi-même se
joignait à celui d'être aimé d'elle.

GENRE DE VIE, AFFAIRES, ÉTUDES, CORRESPONDANCE,
THÉATRE DE SOCIÉTÉ.

Il s'est passé beaucoup de temps avant que madame de
Stael pût s'astreindre à régler l'emploi de ses heures.
Depuis qu'elle a été forcée à vivre dans la retraite, elle a
senti la grande utilité d'une distribution raisonnée des occupations ; trouvant non-seulement que c'est un moyen de
travailler davantage, mais ayant encore observé que, dans
une vie dénuée d'événements, la monotonie des journées
berce et assoupit, pour ainsi dire, la trop grande activité de
l'âme.

Néanmoins elle n'a mis aucune roideur dans la règle
qu'elle s'imposait, et n'a point contracté d'habitude tenace.
Jamais le mécanisme de l'organisation humaine ne s'est
moins fait sentir que chez madame de Staël ; aucune puissance aveugle ne la dominait ; et, chaque fois que l'occasion l'exigeait, elle pouvait changer subitement de manière
de vivre. Éprouvant très-peu de besoins matériels, ignorant
ce que c'est que la langueur et le découragement, elle
n'était jamais lasse d'agir ni de penser. Le froid, le chaud,
les variations de la saison, n'exerçaient sur elle aucune
influence. Si elle avait un grand besoin de mouvement moral, l'exercice corporel ne lui était nullement nécessaire.
Aussi elle croyait peu à la faiblesse des nerfs, et méprisait
assez le soin minutieux de la santé : « J'aurais pu être malade tout comme une autre, » me dit-elle un jour, « si je
n'avais pas vaincu la nature physique ; » mais, hélas ! avec
cette nature on n'a jamais le dernier mot.

Elle consacrait donc la matinée aux affaires, c'est-à-dire
au soin de sa fortune et à l'étude, et le soir à la société ou
à sa correspondance. Je vais la considérer un instant encore
sous quelques-uns de ces rapports.

Malgré la libéralité et la noble facilité du caractère de madame de Staël, il régnait un grand ordre dans l'administration de sa maison et de ses biens ; en sorte que sa fortune a constamment prospéré pendant qu'elle l'a gouvernée. Elle avait pris de l'humeur contre ceux qui lui supposaient une mauvaise tête, parce qu'elle avait un beau génie ; et comme il lui était souvent arrivé que ses débiteurs ļui avaient annoncé, ainsi qu'une chose simple et qui allait ṣans dire, avec une personne aussi distinguée, qu'ils ne la payeraient pas, ce genre d'hommage l'impatientait singulièrement. Regardant l'esprit comme propre à tout, elle s'en serait moins cru à elle-même, si elle n'avait pas su conserver son patrimoine. Elle n'eût pas été inaccessible aux soucis de fortune, et son imagination se serait aisément transportée dans ces sortes de peines. Durant les temps de révolution, elle a souvent craint d'être ruinée ; alors l'idée qu'elle ferait subsister ses enfants par son travail la soutenait, et elle entrait dans des calculs précis à cet égard. Plus tard elle a exigé que son fils mît beaucoup de persévérance dans l'affaire du recouvrement de ses biens ; mais il y avait de la dignité et de la philosophie dans toutes ses recommandations : « Ne te tourmente pas sur le non-succès, lui écrivait-elle ; fais ce que dois, advienne que pourra ; tout ce qui ne touche pas au cœur laisse la vie libre. »

Un ministre de Bonaparte lui ayant fait dire que l'empereur la payerait, si elle l'aimait : « Je savais bien, répondit-elle, que pour recevoir ses rentes il fallait un certificat de vie ; mais je ne savais pas qu'il fallût une déclaration d'amour. »

L'essentiel pour madame de Staël dans les affaires de fortune, était de n'avoir rien à se reprocher. En conséquence, les dépenses superflues lui déplaisaient, et si elle aimait beaucoup à procurer du plaisir, elle n'accordait rien à la vanité. On voulait un jour lui faire honte de ce que sa chambre à Coppet n'était pas plafonnée, et de ce qu'on y voyait les poutres. « Voit-on les poutres? dit-elle; je n'y avais jamais pris garde. Permettez que cette année, où il y a tant de misérables, je ne me passe que les fantaisies dont je m'aperçois. »

Le seul luxe auquel elle mît du prix était la facilité de loger ses amis chez elle, et de donner à dîner aux personnes qu'elle avait envie de connaître. « J'ai pris un cuisinier qui court la poste, disait-elle; n'est-ce pas là exactement ce qu'il me faut pour donner à dîner au débotté dans toute l'Europe? »

Madame de Staël était singulièrement aimable et naïve, quand elle rendait compte de l'impression que produisait sur elle tout le matériel de la vie. Les petites ruses des subalternes, leur genre d'esprit, la finesse des paysans, l'amusaient à observer. Elle prenait un plaisir d'enfant à certains petits détails, et croyait s'être arrangé un cabine superbe, lorsqu'elle y avait fait mettre un papier neuf.

Sa manière de travailler était d'accord avec tout le reste, et elle n'a mis aucune pédanterie dans sa vocation d'auteur. L'étude et la composition étaient pour madame de Staël une ressource nécessaire, un moyen de calmer et de retremper à la fois son âme agitée, de maintenir son esprit à sa véritable hauteur. La route et le but convenaient également à sa destinée; et cependant ses amis avaient sans cesse le tort de la détourner de ses occupations, parce qu'ils étaient toujours bienvenus auprès d'elle. Il n'y a pas d'exemple que dans le moment où elle écrivait avec le plus de feu et de rapidité, elle ait témoigné autre chose que du plaisir en voyant entrer ceux qu'elle aimait.

Dès sa plus tendre jeunesse elle avait contracté l'habitude de prendre en gaieté les interruptions. Comme M. Necker avait interdit à sa femme la composition, dans la crainte d'être gêné par l'idée de la déranger en entrant dans sa chambre, mademoiselle Necker, qui ne voulait pas s'attirer une telle défense, s'était accoutumée à écrire, pour ainsi dire, à la volée ; en sorte que, la voyant toujours debout, ou appuyée sur un angle de cheminée, son père ne pouvait imaginer qu'il lui fît suspendre un travail sérieux. Elle a tellement respecté ce petit faible de M. Necker, que ce n'est que longtemps après l'avoir perdu, qu'elle a eu dans sa chambre le moindre établissement pour écrire. Enfin, lorsque *Corinne* eut fait un grand fracas dans les pays étrangers, elle me dit : « J'ai bien envie d'avoir une grande table, il me semble que j'en ai le droit à présent. »

Pour s'accommoder de cette manière décousue de travailler, il fallait un cœur aussi avide d'amitié que celui de madame de Staël, et il fallait encore un esprit aussi présent que le sien. Elle retrouvait à volonté le cours et le mouvement de ses idées. Il n'y avait point de hasard dans sa verve, et elle eût écrit dans tous les moments ses pages les plus éloquentes ; on pouvait remarquer en elle la double faculté de ne point perdre de vue un objet, et de n'en être point trop préoccupée. Ainsi elle tournait souvent la conversation sur le sujet du travail qu'elle avait entrepris, pour essayer l'effet de ses propres idées et recueillir celles des autres ; mais cela arrivait sans que l'on s'en doutât, souvent même sans intention précise de sa part, et parce qu'elle pensait tout haut avec ses amis.

Je n'ai jamais compris où elle prenait du temps pour méditer ses ouvrages ; l'organisation de sa vie prouve même qu'elle ne consacrait particulièrement aucun moment à la réflexion. Elle m'a toujours développé le plan de son prochain écrit, et nous discutions ce plan en détail. Une fois, à Genève, il m'arriva de lui dire : « Mais vous qui dormez toute la nuit et qui agissez ou causez tout le jour, quand avez-vous donc songé à cette ordonnance? — Eh mais! dans ma chaise à porteurs, » me répondit-elle en riant. Or cette

chaise à porteurs, elle n'y était jamais plus de cinq minutes;
cependant elle avait déterminé le titre et la matière de
tous les chapitres.

Il y a eu, en conséquence, dans sa vie, peu de moments
où elle ait tout à fait abandonné le travail. Ses facultés
dominaient le plus souvent sa douleur; et, comme il existait toujours une relation entre ce qu'elle écrivait et le sujet
de ses peines, elle pouvait encore composer, lorsque la lecture ne lui offrait pas une distraction suffisante. « Je ne
comprends rien à ce que je lis, disait-elle, et je suis obligée d'écrire. »

Mais, si son esprit aimait à former des projets littéraires,
il perdait en revanche très-promptement de vue ses anciennes productions. « Quand un ouvrage est imprimé, disait-elle, je ne m'en occupe plus; il fait bien ou mal son
affaire tout seul. » A l'exception de *Delphine*, qu'elle a
examinée avec soin, parce qu'on l'avait inquiétée sur l'effet
moral de ce roman, je ne crois pas qu'il lui soit arrivé de
relire ses propres livres; elle y pensait même si peu, qu'elle
les oubliait tous successivement. Lorsqu'on lui en citait
quelque phrase, elle était tout étonnée, et répondait : « Eh
mais! vraiment, est-ce moi qui ai écrit cela? j'en suis
charmée, c'est dit à merveille. » Une fois deux de ses amis
avaient arrangé ensemble son chapitre sur l'amour, dans
l'*Influence des passions*, en mettant l'amour divin à la
place de l'amour terrestre. Lorsqu'ils vinrent lui lire ce
morceau, elle l'écouta jusqu'à la fin avec la plus grande
attention, toujours enchantée et toujours impatiente d'en
connaître l'auteur.

L'ennui d'avoir à revenir sur de vieilles idées et de vieilles
rédactions entrait pour quelque chose dans la magnanimité
qu'elle a eue de ne répondre à aucune critique. Si on l'eût
menacée de détruire tous ses livres déjà publiés, on ne
l'aurait pas fort effrayée. Les oracles une fois rendus, elle

cût volontiers, comme la sibylle, laissé emporter au vent les feuilles de chêne.

Elle avait même le besoin d'écrire plus que celui de publier ; elle supporta très-patiemment la saisie de son ouvrage sur l'Allemagne; et quand on lui vint dire que le général Savary mettait l'édition au pilon pour en faire du carton : « Je voudrais bien au moins, répondit-elle, qu'il m'envoyât ces cartons pour mes bonnets. »

Jamais auteur n'a moins vécu en présence de sa réputation, jamais on n'a moins été enivré par le succès. Il y avait toujours quelque triste retour sur le reste de sa destinée dans les jouissances de son amour-propre, et elle semblait dire de ce genre de plaisir : « N'est-ce donc que cela? »

Toutefois elle n'affectait nullement de désavouer sa gloire, ni ses droits à cette gloire même. Elle avait eu la conscience de sa supériorité, et parfois elle a dit de tel auteur cité : « Il n'est pas mon égal, et si jamais nous nous battons, il sortira boiteux de la lutte. » Très-jeune encore, et dans un temps où on avait le pressentiment plutôt que la preuve de ses forces, je lui ai entendu porter si haut ses espérances, qu'il m'est arrivé de douter qu'elle parvînt à les réaliser. On pouvait quelquefois être étonné de certaines phrases peu reçues qu'elle prononçait fort simplement : « Avec tout l'esprit que j'ai, avec mon talent, ma réputation, etc. » Elle répétait souvent à ses amis les louanges qu'on lui donnait en lui écrivant; mais il y avait une extrême bonhomie dans son amour-propre. Il n'était point toujours là; et quand il s'y trouvait, il disait franchement : « Me voici.» Ce qui est vraiment insupportable dans la vanité, c'est quand on la découvre tout à coup à la place du sentiment ou de la dignité du caractère. Lorsqu'elle se donne naïvement pour ce qu'elle est, et qu'elle n'a jamais ni dédain ni arrogance, ce n'est point un principe dominant dans l'âme.

D'ailleurs les moments de vanité étaient courts chez madame de Staël ; la louange lui donnait du plaisir, mais on voyait bientôt briller en elle quelque nouvel éclair de talent ou de sensibilité. Une preuve encore que son amour-propre n'avait nulle âpreté, c'est, comme elle l'a dit mille fois, que les éloges lui ont toujours donné plus de satisfaction que les critiques ne lui ont causé de peine.

Si l'on a beaucoup vanté les lettres de madame de Staël, c'est parce qu'on y retrouvait une faible image d'elle-même. Il ne me semble pas qu'elle eût, comme madame de Sévigné, pour le style épistolaire, un talent particulier, un de ces dons naturels qui paraissent presque indépendants des facultés de la personne. Ses lettres, pour le feu et la verve, n'égalaient pas sa conversation ; elle n'y mettait que l'esprit qu'elle ne pouvait pas s'empêcher d'avoir ; mais cela même était beaucoup sans doute. Il y régnait un grand charme de sensibilité, et une teinte douce de tristesse qui en faisait tour à tour le mérite et le défaut. Au reste, elle ne regardait les lettres que comme des moyens indispensables de communication, et ne les envisageait jamais sous le rapport littéraire. « Depuis que j'ai visé tout ouvertement à la célébrité par mes livres, je n'ai plus donné aucun soin à mes lettres, » disait-elle ; en conséquence, elle prenait souvent pour sa correspondance le temps de la société, et écrivait tout en soutenant la conversation.

Les plus remarquables des lettres de madame de Staël, après celles qu'elle adressait à son père, sont celles qu'elle a écrites dans l'intimité. Sa longue correspondance avec moi est un trésor d'amitié, de candeur, une source de larmes, et néanmoins de bonheur pour le reste de ma vie. Elle a encore été prodigieusement distinguée dans les lettres qu'elle écrivait au moment de l'inquiétude, de l'indignation ou de la douleur. Alors, entraînée par un sentiment impérieux, elle entassait, sans y songer, de nombreuses pages toutes brillantes de la plus admirable éloquence.

Je ne ferai pas le même éloge des lettres que madame de Staël a tracées dans un mouvement d'enthousiasme passager, ou sans mouvement véritable. Elle n'a pas toujours été exempte, dans ces sortes de lettres, d'un peu d'exagération, et on y reconnaît parfois le talent du romancier qui tire parti, pour l'effet, de l'impression du moment ou d'une supposition chimérique, et qui ne sait pas résister à l'attrait des couleurs éclatantes. Ainsi une nuance d'intérêt faible et fugitive la jetait dans l'idéal du sentiment, et elle s'exaltait sur ce qu'elle aurait pu éprouver. Elle-même disait que quand elle tenait la plume, sa tête se montait, et elle racontait qu'à l'âge de quatorze ans, sa mère l'ayant chargée d'écrire à un vieux ami de la maison, elle se servit d'expressions si vives et si passionnées, qu'on fut obligé de lui faire recommencer trois fois sa lettre avant que le style en fût assez calme pour qu'on pût l'envoyer à son adresse.

Madame de Staël a connu la meilleure partie de la littérature européenne, sans avoir jamais employé un temps considérable à l'étude ; elle lisait vite sans lire superficiellement, et elle n'a jamais rien passé d'intéressant, ni donné une minute à rien d'inutile. Elle jugeait de génie, si on peut dire ; un tact très-sûr lui indiquait bientôt l'esprit, le caractère et l'intentions ecrète d'un auteur, et elle se servait ensuite de cette connaissance pour apprécier l'ouvrage. Aussi nul mérite d'exécution ne pouvait la réconcilier avec un but ou des sentiments moralement équivoques, ou avec la stérilité d'idées, et c'était toujours en leur qualité d'hommes qu'elle évaluait les écrivains. Et comme le style offre, selon elle, la couleur propre à l'individu, elle a toujours lu en original les auteurs étrangers et elle a eu le courage d'apprendre dans l'âge mûr les langues qu'on ne lui avait pas enseignées durant sa jeunesse. Elle attachait un prix infini à ce genre d'étude, trouvant que la pensée s'ouvre de nouvelles routes en changeant d'idiome. Apprendre et juger les langues était, suivant son avis, l'exercice le plus salutaire pour l'esprit, et le seul moyen de connaître le caractère des peuples. Elle citait avec plaisir le mot du vieux poëte Ennius, qui disait qu'il avait trois âmes parce qu'il parlait trois langues.

Une fois on lui demanda quel serait le livre qu'elle choisirait si elle était condamnée à n'en posséder qu'un. Après avoir excepté la *Bible* et le *Cours de morale religieuse* de son père, elle dit que pour la pensée, elle prendrait Bacon; c'est l'auteur qui lui semblait le plus inépuisable.

Dans le domaine de la pure littérature, elle ne tenait compte que des effets; la difficulté vaincue n'était rien pour elle; il lui fallait de la beauté; mais il n'est aucune beauté qui ne la touchât. Extrêmement sensible au charme des sons, elle répétait avec ravissement des mots ou des phrases harmonieuses; certaines strophes lyriques lui donnaient un plaisir tout à fait indépendant de leur signification, et après les avoir pompeusement récitées, elle s'écriait : « Voilà de la poésie! ce que j'aime là dedans, c'est qu'il n'y a pas une idée. » Elle se moquait d'elle-même, sous ce rapport, avec beaucoup de grâce, et disait qu'elle n'avait jamais pu entendre, sans avoir des larmes dans les yeux, ce vers :

Votre nom? — Moncassin. — Votre pays? — La France.

Elle citait encore cette phrase : « Les orangers du royaume de Grenade, et les citronniers des roi maures, » comme produisant sur elle un grand effet.

C'est ainsi que les plaisirs de la littérature et même ceux du monde étaient pour elle ce qu'ils ne sont pour personne : il y avait de l'émotion, et, si on peut le dire, du talent dans tout ce qu'elle éprouvait. Une musique, une danse la frappaient; un mauvais orgue dans la rue la ravissait. Une fois qu'elle vit danser le menuet à mademoiselle Bigottini, elle fut dans l'enchantement, et dit à sa fille : « Pendant ce temps, j'aurais voulu le rétablissement de l'ancien régime. »

Mais, pour en revenir à ses goûts littéraires, ce qui la transportait au delà de toute idée, c'étaient les morceaux d'imagination. Elle avait à cet égard des impressions d'une vivacité extraordinaire, et quand elle faisait quelque découverte dans ce genre, elle en parlait et reparlait sans cesse. Elle avait besoin de donner à lire à tous ses amis les endroits qui l'avaient frappée, et sa joie faisait événement dans sa société. *René*, l'épisode de Velléda, dans les *Martyrs*; la scène de l'enterrement, dans l'*Antiquaire*, et les premiers poëmes de lord Byron, lui ont causé des émotions inexprimables, et ont pour un temps renouvelé son existence.

Cette grande sensibilité lui donnait en littérature un tact très-sûr, parce qu'elle était certaine que ce qui ne la touchait pas n'avait point de beauté réelle. « Cela est bien, » disait-elle quelquefois de certains morceaux, « mais cela n'est pas prenant, » ou « cela n'est pas impressif. On peut m'en croire dans mes observations sur l'effet, parce que je suis peuple par l'imagination. »

Aussi elle ne s'est jamais trompée sur le succès futur d'un ouvrage; ses conseils aux littérateurs étaient tous remarquables, parce qu'elle avait la connaissance la plus précise, soit des moyens de l'auteur, soit de la manière propre au sujet, soit des dispositions d'une nation ou d'un public. Elle parlait aux écrivains qui la consultaient avec cette énergique franchise que sa supériorité, la qualité de femme, et surtout l'intérêt extrême qu'elle mettait à leurs succès, lui donnaient le droit de montrer.

Sans doute quelques amours-propres irritables ont pu être froissés par ses observations; mais elle avait un sentiment si vif de chaque mérite, qu'elle renvoyait pleins d'es-

pérance ceux que sa bonne foi avait un moment contristés :
souvent elle a découvert, réchauffé le germe du talent qui
s'ignorait lui-même. Rien n'enflammait l'émulation comme
ses encouragements; et, quand c'étaient ses amis qui se
lançaient dans l'arène, quelle vivacité, quel feu pour les
servir ! quel désir de leur voir tirer le meilleur parti de leur
talent, de leur sujet, de leurs moindres pensées ! Quand
elle examinait avec eux leurs écrits, aucun détail n'était
trop minutieux pour sa patience. Elle relevait les plus petits défauts d'élégance et d'exactitude, s'engageant parfois
dans les distinctions grammaticales les plus subtiles; et
souvent on lui voyait déployer une telle sagacité, un tel
tact d'imagination, que même pour un tiers ces discussions étaient très-intéressantes.

Non-seulement l'ensemble de sa société et de sa conversation a fourni l'occasion d'un grand développement aux
hommes distingués qui ont vécu dans son atmosphère, mais
ses conseils positifs leur ont été d'une extrême utilité; et je
ne crois pas qu'un seul d'entre eux osât soutenir que sans
elle il eût atteint le degré de hauteur auquel il est parvenu
dans la suite.

Et moi qui m'essaye ici à tracer cette faible esquisse
d'elle-même; moi qui, dépourvue à la fois de jeunesse et
d'expérience, me hasarde à écrire pour la première fois,
j'ai besoin d'elle à tout instant, je l'interroge à chaque
ligne, je ne sais si j'exprime ce que je sens, et toujours
l'espoir d'être approuvée d'elle est la chimère qui me soutient.

Parmi les beaux-arts, le plus habituellement nécessaire à
madame de Staël était la musique. Musicienne elle-même,
et douée d'une belle et grande voix, elle n'a cessé d'exercer
son talent que lorsque ses enfants ont pu lui procurer le
genre de distraction qu'elle demandait à l'harmonie. Elle
voulait y puiser à la fois du calme et de l'inspiration, l'ou-

bli de la réalité et le pressentiment d'une autre existence. Cet art qui imprime du mouvement à notre esprit sans le secours des pensées, et excite des émotions tendres sans celui des affections, avait pour madame de Staël un charme que rien ne pouvait remplacer.

Cependant tous les genres de musique ne lui plaisaient pas. Les airs dont le rhythme et la mélolie sont marqués faisaient seuls impression sur elle. La musique savante, la musique spirituelle ne lui disaient rien ; et, quand je lui faisais remarquer que certains morceaux pleins de piquant et d'originalité, tels qu'Hayden en offre un si grand nombre, produisent sur nous un effet très-analogue à celui de l'esprit : « J'aimerais mieux que cet esprit fût parlé, » me répondait-elle. Elle s'impatientait comme d'une espérance trompée de tout ce qui ne l'attendrissait pas, mais elle éprouvait aussi quelquefois d'inconcevables ravissements. Je l'ai vue fondre en larmes en écoutant la romance de Marie Stuart, exécutée par des instruments à vent; et comme les impressions vives étaient créatrices chez elle, c'est pendant qu'elle entendait certains airs touchants ou sublimes que lui est venue comme d'en haut l'idée de ses morceaux les plus poétiques.

Mais, de tous les amusements de société, le plus vif pour elle était des représentations théâtrales; et, sans parler ici des plaisirs qu'ont donnés à une personne si sensible, si mobile d'imagination, les chefs-d'œuvre de la scène, exécutés par les plus grands artistes, je dirai le plaisir qu'elle a trouvé comme actrice au milieu de la petite troupe d'amis qu'elle avait formée elle-même. Jouer la tragédie surtout, exciter en parlant une langue divine de profondes émotions, se mettre tellement en harmonie avec les sentiments d'une assemblée nombreuse, qu'un regard, un geste, une inflexion de voix retentisse au fond de tous les cœurs, était, selon madame de Staël, un développement de l'existence, une jouissance exaltée et sympathique dont rien ne peut donner l'idée.

Elle produisait véritablement de très-grands effets; l'enthousiasme dont elle était saisie imprimait à sa figure un caractère frappant et élevé; la blancheur éclatante de ses bras, ses gestes nobles et gracieux, ses poses pittoresques, et son regard surtout, son regard tour à tour sombre, pénétrant, enflammé, et toujours naturel, donnaient à l'ensemble de sa personne un genre de beauté en rapport avec l'art, et tel que le poëte tragique l'eût choisie; sa voix sonore et nuancée remplissait la salle; et jamais on n'a maîtrisé avec plus de force l'attention des spectateurs.

Elle n'avait pas sans doute un talent d'artiste, mais son jeu était spirituel et pathétique au dernier point; elle faisait verser beaucoup de larmes, et la vérité de son expression remuait le fond du cœur. Sa troupe entière était électrisée par elle, un assemblage un peu hétérogène se mettait en harmonie sous son influence; et de même que dans la conversation elle faisait de tous ses interlocuteurs des gens d'esprit, sur son petit théâtre elle changeait en héros tous ses amis.

Comme elle déclamait d'inspiration, son jeu variait beaucoup d'une représentation à l'autre : assez sujette à se blaser sur les effets prévus d'avance, elle se plaisait tour à tour à tromper et à surpasser l'attente. Ainsi elle repoussait souvent dans l'ombre ces mots fameux qui sont regardés comme l'épreuve du talent, et puis elle relevait avec tant d'éclat telle autre expression jusqu'alors peu remarquée, qu'elle la faisait paraître sublime. S'éloignant à chaque instant par là des routines théâtrales, elle trouvait moyen d'être originale avec ce que tout le monde sait par cœur.

Son émotion en jouant la tragédie était très-forte; dans *Zaïre*, par exemple, elle n'a jamais pu apprendre à détacher sa croix sans la casser. Cependant cette émotion ne produisait aux yeux des spectateurs aucun effet irrégulier, et semblait lui donner de l'élan et non du trouble; elle avait l'esprit parfaitement présent aux divers incidents de la scène, et ne perdait point la direction d'elle-même ni des autres.

Mais rien n'était plus piquant que de lui voir jouer la comédie; toute sa verve, toute sa gaieté éclataient dans son jeu; les rôles de soubrettes l'amusaient surtout, il y avait déjà du comique dans le contraste, senti par elle et par tous, du petit manége, des ruses intéressées du personnage, avec l'élévation des pensées et des sentiments de l'acteur.

Peut-être pour la perfection de l'art se laissait-elle un peu trop reconnaître dans tous ses rôles; elle transportait ses personnages en elle, plutôt qu'elle ne se transportait dans ses personnages; et il est étonnant qu'elle ait pu rendre toutes les nuances des caractères les plus opposés au sien, en restant madame de Staël dans son plus parfait naturel; mais c'est ainsi qu'elle a été dans ses écrits et dans la société, toujours variée et toujours elle-même.

Cependant il est des rôles qu'elle n'a jamais bien saisis; quand, par exemple, un caractère lui rappelait un certain idéal dont elle s'était longtemps occupée, elle le ramenait à cet idéal sans tenir compte des différences. Ainsi, soit qu'elle ait voulu jouer ou composer des *Nina*, elle a toujours échoué. Elle n'imitait jamais que le délire poétique, et représentait des Sapho ou des Corinne. La véritable folie, l'incohérence des pensées n'a pu être comprise d'elle; sa tête était foncièrement trop bien organisée pour la concevoir.

Ceci me rappelle une anecdote qui fera connaître madame de Staël sous un autre rapport. Il y a environ vingt ans que dans un séjour qu'elle faisait chez moi, à la campa-

gne, il fut question de jouer des proverbes : on fit choix
d'un canevas de Carmontelle, intitulé le *Mavard*, dans lequel
une grande dame, malade et vaporeuse, consent à s'intéresser en faveur d'un vieux militaire qui sollicite une pen-
sion, mais sous la condition expresse qu'il lui expliquera
son affaire en peu de mots. Le Bavard, à qui l'on a fait sa
leçon d'avance, se laisse néanmoins entraîner à une telle
intempérance de paroles, qu'il excède sa protectrice, et
qu'elle ne veut plus entendre parler de lui. Madame de
Staël représentait la grande dame. Elle remplit d'abord fort
bien son rôle; elle contrefit à merveille la langueur, puis
l'ennui, puis le dépit et l'impatience; mais, quand vint le
moment d'affliger le vieux soldat, il lui fut impossible de
s'y résoudre. Il avait parlé de sa femme et de ses enfants,
c'était au fond le meilleur homme du monde; il fallait trop
de dureté pour le refuser. Sortant donc tout à fait de son
rôle, et manquant net l'épigramme de la pièce, elle lui
dit avec une émotion véritable qu'une autre fois il ferait
mieux de ne pas tant parler, mais que quant à présent elle
se chargeait de son affaire. Telle était en effet madame de
Staël; non-seulement elle n'a jamais pu affliger volontairement qui que ce fût, mais cette personne si sujette à l'ennui n'en éprouvait réellement aucun, dès qu'il s'agissait
d'être utile aux autres.

La gaieté vive et piquante qui animait la conversation de
madame de Staël n'ayant laissé que des traces éparses dans
ses écrits, il est curieux d'en retrouver l'expression dans
de petites comédies qu'elle composait pour son théâtre de
société. Ces pièces étaient pleines d'originalité, et les idées
favorites de l'auteur s'y montraient travesties de la manière la plus plaisante.

Tantôt c'était une Corinne bourgeoise, une signora fan-
tastici, musicienne, comédienne, poëte, qui arrive dans une
petite ville de Suisse, où depuis deux cents ans chacun fai-

sait chaque jour la même chose. Elle tourne d'abord la tête à un des fils de la maison, puis à l'autre, puis au père, puis à la mère elle-même, puis jusqu'au commissaire qu'on envoie pour l'arrêter ; et elle emmène tous ces personnages avec elle en Italie. Tantôt c'était un fat qui échange le portrait de sa maîtresse contre deux copies de son propre portrait, qui renonce à une femme pleine d'esprit et de grâce, parce qu'elle l'éclipse en société, et finit par demander en mariage une personne du mérite le plus modeste, mais qui, par malheur, se trouve n'être qu'un mannequin.

De toutes ces petites pièces, celle où il y a le plus de force comique, c'est une comédie qui n'a point de but précis, et qui est intitulée : le *Capitaine Kernadec.* Le sel d'une telle plaisanterie ne saurait passer dans un extrait, et il ne resterait que l'invraisemblance de l'idée principale. Mais partout où il se trouvera de bons acteurs, on pourra juger de l'effet original de cette bagatelle au théâtre.

Madame de Staël a composé aussi quelques drames sérieux sur des sujets tirés de la Bible ou de la Légende. La beauté pathétique de son langage, la grandeur, et je dirai la sincérité de ses sentiments, étaient bien nécessaires pour qu'elle se crût certaine de disposer religieusement toute une assemblée préparée au plaisir, et pour qu'elle n'eût pas également à redouter l'indifférence ou les scrupules de ses juges. Cette difficulté était peut-être d'autant plus grande que les spectateurs la pressentaient, et néanmoins elle en a toujours triomphé. Elle avait quelque chose de si pénétré, il régnait tant de douceur dans sa manière, tant de modeste et noble candeur dans une sorte d'application faite confusément de ses rôles à elle-même, qu'on était attendri dès le début. Cette mère, ces enfants, principaux acteurs de ces pièces, touchaient sous mille rapports, et une suite de tableaux enchanteurs, que madame de Staël avait l'art d'amener, répandaient une magie puissante sur l'ensemble. *Agar dans le désert*, entre autres, drame que mademoiselle de Staël, alors âgée de six ans, embellissait de tout son charme en remplissant le rôle du petit Ismaël, Agar dans le désert offrait une succession de poses et de groupes dignes d'inspirer un grand artiste.

Un de ces drames, le plus distingué peut-être par la couleur antique et orientale du langage, la *Sunamite*, donna lieu à un singulier développement de caractère chez madame de Staël, et nous fit voir comment son talent pouvait réagir sur elle-même. Elle avait voulu peindre la vanité maternelle dans la personne d'une femme qui, ayant obtenu du ciel le bonheur inespéré de devenir mère, jouit avec trop d'ivresse des dons brillants dont sa fille a été comblée, et ne peut se résoudre à tenir la promesse qu'elle a faite de vouer cette enfant au Seigneur. Une scène très-frappante montrait la punition de la Sunamite : à une époque qui devait être particulièrement sacrée pour cette mère, elle avait préparé une fête mondaine où sa fille pût paraître avec éclat. Déjà la jeune personne avait fait entendre sa belle voix, déjà elle commençait à déployer ses grâces dans une danse figurée, quand on la voit tout à coup défaillir et tomber, comme atteinte d'un trait mortel, au milieu de ses compagnes. Cette situation, dont madame de Staël n'avait peut-être pas prévu toute la force, fit sur elle une telle impression, que le lendemain, sa fille (qui avait joué le rôle de la jeune personne) ayant été légèrement indisposée, elle fut dans l'état d'inquiétude le plus violent, et crut s'être attiré le malheur de la Sunamite.

On a pu juger, par ces légères productions, que madame de Staël avait à un haut degré le talent de l'effet théâtral ; talent difficile à analyser, en ce qu'il ne paraît dépendre d'aucune qualité appréciable, et qu'il tient sans doute à un genre particulier d'imagination. Ses pièces produisaient toujours beaucoup plus d'impression à la répétition qu'à la lecture, et à la représentation qu'à la répétition ; plus l'assemblée était nombreuse, et plus l'effet en était fort et remarquable. De même, ses ouvrages nous ont frappés davantage étant imprimés que manuscrits ; et plus ils ont été répandus, plus ils ont gagné aux yeux de leurs premiers juges. Elle avait l'art de s'emparer des esprits en grand, et possédait le don d'agir sur les masses.

Quand on songe aux titres qu'avait madame de Staël à une gloire solide, on peut s'étonner de l'intérêt prodigieux qu'elle mettait à ces représentations théâtrales ; mais elle trouvait là ce qui lui était le plus agréable dans tous les succès, la certitude de s'entendre avec les autres, le plaisir de faire vibrer fortement certaines cordes au fond des cœurs. Elle n'en demandait pas davantage à la gloire. C'est dans les yeux de ses contemporains qu'elle aimait à lire le présage du rang que lui accorderaient les siècles futurs ; et elle jouissait du moment présent comme si elle n'eût pas espéré l'immortalité.

EFFETS DU TEMPS.

Un Suédois, homme d'esprit, qui a tracé le portrait de madame de Staël, a dit que chaque année de sa vie valait moralement mieux que la précédente, comme le dernier de ses ouvrages est toujours le plus parfait pour le style et la composition. Puis donc que les traits que j'ai rassemblés appartiennent surtout à la jeunesse, il m'importe d'indiquer les changements qui se sont graduellement opérés chez madame de Staël.

Et d'abord, elle a eu plus de naturel à mesure qu'elle s'est éloignée de la jeunesse. A la sincérité du caractère qu'elle avait toujours eue, elle a joint de plus en plus la vérité de l'expression. Il est des âmes qui se montrent mieux à découvert au commencement de la vie, il en est d'autres qui semblent comme enveloppées dans les brillantes vapeurs de leurs illusions. Madame de Staël a été plus elle-même avec l'âge, soit, comme elle me l'écrivait, que le succès l'eût encouragée à mettre au jour ce qu'elle appelait ses bizarreries, soit qu'elle se fût défaite de certaines formes romanesques qui voilaient sa véritable originalité. Peut-être y a-t-il eu un temps où la vie, la mort, la mélancolie, le dévouement passionné, jouaient un trop grand rôle dans sa conversation. Mais, quand la contagion de ses phrases a envahi tout son salon et menacé son antichambre, il lui en a pris un ennui mortel. L'affectation de ses imitateurs a constamment guéri madame de Staël de tout ridicule : « Je marche avec des sabots sur la terre, me disait-elle, quand on veut me forcer à vivre dans les nuages. »

En outre, lorsqu'elle a cessé de se placer dans le point de vue de la jeunesse, qui pour être le plus brillant n'est pas le plus étendu, elle a vu que les sentiments exaltés ne tenaient pas dans la vie une si grande place qu'elle l'avait cru, et elle a été mieux en accord avec tout le monde. La race humaine s'était longtemps divisée à ses yeux en deux classes, celle des êtres sensibles, dont elle était, et celle des êtres froids, qui ne l'intéressait guère : comme la statue dans *Pygmalion*, elle semblait dire successivement de tout ce qu'elle voyait : C'est moi, ce n'est plus moi, c'est encore moi. Moins jeune, elle a dit davantage : C'est moi, de toutes les dispositions des âmes honnêtes.

De plus, par une suite de cette justesse toujours croissante, elle a su mieux apprécier les véritables biens de la vie, elle a perdu quelque chose non pas de sa pitié, mais de sa trop grande estime pour le malheur. Plus heureuse elle-même, elle a regardé davantage l'existence comme un bienfait. « Quand je n'aurais pas l'espérance d'une vie à venir, disait-elle, je rendrais encore grâce à Dieu d'avoir vécu, d'avoir connu et aimé mon père. »

Par la même raison elle redoutait moins la solitude, et savait mieux jouir soit des beautés de la nature, soit de l'exercice de la pensée. Elle disait à son fils, en l'excitant à l'étude : « Lorsqu'il n'y a pas de malheurs extraordinaires, je ne sens aucune peine jusqu'à cinq heures après midi, que finit pour moi le moment du travail. » Elle citait souvent l'exemple de Horn-Tooke, qui dans un âge très-avancé disait à lord Erskine : « Si vous aviez obtenu pour moi dix ans de vie au fond d'un cachot, avec des plumes et des livres, je vous en aurais remercié. »

Il ne me semble pas que les années aient fait essuyer aucune perte réelle à madame de Staël; elle avait été dans sa jeunesse une improvisatrice merveilleuse, mais jamais elle n'a cessé d'employer en poëte les matériaux qu'elle avait continuellement rassemblés au moyen de l'étude et de l'observation ; la sphère de ses idées s'est toujours agrandie, plusieurs mondes nouveaux se sont présentés l'un après l'autre à ses regards, et ses découvertes successives ont fait naître ses divers ouvrages. Ainsi, la connaissance des tourments infligés par l'opinion a créé *Delphine* ; celle de la nature et des arts, *Corinne* ; celle des idées métaphysiques et de la philosophie idéaliste, l'*Allemagne* ; celle de l'état politique et social de l'Angleterre, son dernier ouvrage. Chaque événement avait laissé un résultat dans son esprit, chaque sentiment lui avait enseigné quelque chose. La jeunesse éternelle du génie conservait ses droits, tandis qu'elle s'enrichissait des fruits de l'âge.

Le temps avait encore pour elle des trésors en réserve; et, par exemple, elle écrivait au sujet de son poëme de *Richard :* « Je crois que je ferai une belle peinture des effets de l'imagination dans l'âge mûr ; cet âge où les objets qui vont bientôt s'obscurcir sont encore illuminés par les rayons pourprés du soleil qui baisse. »

Mais ce qu'on a surtout remarqué chez madame de Staël

à mesure qu'elle a fait route dans la vie, c'est une réserve plus grande, ce sont des manières plus contenues. S'étant quelquefois mal trouvée d'avoir accordé aux indifférents le droit de la blesser, elle se laissait moins facilement aborder sur les sujets intimes. Aussi certaines personnes lui ont trouvé moins de charme, mais il n'y avait pourtant en elle aucune froideur : redoutant les émotions et voulant les éviter, elle avait substitué à la généreuse noblesse de son ancien abandon cette dignité qui tient les autres à quelque distance. Elle ne désirait plus étendre le cercle de ses affections, et ne cherchait pas à en inspirer de nouvelles. Autrefois elle avait dit : « Il y a toujours un peu de coquetterie dans les services que rendent les femmes, puisqu'elles cherchent ainsi à se faire aimer. » Vers la fin de sa vie, elle voulait à peine de la reconnaissance, et la satisfaction de faire le bien lui suffisait. « La porte de mon cœur est fermée, » disait-elle ; et en cela elle se trompait. Jamais aucun genre d'excellence n'a cessé d'intéresser sa sensibilité ; mais il y avait quelque chose de doux pour ses anciens amis dans l'idée de cette barrière par laquelle elle les séparait de tout l'univers.

Les qualités de madame de Staël ont pris un caractère plus solide avec l'âge, et elle a fait plus de cas chez les autres de la solidité. Toute la théorie de l'exaltation a fait place à celle de la moralité ; son estime pour les dons naturels s'est transportée sur les vertus acquises ; le courage et la résignation ont obtenu l'admiration qu'elle avait eue pour les grands mouvements de la sensibilité. Elle-même a eu plus de calme, et quand il n'y avait pas de sujets véritables de peines, elle ne s'en forgeait pas de chimériques. Il pouvait y avoir des vagues majestueuses, mais non de l'orage dans son cœur.

Dans l'intérieur de sa maison, je l'ai trouvée également plus intéressante, plus occupée des autres pour eux-mêmes ;

sa bonté, sa générosité, s'exerçaient avec plus de prudence
et moins de distraction. Ses paroles, plus mesurées, comp-
taient davantage ; ses éloges, plus justement flatteurs,
donnaient plus de plaisir. Moins irrésistiblement entraînée
par le torrent de ses pensées et de son enthousiasme, elle
cédait librement au désir de persuader ou de plaire ; ce
qu'elle avait perdu en vivacité se retrouvait en profondeur
et en harmonie. Peut-être sa figure plus pâle était-elle plus
touchante ; peut-être le brillant éclair du génie frappait-il
encore davantage sur son visage un peu abattu. Et qui sait
si, dans les dernier temps, quelques signes précurseurs de
l'orage qui allait assaillir sa vie, quelques signes dont nous
craignions d'interpréter les sinistres avertissements, n'ajou-
taient pas au prix de ses moindres paroles, et à la grande
et solennelle impression qu'elle produisait sur nous ?.

Dans une sphère plus étendue, chez les nations étrangères, par exemple, elle n'a jamais produit autant d'effet que
pendant ses dernières années. A Paris, on lui a trouvé une
modération, une sagesse remarquables. Soutenant toujours
les grands intérêts de la liberté dans les questions de politique intérieure, elle a conseillé d'observer vis-à-vis des
étrangers tous les ménagements que réclamait la situation
de la France. Elle s'est attachée aux amis les plus purs et
les plus sincères de la monarchie constitutionnelle, et a fait,
politiquement, beaucoup de bien, à ce qu'on assure. On
l'écoutait avec un grand respect ; ses prédictions avaient
été si souvent justifiées par l'événement, que ce qu'on avait
pris pour de l'inspiration paraissait être de l'expérience.
Plus certaine elle-même de porter la conviction, et sachant
que désormais elle ne pouvait être ni méconnue, ni calom-
niée, elle parlait avec plus d'autorité.

Madame de Staël avait certainement pris de la confiance
en elle-même, mais sans aucun mélange de présomption.
Elle paraissait d'autant plus imposante, qu'elle ne parlait

point en son propre nom, mais qu'on la voyait comme l'interprète des éternelles lois de l'équité. Ce n'était plus un grand maître en éloquence qui se plaît à déployer son talent, c'était un missionnaire profondément pénétré des vérités qu'il annonce; et l'admiration dont elle était l'objet s'absorbait, pour ainsi dire, dans l'attention excitée par la question qu'elle traitait. Il ne s'agissait plus d'elle-même, il s'agissait pour chacun de ce qui lui importait le plus; et comme elle parlait aux hommes de leurs intérêts les plus pressants, c'était leur affaire que de l'entendre. Elle a peint sous les couleurs les plus fortes et le moment présent et ses suites inévitables; elle a expliqué les classes, les nations les unes aux autres, les besoins, les sentiments de tous à chacun : on sentait qu'elle annonçait vrai, et que le fait répéterait avec dureté ce qu'on se serait refusé à apprendre d'elle.

Voilà pourquoi les souverains eux-mêmes l'ont écoutée avec avidité et souvent avec émotion. Et lorsque, usant de son pouvoir naturel pour ébranler les âmes, elle montrait, dans ces mêmes dispositions de la Providence qu'elle dévoilait, le soulagement d'une masse de misères; quand elle plaidait la cause sacrée et de son pays et de l'humanité, on était entraîné, attendri, électrisé par elle. C'est ainsi que la renommée de madame de Staël s'est constamment accrue, que sa gloire déjà grande dans la France y a été comme importée de nouveau par l'enthousiasme des autres nations, et que, sans étonner les témoins de l'effet qu'elle produisait, on a pu dire que son éloquence avait hâté le renvoi de trois cent mille soldats étrangers et la libération de sa patrie.

Il faut comprendre parmi les heureux effets du temps sur madame de Staël la fixité toujours plus grande des idées religieuses dans son esprit, et l'habitude mieux contractée de les appliquer à la vie réelle. Ses scrupules, qui avaient toujours eu pour objet les conséquences de ses actions, se sont davantage attachés à leurs motifs. La prière, ce besoin de sentiment pour elle, la mettant sans cesse en communication avec la source de toute excellence, a fait pénétrer une pure lumière dans son cœur : « Toutes les fois que je suis seule, je prie, » disait-elle à ses enfants. Elle m'écrivait de Suède, au sujet de M. de Montmorency : « Il n'y a point d'absence pour les êtres religieux, parce qu'ils se retrouvent dans le sentiment de la prière. » A tout moment on voit dans ses lettres la demande de prier pour elle et pour ses enfants.

Madame de Staël pensait qu'il y a de l'orgueil dans l'homme à vouloir pénétrer le secret de l'univers; et, en parlant de la haute métaphysique, elle disait : « J'aime mieux l'Oraison dominicale que tout cela. » Durant ses longues insomnies, elle répétait sans cesse cette prière pour se calmer. Des soupirs, de certaines exclamations, dont elle avait l'habitude, étaient chez elle des invocations pieuses; ainsi ces mots qui lui échappaient souvent : « Pauvre nature humaine! hélas! qu'est-ce de nous? ah! la vie, la vie! » étaient un sentiment religieux qui s'exhalait.

C'était encore de la piété en elle que cette conviction si profonde et si souvent exprimée, que la justice divine commence déjà à s'exercer sur cette terre. « La vie, » disait-elle à sa fille en appliquant à la religion une comparaison déjà connue, « la vie ressemble à ces tapisseries des Gobelins, dont vous ne discernez pas le tissu quand vous les voyez du beau côté, mais dont on découvre tous les fils en regardant l'autre face. Le mystère de l'existence, c'est le rapport de nos fautes avec nos peines. Je n'ai jamais eu un tort qu'il n'ait été la cause d'un malheur. »

Une chose qui peut paraître bizarre, c'est qu'elle appliquait cette idée de rétribution à la vie présente plus encore qu'à la vie à venir. « Les auteurs catholiques, écrivait-elle, font constamment usage de l'enfer; sans oser juger une telle croyance, je n'ai jamais senti qu'elle rendît meilleur. » Néanmoins, pendant ses accès de chagrin, elle lisait souvent Fénelon, trouvant chez cet auteur une connaissance admirable des peines de l'âme. L'*Imitation de Jésus-Christ*, qui ne lui avait pas plu d'abord, était aussi une ressource pour elle vers la fin de sa vie.

Le Suédois [1] dont j'ai parlé a fait sur madame de Staël cette remarque qu'il faut prendre dans un sens favorable : « Elle avait une vénération d'enfant pour la religion chrétienne. »

C'est dans son dernier ouvrage qu'elle a dit ces mots sublimes : « L'homme est réduit en poussière par l'incrédulité; » et cet autre : « La religion est la vie de l'âme. »

En 1815, comme l'intolérance et les excès du fanatisme religieux étaient continuellement l'objet de son animadversion, je craignais que la religion même n'eût souffert dans son esprit de l'abus que l'on faisait de ce nom sacré. Lui ayant témoigné mes doutes à cet égard : « Je vous proteste que cela n'est pas, me répondit-elle. Il entre de la piété dans mon indignation, et il n'est pas un quart d'heure, je pourrais peut-être dire moins, où l'idée de la Divinité ne soit présente à mon cœur. »

Néanmoins on doit s'exprimer avec modestie lorsqu'on parle des sentiments religieux de ceux qu'on a aimés. On le doit même pour tout le monde, puisque bien des gens se croient en droit d'exiger des vertus plus qu'humaines du cœur qui nourrit ces sentiments; mais on le doit surtout en pensant à leur objet sublime. Ce n'est pas quand on élève ses regards vers l'Être suprême qu'on peut louer aucun mortel. « Dieu seul est grand; » ce beau mot qui a retenti sur le cercueil de Louis XIV, ce mot peut aussi être

[1] M. Brinckman.

prononcé sur le tombeau de ceux qui ont régné par la pensée. Madame de Staël parlait avec une modeste défiance de sa piété; elle n'a jamais eu aucun orgueil, mais sous le rapport religieux elle était véritablement humble de cœur. Le sentiment de sa supériorité l'abandonnait, soit devant ces hommes consacrés à Dieu auxquels il a communiqué des clartés merveilleuses, soit devant ces âmes simples qu'il a purifiées à son feu. Elle se croyait en marche et non arrivée; et, quoique la religion ne puisse encore donner ici-bas ni la perfection ni le bonheur, elle n'y voyait pas moins le seul moyen puissant d'avancer vers l'un et vers l'autre.

Que cette marche ait été arrêtée, que madame de Staël nous ait été ravie au moment où s'annonçait le plus beau développement de ses qualités comme de son talent, ce sont là des voies qu'il ne nous appartient pas de sonder. Le juge suprême évaluera tout; il sera clément envers le génie. Ce n'est pas pour l'exposer à plus de périls qu'il lui a confié une sublime mission; et si les hautes lumières qu'il lui a départies étaient envers lui un motif de sévérité, le malheur, le trouble, la fièvre ardente auxquels il semble l'avoir condamné sur la terre, en seraient un plus grand d'indulgence.

MALADIE. — CONCLUSION.

Parlerai-je du dépérissement d'une telle personne? Évoquerai-je des images que le sort m'a épargnées, en la montrant aux prises pendant des mois entiers avec la souffrance, avec la mort? Oserai-je me représenter cette imagination si redoutable, cet esprit si pénétrant, portés sur les progrès de la maladie qui livrait peu à peu à l'engourdissement les organes de l'être le plus actif, le plus mobile, le plus vivant de tous? Ah! que cet affreux tableau, qui ne s'offre que trop à ma pensée, soit tracé par d'autres que par moi! Mais, comme dans la maladie de madame de Staël il est des circonstances moins douloureuses pour ses amis, comme il en est de consolantes même, c'est sur celles-là, sans doute, qu'il me sera permis de m'arrêter.

Pendant cette cruelle épreuve, son caractère ne s'est point altéré ; et, si elle a montré parfois, ce qui est bien naturel, sa grande capacité de douleur morale, jamais ses plaintes n'ont été des murmures, jamais elle ne s'est révoltée. Au milieu des agitations terribles qui passent si rapidement du physique au moral dans des maux de cette espèce, son inaltérable douceur ne s'est pas un instant démentie. Elle a été, jusqu'à son dernier soupir, tendre, confiante comme un pauvre enfant, et profondément reconnaissante envers ceux qui l'entouraient, et envers l'amie incomparable (mademoiselle Randall), dont les soins ont été aussi touchants que son attachement était profond. On lui a vu constamment exercer les vertus qui l'ont distinguée, et dans ses jours les plus douloureux elle s'est occupée à rendre des services. La grâce d'un condamné (Barry) qu'elle avait sollicitée pendant sa maladie, a même été obtenue de la bonté du roi, le lendemain de sa mort ; en sorte qu'elle a fait du bien même après avoir expiré.

On a encore entendu d'elle des mots charmants dans son genre particulier. « J'ai toujours été la même, vive et triste, » a-t-elle dit à M. de Chateaubriand ; « j'ai aimé Dieu, mon père, et la liberté. »

En citant ces paroles de Fontenelle : « Je suis Français, j'ai quatre-vingts ans, et je n'ai jamais donné le moindre ridicule à la plus petite vertu, » elle ajoutait : « Voilà ce que je puis dire de la plus petite peine. »

Sans doute elle a vivement regretté ses enfants et ses amis. Le stoïcisme ou le genre particulier d'exaltation qui peuvent fermer le cœur aux douleurs de la séparation n'étaient pas dans son caractère. Sa fille, surtout, lui a coûté bien des soupirs. « Avec une telle fortune de cœur, » a-t-elle dicté pour moi, en parlant des objets de ses affections, « avec une telle fortune de cœur, il est triste de quitter la vie. Je serais bien fâchée, a-t-elle dit encore, que tout fût fini entre Albertine (madame de Broglie) et moi dans un autre monde. » Mais elle a regretté la vie plutôt qu'elle n'a véritablement redouté la mort. Elle a pu craindre les dernières souffrances ; une imagination telle que la sienne a pu concevoir quelque horreur à l'idée, terrible pour tous, de la dissolution matérielle ; mais le trépas moralement considéré ne lui a pas causé d'effroi. Elle avait conservé assez de calme pour désirer encore dicter à M. Schlegel la peinture de ce qu'elle éprouvait. Toujours sa pensée s'est portée, avec espérance, vers son père et vers l'immortalité. « Mon père m'attend sur l'autre bord, » disait-elle. Elle voyait son père auprès de Dieu, et ne pouvait voir dans Dieu même autre chose qu'un père. Ces deux idées étaient confondues dans son cœur, et celle d'une bonté protectrice était inséparable de l'une et de l'autre. Un jour, en sortant d'un état de de rêverie, elle dit : « Je crois savoir ce que c'est que le passage de la vie à la mort, et je suis sûre que la bonté de Dieu nous l'adoucit. Nos idées se troublent, et la souffrance n'est pas très-vive. »

Sa confiance n'a pas été trompée ; la plus profonde paix a présidé à ses derniers moments. Longtemps avant qu'elle eût expiré, la grande lutte était terminée, et son âme s'est envolée avec douceur.

Telle a été la fin de madame de Staël, le génie le plus aimant qui ait peut-être jamais existé. L'histoire des regrets, du vide affreux qui ont suivi sa perte, est celle du reste de notre vie, et n'appartient plus à la sienne ; mais, pour laisser une impression moins douloureuse et plus salutaire, j'essayerai d'embrasser le cours de ses pensées sous le point de vue religieux, le seul qui permette de saisir l'ensemble d'une destinée et ses rapports avec le sort général de l'humanité.

S'il est intéressant pour le moraliste de connaître l'effet de la vie, de savoir quel est dans un esprit éclairé le résultat naturel des scènes qui se succèdent assez régulièrement dans notre existence, jamais cet examen ne sera plus instructif que lorsque madame de Staël en deviendra l'objet. Trop avide de bonheur, trop ardente dans tous ses vœux pour s'être soustraite aux grandes chances, et avoir évité les vicissitudes du sort, chaque événement a fait impression sur un cœur très-sensible, et laissé sa leçon dans un esprit singulièrement observateur. Elle a donc subi l'action de la vie dans toute sa force, et tiré de la vie même tout l'enseignement qu'elle peut donner.

Mais quel est cet enseignement? Y a-t-il un dessein bienfaisant dans l'ordonnance générale de la destinée humaine? C'est ce dont madame de Staël était persuadée. Elle voulait écrire un livre qu'elle aurait intitulé : *Éducation du cœur par la vie.* Le projet seul de composer un tel ouvrage montre en elle le sentiment d'une continuelle amélioration.

Examinons rapidement l'éducation que lui a donnée la vie. Douée de l'âme la plus expansive, dans cet âge où l'agrandissement des facultés semble être commandé à toute la création animée, elle étend, elle exerce sans cesse son esprit; l'amitié, la tendresse filiale ont en elle un caractère exalté. Les premières impressions religieuses sont reçues comme un sentiment de plus, et peut-être comme la source des plus sublimes émotions. Mais bientôt arrive la jeunesse, cet âge à la fois raisonneur et enthousiaste, où le cœur croit tout et où l'esprit ne croit rien, où l'examen de toutes les questions conduit à la récusation de tous les jugements, et où, bien souvent, un âpre stoïcisme dans les principes ne laisse que plus de prise aux sophismes des passions. L'influence de cette saison de la vie, et celle d'un siècle en accord avec elle, peut se faire sentir chez madame de Staël; mais l'idée de la Divinité n'est pas altérée dans son cœur, et une faculté d'observation prématurée l'amène bientôt à ce grand résultat, c'est que dans les passions il n'est pas de bonheur. Tous les sentiments terrestres sont déclarés dangereux par elle; et dans le naufrage des espérances elle ne voit pour ressource assurée que la charité et la résignation, deux vertus éminemment chrétiennes auxquelles elle rend hommage sous d'autres noms. Mais, ensuite, portant son regard investigateur sur l'histoire et sur les travaux de l'esprit humain, elle s'étonne de ce qu'elle découvre, et le christianisme se montre à elle sous son vrai jour. Frappée de sa grande influence, elle l'est davantage de sa beauté. Elle sent qu'une harmonie secrète avec le cœur, avec tout ce qu'il y a de bon et d'élevé dans notre nature, peut seule expliquer de tels effets, et peu à peu elle se prépare à recevoir, comme une loi divine, une loi salutaire pour le genre humain; l'expérience du secours, de l'intime consolation attachée à la prière, fortifie en elle cette disposition; mais il appartenait à la douleur de régénérer son âme entière, et d'ouvrir son cœur à la foi chrétienne.

Quand on pense que cette même route parcourue avec tant d'éclat par madame de Staël, dans une région supérieure, est suivie par d'innombrables créatures, dans la sphère assignée à chacune d'elles; quand nous voyons se succéder, dans presque toutes les destinées, les illusions des passions, puis leurs espérances déçues, puis cette observation des individus et de la société qui conduit à sentir les avantages de la religion, pour la moralité, pour la paix, pour l'union des familles; puis enfin ces douleurs inévitables de l'âge mûr, ces douleurs dénuées des pompeuses émotions de la jeunesse, ces douleurs où le cœur, privé du pouvoir de se distraire et conservant celui de souffrir, ne peut plus écouter que la voix qui promet une autre existence; quand, dis-je, nous considérons l'ensemble de cette ordonnance, ne nous semble-t-il pas qu'elle a été calculée pour soumettre le cœur à l'empire de la religion, et que l'Être qui est le commencement et la fin, l'origine et le terme, ne nous a lancés un moment sur le fleuve de la vie que parce que le cours de l'onde tend à nous ramener à lui?

Madame de Staël a fait beaucoup de bien dans son siècle; et je ne considère ici ni les secours de tout genre qu'elle a prodigués à l'infortune, ni la masse immense de plaisir et d'instruction qu'ont répandue sa conversation et ses ouvrages; ce que je me plais surtout à penser à cette heure, c'est qu'elle a été utile à la cause sacrée de la religion. Elle l'a peut-être été d'autant plus, qu'elle n'a pas professé le but formel de plaider cette cause, mais qu'une persuasion profonde, un sentiment intime et puissant, éclatent involontairement dans ses écrits.

Comme elle n'annonçait aucun dessein, l'incrédulité n'a pu s'armer d'avance contre elle. C'est toujours avec douceur, avec simplicité qu'elle s'est présentée. Elle n'a point parlé en docteur de la loi, ni en prédicateur sévère; mais, tirant un nouveau genre de force précisément de ce qu'elle a connu, de ce qu'elle a aimé tout ce qui peut charmer le cœur et l'esprit sur la terre, elle a dit aux gens du monde, aux hommes d'États, aux littérateurs : « Tous les intérêts qui vous animent m'ont occupée, mais j'ai senti qu'il n'existait rien de grand ou de durable sans la religion; il n'y a qu'elle pour la morale, appui de la société; il n'y a qu'elle dans l'infortune; et sans elle le talent même est privé de sa plus haute inspiration. Ceux qui ne se sont jamais élancés vers le ciel n'ont pas ravi l'étincelle créatrice, et ils n'obtiendront pas même l'ombre d'immortalité que dispense la renommée. »

Un génie pareil à celui de madame de Staël est le seul missionnaire possible dans un monde savant et raisonneur,

frivole et dédaigneux. Sans entrer dans le temple même,
elle s'est placée sur le parvis, et a préludé aux chants sacrés
devant cette multitude païenne de cœur, qui encense les
muses et lapide les prophètes.

Mais c'est aux êtres sensibles qu'elle s'est adressée de
préférence; et, comme le grand apôtre qui avait trouvé
dans Athènes un autel consacré à une divinité inconnue,
elle a dit aux âmes tendres et enthousiastes : « Le Dieu
inconnu que vous adorez, c'est celui que nous vous annon-
çons. »

DIX ANNÉES D'EXIL

PRÉFACE

DE M. DE STAËL FILS

L'écrit que l'on va lire ne forme point un ouvrage complet, et ne doit pas être jugé comme tel. Ce sont des fragment de mémoires que ma mère se proposait d'achever dans ses loisirs, et qui auraient peut-être subi des changements dont j'ignore la nature, si une plus longue carrière lui eût permis de les revoir et de les terminer. Cette réflexion suffisait pour que j'examinasse avec scrupule si j'étais autorisé à les publier. La crainte d'aucun genre de responsabilité ne peut se présenter à l'esprit, lorsqu'il s'agit de nos plus chères affections ; mais le cœur est agité d'une anxiété douloureuse, quand on est réduit à deviner des volontés dont la manifestation serait une règle invariable et sacrée. Toutefois, après avoir sérieusement réfléchi sur ce que le devoir exigeait de moi, je me suis convaincu que j'avais rempli les intentions de ma mère, en prenant l'engagement de n'omettre dans cette édition de ses œuvres aucun écrit susceptible d'être imprimé. Ma fidélité à tenir cet engagement me donne le droit de désavouer, par avance, tout ce qu'à une époque quelconque on pourrait prétendre ajouter à une collection qui, je le répète, renferme tout ce dont ma mère n'eût pas formellement interdit la publication.

Le titre de *Dix années d'exil* est celui dont l'auteur lui-même avait fait choix; j'ai dû le conserver, quoique l'ouvrage, n'étant pas achevé, ne comprenne qu'un espace de sept années. Le récit commence en 1800, c'est-à-dire deux ans avant le premier exil de ma mère, et s'arrête en 1804, après la mort de M. Necker. La narration recommence en 1810, et s'arrête brusquement à l'arrivée de ma mère en Suède, dans l'automne de 1812. Ainsi la première et la seconde partie de ses mémoires laissent entre elles un intervalle de près de six années. On en trouvera l'explication dans l'exposé fidèle de la manière dont ils ont été composés.

Je n'anticiperai point sur le récit des persécutions que ma mère a subies sous le gouvernement impérial : ces persécutions, mesquines autant que cruelles, forment l'objet de l'écrit que l'on va lire, et dont je ne pourrais qu'affaiblir l'intérêt. Il me suffira de rappeler qu'après l'avoir exilée d'abord de Paris, puis renvoyée de France ; après avoir supprimé son ouvrage sur l'*Allemagne*, par le caprice le plus arbitraire, et lui avoir rendu impossible de rien publier, même sur les sujets les plus étrangers à la politique, on en vint jusqu'à lui faire de sa demeure une prison, à lui interdire toute espèce de voyage, et à lui enlever les plaisirs de la vie sociale et les consolations de l'amitié. Voilà dans quelle situation ma mère a commencé ses mémoires, et l'on peut juger quelle était alors la disposition de son âme.

En écrivant cet ouvrage, l'espoir de le faire paraître un jour se présentait à peine dans l'avenir le plus éloigné. L'Europe était encore tellement courbée sous le joug de Napoléon, qu'aucune voix indépendante ne pouvait se faire entendre : sur le continent la presse était enchaînée, et les mesures les plus rigoureuses repoussaient tout écrit imprimé en Angleterre. Ma mère songeait donc moins à composer un livre qu'à conserver la trace de ses souvenirs et de ses pensées. Tout en faisant le récit des circonstances qui lui étaient personnelles, elle y insérait les diverses réflexions que lui avaient inspirées, depuis l'origine du pouvoir de Bonaparte, l'état de la France et la marche des événements. Mais, si imprimer un pareil ouvrage eût été alors un acte inouï de témérité, le seul fait de l'écrire exigeait à la fois beaucoup de courage et de prudence, surtout dans la position où était ma mère. Elle ne pouvait pas douter que toutes ses démarches ne fussent soumises à la surveillance de la police : le préfet qui avait remplacé M. de Barante à Genève prétendait être informé de tout ce qui se passait chez elle, et le moindre prétexte suffisait pour que l'on s'emparât de ses papiers. Les plus grandes précautions lui était donc recommandées : aussi à peine avait-elle écrit quelques pages, qu'elle les faisait transcrire par une de ses amies les plus intimes, en ayant soin de remplacer tous les noms propres par des noms tirés de l'histoire de la révolution d'Angleterre. Ce fut sous ce déguisement qu'elle emporta son manuscrit, lorsqu'en 1812 elle se résolut à échapper, par la fuite, à des rigueurs toujours croissantes.

Arrivée en Suède, après avoir traversé la Russie, et évité de bien près les armées qui s'avançaient sur Moscou, ma mère s'occupa de mettre au net cette première partie de ses mémoires, qui, ainsi que je l'ai dit plus haut, s'arrête à l'année 1804. Mais, avant de les continuer selon l'ordre des temps, elle voulut profiter du moment où ses souvenirs étaient dans toute leur vivacité, pour écrire le récit des circonstances remarquables de sa fuite, et des persécutions qui lui en avaient fait, pour ainsi dire, un devoir. Elle reprit donc l'histoire de sa vie à l'année 1810, époque de la suppression de son ouvrage sur l'*Allemagne*, et la continua jusqu'à son arrivée à Stockholm, en 1812 : de là le titre de *Dix années d'exil*. Ceci explique encore pourquoi, en parlant du gouvernement impérial, ma mère s'exprime tantôt comme vivant sous sa puissance, et d'autres fois comme y ayant échappé.

Enfin, lorsqu'elle conçut le plan de son ouvrage sur la *Révolution française*, elle tira de la première partie des *Dix années d'exil* les morceaux historiques et les réflexions générales qui entraient dans son nouveau cadre, réservant les détails individuels pour l'époque où .elle comptait achever les mémoires de sa vie, et où elle se flattait de pouvoir nommer toutes les personnes dont elle avait reçu de généreux témoignages d'amitié, sans craindre de les compromettre par l'expression de sa reconnaissance.

Le manuscrit confié à mes soins se composait donc de deux parties distinctes; l'une, dont la lecture offrait nécessairement moins d'intérêt, contenait plusieurs passages déjà incorporés dans les *Considérations sur la Révolution française ;* l'autre formait une espèce de journal dont aucune portion n'était encore connue du public. J'ai suivi la marche tracée par ma mère, en retranchant de la première partie de son manuscrit tous les morceaux qui, à quelques modifications près, avaient déjà trouvé place dans son grand ouvrage politique. C'est à cela que s'est borné le travail de l'éditeur, et je ne me suis pas permis la moindre addition.

Quant à la seconde partie, je la livre au public sans aucun changement, et à peine ai-je cru pouvoir y faire de légères corrections de style, tant il m'a paru important de conserver à cette esquisse toute la vivacité d'un caractère original. L'on se convaincra de mon respect scrupuleux pour le manuscrit de ma mère, en lisant les jugements qu'elle porte sur la conduite politique de la Russie ; mais, sans parler du pouvoir qu'exerce la reconnaissance sur les âmes élevées, l'on se rappellera sans doute que le souverain de la Russie combattait alors pour la cause de l'indépendance et de la liberté. Était-il possible de prévoir qu'au bout de si peu d'années, les forces immenses de cet empire deviendraient des instruments d'oppression pour la malheureuse Europe ?

Si l'on compare les *Dix années d'exil* avec les *Considérations sur la Révolution française,* on trouvera peut-être que le règne de Napoléon est jugé dans le premier de ces écrits avec plus de sévérité que dans l'autre, et qu'il y est attaqué avec une éloquence qui n'est pas toujours exempte d'amertume. Cette différence est facile à expliquer : l'un de ces ouvrages a été écrit après la chute du despote avec le calme et l'impartialité d'un historien ; l'autre a été inspiré par un sentiment courageux de résistance à la tyrannie ; et quand ma mère l'a composé, le pouvoir impérial était à son apogée.

Je n'ai point choisi un moment plutôt qu'un autre pour la publication des *Dix années d'exil;* l'ordre chronologique a été suivi dans cette édition, et les œuvres posthumes ont dû naturellement terminer le recueil. Du reste, je ne crains point qu'on prétende qu'il y ait manque de générosité à publier, après la chute de Napoléon, des attaques dirigées contre sa puissance. Celle dont le talent a toujours été consacré à la défense des plus nobles causes, celle dont la maison a été successivement l'asile des opprimés de tous les partis, serait trop au-dessus d'un pareil reproche. Il ne pourrait, en tous cas, s'adresser qu'à l'éditeur des *Dix années d'exil;* mais j'en serais peu touché, je l'avoue. L'on ferait, en vérité, une part trop belle au despotisme, si, après avoir imposé le silence de la terreur pendant son triomphe, il pouvait encore demander à l'histoire de l'épargner après sa défaite.

Sans doute les souvenirs du dernier gouvernement ont été le prétexte de beaucoup de persécutions ; sans doute les honnêtes gens sont révoltés des lâches invectives que l'on se permet encore contre ceux qui, ayant joui des faveurs de ce gouvernement, ont assez de dignité pour ne pas désavouer leur conduite passée ; sans doute, enfin, une grandeur déchue peut captiver l'imagination ; mais ce n'est pas de la personne de Napoléon seulement qu'il s'agit ; ce n'est pas lui qui, aujourd'hui, peut être un objet d'animadversion pour les âmes généreuses ; ce ne sont pas non plus ceux qui, sous son règne, ont servi utilement leur pays dans les diverses branches de l'administration publique : mais ce qu'on ne peut flétrir d'une censure trop sévère, c'est le système d'égoïsme et d'oppression dont Bonaparte est l'auteur. Or, ce déplorable système ne règne-t-il pas en Europe ? les puissants de la terre ne recueillent-ils pas avec soin le honteux héritage de celui qu'ils ont renversé ? Et, si l'on tourne ses regards sur notre patrie, combien ne voit-on pas de ces instruments de Napoléon qui, après l'avoir fatigué de leur servile complaisance, viennent offrir à un pouvoir nouveau le tribut de leur petit machiavélisme ? Aujourd'hui comme alors, n'est-ce pas sur la vanité et sur la corruption que repose tout l'édifice de leur chétive science, et n'est-ce pas dans les traditions du régime impérial que sont puisés les conseils de leur sagesse ?

En peignant donc des plus vives couleurs ce régime funeste, ce n'est pas un ennemi vaincu que l'on insulte, c'est un adversaire puissant que l'on attaque ; et si, comme je l'espère, les *Dix années d'exil* sont destinées à accroître l'horreur des gouvernements arbitraires, je puis me livrer à la douce pensée qu'en les publiant, je sers la sainte cause à laquelle ma mère n'a pas cessé d'être fidèle.

PREMIÈRE PARTIE

CHAPITRE PREMIER

Causes de l'animosité de Bonaparte contre moi.

Ce n'est point pour occuper le public de moi que j'ai résolu de raconter les circonstances de dix années d'exil; les malheurs que j'ai éprouvés, avec quelque amertume que je les aie sentis, sont si peu de chose au milieu des désastres publics dont nous sommes témoins, qu'on aurait honte de parler de soi, si les événements qui nous concernent n'étaient pas liés à la grande cause de l'humanité menacée. L'empereur Napoléon, dont le caractère se montre tout entier dans chaque trait de sa vie, m'a persécutée avec un soin minutieux, avec une activité toujours croissante, avec une rudesse inflexible; et mes rapports avec lui ont servi à me le faire connaître, longtemps avant que l'Europe eût appris le mot de cette énigme.

Je n'entre point dans le récit des faits qui ont précédé l'arrivée de Bonaparte sur la scène politique de l'Europe : si j'accomplis le dessein que j'ai formé d'écrire la vie de mon père, je dirai ce que j'ai vu de ces premiers jours de la Révolution, dont l'in-

fluence a changé le sort de tout le monde. Je ne
veux retracer maintenant que la part qui me concerne dans ce vaste tableau. Mais, en jetant de ce
point de vue si borné quelques regards sur l'ensemble, je me flatte de me faire souvent oublier en
racontant ma propre histoire.

Le plus grand grief de l'empereur Napoléon contre moi, c'est le respect dont j'ai toujours été pénétrée pour la véritable liberté. Ces sentiments m'ont
été transmis comme un héritage; et je les ai adoptés dès que j'ai pu réfléchir sur les hautes pensées
dont ils dérivent, et sur les belles actions qu'ils
inspirent. Les scènes cruelles qui ont déshonoré la
Révolution française n'étant que de la tyrannie sous
des formes populaires, n'ont pu, ce me semble, faire
aucun tort au culte de la liberté. L'on pourrait,
tout au plus, s'en décourager pour la France; mais,
si ce pays avait le malheur de ne savoir posséder le
plus noble des biens, il ne faudrait pas pour cela le
proscrire sur la terre. Quand le soleil disparaît de
l'horizon des pays du Nord, les habitants de ces
contrées ne blasphèment pas ses rayons, qui luisent
encore pour d'autres pays plus favorisés du ciel.

Peu de temps après le 18 brumaire, il fut rap-
porté à Bonaparte que j'avais parlé dans ma société
contre cette oppression naissante, dont je pressen-
tais les progrès aussi clairement que si l'avenir
m'eût été révélé. Joseph Bonaparte, dont j'aimais
l'esprit et la conversation, vint me voir, et me dit :
« Mon frère se plaint de vous. — Pourquoi, m'a-t-il

répété hier, pourquoi madame de Staël ne s'attache-
t-elle pas à mon gouvernement? Qu'est-ce qu'elle
veut? le payement du dépôt de son père : je l'ordon-
nerai; le séjour de Paris? je le lui permettrai. Enfin, qu'est-ce qu'elle veut?—Mon Dieu, répliquai-je,
il ne s'agit pas de ce que je veux, mais de ce que je
pense.» J'ignore si cette réponse lui a été rappor-
tée; mais je suis bien sûre au moins que, s'il l'a
sue, il n'y a attaché aucun sens; car il ne croit à la
sincérité des opinions de personne; il considère la
morale en tout genre comme une formule qui ne
tire pas plus à conséquence que la fin d'une lettre;
et, de même qu'après avoir assuré quelqu'un qu'on
est son très-humble serviteur, il ne s'ensuit pas
qu'il puisse rien exiger de vous, Bonaparte croit que,
lorsque quelqu'un dit qu'il aime la liberté, qu'il croit
en Dieu, qu'il préfère sa conscience à son intérêt,
c'est un homme qui se conforme à l'usage, qui suit la
manière reçue pour expliquer ses prétentions am-
bititieuses, ou ses calculs égoïstes. La seule espèce
de créatures humaines qu'il ne comprenne pas bien,
ce sont celles qui sont sincèrement attachées à une
opinion, qu'elles qu'en puissent être les suites; Bonaparte considère de tels hommes comme des niais,
ou comme des marchands qui surfont, c'est-à-dire
qui veulent se vendre trop cher. Aussi, comme on
le verra par la suite, ne s'est-il jamais trompé dans
ce monde que sur les honnêtes gens, soit comme
individus, soit surtout comme nations.

CHAPITRE II

Commencements de l'opposition dans le tribunat. — Premières
persécutions à ce sujet. — Fouché.

Quelques tribuns voulaient établir dans leur assemblée une opposition analogue à celle d'Angleterre, et prendre au sérieux la constitution, comme
si les droits qu'elle paraissait assurer avaient eu
rien de réel, et que la division prétendue des corps
de l'État n'eût pas été une simple affaire d'étiquette,
une distinction entre les diverses antichambres du
consul, dans lesquelles des magistrats de différents
noms pouvaient se tenir. Je voyais avec plaisir, je
l'avoue, le petit nombre de tribuns qui ne voulaient
point rivaliser de complaisance avec les conseillers
d'État; je croyais surtout que ceux qui précédem-
ment s'étaient laissé emporter trop loin dans leur
amour pour la république se devaient de rester fidèles à leur opinion, quand elle était devenue la
plus faible et la plus menacée.

L'un de ces tribuns, ami de la liberté, et doué
d'un des esprits les plus remarquables que la nature ait départi à aucun homme, M. Benjamin
Constant, me consulta sur un discours qu'il se proposait de faire pour signaler l'aurore de la tyrannie:
je l'y encourageai de toute la force de ma conscience.
Néanmoins, comme on savait qu'il était un de mes
amis intimes, je ne pus m'empêcher de craindre ce
qu'il pourrait m'en arriver. J'étais vulnérable par

mon goût pour la société. Montaigne a dit jadis : *Je suis François par Paris;* et s'il pensait ainsi il y a trois siècles, que serait-ce depuis que l'on a vu réunies tant de personnes d'esprit dans une même ville, et tant de personnes accoutumées à se servir de cet esprit pour les plaisirs de la conversation? Le fantôme de l'ennui m'a toujours poursuivie; c'est par la terreur qu'il me cause que j'aurais été capable de plier devant la tyrannie, si l'exemple de mon père, et son sang qui coule dans mes veines, ne l'emportaient pas sur cette faiblesse. Quoi qu'il en soit, Bonaparte la connaissait très-bien; il discerne promptement le mauvais côté de chacun; car c'est par leurs défauts qu'il soumet les hommes à son empire. Il joint à la puissance dont il menace, aux trésors qu'il fait espérer, la dispensation de l'ennui, et c'est aussi une terreur pour les Français. Le séjour à quarante lieues de la capitale, en contraste avec tous les avantages que réunit la plus agréable ville du monde, fait faiblir à la longue la plupart des exilés, habitués dès leur enfance aux charmes de la vie de Paris.

La veille du jour où Benjamin Constant devait prononcer son discours, j'avais chez moi Lucien Bonaparte, MM.***, ***, ***, ***, et plusieurs autres encore, dont la conversation, dans les degrés différents, a cet intérêt toujours nouveau qu'excitent et la force des idées et la grâce de l'expression. Chacun, Lucien excepté, lassé d'avoir été proscrit par le directoire, se préparait à servir le nouveau gouvernement, en n'exigeant de lui que de bien récompenser le dévouement à son pouvoir. Benjamin Constant s'approche de moi, et me dit tout bas : « Voilà votre salon rempli de personnes qui vous plaisent : si je parle, demain il sera désert; pensez-y. — Il faut suivre sa conviction, » lui répondis-je. L'exaltation m'inspira cette réponse; mais, je l'avoue, si j'avais prévu ce que j'ai souffert à dater de ce jour, je n'aurais pas eu la force de refuser l'offre que M. Constant me faisait de renoncer à se mettre en évidence pour ne pas me compromettre.

Ce n'est rien aujourd'hui, sous le rapport de l'opinion, que d'encourir la disgrâce de Bonaparte; il peut vous faire périr, mais il ne saurait entamer votre considération. Alors, au contraire, la nation n'était point éclairée sur ses intentions tyranniques; et comme chacun de ceux qui avaient souffert de la Révolution espérait de lui le retour d'un frère ou d'un ami, ou la restitution de sa fortune, on accablait du nom de jacobin quiconque osait lui résister; et la bonne compagnie se retirait de vous en même temps que la faveur du gouvernement; situation insupportable, surtout pour une femme, et dont personne ne peut connaître les pointes aiguës sans l'avoir éprouvée.

Le jour où le signal de l'opposition fut donné dans le tribunat par l'un de mes amis, je devais réunir chez moi plusieurs personnes dont la société me plaisait beaucoup, mais qui tenaient toutes au

gouvernement nouveau. Je reçus dix billets d'ex-
cuses à cinq heures ; je supportai assez bien le premier, le second ; mais à mesure que ces billets se
succédaient, je commençais à me troubler. Vainement j'en appelais à ma conscience, qui m'avait
conseillé de renoncer à tous les agréments attachés
à la faveur de Bonaparte ; tant d'honnêtes gens me
blâmaient, que je ne savais pas m'appuyer assez
ferme sur ma propre manière de voir. Bonaparte
n'avait encore rien fait de précisément coupable ;
beaucoup de gens assuraient qu'il préservait la
France de l'anarchie ; enfin, si dans ce moment il
m'avait fait dire qu'il se raccommodait avec moi,
j'en aurais eu plutôt de la joie ; mais il ne veut jamais se rapprocher de quelqu'un sans en exiger
une bassesse ; et, pour déterminer à cette bassesse,
il entre d'ordinaire dans des fureurs de commande
qui font une telle peur, qu'on lui cède tout. Je ne
veux pas dire par là que Bonaparte ne soit pas vraiment emporté ; ce qui n'est pas calcul en lui est de
la haine, et la haine s'exprime d'ordinaire par la
colère ; mais le calcul est tellement le plus fort,
qu'il ne va jamais au delà de ce qu'il lui convient
de montrer, suivant les circonstances et les personnes. Un jour un de mes amis le vit s'emporter avec
violence contre un commissaire des guerres qui
n'avait pas fait son devoir : à peine ce pauvre homme
fut-il sorti tout tremblant, que Bonaparte se re-
tourna vers un de ses aides de camp, et lui dit en
riant : « J'espère que je lui ai fait une belle frayeur ; »

et l'on aurait pu croire l'instant d'auparavant qu'il n'était plus maître de lui-même.

Quand il convint au premier consul de faire éclater son humeur contre moi, il gronda publiquement son frère aîné, Joseph Bonaparte, sur ce qu'il venait dans ma maison. Joseph se crut obligé de n'y pas mettre les pieds pendant quelques semaines; et son exemple fut le signal que suivirent les trois quarts des personnes que je connaissais. Ceux qui avaient été proscrits le 18 fructidor prétendaient qu'à cette époque j'aurais eu le tort de recommander à Barras M. de Talleyrand pour le ministère des affaires étrangères, et ils passaient leur vie chez le même M. de Talleyrand, qu'ils m'accusaient d'avoir servi. Tous ceux qui se conduisaient mal envers moi se gardaient bien de dire qu'ils obéissaient à la crainte de déplaire au premier consul; mais ils inventaient chaque jour un nouveau prétexte qui pût me nuire, exerçant toute l'énergie de leurs opinions politiques contre une femme persécutée et sans défense, et se prosternant aux pieds des plus vils jacobins, dès que le premier consul les avait régénérés par le baptême de la faveur.

Le ministre de la police, Fouché, me fit demander, pour me dire que le premier consul me soupçonnait d'avoir excité celui de mes amis qui avait parlé dans le tribunat. Je lui répondis, ce qui assurément était vrai, que M. Constant était un homme d'un esprit trop supérieur pour qu'on pût s'en prendre à une femme de ses opinions, et que d'ail-

leurs le discours dont il s'agissait ne contenait absolument que des réflexions sur l'indépendance
dont toute assemblée délibérante doit jouir, et qu'il
n'y avait pas une parole qui dût blesser le premier
consul personnellement. Le ministre en convint.
J'ajoutai encore quelques mots sur le respect qu'on
devait à la liberté des opinions dans un corps légis-
latif; mais il me fut aisé de m'apercevoir qu'il ne
s'intéressait guère à ces considérations générales :
il savait déjà très-bien que sous l'autorité de l'homme
qu'il voulait servir, il ne serait plus question de
principes, et il s'arrangeait en conséquence. Mais
comme c'est un homme d'un esprit transcendant en
fait de révolution, il avait déjà pour système de faire
le moins de mal possible, la nécessité du but admise.

Sa conduite précédente ne pouvait en rien annoncer de la moralité, et souvent il parlait de la
vertu comme d'un conte de vieille femme. Néanmoins une sagacité remarquable le portait à choisir
le bien comme une chose raisonnable, et ses lumières lui faisaient parfois trouver ce que la conscience
aurait inspiré à d'autres. Il me conseilla d'aller à
la campagne, et m'assura qu'en peu de jours tout
serait apaisé. Mais à mon retour il s'en fallait de
beaucoup que cela fût ainsi.

CHAPITRE III

Système de fusion adopté par Bonaparte. — Publication de
mon ouvrage sur la *Littérature*.

Tandis qu'on a vu les rois chrétiens prendre deux
confesseurs pour faire examiner de plus près leur
conscience, Bonaparte s'était choisi deux ministres,
l'un de l'ancien et l'autre du nouveau régime, dont
la mission était de mettre à sa disposition les moyens
machiavéliques des deux systèmes contraires.

Bonaparte suivait, dans toutes ses nominations,
à peu près la même règle, de prendre, pour ainsi
dire, tantôt à droite, tantôt à gauche; ou, en d'autres termes, de choisir alternativement ses agents
parmi les aristocrates et parmi les jacobins : le
parti mitoyen, celui des amis de la liberté, lui plaisait moins que tous les autres, parce qu'il était composé du petit nombre d'hommes qui, en France,
avaient une opinion. Il aimait mieux avoir affaire
à ceux qui étaient attachés à des intérêts royalistes,
ou déconsidérés par des excès populaires. Il alla
jusqu'à vouloir nommer conseiller d'État un conventionnel souillé des crimes les plus vils de la Terreur; mais il en fut détourné par le frissonnement
de ceux qui auraient eu à siéger avec lui. Bonaparte
eût aimé à donner cette preuve éclatante qu'il pouvait tout régénérer, comme tout confondre.

Ce qui caractérise le gouvernement de Bonaparte,
c'est un mépris profond pour toutes les richesses

intellectuelles de la nature humaine : vertu, dignité de l'âme, religion, enthousiasme, voilà quels sont, à ses yeux, *les éternels ennemis du continent*, pour me servir de son expression favorite : il voudrait séduire l'homme à la force et à la ruse, et désigner tout le reste sous le nom de bêtise ou de folie. Les Anglais l'irritent surtout, parce qu'ils ont trouvé le moyen d'avoir du succès avec de l'honnêteté, chose que Napoléon voudrait faire regarder comme impossible. Ce point lumineux du monde a offusqué ses yeux dès les premiers jours de son règne; et, ne pouvant atteindre l'Angleterre par ses armes, il n'a cessé de diriger contre elle toute l'artillerie de ses sophismes.

Je ne crois pas que Bonaparte, en arrivant à la tête des affaires, eût formé le plan de la monarchie universelle ; mais je crois que son système était ce qu'il a déclaré lui-même à un homme de mes amis, peu de jours après le 18 brumaire : « Il faut, lui dit-il, faire quelque chose de nouveau tous les trois mois, pour captiver l'imagination de la nation française; avec elle, quiconque n'avance pas est perdu. » Il s'était promis d'empiéter chaque jour sur la liberté de la France, et sur l'indépendance de l'Europe; mais, sans perdre de vue le but, il savait se prêter aux circonstances; il tournait l'obstacle, quand cet obstacle était trop fort; il s'arrêtait tout court, quand le vent contraire était trop violent. Cet homme, si impatient au fond de lui-même, a le talent de rester immobile quand il le

faut; il tient cela des Italiens, qui savent se contenir pour atteindre le but de leur passion, comme
s'ils étaient de sang-froid dans le choix de ce but.
C'est par l'art d'alterner entre la ruse et la force
qu'il a subjugué l'Europe; au reste, c'est un grand
mot que l'Europe. En quoi consistait-elle alors? en
quelques ministres, dont aucun n'avait autant d'esprit que beaucoup d'hommes pris au hasard dans
la nation qu'ils gouvernaient.

Vers le printemps de l'année 1800, je publiai
mon ouvrage sur la *littérature*, et le succès qu'il
obtint me remit tout à fait en faveur dans la société; mon salon redevint peuplé, et je retrouvai
ce plaisir de causer, et de causer à Paris, qui, je
l'avoue, a toujours été pour moi le plus piquant de
tous. Il n'y avait pas un mot sur Bonaparte dans mon
livre, et les sentiments les plus libéraux y étaient
exprimés, je crois, avec force. Mais alors la presse
était encore loin d'être enchaînée comme à présent; le gouvernement exerçait la censure sur les
journaux, mais non pas sur les livres; distinction
qui pouvait se soutenir, si l'on avait usé de cette
censure avec modération : car les journaux exercent une influence populaire, tandis que les livres,
pour la plupart, ne sont lus que par des hommes
instruits, et peuvent éclairer l'opinion, mais non pas
l'enflammer. Plus tard on a institué dans le sénat,
je crois par dérision, une commission pour la liberté de la presse, et une autre pour la liberté individuelle, dont maintenant encore on renouvelle

les membres tous les trois mois. Certainement les évêchés *in partibus*, et les *sinécures* d'Angleterre, donnent plus d'occupation que ces comités.

Depuis mon ouvrage sur la littérature, j'ai publié *Delphine*, *Corinne*, et enfin mon livre sur l'*Allemagne*, qui a été supprimé au moment où il allait paraître. Mais, quoique ce dernier écrit m'ait attiré d'amères persécutions, les lettres ne me semblent pas moins une source de jouissances et de considération, même pour une femme. J'attribue ce que j'ai souffert dans la vie aux circonstances qui m'ont associée, dès mon entrée dans le monde, aux intérêts de la liberté que soutenaient mon père et ses amis; mais le genre de talent qui a fait parler de moi, comme écrivain, m'a toujours valu plus de plaisir que de peine. Les critiques dont les ouvrages sont l'objet peuvent être très-aisément supportées quand on a quelque élévation d'âme, et quand on aime les grandes pensées pour elles-mêmes encore plus que pour le succès qu'elles peuvent procurer. D'ailleurs le public, au bout d'un certain temps, me paraît presque toujours très-équitable : il faut que l'amour-propre s'accoutume à faire crédit à la louange ; car avec le temps on obtient ce qu'on mérite. Enfin, quand même on aurait longtemps à souffrir de l'injustice, je ne conçois pas de meilleur asile contre elle que la méditation de la philosophie et l'émotion de l'éloquence. Ces facultés mettent à nos ordres tout un monde de vérités et de sentiments dans lequel on respire toujours à l'aise.

CHAPITRE IV

Conversation de mon père avec Bonaparte. — Campagne de Marengo.

Bonaparte partit au printemps de 1800, pour faire la campagne d'Italie, connue surtout par la bataille de Marengo. Il passa par Genève, et comme il témoigna le désir de voir M. Necker, mon père se rendit chez lui, plus dans l'espoir de me servir que pour tout autre motif. Bonaparte le reçut fort bien et lui parla de ses projets du moment avec cette sorte de confiance qui est dans son caractère, ou plutôt dans son calcul ; car c'est toujours ainsi qu'il faut appeler son caractère. Mon père n'éprouva point, en le voyant, la même impression que moi ; sa présence ne lui imposa point, et il ne trouva rien de transcendant dans sa conversation. J'ai cherché à me rendre compte de cette différence dans nos jugements, et je crois qu'elle tient d'abord à ce que la dignité simple et vraie des manières de mon père lui assurait les égards de tous ceux à qui il parlait, et que d'ailleurs, le genre de supériorité de Bonaparte provenant bien plus de l'habileté dans le mal que de la hauteur des pensées dans le bien, ses paroles ne doivent pas faire concevoir ce qui le distingue ; il ne pourrait, il ne voudrait expliquer son propre instinct machiavélique. Mon père ne parla point à Bonaparte de ses deux millions déposés au trésor public ; il ne voulut lui montrer d'intérêt que pour moi, et il lui dit, entre autres

choses, que, de la même manière que le premier
consul aimait à s'entourer de noms illustres, il
devait se plaire aussi à accueillir les talents célèbres, comme décoration de sa puissance. Bonaparte lui répondit avec obligeance, et le résultat de
cet entretien fut de m'assurer, du moins pour
quelque temps encore, le séjour de la France. C'est
la dernière fois que la main protectrice de mon
père s'est étendue sur ma vie ; depuis il n'a pas été
le témoin des persécutions cruelles qui l'auraient
plus irrité que moi-même.

Bonaparte se rendit à Lausanne pour préparer
l'expédition du mont Saint-Bernard : le vieux général autrichien ne crut point à la hardiesse d'une
telle entreprise, et ne fit pas les préparatifs nécessaires pour s'y opposer. Un corps de troupes peu
considérable aurait suffi, dit-on, pour perdre l'armée française, au milieu des gorges de montagnes
où Bonaparte la faisait passer ; mais, dans cette
circonstance, comme dans plusieurs autres, on a
pu appliquer aux triomphes de Bonaparte ces vers
de .-B. Rousseau :

> L'inexpérience indocile
> Du compagnon de Paul-Émile
> Fit tout le succès d'Annibal.

J'arrivai en Suisse, pour passer l'été avec mon
père, suivant ma coutume, à peu près vers le temps
où l'armée française traversait les Alpes. On voyait
sans cesse des troupes parcourir ces paisibles con-

trées que le majestueux rempart des Alpes devait mettre à l'abri des orages et de la politique. Pendant ces belles soirées d'été, sur le bord du lac de Genève, j'avais presque honte de tant m'inquiéter des choses de ce monde, en présence de ce ciel serein et de cette onde si pure ; mais je ne pouvais vaincre mon agitation intérieure. Je souhaitais que Bonaparte fût battu, parce que c'était le seul moyen d'arrêter les progrès de sa tyrannie ; toutefois je n'osais encore avouer ce désir, et le préfet du Léman, M. d'Eymar, ancien député à l'Assemblée constituante, se rappelant le temps où nous chérissions ensemble l'espoir de la liberté, m'envoyait des courriers à toutes les heures, pour m'apprendre les progrès des Français en Italie. Il m'eût été difficile de faire concevoir à M. d'Eymar, homme fort intéressant d'ailleurs, que le bien de la France exigeait qu'elle eût alors des revers, et je recevais les prétendues bonnes nouvelles qu'il m'envoyait d'une façon contrainte qui s'accordait mal avec mon caractère. N'a-t-il pas fallu depuis apprendre sans cesse les triomphes de celui qui faisait retomber ses succès sur la tête de tous et de chacun ; et jamais, de tant de victoires, est-il résulté un seul bonheur pour la triste France ?

La bataille de Marengo a été perdue pendant deux heures ; ce fut la négligence du général Mélas, qui se fia trop à ses succès, et l'audace du général Desaix, qui rendirent la victoire aux armes françaises. Pendant que le sort de la bataille était désespéré, Bonaparte se promenait lentement à cheval, devant ses troupes, pensif, la tête baissée, courageux contre le danger plus que contre le malheur; n'essayant rien, mais attendant la fortune. Il s'est conduit plusieurs fois ainsi, et il s'en est bien trouvé. Mais je crois toujours que, s'il avait eu parmi ses adversaires un homme de caractère autant que de probité, Bonaparte se serait arrêté devant cet obstacle. Son grand talent est d'effrayer les faibles, et de tirer parti des hommes immoraux. Quand il rencontre l'honnêteté quelque part, on dirait que ses artifices sont déconcertés, comme les conjurations du démon par le signe de la croix.

L'armistice qui fut la suite de la bataille de Marengo, et dont la condition était la cession de toutes les places fortes du nord de l'Italie, fut très-désavantageux à l'Autriche. Bonaparte n'aurait pu rien obtenir de plus par la continuation même de ses victoires. Mais on dirait que les puissances du continent se sont fait honneur de céder ce qu'il eût encore mieux valu se laisser prendre. On s'est empressé avec Napoléon de lui sanctionner ses injustices, de lui légitimer ses conquêtes, tandis qu'il fallait, alors même qu'on ne pouvait le vaincre, au moins ne pas le seconder. Ce n'était pas trop demander aux anciens cabinets de l'Europe; mais ils ne comprenaient rien à une situation si nouvelle, et Bonaparte les étourdissait par tant de menaces et tant de promesses tout ensemble, qu'ils croyaient

gagner en donnant, et se réjouissaient du mot de paix,
comme si ce mot eût conservé le même sens qu'autrefois. Les illuminations, les révérences, les dîners
et les coups de canon, pour célébrer cette paix,
étaient absolument les mêmes que jadis; mais,
loin de cicatriser les blessures, elle introduisait
dans le gouvernement qui la signait un principe de
mort d'un effet certain.

Le trait le plus caractérisé de la fortune de Napoléon, ce sont les souverains qu'il a trouvés sur le
trône. Paul Ier surtout lui a rendu des services in-
calculables; il a pris pour lui l'enthousiasme que
son père avait éprouvé pour Frédéric II, et il a
abandonné l'Autriche dans le moment où elle
essayait encore de lutter. Bonaparte lui persuada
que l'Europe entière serait pacifiée pour des siècles,
si les deux grands empires de l'Orient et de l'Occident étaient d'accord; et Paul Ier, qui avait quelque chose de chevaleresque dans l'esprit, se laissa
prendre à ces mensonges. C'était un coup du sort
pour Bonaparte que de rencontrer une tête couronnée si facile à exalter, et qui réunissait la violence
à la faiblesse; aussi regretta-t-il beaucoup Paul Ier,
car nul homme ne lui convenait mieux à tromper.

Lucien, ministre de l'intérieur, qui connaissait
parfaitement les projets de son frère, fit publier une
brochure destinée à préparer les esprits à l'établissement d'une nouvelle dynastie. Cette publication
était prématurée; elle fit un mauvais effet; Fouché
s'en servit pour perdre Lucien : il dit à Bonaparte

que le secret était trop tôt révélé ; et au parti républicain, que Bonaparte désavouait son frère. En effet, Lucien fut envoyé alors comme ambassadeur en Espagne. Le système de Bonaparte était d'avancer de mois en mois dans la carrière du pouvoir ; il faisait répandre comme bruit des résolutions qu'il avait envie de prendre, afin d'essayer ainsi l'opinion. D'ordinaire même il avait soin qu'on exagérât ce qu'il projetait, afin que la chose même, quand elle arrivait, fût un adoucissement à la crainte qui avait circulé dans le public. La vivacité de Lucien cette fois s'emporta trop loin, et Bonaparte jugea nécessaire de le sacrifier, en apparence, pendant quelque temps.

CHAPITRE V

Machine infernale. — Paix de Lunéville.

Je revins à Paris vers le mois de novembre 1800 ; la paix n'était point encore faite, quoique Moreau, par ses victoires, la rendît de plus en plus nécessaire aux puissances étrangères. N'a-t-il pas regretté depuis les lauriers de Stockach et de Hohenlinden, quand la France n'a pas été moins esclave que l'Europe, dont il la faisait triompher ? Moreau n'a vu que la France dans les ordres du premier consul ; mais il appartenait à un tel homme de juger le gouvernement qui l'employait, et de prononcer lui-même, dans une pareille circonstance, quel était le véritable intérêt de son pays. Toutefois, il faut en con-

venir, à l'époque des plus brillantes victoires de
Moreau, c'est-à-dire dans l'automne de 1800, il
n'y avait encore que peu de personnes qui sussent
démêler les projets de Bonaparte : ce qu'il y avait
d'évident à distance, c'était l'amélioration des
finances, et l'ordre rétabli dans plusieurs branches
d'administration. Napoléon était obligé de passer
par le bien pour arriver au mal ; il fallait qu'il ac-
crût les forces de la France, avant de s'en servir
pour son ambition personnelle.

Un soir que je causais avec quelques amis, nous
entendîmes une forte détonation, mais nous crûmes
que c'étaient des coups de canon tirés pour quelque
exercice, et nous continuâmes notre entretien.
Nous apprîmes, peu d'heures après, qu'en allant
à l'Opéra, le premier consul avait failli périr par
l'explosion de ce qu'on a appelé depuis la machine
infernale. Comme il échappa, l'on ne manqua pas
de lui témoigner le plus vif intérêt ; des philosophes
proposèrent le rétablissement des supplices de la
roue et du feu pour les auteurs de cet attentat ; et
il put voir de tout côté une nation qui tendait le
cou au joug. Il discuta chez lui fort tranquillement,
le soir même, ce qui serait arrivé s'il eût péri ;
quelques-uns disaient que Moreau l'aurait remplacé ; Bonaparte prétendait que c'eût été le général Bernadotte : « Comme Antoine, dit-il, il aurait
présenté au peuple ému la robe sanglante de César. » Je ne sais s'il croyait en effet que la France
eût alors appelé le général Bernadotte à la tête des

affaires; mais ce qui est bien sûr au moins, c'est qu'il ne le disait que pour exciter l'envie contre ce général.

Si la machine infernale eût été combinée par le parti jacobin, de ce moment le premier consul aurait pu redoubler de tyrannie; l'opinion l'eût secondé; mais, comme c'était le parti royaliste qui était l'auteur de ce complot, Bonaparte n'en put tirer un grand avantage: il chercha plutôt à l'étouffer qu'à s'en servir; car il souhaitait que la nation lui crût pour ennemis seulement les ennemis de l'ordre, mais non pas les amis d'un autre ordre, c'est-à-dire de l'ancienne dynastie. Une chose singulière, c'est qu'à l'occasion d'un complot royaliste, Bonaparte fit déporter, par un sénatus-consulte, cent trente jacobins dans l'île de Madagascar, ou peut-être dans le fond de la mer, car on n'en n'a plus entendu parler depuis. Cette liste fut faite le plus arbitrairement du monde; on y mit des noms, on en ôta, selon les recommandations des conseillers d'État qui la proposaient et des sénateurs qui la sanctionnaient. Les honnêtes gens disaient, quand on se plaignait de la manière dont cette liste avait été faite, qu'elle était composée d'hommes très-coupables: cela se peut; mais c'est le droit, et non le fait, qui constitue la légalité des actions. Lorsqu'on laisse déporter arbitrairement cent trente citoyens, rien n'empêchera, ce qu'on a vu depuis, de traiter ainsi des personnes très-estimables. L'opinion les défendra, dira-t-on. L'opinion! qu'est-elle, sans

l'autorité de la loi? qu'est-elle, sans des organes
indépendants? L'opinion était pour le duc d'Enghien, pour Moreau et pour Pichegru; a-t-elle pu les
sauver! Il n'y aura ni liberté, ni dignité, ni sûreté,
dans un pays où l'on s'occupera des noms propres,
quand il s'agit d'une injustice; tout homme est
innocent avant qu'un tribunal légal l'ait condamné;
et quand cet homme serait le plus coupable de
tous, dès qu'il est soustrait à la loi, son sort doit
faire trembler les honnêtes gens comme les autres.
Mais, de même que dans la chambre des communes d'Angleterre, quand un député de l'opposition
sort, il prie un député du côté ministériel de se retirer avec lui, pour ne pas altérer le rapport des
deux partis, Bonaparte ne frappait jamais les royalistes ou les jacobins sans partager les coups également entre les uns et les autres : il se faisait
ainsi des amis de tous ceux dont il servait les
haines. On verra par la suite que c'est toujours sur
la haine qu'il a compté pour fortifier son gouvernement; car il sait qu'elle est moins inconstante que
l'amour. Après une révolution, l'esprit de parti est
si âpre, qu'un nouveau chef peut le captiver encore
plus en servant sa vengeance qu'en soutenant ses
intérêts; chacun abandonne, s'il le faut, celui qui
pense comme lui, pourvu que l'on poursuive celui
qui pense autrement.

La paix de Lunéville fut proclamée: l'Autriche
ne perdit, dans cette première paix, que la république de Venise, qu'elle avait reçue en dédom-

magement de la Belgique, et cette antique reine
de la mer Adriatique repassa d'un maître à l'autre,
après avoir été longtemps fière et puissante.

CHAPITRE VI

Corps diplomatique sous le consulat. — Mort de Paul Ier.

Mon hiver à Paris se passa tranquillement. Je
n'allais jamais chez le premier consul ; je ne voyais
jamais M. de Talleyrand : je savais que Bonaparte
ne m'aimait pas ; mais il n'en était pas encore
arrivé au degré de tyrannie qu'on a vu se développer depuis. Les étrangers me traitaient avec distinction ; le corps diplomatique passait sa vie chez
moi, et cette atmosphère européenne me servait de
sauvegarde.

Un ministre arrivé nouvellement de Prusse
croyait qu'il était encore question de république, et
mettait en avant ce qu'il avait recueilli de principes
philosophiques dans ses rapports avec Frédéric II :
on l'avertit qu'il se trompait sur le terrain du jour,
et qu'il fallait plutôt recourir à ce qu'il savait de
mieux en fait d'esprit de cour : il obéit bien vite ;
car c'est un homme dont les facultés distinguées
sont au service d'un caractère singulièrement sou-
ple. Il finit la phrase que l'on commence, ou commence celle qu'il croit qu'on va finir ; et ce n'est
qu'en amenant la conversation sur des faits de l'autre siècle, sur la littérature des anciens, enfin sur
des sujets étrangers aux hommes et aux choses

d'aujourd'hui, qu'on peut découvrir la supériorité de son esprit.

L'ambassadeur d'Autriche était un courtisan d'un tout autre genre, mais non moins désireux de plaire à la puissance. L'un était instruit comme un homme de lettres ; l'autre ne connaissait de la littérature que les comédies françaises dans lesquelles il avait joué les rôles de Crispin et de Chrysalde. On sait que chez l'impératrice Catherine II, il reçut un jour des dépêches étant déguisé en vieille femme ; le courrier consentit avec peine à reconnaître son ambassadeur sous ce costume. M. de C. était un homme d'une extrême banalité ; il adressait les mêmes propos à tous ceux qu'il rencontrait dans un salon ; il parlait à tous avec une sorte de cordialité vide de sentiments et d'idées. Ses manières étaient parfaites, sa conversation assez bien formée par le monde ; mais envoyer un tel homme pour négocier avec la force et l'âpreté révolutionnaire qui entouraient Bonaparte, c'était un spectacle digne de pitié. Un des aides de camp de Bonaparte se plaignait de la familiarité de M. de C. ; il trouvait mauvais qu'un des premiers seigneurs de la monarchie autrichienne lui serrât la main sans gêne. Ces nouveaux débutants dans la carrière de la politesse ne croyaient pas que l'aisance fût de bon goût. En effet, s'ils s'étaient mis à l'aise, ils auraient commis d'étranges inconvenances, et la roideur arrogante était encore leur plus sûre ressource dans le rôle nouveau qu'ils voulaient jouer.

Joseph Bonaparte, qui avait négocié la paix de Lunéville, invita M. de C. à sa charmante terre de Morfontaine, et je m'y trouvai avec lui. Joseph aimait beaucoup les travaux de la campagne, et se promenait très-volontiers et très-facilement huit heures de suite dans ses jardins. M. de C. essayait de le suivre, plus essoufflé que le duc de Mayenne, quand Henri IV s'amusait à le faire marcher, malgré son embonpoint. Le pauvre homme vantait beaucoup, parmi les plaisirs champêtres, la pêche, parce qu'elle permet de s'asseoir; il parlait avec une vivacité de commande sur l'innocent plaisir d'attrapper quelques petits poissons à la ligne.

Paul Iᵉʳ avait maltraité M. de C. de la manière la plus indigne, lors de son ambassade à Pétersbourg. Nous jouions au trictrac, lui et moi, dans un salon de Morfontaine, lorsqu'un de mes amis vint nous apprendre la mort subite de Paul. M. de C. fit alors sur cet événement les complaintes les plus officielles du monde. « Quoique je pusse avoir à me plaindre de lui, dit-il, je reconnaîtrai toujours les excellentes qualités de ce prince, et je ne puis m'empêcher de regretter sa perte. » Il pensait avec raison que la mort de Paul Iᵉʳ était un événement heureux et pour l'Autriche et pour l'Europe; mais il avait dans ses paroles un deuil de cour tout à fait impatientant. Il faut espérer qu'avec le temps le monde sera débarrassé de l'esprit de courtisan, le plus fade de tous, pour ne rien dire de plus.

Bonaparte fut très-effrayé de la mort de Paul Ier, et l'on dit qu'à cette nouvelle il lui échappa le premier *ah mon Dieu!* qu'on ait entendu sortir de sa bouche. Il pouvait cependant être tranquille, car les Français étaient alors plus disposés que les Russes à souffrir la tyrannie.

Je fus priée chez le général Berthier un jour où le premier consul devait s'y trouver; et comme je savais qu'il s'exprimait très-mal sur mon compte, il me vint dans l'esprit qu'il m'adresserait peut-être quelques-unes des choses grossières qu'il se plaisait souvent à dire aux femmes, même à celles qui lui faisaient la cour, et j'écrivis à tout hasard, avant de me rendre à la fête, les diverses réponses fières et piquantes que je pourrais lui faire, selon les choses qu'il me dirait. Je ne voulais pas être prise au dépourvu, s'il se permettait de m'offenser, car c'eût été manquer encore plus de caractère que d'esprit; et, comme nul ne peut se promettre de n'être pas troublé en présence d'un tel homme, je m'étais préparée d'avance à le braver. Heureusement cela fut inutile; il ne m'adressa que la plus commune question du monde; il en arriva de même à ceux des opposants auxquels il croyait la possibilité de lui répondre : en tout genre, il n'attaque jamais que quand il se sent de beaucoup le plus fort. Pendant le souper, le premier consul était debout derrière la chaise de madame Bonaparte, et se balançait sur un pied et sur l'autre, à la manière des princes de la maison de Bourbon. Je fis remarquer à mon voisin cette vocation pour la royauté déjà si manifeste.

CHAPITRE VII

Paris en 1801.

L'opposition du tribunat continuait toujours, c'est-à-dire qu'une vingtaine de membres sur cent essayaient de parler contre les mesures de tout genre avec lesquelles on préparait la tyrannie. Une belle question s'offrait : la loi qui donnait au gouvernement la funeste faculté de créer des tribunaux spéciaux pour juger ceux qui seraient accusés de crimes d'État; comme si livrer un homme à ces tribunaux extraordinaires, ce n'était pas juger d'avance ce qui est en question, c'est-à-dire, s'il est criminel, et criminel d'État; et comme si, de tous les délits, les délits politiques n'étaient pas ceux qui exigent le plus de précautions et d'indépendance dans la manière de les examiner, puisque le gouvernement est presque toujours partie dans de telles causes.

On a vu depuis ce que sont ces commissions militaires pour juger les crimes d'État, et la mort du duc d'Enghien signale à tous l'horreur que doit inspirer cette puissance hypocrite qui revêt le meurtre du manteau de la loi.

La résistance du tribunat, toute faible qu'elle était, déplaisait au premier consul; non qu'elle lui fût un obstacle, mais elle entretenait la nation dans l'habitude de penser, ce qu'il ne voulait à aucun prix. Il fit mettre dans les journaux, entre autres, un raisonnement bizarre contre l'opposition. Rien de si simple, disait-on, que l'opposition en Angleterre, puisque le roi y est l'ennemi du peuple; mais dans un pays où le pouvoir exécutif est lui-même nommé par le peuple, c'est s'opposer à la nation que de combattre son représentant. Combien de phrases de ce genre les écrivains de Napoléon n'ont ils pas lancées depuis dix ans dans le public? En Angleterre ou en Amérique, un simple paysan rirait d'un sophisme de cette nature; en France, tout ce qu'on désire, c'est d'avoir une phrase à dire, avec laquelle on puisse donner à son intérêt l'apparence de la conviction.

Très-peu d'hommes se montraient étrangers au désir d'avoir des places; un grand nombre étaient ruinés, et l'intérêt de leurs femmes et de leurs enfants, ou de leurs neveux, s'ils n'avaient pas d'enfants, ou de leurs cousins, s'ils n'avaient pas de neveux, les forçait, disaient-ils, à demander de l'emploi au gouvernement. La grande force des chefs de l'État en France, c'est le goût prodigieux qu'on y a pour occuper des places : la vanité les fait encore plus rechercher que le besoin d'argent. Bonaparte recevait des milliers de pétitions pour chaque emploi, depuis le premier jusqu'au dernier. S'il n'avait pas eu naturellement un profond mépris pour l'espèce humaine, il en aurait conçu en parcourant toutes les requêtes signées de tant de noms illustres par leurs aïeux, ou célèbres par des actes révolutionnaires en opposition avec les nouvelles fonctions qu'ils ambitionnaient.

L'hiver de 1804, à Paris, me fut assez doux par la facilité avec laquelle Fouché m'accorda les différentes demandes que je lui adressai pour le retour des émigrés; il me donna ainsi, au milieu de ma disgrâce, le plaisir d'être utile, et je lui en conserve de la reconnaissance. Il faut l'avouer, il y a toujours un peu de coquetterie dans tout ce que font les femmes, et la plupart de leurs vertus mêmes sont mêlées au désir de plaire, et d'être entourées d'amis qui tiennent plus intimement à elles par les services qu'ils en ont reçus. C'est sous ce seul point de vue qu'on peut leur pardonner d'aimer le crédit; mais il faut savoir renoncer aux plaisirs mêmes de l'obligeance pour la dignité; car on peut tout faire pour les autres, excepté de dégrader son caractère. Notre propre conscience est le trésor de Dieu : il ne nous est permis de le dépenser pour personne.

Bonaparte faisait encore quelques frais pour l'Institut, dont il s'était fait honneur en Égypte; mais il y avait parmi les hommes de lettres et les savants une petite opposition philosophique, malheureusement d'un très-mauvais genre, car elle portait tout entière contre le rétablissement de la religion. Par une funeste bizarrerie, les hommes éclairés en France voulaient se consoler de l'esclavage de ce monde, en cherchant à détruire l'espérance d'un monde à venir : cette singulière inconséquence

n'aurait point existé dans la religion réformée;
mais le clergé catholique avait des ennemis que son
courage et ses malheurs n'avaient point encore
désarmés, et peut-être en effet est-il difficile de con-
cilier l'autorité du pape et des prêtres soumis au
pape avec le système de la liberté d'un État. Quoi
qu'il en soit, l'Institut ne montrait pas pour la religion, indépendamment de ses ministres, ce profond
respect inséparable d'une haute puissance d'âme
et de génie, et Bonaparte s'appuyait, contre des
hommes qui valaient mieux que lui, de sentiments
qui valaient mieux que ces hommes.

Dans cette année (1801), le premier consul ordonna à l'Espagne de faire la guerre au Portugal,
et le faible roi de l'illustre Espagne condamna son
armée à cette expédition, aussi servile qu'injuste.
Il marcha contre un voisin qui ne lui voulait aucun
mal, contre une puissance alliée de l'Angleterre,
qui s'est montrée depuis si véritablement amie de
l'Espagne; tout cela pour obéir à celui qui se préparait à la dépouiller de toute son existence. Quand
on a vu ces mêmes Espagnols donner avec tant
d'énergie le signal de la résurrection du monde, on
apprend à connaître ce que c'est que les nations,
et si l'on doit leur refuser un moyen légal d'exprimer leur opinion et d'influer sur leur destinée.

Ce fut vers le printemps de 1801 que le premier
consul imagina de faire un roi, et un roi de la maison de Bourbon; il lui donna la Toscane, en la dé-
signant par le nom érudit d'Étrurie, afin de com-

mencer ainsi la grande mascarade de l'Europe. Cet
infant d'Espagne fut mandé à Paris pour montrer
aux Français un prince de l'ancienne dynastie humilié devant le premier consul, humilié par ses
dons, lorsqu'il n'aurait jamais pu l'être par ses persécutions. Bonaparte s'essaya sur cet agneau royal
à faire attendre un roi dans son antichambre ; il
se laissa applaudir au théâtre, à l'occasion de ce
vers :

J'ai fait des rois, madame, et n'ai pas voulu l'être ;

se promettant bien d'être plus que roi, quand l'occasion s'en présenterait. On racontait tous les jours
une bévue nouvelle de ce pauvre roi d'Étrurie ; on
le menait au Musée, au Cabinet d'histoire naturelle,
et l'on citait comme traits d'esprit quelques-unes
de ses questions sur les poissons ou les quadrupè-
des, qu'un enfant de douze ans, bien élevé, ne ferait plus. Le soir, on le conduisait à des fêtes, où
les danseuses de l'Opéra venaient se mêler aux
dames nouvelles ; et le petit roi, malgré sa dévotion, les préférait pour danser avec elles, et leur
envoyait le lendemain, en remercîment, de beaux
et bons livres pour leur instruction. C'était un singulier moment en France que ce passage des habitudes révolutionnaires aux prétentions monarchiques ; comme il n'y avait ni indépendance dans les
unes, ni dignité dans les autres, leurs ridicules se
mariaient parfaitement bien ensemble ; elles se
groupaient, chacune à sa manière, autour de la

puissance bigarrée qui se servait en même temps
des moyens de force des deux régimes.

On célébra pour la dernière fois, cette année,
le 14 juillet, anniversaire de la Révolution, et une
proclamation pompeuse rappela tous les biens ré-
sultant de cette journée; il n'en existait cependant
pas un que le premier consul ne se promît de détruire. De tous les recueils le plus bizarre, c'est
celui des proclamations de cet homme; c'est une
encyclopédie de tout ce qui peut se dire de contra-
dictoire dans ce monde; et si le chaos était chargé
d'endoctriner la terre, il jetterait sans doute ainsi
à la tête du genre humain l'éloge de la paix et de
la guerre, des lumières et des préjugés, de la liberté et du despotisme, les louanges et les injures
sur tous les gouvernements, sur toutes les religions.

Ce fut vers cette époque que Bonaparte envoya le
général Leclerc à Saint-Domingue, et qu'il l'appela
dans son arrêté *notre beau-frère*. Ce premier *nous*
royal, qui associait les Français à la prospérité de
cette famille, me fut vivement antipathique. Il exi-
gea de sa jolie sœur d'aller avec son mari à Saint-
Domingue, et c'est là que sa santé fut abîmée :
singulier acte de despotisme pour un homme qui,
d'ailleurs, n'est pas accoutumé à une grande sévérité de principes autour de lui ! mais il ne se sert
de la morale que pour contrarier les uns et éblouir
les autres. Une paix fut conclue, dans la suite, avec
le chef des Nègres, Toussaint-Louverture. C'était

un homme très-criminel; mais toutefois Bonaparte signa des conditions avec lui, et, au mépris de ces conditions, Toussaint fut amené dans une prison de France, où il a péri de la manière la plus misérable. Peut-être Bonaparte ne se souvient-il pas seulement de ce forfait, parce qu'il lui a été moins reproché que les autres.

Dans une grande forge, on observe avec étonnement la violence des machines qu'une seule volonté fait mouvoir; ces marteaux, ces laminoirs, semblent des personnes, ou plutôt des animaux dévorants. Si vous vouliez lutter contre leur force, vous en seriez anéanti; cependant toute cette fureur apparente est calculée, et c'est un seul moteur qui fait agir ces ressorts. La tyrannie de Bonaparte se présente à mes yeux sous cette image; il fait périr des milliers d'hommes, comme ces roues battent le fer, et ses agents, pour la plupart, sont aussi insensibles qu'elles; l'impulsion invisible de ces machines humaines vient d'une volonté tout à la fois violente et méthodique, qui transforme la vie morale en un instrument servile; enfin, pour achever la comparaison, il suffirait d'atteindre le moteur pour que tout rentrât dans le repos.

CHAPITRE VIII

Voyage à Coppet. — Préliminaires de paix avec l'Angleterre.

J'allai, suivant mon heureuse coutume, passer l'été auprès de mon père; je le trouvai très-indigné

de la marche que suivaient les affaires; et, comme
il avait toute sa vie autant aimé la vraie liberté que
détesté l'anarchie populaire, il se sentait le désir
d'écrire contre la tyrannie d'un seul, après avoir si
longtemps combattu celle de la multitude. Mon
père aimait la gloire, et, quelque sage que fût son
caractère, l'aventureux en tout genre ne lui déplaisait pas, quand il fallait s'y exposer pour mériter
l'estime publique. Je sentais très-bien les dangers
que me ferait courir un ouvrage de mon père qui
déplairait au premier consul; mais je ne pouvais
me résoudre à étouffer ce chant du cygne, qui devait se faire entendre encore sur le tombeau de la
liberté française. J'encourageai donc mon père à
travailler, et nous renvoyâmes à l'année suivante la
question de savoir s'il ferait publier ce qu'il écrivait.

La nouvelle des préliminaires de paix signés entre l'Angleterre et la France vint mettre le comble
aux succès de Bonaparte. En apprenant que l'Angleterre l'avait reconnu, il me sembla que j'avais
tort de haïr sa puissance; mais les circonstances ne
tardèrent pas à m'ôter ce scrupule. La plus remarquable des conditions de ces préliminaires, c'était
l'évacuation complète de l'Égypte; ainsi toute cette
expédition n'avait eu d'autre résultat que de faire
parler de Bonaparte. Plusieurs écrits publiés par
delà les barrières du pouvoir de Bonaparte l'accu-
sent d'avoir fait assassiner Kléber en Égypte, parce
qu'il était jaloux de sa puissance; et des personnes

dignes de foi m'ont dit que le duel dans lequel le
général d'Estaing a été tué par le général Regnier
fut provoqué par une discussion sur cet objet. Toutefois il me paraît difficile de croire que Bonaparte
ait eu le moyen d'armer un Turc contre la vie d'un
général français, pendant qu'il était lui-même si
loin du théâtre de cet attentat. On ne doit rien dire
contre lui qui ne soit prouvé; s'il se trouvait une
seule erreur de ce genre parmi les vérités les plus
notoires, leur éclat en serait terni. Il ne faut combattre Bonaparte avec aucune de ses armes.

Je retardai mon retour à Paris, pour ne pas être
témoin de la grande fête de la paix; je ne connais
pas une sensation plus pénible que ces réjouissances
publiques, quand l'âme s'y refuse. On prend une
sorte de mépris pour ce badaud de peuple, qui
vient célébrer le joug qu'on lui prépare : ces lour-
des victimes devant le palais de leur sacrificateur;
ce premier consul appelé le père de la nation qu'il
allait dévorer; ce mélange de bêtise d'une part et
de ruse de l'autre; la fade hypocrisie des courtisans jetant un voile sur l'arrogance du maître, tout
m'inspirait un dégoût que je ne pouvais surmonter.
Il fallait se contraindre, et au milieu de ces solen-
nités on était exposé à rencontrer des joies officielles qu'il était plus facile d'éviter dans d'autres moments.

Bonaparte proclamait alors que la paix était le
premier besoin du monde; tous les jours il signait
un nouveau traité, qui ressemblait assez au soin

avec lequel Polyphème comptait les moutons en les
faisant entrer dans sa caverne. Les États-Unis d'A-
mérique firent aussi la paix avec la France, et ils
envoyèrent pour plénipotentiaire un homme qui ne
savait pas un mot de français, ignorant apparemment que la plus parfaite intelligence de la langue
suffisait à peine pour démêler la vérité dans un
gouvernement où l'on savait si bien la cacher. Le
premier consul, à la présentation de M. Livingston,
lui fit, à l'aide d'un interprète, des compliments
sur la pureté des mœurs de l'Amérique, et il ajouta :
« L'ancien monde est bien corrompu : » puis, se
tournant vers M. de ***, il lui répéta deux fois :
« Expliquez-lui donc que l'ancien monde est bien
corrompu; vous en savez quelque chose, n'est-ce
pas? » C'est une des plus douces paroles qu'il ait
adressées en public à ce courtisan de meilleur goût
que les autres, qui aurait voulu conserver quelque
dignité dans les manières, en sacrifiant celle de
l'âme à son ambition.

Cependant les institutions monarchiques s'avançaient à l'ombre de la république. On organisait
une garde prétorienne; les diamants de la couronne
servaient d'ornement à l'épée du premier consul,
et l'on voyait dans sa parure, comme dans la situation politique du jour, un mélange de l'ancien et
du nouveau régime; il avait des habits tout d'or
et des cheveux plats, une petite taille et une grosse
tête, je ne sais quoi de gauche et d'arrogant, de
dédaigneux et d'embarrassé, qui semblait réunir

toute la mauvaise grâce d'un parvenu à toute l'audace d'un tyran. On a vanté son sourire comme
agréable; moi, je crois qu'il aurait certainement
déplu dans tout autre; car ce sourire, partant du
sérieux pour y rentrer, ressemblait à un ressort
plutôt qu'à un mouvement naturel, et l'expression
de ses yeux n'était jamais d'accord avec celle de sa
bouche; mais comme, en souriant, il rassurait ceux
qui l'entouraient, on a pris pour du charme le soulagement qu'il faisait éprouver ainsi. Je me rappelle qu'un membre de l'Institut, conseiller d'État,
me dit sérieusement que les ongles de Bonaparte
étaient parfaitement bien faits. Un autre s'écria :
« Les mains du premier consul sont charmantes.
— Ah! répondit un jeune seigneur de l'ancienne
noblesse, qui alors n'était pas encore chambellan,
de grâce, ne parlons pas politique. » Un homme de
la cour, en s'exprimant avec tendresse sur le premier consul, disait : « Ce qu'il a souvent, c'est une
douceur enfantine. » En effet, dans son intérieur,
il se livrait quelquefois à des jeux innocents; on
l'a vu danser avec ses généraux; on prétend même
qu'à Munich, dans le palais de la reine et du roi de
Bavière, à qui cette gaieté parut sans doute étrange,
il prit un soir le costume espagnol de l'empereur
Charles VII, et se mit à danser une ancienne contre-
danse française, la *Monaco*.

CHAPITRE IX

Paris en 1802. — Bonaparte président de la république italienne. —
Retour à Coppet.

Chaque pas du premier consul annonçait de plus
en plus ouvertement son ambition sans bornes.
Tandis qu'on négociait à Amiens la paix avec l'Angleterre, il fit rassembler à Lyon la consulte cisalpine, c'est-à-dire les députés de toute la Lombardie
et des États adjacents, qui s'étaient constitués en
république sous le directoire, et qui demandaient
maintenant quelle nouvelle forme ils devaient prendre. Comme on n'était point encore accoutumé à
ce que l'unité de la république française fût transportée en l'unité d'un seul homme, personne n'i-
maginait qu'il voulût réunir sur sa tête le consulat
de France et la présidence de l'Italie, de manière
qu'on s'attendait à voir nommer le comte Melzi,
que ses lumières, son illustre naissance et le respect de ses concitoyens désignaient pour cette place.
Tout à coup le bruit se répandit que Bonaparte se
faisait nommer ; et à cette nouvelle on aperçut encore un moment de vie dans les esprits. On disait
que la constitution faisait perdre le droit de citoyen français à quiconque accepterait des emplois
en pays étranger ; mais était-il Français celui qui ne
voulait se servir de la grande nation que pour opprimer l'Europe, et de l'Europe que pour mieux
opprimer la grande nation ? Bonaparte escamota la

nomination de président à tous ces Italiens, qui n'apprirent qu'il fallait le nommer que peu d'heures avant d'aller au scrutin. On leur dit de joindre le nom de M. de Melzi, comme vice-président, à celui de Bonaparte. On les assura qu'ils ne seraient gouvernés que par celui qui serait toujours au milieu d'eux, et que l'autre ne voulait qu'un titre honorifique. Bonaparte dit lui-même, avec sa manière emphatique : « Cisalpins, je conserverai seulement la grande pensée de vos affaires. » Et la grande pensée voulait dire la toute-puissance. Le lendemain de ce choix, on continua à faire sérieusement une constitution, comme s'il pouvait en exister une à côté de cette main de fer. On divisa la nation en trois classes : les *possidenti*, les *dotti* et les *commercianti*. Les propriétaires, pour les imposer ; les hommes de lettres, pour les faire taire, et les commerçants, pour leur fermer tous les ports. Ces paroles sonores de l'italien prêtent encore mieux au charlatanisme que le français.

Bonaparte avait changé le nom de république cisalpine en celui de république italienne, et menaçait ainsi l'Europe de ses conquêtes futures dans le reste de l'Italie. Une telle démarche n'était rien moins que pacifique, et cependant elle n'arrêta point la signature du traité d'Amiens : tant l'Europe et l'Angleterre elle-même désiraient la paix ! J'étais chez le ministre d'Angleterre lorsqu'il reçut les conditions de cette paix. Il les lut à tous ceux qu'il avait à dîner chez lui, et je ne puis exprimer quel fut mon étonnement à chaque article. L'Angleterre rendait toutes ses conquêtes : elle rendait Malte, dont on avait dit, lorsqu'elle fut prise par les Français, que s'il n'y avait eu personne dans la forteresse on n'y serait jamais entré. Elle cédait tout, sans compensation, à une puissance qu'elle avait constamment battue sur mer. Quel singulier effet de la passion de la paix ! Et cet homme qui avait obtenu comme par miracle de tels avantages n'eut pas même la patience d'en profiter quelques années pour mettre la marine française en état de s'essayer contre l'Angleterre ! A peine le traité d'Amiens était-il signé, que Napoléon réunit, par un sénatus-consulte, le Piémont à la France. Pendant l'année que dura la paix, tous les jours furent marqués par des proclamations nouvelles, tendantes à faire rompre le traité. Le motif de cette conduite est facile à démêler : Bonaparte voulait éblouir les Français, tantôt par des paix inattendues, tantôt par des guerres qui le rendissent nécessaire. Il croyait qu'en tout genre la tempête était favorable à l'usurpation. Les gazettes chargées de vanter les douceurs de la paix, au printemps de 1802, disaient alors : « Nous touchons au moment où la politique sera nulle. » En effet, si Bonaparte l'avait voulu, à cette époque, il pouvait facilement donner vingt ans de paix à l'Europe effrayée et ruinée.

Les amis de la liberté, dans le tribunat, essayaient encore de lutter contre l'autorité toujours croissante du premier consul ; mais l'opinion pu-

blique ne les secondait point alors. Le plus grand
nombre des tribuns de l'opposition méritaient, à
tous égards, la plus parfaite estime : mais trois ou
quatre individus qui siégeaient dans leurs rangs
s'étaient rendus coupables des excès de la Révolution, et le gouvernement avait grand soin de re-
jeter sur tous le blâme qui pesait sur quelques-
uns. Cependant les hommes réunis en assemblée
publique finissent toujours par s'électriser dans le
sens de l'élévation de l'âme, et ce tribunat, tel
qu'il était, aurait empêché la tyrannie, si on l'ava.t
laissé subsister. Déjà la majorité des voix avait
nommé candidat au sénat un homme qui ne plaisait
point au premier consul, Daunou, républicain
probe et éclairé, mais certes nullement à craindre.
C'en fut assez pour déterminer le premier consul à
l'*élimination* du tribunat, c'est-à-dire à faire sortir
un à un, sur la désignation des sénateurs, les
vingt membres les plus énergiques de l'assemblée,
et à les faire remplacer par vingt hommes dévoués
au gouvernement. Les quatre-vingts qui restaient
devaient chaque année subir la même opération
par quart. Ainsi la leçon leur était donnée sur ce
qu'ils avaient à faire pour être maintenus dans
leurs places, c'est-à-dire, dans leurs quinze mille
francs de rente ; car le premier consul voulait conserver encore quelque temps cette assemblée mu-
tilée, qui devait servir pendant deux ou trois ans
de masque populaire aux actes de la tyrannie.

Parmi les tribuns proscrits se trouvaient plusieurs

de mes amis; mais mon opinion était à cet égard indépendante de mes affections. Peut-être éprouvais-je cependant une irritation plus forte de l'injustice qui tombait sur des personnes avec qui j'étais liée, et je crois bien que je me laissai aller à quelques sarcasmes sur cette façon hypocrite d'interpréter même la malheureuse constitution dans laquelle on avait tâché de ne pas laisser entrer le moindre souffle de liberté.

Il se formait alors autour du général Bernadotte un parti de généraux et de sénateurs qui voulaient savoir de lui s'il n'y avait pas quelques résolutions à prendre contre l'usurpation qui s'approchait à grands pas. Il proposa divers plans qui se fondaient tous sur une mesure législative quelconque, regardant tout autre moyen comme contraire à ses principes. Mais pour cette mesure il fallait une délibération au moins de quelques membres du sénat, et pas un d'eux n'osait souscrire un tel acte. Pendant que toute cette négociation très-dangereuse se conduisait, je voyais souvent le général Bernadotte et ses amis : c'était plus qu'il n'en fallait pour me perdre, si leurs desseins étaient découverts. Bonaparte disait que l'on sortait toujours de chez moi moins attaché à lui qu'on n'y était entré ; enfin il se préparait à ne voir que moi de coupable parmi tous ceux qui l'étaient bien plus que moi, mais qu'il lui importait davantage de ménager.

Je partis pour Coppet dans ces entrefaites, et j'arrivai chez mon père dans un état très-pénible d'accablement et d'anxiété. Des lettres de Paris m'apprirent qu'après mon départ le premier consul s'était exprimé très-vivement contre mes rapports de société avec le général Bernadotte. Tout annonçait qu'il était résolu à m'en punir ; mais il s'arrêta devant l'idée de frapper le général Bernadotte, soit qu'il eût besoin de ses talents militaires, soit que les liens de famille le retinssent, soit que la popularité de ce général dans l'armée française soit plus grande que celle des autres, soit enfin qu'un certain charme dans les manières de Bernadotte rende difficile, même à Bonaparte, d'être tout à fait son ennemi. Ce qui choquait le premier consul plus encore que les opinions qu'il me supposait, c'était le nombre d'étrangers qui étaient venus me voir. Le fils du stathouder, le prince d'Orange, m'avait fait l'honneur de dîner chez moi, et Bonaparte lui en avait adressé des reproches. C'était peu de chose que l'existence d'une femme qu'on venait voir pour sa réputation littéraire ; mais ce peu de chose ne relevait pas de lui, et c'en était assez pour qu'il voulût l'écraser.

Dans cette année (1802) se traita l'affaire des princes possessionnés en Allemagne. Toute cette négociation fut conduite à Paris, au grand avantage, dit-on, des ministres qui en furent chargés. Quoi qu'il en soit, c'est à cette époque que commença le dépouillement diplomatique de l'Europe entière, qui ne devait s'arrêter qu'à ses confins. On vit tous les plus grands seigneurs de la féodale Germanie apporter à Paris leur cérémonial, dont les formes obséquieuses plaisaient plus au premier consul que l'air encore dégagé des Français, et redemander ce qui leur appartenait, avec une servilité qui ferait presque perdre des droits à ce qu'on possède, tant on a l'air de ne compter pour rien l'autorité de la justice.

Une nation éminemment fière, les Anglais, n'était pas tout à fait exempte, à cette époque, d'une curiosité pour la personne du premier consul qui tenait de l'hommage. Le parti ministériel jugeait cet homme tel qu'il était : mais le parti de l'opposition, qui devait haïr davantage la tyrannie, puisqu'il est censé plus enthousiaste de la liberté, le parti de l'opposition, et Fox lui-même, dont on ne peut rappeler le talent et la bonté sans admiration et sans attendrissement, eurent le tort de montrer beaucoup trop d'égards pour Bonaparte, et de prolonger l'erreur de ceux qui voulaient encore confondre avec la Révolution de France l'ennemi le plus décidé des premiers principes de cette Révolution.

CHAPITRE X

Nouveaux symptômes de la malveillance de Bonaparte contre mon père et moi. — Affaire de Suisse.

Au commencement de l'hiver de 1802 à 1805, quand je lisais dans les papiers que Paris réunissait

tant d'hommes illustres de l'Angleterre à tant
d'hommes spirituels de la France, j'éprouvais, je
l'avoue, un vif désir de me trouver au milieu
d'eux. Je ne dissimule point que le séjour de Paris
m'a toujours semblé le plus agréable de tous : j'y
suis née, j'y ai passé mon enfance et ma première
jeunesse ; la génération qui a connu mon père, les
amis qui ont traversé avec nous les périls de la Révolution, c'est là seulement que je puis les retrouver. Cet amour de la patrie, qui a saisi les âmes les
plus fortes, s'empare plus vivement encore de nous,
quand les goûts de l'esprit se trouvent réunis aux
affections du cœur et aux habitudes de l'imagination. La conversation française n'existe qu'à
Paris, et la conversation a été, depuis mon enfance,
mon plus grand plaisir. J'éprouvais une telle douleur à la crainte d'être privée de ce séjour, que ma
raison ne pouvait rien contre elle. J'étais alors dans
toute la vivacité de la vie ; et c'est précisément le
besoin des jouissances animées qui conduit le plus
souvent au désespoir, car il rend la résignation
bien difficile, et sans elle on ne peut supporter les
vicissitudes de l'existence.

Aucune défense de me donner des passe-ports
pour Paris n'était arrivée au préfet de Genève ;
mais je savais que le premier consul avait dit au
milieu de son cercle que je ferais mieux de n'y pas
revenir ; et il avait déjà l'habitude, sur des sujets
de cette nature, de dicter ses volontés en conversation, afin qu'on le dispensât d'agir, en prévenant

ses ordres. S'il avait dit ainsi que tel ou tel individu devrait se pendre, je crois qu'il trouverait
très-mauvais que le sujet soumis n'eût pas, en conséquence de l'insinuation, fait acheter la corde et
préparer la potence. Un autre symptôme de la malveillance de Bonaparte envers moi, ce fut la manière dont les journaux français traitèrent mon
roman de *Delphine*, qui parut à cette époque; ils
s'avisèrent de le proclamer immoral, et l'ouvrage
que mon père avait approuvé, ces censeurs courtisans le condamnèrent. On pouvait trouver dans ce
livre cette fougue de jeunesse et cette ardeur d'être
heureuse, que dix années, et dix années de souffrances, m'ont appris à diriger d'une autre manière. Mais mes critiques n'étaient pas capables de
sentir ce genre de tort, et tout simplement ils obéissaient à la même voix qui leur avait commandé de
déchirer l'ouvrage du père, avant d'attaquer celui
de la fille. En effet, il nous revenait de tous les
côtés que la véritable raison de la colère du premier consul, c'était ce dernier écrit de mon père,
dans lequel tout l'échafaudage de sa monarchie
était tracé d'avance.

Mon père partageait mon goût pour le séjour de
Paris, et ma mère, pendant sa vie, l'avait aussi
vivement éprouvé. J'étais extrêmement triste d'être
séparée de mes amis, de ne pouvoir donner à mes
enfants ce genre de sentiment des beaux-arts qui
s'acquiert difficilement à la campagne; et, comme
il n'y avait rien de prononcé contre mon retour,

dans la lettre du consul Lebrun [1], mais seulement des insinuations piquantes, je formais cent projets pour revenir, et pour essayer si le premier consul, qui alors ménageait encore l'opinion, voudrait braver le bruit que ferait mon exil. Mon père, qui daignait toujours se faire un reproche d'avoir eu part à ce qui gâtait mon sort, conçut l'idée d'aller lui-même à Paris pour parler au premier consul en ma faveur. J'avoue que dans le premier moment j'acceptai la preuve de dévouement que m'offrait mon père; je me faisais une telle idée de l'ascendant que devait exercer sa présence, qu'il me semblait impossible de lui résister : son âge, l'expression si belle de ses regards, tant de noblesse d'âme et de finesse d'esprit réunis, me paraissaient devoir captiver même Bonaparte. Je ne savais pas encore alors jusqu'à quel point le premier consul était irrité contre son livre; mais heureusement pour moi, je réfléchis que les avantages mêmes de mon père n'auraient fait qu'exciter dans le consul un plus vif désir d'humilier celui qui les possédait; et sûrement il aurait trouvé, du moins en apparence, les moyens d'y parvenir : car le pouvoir, en France, a bien des alliés, et si l'on a vu souvent l'esprit d'opposition se développer dans ce pays, c'est parce que la faiblesse du gouvernement lui offrait de faciles victoires. On ne saurait trop le

---

[1] Cette lettre est celle dont il est fait mention dans les *Considérations sur la Révolution française*, quatrième partie, chap. VII.

(*Note de l'éditeur.*)

répéter, ce que les Français aiment en toutes choses, c'est le succès, et la puissance réussit aisément
dans ce pays à rendre le malheur ridicule. Enfin,
grâce au ciel, je me réveillai des illusions auxquelles je m'étais livrée, et je refusai positivement
le généreux sacrifice que mon père voulait me faire.
Quand il me vit bien décidée à ne pas l'accepter, j'a-
perçus combien il lui en aurait coûté. Quinze mois
après, je perdis mon père, et, s'il eût alors exécuté
le voyage qu'il projetait, j'aurais attribué sa maladie à cette cause, et le remords eût encore envenimé
ma blessure.

C'est aussi dans l'hiver de 1802 à 1803 que la
Suisse prit les armes contre la constitution unitaire
qu'on lui avait imposée. Singulière manie des révolutionnaires français, d'obliger tous les pays à s'organiser politiquement de la même manière que la
France! Il y a sans doute des principes communs à
tous les pays, ce sont ceux qui assurent les droits
civils et politiques des peuples libres; mais que ce
soit une monarchie limitée comme l'Angleterre,
une république fédérée comme les États-Unis ou
les treize cantons suisses, qu'importe? et faut-il
réduire l'Europe à une idée, comme le peuple
romain à une seule tête, afin de pouvoir commander et changer tout en un jour!

Le premier consul n'attachait assurément aucune
importance à telle ou telle forme de constitution, et même à quelque constitution que ce pût
être; mais ce qui lui importait, c'était de tirer

de la Suisse le meilleur parti possible pour son intérêt, et, à cet égard, il se conduisit avec prudence. Il combina les divers projets qu'on lui offrit, et en forma une constitution qui conciliait assez bien les anciennes habitudes avec les prétentions nouvelles; et, en se faisant nommer médiateur de la confédération suisse, il tira plus d'hommes de ce pays qu'il n'en aurait pu faire sortir, s'il l'eût gouverné immédiatement. Il fit venir à Paris des députés nommés par les cantons et les principales villes de la Suisse, et il eut, le 29 janvier 1803, sept heures de conférence avec dix délégués choisis dans le sein de cette députation générale. Il insista sur la nécessité de rétablir les cantons démocratiques tels qu'ils avaient été, prononçant à cet égard des maximes déclamatoires sur la cruauté qu'il y aurait à priver des pâtres relégués dans les montagnes de leur seul amusement, les assemblées populaires; et disant aussi (ce qui le touchait de plus près) les raisons qu'il avait de se défier plutôt des cantons aristocratiques. Il insista beaucoup sur l'importance de la Suisse pour la France. Ces propres paroles sont consignées dans un récit de cet entretien : « Je déclare que, depuis que je suis à la tête du gouvernement, aucune puissance ne s'est intéressée à la Suisse; c'est moi qui ai fait reconnaître la république helvétique à Lunéville; l'Autriche ne s'en souciait nullement. A Amiens, je voulais en faire autant, l'Angleterre l'a refusé; mais l'Angleterre n'a rien à faire avec la Suisse. Si

elle avait exprimé la crainte que je ne voulusse me
faire déclarer votre landamman, je le serais devenu.
On a dit que l'Angleterre favorisait la dernière insurrection; si son cabinet avait fait une démarche
officielle, s'il y avait eu un mot à ce sujet dans la
gazette de Londres, je vous réunissais. » Quel incroyable langage ! Ainsi l'existence d'un peuple qui
s'est assuré son indépendance, au milieu de l'Europe, par des efforts héroïques, et qui l'a mainte-
nue pendant cinq siècles par la modération et la
sagesse; cette existence eût été anéantie par un
mouvement d'humeur que le moindre hasard pouvait exciter dans un être aussi capricieux. Bonaparte ajouta, dans cette même conversation, qu'il
était désagréable pour lui d'avoir une constitution
à faire, parce que cela l'exposait à être sifflé, ce
qu'il ne voulait pas. Cette expression porte le caractère de vulgarité faussement affable qu'il se plaît
souvent à montrer. Rœderer et Desmeunier écri-
virent l'acte de médiation sous sa dictée, et tout
cela se passait pendant que ses troupes occupaient
la Suisse. Depuis, il les a retirées, et ce pays, il
faut en convenir, a été mieux traité par Napoléon
que le reste de l'Europe, bien qu'il soit politiquement et militairement tout à fait sous sa dépendance; aussi restera-t-il tranquille dans l'insurrection générale. Les peuples européens étaient disposés à une mesure de patience telle, qu'il a fallu
Bonaparte pour l'épuiser.

Les journaux de Londres attaquaient assez amèrement le premier consul ; la nation anglaise était trop éclairée pour ne pas apercevoir où tendaient toutes les actions de cet homme. Chaque fois qu'on lui apportait une traduction des papiers anglais, il faisait une scène à lord Whitworth, qui lui répondait avec autant de sang-froid que de raison, que le roi de la Grande-Bretagne lui-même n'était pas à l'abri des sarcasmes des gazetiers, et que la constitution ne permettait pas de gêner leur liberté à cet égard. Cependant le gouvernement anglais fit intenter un procès à Pelletier, pour des articles de son journal dirigés contre le premier consul. Pelletier eut l'honneur d'être défendu par M. Mackintosh, qui fit à cette occasion l'un des plaidoyers les plus éloquents qu'on ait lus dans les temps modernes : je dirai plus tard dans quelles circonstances ce plaidoyer me parvint.

CHAPITRE XI

Rupture avec l'Angleterre. — Commencement de mon exil.

J'étais à Genève, vivant par goût et par circonstance dans la société des Anglais, lorsque la nouvelle de la déclaration de guerre nous arriva. Le bruit se répandit aussitôt que les voyageurs anglais seraient faits prisonniers : comme on n'avait rien vu de pareil dans le droit des gens européen, je n'y croyais point, et ma sécurité faillit nuire à plusieurs de mes amis ; toutefois ils se sauvèrent. Mais les hommes les plus étrangers à la politique, lord

Beverley, père de onze enfants, revenant d'Italie
avec sa femme et ses filles, cent autres personnes,
qui avaient des passe-ports français, qui se rendaient aux universités pour s'instruire, ou dans les
pays du Midi pour se guérir, voyageant sous la sauvegarde des lois admises chez toutes les nations,
furent arrêtés et languissent depuis dix ans dans les
villes de province, menant la vie la plus triste que
l'imagination puisse se représenter. Cet acte scan-
daleux n'était d'aucune utilité ; à peine deux mille
Anglais, pour la plupart très-peu militaires, furent-
ils victimes de cette fantaisie de tyran, de faire souffrir quelques pauvres individus, par humeur contre l'invincible nation à laquelle ils appartiennent.

Ce fut pendant l'été de 1803 que commença la
grande farce de la descente : des bateaux plats
furent ordonnés d'un bout de la France à l'autre ;
on en construisait dans les forêts, sur le bord des
grands chemins. Les Français, qui ont en toutes
choses une assez grande ardeur imitative, taillaient
planche sur planche, faisaient phrase sur phrase :
les uns en Picardie, élevaient un arc de triomphe
sur lequel était écrit : *Route de Londres ;* d'autres
écrivaient : « A Bonaparte le Grand : nous vous
prions de nous admettre sur le vaisseau qui vous
portera en Angleterre, et avec vous les destinées et
les vengeances du peuple français. » Ce vaisseau
que Bonaparte devait monter a eu le temps de s'user
dans le port. D'autres mettaient pour devise à leurs
pavillons dans la rade : *Un bon vent et trente heures.*

Enfin toute la France retentissait de gasconnades dont Bonaparte seul savait très-bien le secret.

Vers l'automne je me crus oubliée de Bonaparte : on m'écrivit de Paris qu'il était tout entier absorbé par son expédition d'Angleterre, qu'il se proposait de partir pour les côtes, et de s'embarquer lui-même pour diriger la descente. Je ne croyais guère à ce projet; mais je me flattais qu'il trouverait bon que je vécusse à quelques lieues de Paris, avec le très-petit nombre d'amis qui viendraient voir à cette distance une personne en disgrâce. Je pensais aussi qu'étant assez connue pour que l'on parlât de mon exil en Europe, le premier consul éviterait cet éclat. J'avais calculé d'après mes désirs; mais je ne connaissais pas encore à fond le caractère de celui qui devait dominer l'Europe. Loin de vouloir ménager ce qui se distinguait, dans quelque genre que ce fût, il voulait faire de tous ceux qui s'élevaient un piédestal pour sa statue, soit en les foulant aux pieds, soit en les faisant servir à ses desseins.

J'arrivai dans une petite campagne à dix lieues de Paris, formant le projet de m'établir les hivers dans cette retraite, tant que durerait la tyrannie. Je ne voulais qu'y voir mes amis, et quelquefois aller au spectacle et au Musée. C'est tout ce que je souhaitais du séjour de Paris, dans l'état de défiance et d'espionnage qui commençait à s'établir; et j'avoue que je ne vois pas quel inconvénient il pouvait y avoir pour le premier consul à me laisser ainsi dans un exil volontaire. J'y étais en effet pai-

sible depuis un mois, lorsqu'une femme comme il
y en a tant, cherchant à se faire valoir aux dépens
d'une autre femme plus connue qu'elle, vint dire
au premier consul que les chemins étaient couverts
de gens qui allaient me faire visite. Certes rien n'é-
tait moins vrai. Les exilés qu'on allait voir, c'étaient
ceux qui, dans le dix-huitième siècle, avaient presque autant de force que les rois qui les éloignaient;
mais quand on résiste au pouvoir, c'est qu'il n'est
pas tyrannique, car il ne peut l'être que par la soumission générale. Quoi qu'il en soit, Bonaparte saisit le prétexte ou le motif qu'on lui donna pour
m'exiler, et un de mes amis me prévint qu'un
gendarme viendrait sous peu de jours me signifier
l'ordre de partir. On n'a pas l'idée, dans les pays
où la routine au moins garantit les particuliers de
toute injustice, de l'état où jette la nouvelle subite
de certain acte arbitraire. Je suis d'ailleurs très-
facile à ébranler; mon imagination conçoit mieux
la peine que l'espérance, et quoique souvent j'aie
éprouvé que le chagrin se dissipe par des circonstances nouvelles, il me semble toujours, quand il
arrive, que rien ne pourra m'en délivrer. En effet,
ce qui est facile, c'est d'être malheureux, surtout
lorsqu'on aspire aux lots privilégiés de la vie.

Je me retirai dans l'instant même chez une personne vraiment bonne et spirituelle [1], à qui, je dois
le dire, j'étais recommandée par un homme qui

---

[1] Madame de la Tour.

occupait une place importante dans le gouvernement[1]; je n'oublierai point le courage avec lequel il
m'offrit lui-même un asile : mais il aurait la même
bonne intention aujourd'hui, qu'il ne pourrait se
conduire de même sans perdre toute son existence.
A mesure qu'on laisse avancer la tyrannie, elle
croît aux regards comme un fantôme ; mais elle
saisit avec la force d'un être réel. J'arrivai
donc dans la campagne d'une personne que je
connaissais à peine, au milieu d'une société qui
m'était tout à fait étrangère, et portant dans le
cœur un chagrin cuisant que je ne voulais pas laisser voir. La nuit, seule avec une femme dévouée
depuis plusieurs années à mon service, j'écoutais
à la fenêtre si nous n'entendrions point les pas
d'un gendarme à cheval : le jour j'essayais d'être
aimable pour cacher ma situation. J'écrivis de cette
campagne à Joseph Bonaparte une lettre qui exprimait avec vérité toute ma tristesse. Une retraite à
dix lieues de Paris était l'unique objet de mon ambition, et je sentais avec désespoir que si j'étais une
fois exilée, ce serait pour longtemps, et peut-être
pour toujours. Joseph et son frère Lucien firent
généreusement tous leurs efforts pour me sauver,
et l'on va voir qu'ils ne furent pas les seuls.

Madame Récamier, cette femme si célèbre pour
sa figure, et dont le caractère est exprimé par sa
beauté même, me fit proposer de venir demeurer à

---

[1] Regnault de Saint-Jean-d'Angély.

sa campague, à Saint-Brice, à deux lieues de Paris.
J'acceptai, car je ne savais pas alors que je pouvais
nuire à une personne si étrangère à la politique;
je la croyais à l'abri de tout, malgré la générosité
de son caractère. La société la plus agréable se réunissait chez elle, et je jouissais là, pour la dernière
fois, de tout ce que j'allais quitter. C'est dans ces
jours orageux que je reçus le plaidoyer de M. Mackintosh : là je lus ces pages où il faisait le portrait
d'un jacobin qui s'est montré terrible dans la révolution contre les enfants, les vieillards et les femmes, et qui se plie sous la verge du Corse qui lui
ravit jusqu'à la moindre part de cette liberté pour
laquelle il se prétendait armé. Ce morceau, de la
plus belle éloquence m'émut jusqu'au fond de l'âme :
les écrivains supérieurs peuvent quelquefois, à leur
insu, soulager les infortunés, dans tous les pays et
dans tous les temps. La France se taisait si profondément autour de moi, que cette voix, qui tout à
coup répondait à mon âme, me semblait descendue
du ciel : elle venait d'un pays libre. Après quelques jours passés chez madame Récamier sans entendre parler de mon exil, je me persuadai que Bonaparte y avait renoncé. Il n'y a rien de plus ordinaire que de se rassurer sur un danger quelconque,
lorsqu'on n'en voit point de symptômes autour de
soi. Je me sentais si éloignée de tout projet comme
de tout moyen hostile, même contre cet homme,
qu'il me semblait impossible qu'il ne me laissât pas
en paix; et, après quelques jours, je retournai dans

ma maison de campagne, convaincue qu'il ajournait ses résolutions contre moi, et se contentait de m'avoir fait peur. En effet, c'en était bien assez, non pour changer mon opinion, non pour m'obliger à la désavouer, mais pour réprimer en moi le reste d'habitude républicaine qui m'avait portée l'année précédente à parler avec trop de franchise.

J'étais à table avec trois de mes amis, dans une salle d'où l'on voyait le grand chemin et la porte d'entrée ; c'était à la fin de septembre. A quatre heures, un homme en habit gris, à cheval, s'arrête à la grille, et sonne ; je fus certaine de mon sort. Il me fit demander ; je le reçus dans le jardin. En avançant vers lui, le parfum des fleurs et la beauté du soleil me frappèrent. Les sensations qui nous viennent par les combinaisons de la société sont si différentes de celles de la nature ! Cet homme me dit qu'il était le commandant de la gendarmerie de Versailles, mais qu'on lui avait ordonné de ne pas mettre son uniforme dans la crainte de m'effrayer : il me montra une lettre signée de Bonaparte, qui portait l'ordre de m'éloigner à quarante lieues de Paris, et enjoignait de me faire partir dans les vingt-quatre heures, en me traitant cependant avec tous les égards dus à une femme d'un nom connu. Il prétendait que j'étais étrangère, et, comme telle, soumise à la police : cet égard pour la liberté individuelle ne dura pas longtemps, et bientôt après moi et d'autres Français et Françaises furent exilés sans aucune forme de procès. Je répondis à l'officier de gendarmerie que partir dans vingt-quatre heures convenait à des conscrits, mais non pas à une femme et à des enfants, et en conséquence je lui proposai de m'accompagner à Paris, où j'avais besoin de passer trois jours pour faire les arrangements nécessaires à mon voyage. Je montai dans ma voiture avec mes enfants et cet officier, qu'on avait choisi comme le plus littéraire des gendarmes. En effet, il me fit des compliments sur mes écrits. « Vous voyez, lui dis-je, monsieur, où cela me mène, d'être une femme d'esprit ; déconseillez-le, je vous prie, aux personnes de votre famille, si vous en avez l'occasion. » J'essayais de me monter par la fierté, mais je sentais la griffe dans mon cœur.

Je m'arrêtai quelques instants chez madame Récamier ; j'y trouvai le général Junot, qui, par dévouement pour elle, promit d'aller parler le lendemain matin au premier consul. Il le fit en effet avec la plus grande chaleur. On croirait qu'un homme si utile par son ardeur militaire à la puissance de Bonaparte devait avoir sur lui le crédit de faire épargner une femme ; mais les généraux de Bonaparte, tout en obtenant de lui des grâces sans nombre pour eux-mêmes, n'ont aucun crédit. Quand ils demandent de l'argent ou des places, Bonaparte trouve cela convenable ; ils sont dans le sens de son pouvoir, puisqu'ils se mettent dans sa dépendance : mais si, ce qui leur arrive rarement, ils voulaient défendre des infortunés, ou s'opposer à quelque injustice, on leur ferait sentir bien vite qu'ils ne sont que des bras chargés de maintenir l'esclavage, en s'y soumettant eux-mêmes.

J'arrivai à Paris dans une maison nouvellement louée, et que je n'avais pas encore habitée ; je l'avais choisie avec soin dans le quartier et l'exposition qui me plaisaient ; et déjà, dans mon imagination, je m'étais établie dans le salon avec quelques amis dont l'entretien est, selon moi, le plus grand plaisir dont l'esprit humain puisse jouir. Je n'entrais dans cette maison qu'avec la certitude d'en sortir, et je passais les nuits à parcourir ces appartements dans lesquels je regrettais encore plus de bonheur que je n'en avais espéré. Mon gendarme revenait chaque matin, comme dans le conte de Barbe-Bleue, me presser de partir le lendemain, et chaque fois j'avais la faiblesse de demander encore un jour. Mes amis venaient dîner avec moi, et quelquefois nous étions gais, comme pour épuiser la coupe de la tristesse, en nous montrant les uns pour les autres les plus aimables qu'il nous était possible, au moment de nous quitter pour si longtemps. Ils me disaient que cet homme qui venait chaque jour me sommer de partir leur rappelait ces temps de la terreur pendant lesquels les gendarmes venaient demander leurs victimes.

On s'étonnera peut-être que je compare l'exil à la mort ; mais de grands hommes de l'antiquité et des temps modernes ont succombé à cette peine. On rencontre plus de braves contre l'échafaud que contre la perte de sa patrie. Dans tous les codes de lois, le bannissement perpétuel est considéré comme une des peines les plus sévères ; et le caprice d'un homme inflige en France, en se jouant, ce que des juges consciencieux n'imposent qu'à regret aux criminels. Des circonstances particulières m'offraient un asile et des ressources de fortune dans la patrie de mes parents, la Suisse ; j'étais à cet égard moins à plaindre qu'un autre, et néanmoins j'ai cruellement souffert. Je ne serai donc point inutile au monde, en signalant tout ce qui doit porter à ne laisser jamais aux souverainns le droit arbitraire de l'exil. Nul député, nul écrivain n'exprimera librement sa pensée, s'il peut être banni quand sa franchise aura déplu ; nul homme n'osera parler avec sincérité, s'il peut lui en coûter le bonheur de sa famille entière. Les femmes surtout, qui sont destinées à soutenir et à récompenser l'enthousiasme, tâcheront d'étouffer en elles les sentiments généreux, s'il doit en résulter ou qu'elles soient enlevées aux objets de leur tendresse, où qu'ils leur sacrifient leur existence en les suivant dans l'exil.

La veille du dernier jour qui m'était accordé, Joseph Bonaparte fit encore une tentative en ma faveur ; et sa femme, qui est une personne de la douceur et de la simplicité la plus parfaite, eut la grâce de venir chez moi pour me proposer de passer quelques jours à sa campagne de Morfontaine. J'acceptai avec reconnaissance, car je devais être touchée de la bonté de Joseph, qui me recevait dans sa maison quand son frère me persécutait. Je passai trois jours à Morfontaine, et, malgré l'obligeance parfaite du maître et de la maîtresse de la maison, ma situation était très-pénible. Je ne voyais que des hommes du gouvernement, je ne respirais que l'air de l'autorité, qui se déclarait mon ennemie, et les plus simples lois de la politesse et de la reconnaissance me défendaient de montrer ce que j'éprouvais. Je n'avais avec moi que mon fils aîné, encore trop enfant pour que je pusse m'entretenir avec lui sur de tels sujets. Je passais des heures entières à considérer ce jardin de Morfontaine, l'un des plus beaux qu'on puisse voir en France, et dont le possesseur, alors paisible, me semblait bien digne d'envie. On l'a depuis exilé sur des trônes où je suis sûre qu'il a regretté son bel asile.

CHAPITRE XII

Départ pour l'Allemagne. — Arrivée à Weimar.

J'hésitais sur le parti que je prendrais en m'éloignant. Retournerais-je vers mon père, ou m'en irais-je en Allemagne? Mon père eût accueilli son pauvre oiseau, battu par l'orage, avec une ineffable bonté; mais je craignais le dégoût de revenir, renvoyée, dans un pays qu'on m'accusait de trouver un peu monotone. J'avais aussi le désir de me relever, par la bonne réception qu'on me promettait en Allemagne, de l'outrage que me faisait le premier consul, et je voulais opposer l'accueil bienveillant des anciennes dynasties à l'impertinence de celle

qui se préparait à subjuguer la France. Ce mouvement d'amour-propre l'emporta, pour mon malheur : j'aurais revu mon père, si j'étais retournée
à Genève.

Je priai Joseph de savoir si je pouvais aller en
Prusse, car il me fallait au moins la certitude que
l'ambassadeur de France ne me réclamerait pas au
dehors comme Française, tandis qu'on me proscri-
vait au dedans comme étrangère. Joseph partit pour
Saint-Cloud. Je fus obligée d'attendre sa réponse
dans une auberge à deux lieues de Paris, n'osant
pas rentrer chez moi dans la ville. Un jour se passa
sans que cette réponse me parvînt. Ne voulant pas
attirer l'attention sur moi, en restant plus longtemps dans l'auberge où j'étais, je fis le tour des
murs de Paris pour en aller chercher une autre, de
même à deux lieues, mais sur une route différente.
Cette vie errante, à quatre pas de mes amis et de ma
demeure, me causait une douleur que je ne puis
me rappeler sans frissonner. La chambre m'est
présente; la fenêtre où je passais tout le jour pour
voir arriver le messager, mille détails pénibles que
le malheur entraîne après soi, la générosité trop
grande de quelques amis, le calcul voilé de quelques autres, tout mettait mon âme dans une agitation si cruelle, que je ne pourrais la souhaiter à
aucun ennemi. Enfin, ce message sur lequel je fon-
dais encore quelque espoir m'arriva. Joseph m'envoyait d'excellentes lettres de recommandation pour
Berlin, et me disait adieu d'une manière noble et

douce. Il fallut donc partir. Benjamin Constant eut
la bonté de m'accompagner; mais, comme il aimait
aussi beaucoup le séjour de Paris, je souffrais du
sacrifice qu'il me faisait. Chaque pas des chevaux
me faisait mal, et, quand les postillons se vantaient
de m'avoir menée vite, je ne pouvais m'empêcher
de soupirer du triste service qu'ils me rendaient.
Je fis ainsi quarante lieues sans reprendre la possession de moi-même. Enfin, nous nous arrêtâmes
à Châlons, et Benjamin Constant, ranimant son esprit, souleva, par son étonnante conversation, au
moins pendant quelques instants, le poids qui m'accablait. Nous continuâmes, le lendemain, notre
route jusqu'à Metz, où je voulais m'arrêter pour attendre des nouvelles de mon père. Là je passai
quinze jours, et je rencontrai l'un des hommes les
plus aimables et les plus spirituels que puissent
produire la France et l'Allemagne combinées,
M. Charles Villers. Sa société me charmait, mais
elle renouvelait mes regrets pour ce premier des
plaisirs, un entretien où l'accord le plus parfait
règne dans tout ce qu'on sent et dans tout ce qu'on
dit.

Mon père fut indigné des traitements qu'on m'a-
vait fait éprouver à Paris; il se représentait sa famille ainsi proscrite, et sortant comme des criminels du pays qu'il avait si bien servi. Ce fut lui-même
qui me conseilla de passer l'hiver en Allemagne, et
de ne revenir auprès de lui qu'au printemps. Hélas! hélas! je comptais lui rapporter la moisson d'i-

dées nouvelles que j'allais recueillir dans ce voyage. Depuis plusieurs années il me disait souvent qu'il ne tenait au monde que par mes récits et par mes lettres. Son esprit avait tant de vivacité et de pénétration, que le plaisir de lui parler excitait à penser. J'observais pour lui raconter, j'écoutais pour lui répéter. Depuis que je l'ai perdu, je vois et je sens la moitié moins que je ne faisais quand j'avais pour but de lui plaire, en lui peignant mes impressions.

A Francfort, ma fille, alors âgée de cinq ans, tomba dangereusement malade. Je ne connaissais personne dans la ville; la langue m'était étrangère, le médecin même auquel je confiai mon enfant parlait à peine français. Oh! comme mon père partageait ma peine! quelles lettres il m'écrivait! que de consultations de médecins, copiées de sa propre main, ne m'envoya-t-il pas de Genève! On n'a jamais porté plus loin l'harmonie de la sensibilité et de la raison; on n'a jamais été, comme lui, vivement ému par les peines de ses amis, toujours actif pour les secourir, toujours prudent pour en choisir les moyens, admirable en tout enfin. C'est par le besoin du cœur que je le dis, car que lui fait maintenant la voix même de la postérité!

J'arrivai à Weimar, où je repris courage, en voyant, à travers les difficultés de la langue, d'immenses richesses intellectuelles hors de France. J'appris à lire l'allemand; j'écoutai Gœthe et Wieland, qui, heureusement pour moi, parlaient très-bien français. Je compris l'âme et le génie de Schiller, malgré sa difficulté à s'exprimer dans une langue étrangère. La société du duc et de la duchesse de Weimar me plaisait extrêmement, et je passai là trois mois, pendant lesquels l'étude de la littérature allemande donnait à mon esprit tout le mouvement dont il a besoin pour ne pas me dévorer moi-même.

CHAPITRE XIII

Berlin. — Le prince Louis-Ferdinand.

Je partis pour Berlin, et c'est là que je vis cette reine charmante, destinée depuis à tant de malheurs. Le roi m'accueillit avec bonté, et je puis dire que pendant les six semaines que je restai dans cette ville, je n'entendis pas un individu qui ne se louât de la justice du gouvernement. Ce n'est pas que je croie toujours désirable pour un pays d'avoir des formes constitutionnelles qui lui garantissent, par la coopération permanente de la nation, les avantages qu'il tient des vertus d'un bon roi. La Prusse, sous le règne de son souverain actuel, possédait sans doute la plupart de ces avantages; mais l'esprit public que le malheur y a développé n'y existait point encore; le régime militaire avait empêché l'opinion de prendre de la force, et l'absence d'une constitution dans laquelle chaque individu pût se faire connaître selon son mérite, avait laissé l'État dépourvu d'hommes de talent capables de le défen-

dre. La faveur d'un roi, étant nécessairement arbitraire, ne peut pas suffire pour développer l'émulation; des circonstances purement relatives à
l'intérieur des cours peuvent écarter un homme de
mérite du timon des affaires, ou y placer un homme
médiocre. La routine aussi domine singulièrement
dans les pays où le devoir royal est sans contradic-
teurs; la justice même d'un roi le porte à se donner
des barrières, en conservant à chacun sa place; et
il était presque sans exemple, en Prusse, qu'un
homme fût destitué de ses emplois civils ou militaires pour cause d'incapacité. Quel avantage ne devait donc pas avoir l'armée française, presque toute
composée d'hommes nés de la Révolution, comme
les soldats de Cadmus des dents du dragon! quel
avantage ne devait-elle pas avoir sur ces anciens
commandants des places ou des armées prussiennes,
à qui rien de nouveau n'était connu! Un roi consciencieux qui n'a pas le *bonheur*, et c'est à dessein
que je me sers de cette expression, le bonheur d'a-
voir un parlement comme en Angleterre, se fait des
habitudes de tout, de peur de trop user sa propre
volonté; et dans le temps actuel il faut négliger les
usages anciens pour chercher partout la force du
caractère et de l'esprit. Quoi qu'il en soit, Berlin
était un des pays les plus heureux de la terre et les
plus éclairés.

Les écrivains du dix-huitième siècle faisaient
sans doute un grand bien à l'Europe par l'esprit de
modération et le goût des lettres que leurs ouvrages

inspiraient à la plupart des souverains; toutefois l'estime que les amis des lumières accordaient à l'esprit français a été l'une des causes des erreurs qui ont perdu pendant si longtemps l'Allemagne. Beaucoup de gens considéraient les armées françaises comme les propagateurs des idées de Montesquieu, de Rousseau ou de Voltaire; tandis que s'il restait quelques traces des opinions de ces grands hommes dans les instruments du pouvoir de Bonaparte, c'était pour s'affranchir de ce qu'ils appelaient des préjugés, et non pour établir un seul principe régénérateur. Mais il y avait à Berlin et dans le nord de l'Allemagne, à l'époque du printemps de 1804, beaucoup d'anciens partisans de la Révolution française qui ne s'étaient pas encore aperçus que Bonaparte était un ennemi bien plus acharné des premiers principes de cette Révolution que l'ancienne aristocratie européenne.

J'eus l'honneur de faire connaissance avec le prince Louis-Ferdinand, celui que son ardeur guerrière emporta tellement, qu'il devança presque par sa mort les premiers revers de sa patrie. C'était un homme plein de chaleur et d'enthousiasme, mais qui, faute de gloire, cherchait trop les émotions qui peuvent agiter la vie. Ce qui l'irritait surtout dans Bonaparte, c'était sa manière de calomnier tous ceux qu'il craignait, et d'abaisser même dans l'opinion ceux qui le servaient, pour à tout hasard les tenir mieux dans sa dépendance. Il me disait souvent : « Je lui permets de tuer; mais assassiner moralement, c'est là ce qui me révolte. » Et en ef-

fet, qu'on se représente l'état où nous nous sommes
vus lorsque ce grand détracteur était maître de
toutes les gazettes du continent européen, et qu'il
pouvait, ce qu'il a fait souvent, écrire des plus braves hommes qu'ils étaient des lâches, et des femmes
les plus pures qu'elles étaient méprisables, sans
qu'il y eût un moyen de contredire ou de punir de
telles assertions.

CHAPITRE XIV

Conspiration de Moreau et de Pichegru.

La nouvelle venait d'arriver à Berlin de la grande
conspiration de Moreau, de Pichegru et de Georges
Cadoudal. Certainement il existait chez les principaux chefs du parti républicain et du parti royaliste un vif désir de renverser l'autorité du premier
consul, et de s'opposer à l'autorité encore plus tyrannique qu'il se proposait d'établir en se faisant
déclarer empereur ; mais on a prétendu, et ce n'est
peut-être pas sans fondement, que cette conspiration, qui a si bien servi la tyrannie de Bonaparte,
fut encouragée par lui-même, parce qu'il voulait
en tirer parti avec un art machiavélique dont il importe d'observer tous les ressorts. Il envoya en Angleterre un jacobin exilé, qui ne pouvait obtenir sa
rentrée en France que des services qu'il rendrait
au premier consul. Cet homme se présenta, comme
Sinon dans la ville de Troie, se disant persécuté par
les Grecs. Il vit quelques émigrés qui n'avaient ni

les vices, ni les facultés qui servent à démêler un certain genre de fourberie. Il lui fut donc très-facile d'attraper un vieux évêque, un ancien officier, enfin quelques débris d'un gouvernement sous lequel on ne savait pas seulement ce que c'était que les factions. Il écrivit ensuite une brochure pour se moquer avec beaucoup d'esprit de tous ceux qui l'avaient cru, et qui en effet auraient dû suppléer à la sagacité dont ils étaient privés, par la fermeté des principes, c'est-à-dire n'accorder jamais la moindre confiance à un homme coupable de mauvaises actions. Nous avons tous notre manière de voir; mais dès qu'on s'est montré perfide ou cruel, Dieu seul peut pardonner, car c'est à lui seul qu'il appartient de lire assez avant dans le cœur humain pour savoir s'il est changé. L'homme doit se tenir pour jamais éloigné de l'homme qui a perdu son estime. Cet agent déguisé de Bonaparte prétendit qu'il y avait de grands éléments de révolte en France; il alla trouver à Munich un envoyé anglais, M. Drake, qu'il eut aussi l'art de tromper. Un citoyen de la Grande-Bretagne devait être étranger à ce tissu de ruses, composé des fils croisés du jacobinisme et de la tyrannie.

Georges et Pichegru, qui étaient entièrement du parti des Bourbons, vinrent en France en secret, et se concertèrent avec Moreau, qui voulait délivrer la France du premier consul, mais non porter atteinte au droit qu'a la nation française de choisir la forme de gouvernement par laquelle il lui convient d'être régie. Pichegru voulut avoir un entretien avec le général Bernadotte, qui s'y refusa, n'étant pas content de la manière dont l'entreprise était conduite, et désirant avant tout une garantie pour la liberté constitutionnelle de la France. Moreau, dont le caractère est très-moral, le talent militaire incontestable, et l'esprit juste et éclairé, se laissa trop aller dans la conversation à blâmer le premier consul, avant d'être assuré de le renverser. C'est un défaut bien naturel à une âme généreuse, que d'exprimer son opinion, même d'une manière inconsidérée; mais le général Moreau attirait trop les regards de Bonaparte, pour qu'une telle conduite ne dût pas le perdre. Il fallait un prétexte pour arrêter un homme qui avait gagné tant de batailles, et le prétexte se trouva dans ses paroles à défaut de ses actions.

Les formes républicaines existaient encore; on s'appelait citoyen, comme si l'inégalité la plus terrible, celle qui affranchit les uns du joug de la loi, tandis que les autres sont soumis à l'arbitraire, n'eût pas régné dans toute la France. On comptait encore les jours d'après le calendrier républicain; on se vantait d'être en paix avec toute l'Europe continentale; on faisait, comme à présent encore, des rapports sur la confection des routes et des canaux, sur la construction des ponts et des fontaines; on portait aux nues les bienfaits du gouvernement; enfin, il n'existait aucune raison apparente de changer un ordre de choses où l'on se disait si bien. On

avait donc besoin d'un complot dans lequel les Anglais et les Bourbons fussent nommés, pour soule-
ver de nouveau les éléments révolutionnaires de la
nation, et tourner ces éléments à l'établissement
d'un pouvoir ultra-monarchique, sous prétexte
d'empêcher le retour de l'ancien régime. Le secret
de cette combinaison, qui paraît très-compliqué, est
fort simple : il fallait faire peur aux révolutionnaires du danger que couraient leurs intérêts, et leur
proposer de les mettre en sûreté par un dernier
abandon de leurs principes : ainsi fut-il fait.

Pichegru était devenu tout simplement royaliste,
comme il avait été républicain; on avait retourné
son opinion : son caractère était supérieur à son
esprit; mais l'un n'était pas plus fait que l'autre
pour entraîner les hommes. Georges avait plus d'é-
lan, mais il n'était destiné, ni par son éducation ni
par la nature, au rang de chef. Quand on les sut à
Paris, on fit arrêter Moreau; on ferma les barrières;
on déclara que celui qui donnerait asile à Pichegru
ou à Georges serait puni de mort, et toutes les mesures du jacobinisme furent remises en vigueur
pour défendre la vie d'un seul homme. Non-seulement cet homme a trop d'importance à ses propres
yeux pour rien ménager quand il s'agit de lui-
même, mais il entrait d'ailleurs dans ses calculs
d'effrayer les esprits, de rappeler les jours de la
terreur, afin d'inspirer, s'il était possible, le besoin
de se jeter dans ses bras pour échapper aux troubles que lui-même accroissait par toutes ses me-

sures. On découvrit la retraite de Pichegru, et
Georges fut arrêté dans un cabriolet; car, ne pouvant plus habiter dans aucune maison, il courait
ainsi la ville jour et nuit pour se dérober aux pour-
suites. Celui des agents de la police qui prit Georges
eut pour récompense la Légion d'honneur. Il me
semble que les militaires français auraient dû lui
souhaiter tout autre salaire.

Le *Moniteur* fut rempli d'adresses au premier
consul, à l'occasion des dangers auxquels il [avait
échappé; cette répétition continuelle des mêmes
phrases, partant de tous les coins de la France, présente un accord de servitude dont il n'y a peut-
être jamais eu d'exemple chez aucun peuple. On
peut, en feuilletant le *Moniteur*, trouver, suivant
les époques, des thèmes sur la liberté, sur le despotisme, sur la philosophie, sur la religion, dans
lesquels les départements et les bonnes villes de
France s'évertuent à dire la même chose en termes
différents; et l'on s'étonne que des hommes aussi
spirituels que les Français s'en tiennent au succès
de la rédaction, et n'aient pas une fois l'envie d'a-
voir des idées à eux : on dirait que l'émulation des
mots leur suffit. Ces hymnes dictées, avec les points
d'admiration qui les accompagnent, annonçaient
cependant que tout était tranquille en France, et
que le petit nombre d'agents de la perfide Albion
étaient saisis. Un général, il est vrai, s'amusait bien
à dire que les Anglais avaient jeté des balles de coton du Levant sur les côtes de la Normandie, pour

donner la peste à la France; mais ces inventions, gravement bouffonnes, n'étaient considérées que comme des flatteries adressées au premier consul; et les chefs de la conspiration, aussi bien que leurs agents, étant en la puissance du gouvernement, on avait lieu de croire que le calme était rétabli en France; mais Bonaparte n'avait pas encore atteint son but.

CHAPITRE XV

Assassinat du duc d'Enghien.

Je demeurais à Berlin sur le quai de la Sprée, et mon appartement était au rez-de-chaussée. Un matin, à huit heures, on m'éveilla pour me dire que le prince Louis-Ferdinand était à cheval sous mes fenêtres, et me demandait de venir lui parler. Très-étonnée de cette visite si matinale, je me hâtai de me lever pour aller vers lui. Il avait singulièrement bonne grâce à cheval, et son émotion ajoutait encore à la noblesse de sa figure. « Savez-vous, me dit-il, que le duc d'Enghien a été enlevé sur le territoire de Baden, livré à une commission militaire, et fusillé vingt-quatre heures après son arrivée à Paris? — Quelle folie! lui répondis-je; ne voyez-vous pas que ce sont les ennemis de la France qui ont fait circuler ce bruit? » En effet, je l'avoue, ma haine, quelque forte qu'elle fût contre Bonaparte, n'allait pas jusqu'à me faire croire à la possibilité d'un tel forfait. « Puisque vous doutez

de ce que je vous dis, me répondit le prince Louis,
je vais vous envoyer le *Moniteur*, dans lequel vous
lirez le jugement. » Il partit à ces mots, et l'expression de sa physionomie présageait la vengeance ou
la mort. Un quart d'heure après, j'eus entre les
mains ce *Moniteur* du 21 mars (30 pluviôse), qui
contenait un arrêt de mort prononcé par la commission militaire séant à Vincennes, contre *le
nommé Louis d'Enghien!* C'est ainsi que des Français désignaient le petit-fils des héros qui ont fait la
gloire de leur patrie! Quand on abjurerait tous les
préjugés d'illustre naissance, que le retour des
formes monarchiques devait nécessairement rappeler, pourrait-on blasphémer ainsi les souvenirs
de la bataille de Lens et de celle de Rocroi? Ce Bonaparte qui en a gagné, des batailles, ne sait pas
même les respecter; il n'y a ni passé ni avenir
pour lui; son âme impérieuse et méprisante ne
veut rien reconnaître de sacré pour l'opinion; il
n'admet le respect que pour la force existante. Le
prince Louis m'écrivait, en commençant son billet
par ces mots : « Le nommé Louis de Prusse fait demander à madame de Staël, etc. » Il sentait l'injure faite au sang royal dont il sortait, au souvenir
des héros parmi lesquels il brûlait de se placer.
Comment, après cette horrible action, un seul roi
de l'Europe a-t-il pu se lier avec un tel homme?
La nécessité, dira-t-on? Il y a un sanctuaire de l'âme
où jamais son empire ne doit pénétrer; s'il n'en
était pas ainsi, que serait la vertu sur la terre? un

amusement libéral qui ne conviendrait qu'aux paisibles loisirs des hommes privés.

Une personne de ma connaissance m'a raconté que, peu de jours après la mort du duc d'Enghien, elle alla se promener autour du donjon de Vincennes; la terre encore fraîche marquait la place où il avait été enseveli; des enfants jouaient aux petits palets sur ce tertre de gazon, seul monument pour de telles cendres. Un vieux invalide, à cheveux blancs, assis non loin de là, était resté quelque temps à contempler ces enfants; enfin il se leva, et, les prenant par la main, il leur dit en versant quelques pleurs : « Ne jouez pas là, mes enfants, je vous prie. » Ces larmes furent tous les honneurs qu'on rendit au descendant du grand Condé, et la terre n'en porta pas longtemps l'empreinte.

Pour un moment du moins, l'opinion parut se réveiller parmi les Français, l'indignation fut générale. Mais, lorsque ces flammes généreuses s'éteignirent, le despotisme s'établit d'autant mieux qu'on avait essayé vainement d'y résister. Le premier consul fut pendant quelques jours assez inquiet de la disposition des esprits. Fouché lui-même blâmait cette action; il avait dit ce mot si caractéristique du régime actuel : « C'est pis qu'un crime; c'est une faute. » Il y a bien des pensées renfermées dans cette phrase; mais heureusement qu'on peut la retourner avec vérité, en affirmant que la plus grande des fautes, c'est le crime. Bonaparte demanda à un sénateur honnête homme : « Que pense-t-on de

la mort du duc d'Enghien? — Général, lui répondit-il, on en est fort affligé. — Cela ne m'étonne
pas, dit Bonaparte; une maison qui a longtemps
régné dans un pays intéresse toujours, » voulant
ainsi rattacher à des intérêts de parti le sentiment
le plus naturel que le cœur humain puisse éprouver. Une autre fois il fit la même question à un tribun, qui, plein d'envie de lui plaire, lui répondit :
« Eh bien, général, si nos ennemis prennent des
mesures atroces contre nous, nous avons raison de
faire de même; » ne s'apercevant pas que c'était dire
que la mesure était atroce. Le premier consul affectait de considérer cet acte comme inspiré par la
raison d'État. Un jour, vers ce temps, il discutait
avec un homme d'esprit sur les pièces de Corneille :
« Voyez, lui dit-il, le salut public, ou, pour mieux
dire, la raison d'État a pris chez les modernes la
place de la fatalité chez les anciens; il y a tel homme
qui, par sa nature, serait incapable d'un forfait;
mais les circonstances politiques lui en font une
loi. Corneille est le seul qui ait montré, dans ses
tragédies, qu'il connaissait la raison d'État; aussi
je l'aurais fait mon premier ministre, s'il avait vécu
de mon temps. » Toute cette apparente bonhomie
dans la discussion avait pour but de prouver qu'il
n'y avait point de passion dans la mort du duc
d'Enghien, et que les circonstances, c'est-à-dire ce
dont un chef de l'État est juge exclusivement, mo-
tivaient et justifiaient tout. Qu'il n'y ait point eu de
passion dans sa résolution relativement au duc

d'Enghien, cela est parfaitement vrai; on a voulu
que la fureur ait inspiré ce forfait; il n'en est rien.
Par quoi cette fureur aurait-elle été provoquée? Le
duc d'Enghien n'avait en rien provoqué le premier
consul; Bonaparte espérait d'abord de prendre M. le
duc de Berri, qui, dit-on, devait débarquer en Normandie, si Pichegru lui avait fait donner avis qu'il
en était temps. Ce prince est plus près du trône que
le duc d'Enghien, et d'ailleurs il aurait enfreint les
lois existantes s'il était venu en France. Ainsi, de
toutes les manières il convenait mieux à Bonaparte
de faire périr celui-là que le duc d'Enghien; mais,
à défaut du premier, il choisit le second, en discu-
tant la chose froidement. Entre l'ordre de l'enlever
et celui de le faire périr, plus de huit jours s'étaient
écoulés, et Bonaparte commanda le supplice du duc
d'Enghien longtemps d'avance, aussi tranquillement qu'il a depuis sacrifié des millions d'hommes
à ses ambitieux caprices.

On se demande maintenant quels ont été les motifs de cette terrible action, et je crois facile de les
démêler. D'abord Bonaparte voulait rassurer le
parti révolutionnaire, en contractant avec lui l'alliance du sang. Un ancien jacobin s'écria, en apprenant cette nouvelle : « Tant mieux! le général
Bonaparte s'est fait de la Convention. Pendant longtemps, les jacobins voulaient qu'un homme eût voté
la mort du roi pour être premier magistrat de la
république; c'était ce qu'ils appelaient avoir donné
des gages à la Révolution. Bonaparte remplissait

cette condition du crime, mise à la place de la condition de propriété exigée dans d'autres pays; il donnait la certitude que jamais il ne servirait les Bourbons; ainsi ceux de leur parti qui s'attachaient au sien brûlaient leurs vaisseaux *sans retour*.

A la veille de se faire couronner par les mêmes hommes qui avaient proscrit la royauté, de rétablir une noblesse par les fauteurs de l'égalité, il crut nécessaire de les rassurer par l'affreuse garantie de l'assassinat d'un Bourbon. Dans la conspiration de Pichegru et de Moreau, Bonaparte savait que les républicains et les royalistes s'étaient réunis contre lui; cette étrange coalition, dont la haine qu'il inspire était le nœud, l'avait étonné. Plusieurs hommes, qui tenaient des places de lui, étaient désignés pour servir la Révolution qui devait briser son pouvoir, et il lui importait que désormais tous ses agents se crussent perdus sans ressource, si leur maître était renversé; enfin, surtout, ce qu'il voulait, au moment de saisir la couronne, c'était d'inspirer une telle terreur, que personne ne sût lui résister. Il viola tout dans une seule action : le droit des gens européen, la constitution telle qu'elle existait encore, la pudeur publique, l'humanité, la religion. Il n'y avait rien au delà de cette action; donc on pouvait tout craindre de celui qui l'avait commise. On crut pendant quelque temps en France que le meurtre du duc d'Enghien était le signal d'un nouveau système révolutionnaire, et que les échafauds allaient être relevés. Mais Bonaparte ne voulait qu'apprendre une chose aux Français, c'est qu'il pouvait tout, afin qu'ils lui sussent gré du mal qu'il ne faisait pas, comme à d'autres d'un bienfait. On le trouvait clément quand il laissait vivre; on avait si bien vu comme il lui était facile de faire mourir! La Russie, la Suède, et surtout l'Angleterre, se plaignirent de la violation de l'empire germanique; les princes allemands eux-mêmes se turent, et le débile souverain sur le territoire duquel cet attentat avait été commis demanda, dans une note diplomatique, qu'on ne parlât plus *de l'événement qui était arrivé.* Cette phrase bénigne et voilée, pour désigner un tel acte, ne caractérise-t-elle pas la bassesse de ces princes qui ne faisaient plus consister leur souveraineté que dans leurs revenus, et traitaient un État comme un capital dont il faut se laisser payer les intérêts le plus tranquillement que l'on peut?

CHAPITRE XVI

Maladie et mort de M. Necker.

Mon père eut encore le temps d'apprendre l'assassinat du duc d'Enghien, et les dernières lignes que j'ai reçues, tracées de sa main, expriment son indignation sur ce forfait.

C'est au sein de la plus profonde sécurité que je trouvai sur ma table deux lettres qui m'annonçaient que mon père était dangereusement malade. On me dissimula que le courrier qui était venu les apporter était aussi chargé de la nouvelle de sa mort.

Je partis avec de l'espérance, et je la conservai malgré toutes les circonstances qui devaient me l'ôter.
Quand à Weimar la vérité me fut connue, un sentiment de terreur inexprimable se joignit à mon
désespoir. Je me vis sans appui sur cette terre, et
forcée de soutenir moi-même mon âme contre le
malheur. Il me restait beaucoup d'objets d'attachement; mais l'admiration pleine de tendresse que
j'éprouvais pour mon père exerçait sur moi un
empire que rien ne pouvait égaler. La douleur,
qui est le plus grand des prophètes, m'annonça
que désormais je ne serais plus heureuse par le
cœur, comme je l'avais été, quand cet homme tout-
puissant en sensibilité veillait sur mon sort; et il
ne s'est pas écoulé un jour, depuis le mois d'a-
vril 1804, dans lequel je n'aie rattaché toutes mes
peines à celle-là. Tant que mon père vivait, je ne
souffrais que par l'imagination; car, dans les choses
réelles, il trouvait toujours le moyen de me faire
du bien; après sa perte, j'eus affaire directement à
la destinée. C'est cependant encore à l'espoir qu'il
prie pour moi dans le ciel que je dois ce qui me
reste de force. Ce n'est point l'amour filial, mais la
connaissance intime de son caractère qui me fait
affirmer que jamais je n'ai vu la nature humaine
plus près de la perfection que dans son âme : si je
n'étais pas convaincue de la vie à venir, je devien-
drais folle de l'idée qu'un tel être ait pu cessé
d'exister. Il y avait tant d'immortalité dans ses sentiments et dans ses pensées, que cent fois il m'ar-

rive, quand j'ai des mouvements qui m'élèvent au dessus de moi-même, de croire encore l'entendre.

Dans mon fatal voyage de Weimar à Coppet, j'enviais toute la vie qui circulait dans la nature, celle des oiseaux, des mouches qui volaient autour de moi : je demandais un jour, un seul jour pour lui parler encore, pour exciter sa pitié; j'enviais ces arbres des forêts dont la durée se prolonge au delà des siècles; mais l'inexorable silence du tombeau a quelque chose qui confond l'esprit humain; et, bien que ce soit la vérité la plus connue, jamais la vivacité de l'impression qu'elle produit ne peut s'éteindre. En approchant de la demeure de mon père, un de mes amis me montra sur la montagne des nuages qui ressemblaient à une grande figure d'homme qui disparaîtrait vers le soir, et il me sembla que le ciel m'offrait ainsi le symbole de la perte que je venais de faire. Il était grand en effet, cet homme qui, dans aucune circonstance de sa vie, n'a préféré le plus important de ses intérêts au moindre de ses devoirs; cet homme dont les vertus étaient tellement inspirées par sa bonté, qu'il eût pu se passer de principes, et dont les principes étaient si fermes, qu'il eût pu se passer de bonté.

En arrivant à Coppet, j'appris que mon père, dans la maladie de neuf jours qui me l'avait enlevé, s'était constamment occupé de mon sort avec inquiétude. Il se faisait des reproches de son dernier livre, comme étant la cause de mon exil; et, d'une main tremblante, il écrivit, pendant sa fièvre, au premier consul, une lettre où il lui affirmait que je n'étais pour rien dans la publication de ce dernier ouvrage, et qu'au contraire j'avais désiré qu'il ne fût pas imprimé. Cette voix d'un mourant avait tant de solennité! cette dernière prière d'un homme qui avait joué un si grand rôle en France, demandant pour toute grâce le retour de ses enfants dans le lieu de leur naissance, et l'oubli des imprudences qu'une fille, jeune encore alors, avait pu commettre, tout me semblait irrésistible; et, bien que je connusse le caractère de l'homme, il m'arriva ce qui, je crois, est dans la nature de ceux qui désirent ardemment la cessation d'une grande peine : j'espérai contre toute espérance. Le premier consul reçut cette lettre, et me crut sans doute d'une rare niaiserie d'avoir pu me flatter qu'il en serait touché. Je suis à cet égard de son avis.

CHAPITRE XVII

Procès de Moreau.

Le procès de Moreau se continuait toujours, et, bien que les journaux gardassent le plus profond silence sur ce sujet, il suffisait de la publicité du plaidoyer pour éveiller les âmes, et jamais l'opinion de Paris ne s'est montrée contre Bonaparte avec tant de force qu'à cette époque. Les Français ont plus besoin qu'aucun autre peuple d'un certain degré de liberté de la presse; il faut qu'ils pensent et qu'ils sentent en commun; l'électricité de l'émotion de leurs voisins leur est nécessaire pour en éprouver à leur tour, et leur enthousiasme ne se développe point d'une manière isolée. C'est donc très-bien fait à celui qui veut être leur tyran de ne permettre à l'opinion publique aucun genre de manifestation; et Bonaparte joint à cette idée, commune à tous les despotes, une ruse particulière à ce temps-ci, c'est l'art de proclamer une opinion factice par des journaux qui ont l'air d'être libres, tant ils font de phrases dans le sens qui leur est ordonné. Il n'y a, l'on doit en convenir, que nos écrivains français qui puissent broder ainsi, chaque matin, les mêmes sophismes, et qui se complaisent dans le superflu même de la servitude. Au milieu de l'instruction de cette fameuse affaire, les journaux apprirent à l'Europe que Pichegru s'était étranglé lui-même dans le Temple; toutes les gazettes furent remplies d'un rapport chirurgical, qui parut peu vraisemblable, malgré le soin avec lequel il était rédigé. S'il est vrai que Pichegru ait péri victime d'un assassinat, se représente-t-on le sort d'un brave général surpris par des lâches dans le fond de son cachot, sans défense, condamné depuis plusieurs jours à cette solitude des prisons qui abat le courage de l'âme, ignorant même si ses amis sauront jamais de quel genre de mort il a péri, si le forfait qui le tue sera vengé, si l'on n'outragera pas sa mémoire! Pichegru, dans son premier interrogatoire, avait montré beaucoup de courage, et il

menaçait, dit-on, de donner la preuve des promesses que Bonaparte avait faites aux Vendéens, relativement au retour des Bourbons. Quelques-uns
prétendent qu'on lui avait fait subir la question,
comme à deux autres conjurés, dont l'un, nommé
Picot, montra ses mains mutilées au tribunal, et
qu'on n'osa pas exposer aux yeux du peuple français un de ses anciens défenseurs soumis à la tor-
ture des esclaves. Je ne crois pas à cette conjec-
ture; il faut toujours chercher dans les actions de
Bonaparte le calcul qui les lui a conseillées, et l'on
n'en verrait pas dans cette dernière supposition;
tandis qu'il est peut-être vrai que la réunion de
Moreau et de Pichegru à la barre d'un tribunal eût
achevé d'enflammer l'opinion. Déjà la foule était
immense dans les tribunes; plusieurs officiers, à
la tête desquels était un homme loyal, le général
Lécourbe, témoignèrent l'intérêt le plus vif et le
plus courageux pour le général Moreau. Quand il
se rendait au tribunal, les gendarmes chargés de
le garder lui présentaient les armes avec respect.
Déjà l'on commençait à sentir que l'honneur était
du côté de la persécution; mais Bonaparte, en se
faisant tout à coup déclarer empereur au plus fort
de cette fermentation, détourna les esprits par une
nouvelle perspective, et déroba mieux sa marche
au milieu de l'orage dont il était environné qu'il
n'aurait pu le faire dans le calme.

Le général Moreau prononça devant le tribunal
un des discours les mieux faits que l'histoire puisse

offrir; il rappela, quoique avec modestie, les batailles qu'il avait gagnées depuis que Bonaparte
gouvernait la France; il s'excusa de s'être exprimé
souvent peut-être avec trop de franchise, et com-
para, d'une manière indirecte, le caractère d'un
Breton avec celui d'un Corse; enfin, il montra tout
à la fois et beaucoup d'esprit et la plus parfaite
présence de cet esprit, dans un moment si dangereux. Régnier réunissait alors le ministère de la
police à celui de la justice, en l'absence de Fouché,
disgracié. Il se rendit à Saint-Cloud en sortant du
tribunal. L'Empereur lui demanda comment était
le discours de Moreau : « Pitoyable, répondit-il. —
En ce cas, dit l'Empereur, faites-le imprimer et
publier dans tout Paris. » Quand ensuite Bonaparte vit combien son ministre s'était trompé, il
revint enfin à Fouché, le seul homme qui pût vraiment le seconder, en portant, malheureusement
pour le monde, une sorte de modération adroite
dans un système sans bornes.

Un ancien jacobin, âme damnée de Bonaparte,
fut chargé de parler aux juges pour les engager à
condamner Moreau à mort. « Cela est nécessaire,
leur dit-il, à la considération de l'Empereur, qui
l'a fait arrêter; mais vous devez d'autant moins
vous faire scrupule d'y consentir, que l'Empereur
est résolu de lui faire grâce. — Et qui nous fera
grâce à nous-mêmes, si nous nous couvrons d'une
telle infamie? » répondit l'un des juges[1], dont il

---

[1] M. Clavier.

n'est pas encore permis de prononcer le nom, de peur de l'exposer. Le général Moreau fut condamné à deux ans de prison; Georges et plusieurs autres de ses amis, à mort; un de MM. de Polignac à deux ans, l'autre à quatre ans de prison, et tous les deux y sont encore, ainsi que plusieurs autres, dont la police s'est saisie quand la peine ordonnée par la justice a été subie. Moreau désira que sa prison fût changée en un bannissement perpétuel; perpétuel, dans ce cas, veut dire viager, car le malheur du monde est placé sur la tête d'un homme. Bonaparte consentit à ce bannissement, qui lui convenait à tous les égards. Souvent, sur la route de Moreau, les maires de ville, chargés de viser son passe-port d'exil, lui montrèrent la considération la plus respectueuse. « Messieurs, dit l'un d'eux à son audience, faites place au général Moreau; » et il se courba devant lui comme devant l'Empereur. Il y avait encore une France dans le cœur de ces hommes, mais déjà l'on n'avait plus d'idée d'agir dans le sens de son opinion; et maintenant qui sait si même il en reste une, tant on l'a longtemps étouffée? Arrivé à Cadix, ces Espagnols, qui devaient, peu d'années après, donner un si grand exemple, rendirent tous les hommages possibles à une victime de la tyrannie. Quand Moreau passa devant la flotte anglaise, les vaisseaux le saluèrent comme s'il eût été le commandant d'une armée alliée. Ainsi les prétendus ennemis de la France se chargèrent d'acquitter sa dette envers l'un de ses plus illustres défenseurs. Lorsque Bonaparte fit arrêter Moreau, il dit : « J'aurais pu le faire venir chez moi, et lui dire : « Écoute, toi et moi, nous ne pou- « vons pas rester sur le même sol; ainsi va-t'en, puis- « que je suis le plus fort; » et je crois qu'il serait parti. Mais ces manières chevaleresques sont puériles en affaires publiques. » Bonaparte croit, et a eu l'art de persuader à plusieurs des apprentis machiavé- listes de la génération nouvelle, que tout sentiment généreux est de l'enfantillage. Il serait bien temps de lui apprendre que la vertu a aussi quelque chose de mâle, et de plus mâle que le crime avec toute son audace.

CHAPITRE XVIII

Commencements de l'Empire.

La motion pour appeler Bonaparte à l'empire fut faite dans le Tribunat par un conventionnel, autre- fois jacobin, appuyée par Jaubert, avocat et député du commerce de Bordeaux, et secondée par Si- méon, homme d'esprit et de sens, qui avait été proscrit sous la République comme royaliste. Bo- naparte voulait que les partisans de l'ancien ré- gime et ceux des intérêts permanents de la nation fussent réunis pour le choisir. Il fut convenu qu'on ouvrirait des registres dans toute la France pour que chacun exprimât son vœu relativement à l'é- lévation de Bonaparte sur le trône. Mais, sans at- tendre ce résultat, quelque préparé qu'il fût, il prit le titre d'empereur par un sénatus-consulte, et ce malheureux Sénat n'eut pas même la force de mettre des bornes constitutionnelles à cette nouvelle monarchie. Un tribun, dont je voudrais oser dire le nom[1], eut l'honneur d'en faire la motion spéciale. Bonaparte, pour aller habilement au-devant de cette idée, fit venir chez lui quelques sénateurs, et leur dit : « Il m'en coûte beaucoup de me placer ainsi en évidence; j'aime mieux ma situation actuelle. Toutefois la continuation de la république n'est plus possible; on est blasé sur ce genre-là; je crois que les Français veulent la royauté. J'avais d'abord pensé à rappeler les vieux Bourbons; mais cela n'aurait fait que les perdre, et moi aussi. Ma conscience me dit qu'il faut à la fin un homme à la tête de tout ceci; cependant peut-être vaudrait-il mieux encore attendre... J'ai vieilli la France d'un siècle depuis quatre ans; la liberté, c'est un bon code civil, et les nations modernes ne se soucient que de la propriété. Cependant, si vous m'en croyez, nommez un comité, organisez la constitution, et, je vous le dis naturellement, ajouta-t-il en souriant, prenez des précautions contre ma tyrannie; prenez-en, croyez-moi. » Cette apparente bonhomie séduisit les sénateurs, qui, au reste, ne demandaient pas mieux que d'être séduits. L'un d'eux, homme de lettres assez distingué, mais l'un de ces philosophes qui trouvent toujours des

---

[1] M. Gallois.

motifs philanthropiques pour être contents du pouvoir, disait à un de mes amis : « C'est admirable !
avec quelle simplicité l'Empereur se laisse tout
dire ! L'autre jour, je lui ai démontré pendant une
heure de suite qu'il fallait absolument fonder la
dynastie nouvelle sur une charte qui assurât les
droits de la nation. — Et que vous a-t-il répondu?
lui demanda-t-on. — Il m'a frappé sur l'épaule avec
une bonté parfaite, et m'a dit : « Vous avez tout à
« fait raison, mon cher sénateur ; mais, fiez-vous à
« moi, ce n'est pas le moment. » Et ce sénateur,
comme beaucoup d'autres, se contentait du plaisir
d'avoir parlé, lors même que son opinion n'était
pas le moins du monde adoptée. Les besoins de
l'amour-propre, chez les Français, l'emportent de
beaucoup sur ceux du caractère.

Une chose bien bizarre, et que Bonaparte a pénétrée avec une grande sagacité, c'est que les Français, qui saisissent le ridicule avec tant d'esprit, ne
demandent pas mieux que de se rendre ridicules
eux-mêmes, dès que leur vanité y trouve son compte
d'une autre manière. Rien en effet ne prête plus à
la plaisanterie que la création d'une noblesse toute
nouvelle, telle que Bonaparte l'établit pour le sou-
tien de son nouveau trône. Les princesses et les
reines, citoyennes de la veille, ne pouvaient s'empêcher de rire elles-mêmes en s'entendant appeler
Votre Majesté. D'autres, plus sérieux, se faisaient
répéter le titre de monseigneur du matin au soir,
comme le Bourgeois gentilhomme. On consultait

les vieilles archives, pour retrouver les meilleurs documents sur l'étiquette; des hommes de mérite s'établissaient gravement à composer des armoiries pour les nouvelles familles; enfin, il n'y avait pas de jour qui ne donnât lieu à quelque situation digne de Molière : mais la terreur, qui faisait le fond du tableau, empêchait que le grotesque de l'avant-scène ne fût bafoué comme il aurait dû l'être. La gloire des généraux français relevait tout, et les courtisans obséquieux se glissaient à l'ombre des militaires, qui méritaient sans doute les honneurs sévères d'un État libre, mais non les vaines décorations d'une semblable cour. La valeur et le génie descendent du ciel, et ceux qui en sont doués n'ont pas besoin d'autres ancêtres. Les distinctions accordées dans les républiques ou dans les monarchies limitées doivent être la récompense de services rendus à la patrie, et tout le monde y peut également prétendre; mais rien ne sent le despotisme comme cette foule d'honneurs émanant d'un seul homme, et dont son caprice est la source.

Des calembours sans fin furent lancés contre cette noblesse de la veille; on citait mille mots des dames nouvelles, qui supposaient peu d'usage des bonnes manières. Et, en effet, ce qu'il y a de plus difficile à apprendre, c'est le genre de politesse qui n'est ni cérémonieux ni familier; cela semble peu de chose, mais il faut que cela vienne du fond de nous-mêmes; car personne ne l'acquiert, quand les habitudes de l'enfance ou l'élévation de l'âme ne l'inspirent pas.

Bonaparte lui-même a de l'embarras quand il s'agit de représenter; et souvent, dans son intérieur, et même avec des étrangers, il revient avec joie à ces termes et à ces façons vulgaires qui lui rappellent sa jeunesse révolutionnaire. Bonaparte savait très-bien que les Parisiens faisaient des plaisanteries sur ses nouveaux nobles; mais il savait aussi qu'ils n'exprimeraient leur opinion que par des quolibets, et non par des actions fortes. L'énergie des opprimés ne s'étendait pas au delà de l'équivoque qui naît des calembours; et, comme dans l'Orient on en est réduit à l'apologue, en France on était tombé plus bas encore; on s'en tenait au cliquetis des syllabes. Un seul jeu de mots cependant mérite de survivre au succès éphémère de ce genre; comme l'on annonçait un jour les princesses du sang, quelqu'un ajouta : *Du sang d'Enghien*. En effet, tel fut le baptême de cette nouvelle dynastie.

Bonaparte croyait n'avoir encore rien fait en s'entourant d'une noblesse de sa création; il voulait mêler l'aristocratie du nouveau régime avec celle de l'ancien. Plusieurs nobles ruinés par la Révolution se prêtèrent à recevoir des emplois à la cour. L'on sait par quelle injure grossière Bonaparte les remercia de leur complaisance. « Je leur ai proposé, dit-il, des grades dans mon armée, ils n'en ont pas voulu; je leur ai offert des places dans l'administration, ils les ont refusées; mais je leur ai ouvert mes antichambres, et ils s'y sont précipités. » Quelques gentilshommes, dans cette circonstance, ont

donné l'exemple de la plus courageuse résistance;
mais combien d'autres se sont dits menacés, avant
qu'ils eussent rien à craindre! et combien d'autres
aussi ont sollicité pour eux-mêmes ou pour leur
famille des charges de cour que tous auraient dû
refuser! Les carrières militaires ou administratives
sont les seules dans lesquelles on puisse se persuader qu'on est utile à sa patrie, quel que soit le chef
qui la gouverne; mais les emplois à la cour vous
rendent dépendant de l'homme et non de l'État.

On en fit des registres pour voter sur l'Empire
comme de ceux qui avaient été ouverts pour le consulat à vie; l'on compta de même, comme ayant
voté pour, tous ceux qui ne signèrent pas; on des-
titua de leurs emplois le petit nombre d'individus
qui s'avisèrent d'écrire *non*. M. de la Fayette, constant ami de la liberté, manifesta de nouveau son
invariable résistance; et il eut d'autant plus de mérite, que déjà, dans ce pays de la bravoure, on ne
savait plus estimer le courage. Il faut bien faire
cette distinction, puisque l'on voit la divinité de la
peur régner en France sur les guerriers les plus
intrépides. Bonaparte ne voulut pas même s'astreindre à la loi de l'hérédité monarchique, et il se
réserva le droit d'adopter et de choisir un succes-
seur, à la manière de l'Orient. Comme il n'avait
point d'enfants alors, il ne voulut pas donner à sa
famille un droit quelconque; et, tout en l'élevant à
des rangs auxquels elle n'avait sûrement pas droit
de prétendre, il l'asservissait à sa volonté par des

décrets profondément combinés, qui enlaçaient de chaînes les nouveaux trônes.

Le 14 juillet fut encore fêté cette année (1804), parce que, disait-on, l'Empire consacrait tous les bienfaits de la Révolution. Bonaparte avait dit que les orages avaient affermi les racines du gouvernement; il prétendit que le trône garantirait la liberté; il répéta de toutes les manières que l'Europe serait rassurée par l'ordre monarchique établi dans le gouvernement de France. En effet, l'Europe entière, excepté l'illustre Angleterre, reconnut sa dignité nouvelle : il fut appelé *mon frère* par les chevaliers de l'antique confrérie royale. On a vu comme il les a récompensés de leur fatale condescendance. S'il avait voulu sincèrement la paix, le vieux roi George lui-même, cet honnête homme qui a eu le plus beau règne de l'histoire d'Angleterre, aurait été forcé de le reconnaître comme son égal. Mais, peu de jours après son couronnement, il prononça des paroles qui dévoilaient tous ses desseins : « On plaisante, dit-il, sur ma dynastie nouvelle; dans cinq ans elle sera la plus ancienne de toute l'Europe. » Et dès cet instant il n'a pas cessé de tendre à ce but.

Il lui fallait un prétexte pour avancer toujours, et ce prétexte, ce fut la liberté des mers. Il est inouï combien il est facile de faire prendre une bêtise pour étendard au peuple le plus spirituel de la terre. C'est encore un de ces contrastes qui seraient tout à fait inexplicables, si la malheureuse France n'avait pas été dépouillée de religion et de morale par un enchaînement funeste de mauvais principes et d'événements malheureux. Sans religion, aucun homme n'est capable de sacrifice; et sans morale, personne ne parlant vrai, l'opinion publique est sans cesse égarée. Il s'ensuit donc, comme nous l'avons dit, que l'on n'a point le courage de la conscience, lors même qu'on a celui de l'honneur, et qu'avec une intelligence admirable dans l'exécution, on ne se rend jamais compte du but.

Il n'y avait sur les trônes du continent, au moment où Bonaparte forma la résolution de les renverser, que des souverains fort honnêtes gens. Le génie politique et militaire de ce monde était éteint, mais les peuples étaient heureux; et, quoique les principes des constitutions libres ne fussent point admis dans la plupart des États, les idées philosophiques, répandues depuis cinquante ans en Europe, avaient du moins l'avantage de préserver de l'intolérance et d'adoucir le despotisme. Catherine II et Frédéric II recherchaient l'estime des écrivains français, et ces deux monarques, dont le génie ne pouvait tout asservir, vivaient en présence de l'opinion des hommes éclairés, et cherchaient à la captiver. La tendance naturelle des esprits était à la jouissance et à l'application des idées libérales, et il n'y avait presque pas un individu qui souffrît dans sa personne ou dans ses biens. Les amis de la liberté étaient sans doute en droit de trouver qu'il fallait donner aux facultés l'occasion de se développer;

qu'il n'était pas juste que tout un peuple dépendît d'un homme, et que la représentation nationale était le seul moyen d'assurer aux citoyens la garantie des biens passagers qu'un souverain vertueux peut accorder. Mais Bonaparte, que venait-il offrir? apportait-il aux peuples étrangers plus de liberté? Aucun monarque de l'Europe ne se serait permis, dans une année, les insolences arbitraires qui signalent chacun de ses jours. Il venait seulement leur faire échanger leur tranquillité, leur indépendance, leur langue, leurs lois, leurs fortunes, leur sang, leurs enfants, contre le malheur et la honte d'être anéantis comme nations et méprisés comme hommes. Il commençait enfin cette entreprise de la monarchie universelle, le plus grand fléau dont l'espèce humaine puisse être menacée, et la cause assurée de la guerre éternelle.

Aucun des arts de la paix ne convient à Bonaparte; il ne trouve d'amusement que dans les crises violentes amenées par les batailles. Il a su faire des trêves, mais il ne s'est jamais dit sérieusement : C'est assez; et son caractère, inconciliable avec le reste de la création, est comme le feu grégeois, qu'aucune force de la nature ne saurait éteindre.

AVERTISSEMENT

DE M. DE STAËL FILS

Il y a ici, dans le manuscrit, une lacune dont j'ai donné l'explication [1], et à laquelle je ne saurais essayer de suppléer. Mais, pour mettre le lecteur en état de suivre le récit de ma mère, j'indiquerai rapidement les principales circonstances de sa vie pendant les cinq années qui séparent la première partie de ces Mémoires de la seconde.

Revenue en Suisse après la mort de M. Necker, le premier besoin qu'éprouva sa fille fut de chercher quelque adoucissement à sa douleur, en faisant le portrait de celui qu'elle venait de perdre, et en recueillant les dernières traces de sa pensée. Dans l'automne de 1804, elle publia les manuscrits de son père, avec une notice sur son caractère et sa vie privée.

La santé de ma mère, affaiblie par le malheur, exigeait qu'elle allât respirer l'air du Midi. Elle partit pour l'Italie.

Le beau ciel de Naples, les souvenirs de l'antiquité, les chefs-d'œuvre de l'art, lui offrirent des sources de jouis-

[1] Voyez la préface.

sances qui lui étaient restées inconnues jusqu'alors ; son âme, accablée par la tristesse, sembla revivre à ces impressions nouvelles, et elle retrouva la force de penser et d'écrire.

Pendant ce voyage, ma mère fut traitée par les agents diplomatiques de France sans faveur, mais sans injustice. On lui interdisait le séjour de Paris, on l'éloignait de ses amis et de ses habitudes ; mais du moins, alors, la tyrannie ne la poursuivait pas au delà des Alpes ; la persécution n'avait pas encore été mise en système, comme elle le fut plus tard. Je me plais même à rappeler que des lettres de recommandation, envoyées par Joseph Bonaparte à ma mère, contribuèrent à lui rendre le séjour de Rome plus agréable.

Elle revint d'Italie dans l'été de 1805, et passa une année, soit à Coppet, soit à Genève, où plusieurs de ses amis se trouvaient réunis. Pendant ce temps, elle commença à écrire *Corinne*.

L'année suivante, son amour pour la France, ce sentiment si puissant sur son cœur, lui fit quitter Genève et se rapprocher de Paris, à la distance de quarante lieues, qui lui était permise. Je faisais alors des études pour entrer à l'école polytechnique ; et, dans sa parfaite bonté pour ses enfants, elle désirait surveiller leur éducation d'aussi près que le lui permettait son exil. Elle alla donc s'établir à Auxerre, petite ville où elle ne connaissait personne, mais dont le préfet, M. de la Bergerie, se conduisit envers elle avec beaucoup d'obligeance et de délicatesse.

D'Auxerre elle vint à Rouen : c'était se rapprocher de quelques lieues du centre où l'attiraient tous les souvenirs, toutes les affections de son enfance. Là, du moins, elle pouvait recevoir tous les jours des lettres de Paris ; elle avait pénétré, sans obstacles, dans l'enceinte qui lui avait été interdite ; elle pouvait espérer que ce cercle fatal se rétrécirait progressivement. Ceux qui ont souffert de l'exil comprendront seuls ce qui se passait dans son cœur. M. de Savoie-Rollin était alors préfet de la Seine-Inférieure : l'on sait par quelle criante injustice il fut destitué quelques années plus tard, et j'ai lieu de croire que son amitié pour ma mère et l'intérêt qu'il lui témoigna pendant son séjour à Rouen ne furent pas étrangers à la rigueur dont il devint l'objet.

Fouché était ministre de la police. Il avait pour système, ainsi que le dit ma mère, de faire le moins de mal possible, la nécessité du but admise. La monarchie prussienne venait de succomber ; aucun ennemi sur le continent ne luttait plus contre le gouvernement de Napoléon ; aucune résistance à l'intérieur n'entravait sa marche, et ne pouvait donner prétexte à des mesures arbitraires ; quel motif y avait-il de prolonger contre ma mère la persécution la plus gratuite ? Fouché lui permit donc de venir s'établir à douze lieues de Paris, dans une terre appartenant à M. de Castellane. Ce fut là qu'elle termina *Corinne* et qu'elle en surveilla l'impression. Du reste, la vie retirée qu'elle menait dans cette terre, l'extrême prudence de toutes ses démarches, le très-petit nombre de ceux que la crainte de la défaveur ne détournait pas d'aller la voir, devaient suffire pour rassurer le despotisme le plus ombrageux. Mais ce n'était pas assez pour Bonaparte : il voulait que ma mère renonçât à tout exercice de son talent, et qu'elle s'interdît d'écrire, fût-ce sur les sujets les plus étrangers à la politique. On verra même que plus tard cette abnégation ne suffit pas pour la préserver d'une persécution toujours croissante.

A peine *Corinne* eut-elle paru, qu'un nouvel exil commença pour ma mère, et qu'elle vit s'évanouir toutes les espérances qui, depuis quelques mois, l'avaient consolée. Par une fatalité qui rendit sa douleur plus amère, ce fut le 9 avril, le jour même de l'anniversaire de la mort de son père, que lui fut signifié l'ordre qui l'éloignait de sa patrie et de ses amis. Elle revint à Coppet le cœur navré, et l'immense succès de *Corinne* n'apporta que bien peu de distraction à sa tristesse.

Cependant ce que n'avait pú la gloire littéraire, l'amitié y réussit; et, grâce aux témoignages d'affection qu'elle reçut à son retour en Suisse, l'été se passa plus doucement qu'elle n'avait pu l'espérer. Quelques-uns de ses amis quittèrent Paris pour venir la voir ; et le prince Auguste de Prusse, à qui la paix avait rendu la liberté, nous fit l'honneur de s'arrêter quelques mois à Coppet avant de retourner dans sa patrie.

Depuis son voyage à Berlin, si cruellement interrompu par la mort de son père, ma mère n'avait pas cessé d'étudier la littérature et la philosophie allemandes ; mais un nouveau séjour en Allemagne lui était nécessaire pour achever le tableau de ce pays qu'elle se proposait de présenter à la France. Dans l'automne de 1807, elle partit pour Vienne, et elle y retrouva, dans la société du prince de Ligne, dans celle de la maréchale Lubomirska, etc., cette urbanité de manières, cette facilité de conversation, qui avaient tant de charme à ses yeux. Le gouvernement autrichien, épuisé par la guerre, n'avait pas alors la force d'être oppresseur pour son propre compte, et cependant il conservait envers la France une attitude qui n'était pas sans indépendance et sans dignité. Ceux que poursuivait la haine de Napoléon pouvaient encore trouver à Vienne un asile; aussi l'année que ma mère y passa fut-elle la plus calme dont elle eût joui depuis son exil.

En revenant en Suisse, où elle consacra deux années à écrire ses réflexions sur l'Allemagne, elle ne tarda pas à s'apercevoir des progrès que faisait chaque jour la tyrannie impériale, et de la rapidité contagieuse avec laquelle s'étendaient la passion des places et la crainte de la défaveur. Sans doute quelques amis, à Genève et en France, lui conservaient dans le malheur une courageuse et constante fidélité; mais quiconque tenait au gouvernement ou aspirait à un emploi commençait à s'éloigner de sa maison et à détourner les gens timides d'y venir. Ma mère souffrait de tous ces symptômes de servitude, qu'elle discernait avec une incomparable sagacité; mais plus elle était malheureuse, plus elle éprouvait le besoin d'écarter de ce qui l'entourait les peines de sa situation et de répandre autour d'elle la vie, le mouvement intellectuel que semblait exclure la solitude.

Son talent pour la déclamation était le moyen de distraction qui avait le plus de puissance sur elle-même, en même temps qu'il variait les plaisirs de sa société. Ce fut à cette époque que, tout en travaillant à son grand ouvrage sur l'*Allemagne*, elle composa et joua sur le théâtre de Coppet la plupart des pièces que je réunis dans ses œuvres posthumes, sous le titre d'*Essais dramatiques*.

Enfin, au commencement de l'été de 1810, ayant achevé les trois volumes de l'*Allemagne*, elle voulut en surveiller l'impression à quarante lieues de Paris, distance qui lui était encore permise, et où elle pouvait espérer de revoir ceux de ses amis dont l'affection n'avait pas fléchi devant la disgrâce de l'Empereur.

Elle alla donc s'établir près de Blois, dans le vieux château de Chaumont-sur-Loire, que le cardinal d'Amboise, Diane de Poitiers, Catherine de Médicis et Nostradamus ont jadis habité. Le propriétaire actuel de ce séjour romantique, M. le Ray, avec qui mes parents étaient liés par des relations d'affaires et d'amitié, était alors en Amérique. Mais, tandis que nous occupions son château, il revint des États-Unis avec sa famille; et, quoiqu'il voulût bien nous engager à rester chez lui, plus il nous en pressait avec politesse, plus nous étions tourmentés de la crainte de le gêner. M. de Salaberry nous tira de cet embarras avec la plus aimable obligeance, en mettant à notre disposition sa terre de Fossé. Ici recommence le récit de ma mère.

SECONDE PARTIE

—

CHAPITRE PREMIER

Suppression de mon ouvrage sur l'Allemagne. — Exil hors de France.

Ne pouvant plus rester dans le château de Chaumont, dont les maîtres étaient revenus d'Amérique, j'allai m'établir dans une terre appelée Fossé, qu'un ami généreux[1] me prêta. Cette terre était l'habitation d'un militaire vendéen, qui ne soignait pas beaucoup sa demeure, mais dont la loyale bonté rendait tout facile, et l'esprit original tout amusant. A peine arrivés, un musicien italien, que j'avais avec moi pour donner des leçons à ma fille, se mit à jouer de la guitare; ma fille accompagnait sur la harpe la douce voix de ma belle amie, madame Récamier; les paysans se rassemblaient autour des fenêtres, étonnés de voir cette colonie de troubadours qui venait animer la solitude de leur maître. C'est là que j'ai passé mes derniers jours de France, avec quelques amis dont le souvenir vit dans mon cœur. Certes, cette réunion si intime, ce séjour si

---

[1] M. de Salaberry.

solitaire, cette occupation si douce des beaux-arts,
ne faisait de mal à personne. Nous chantions souvent un charmant air qu'a composé la reine de
Hollande, et dont le refrain est : *Fais ce que dois,
advienne que pourra.* Après dîner, nous avions ima-
giné de nous placer autour d'une table verte, et de
nous écrire au lieu de causer ensemble. Ces tête-à-
tête variés et multipliés nous amusaient tellement,
que nous étions impatients de sortir de table, où
nous nous parlions, pour venir nous écrire. Quand
il arrivait par hasard des étrangers, nous ne pou-
vions supporter d'interrompre nos habitudes, et
notre *petite poste* (c'est ainsi que nous l'appelions)
allait toujours son train. Les habitants de la ville
voisine s'étonnaient un peu de ces manières nouvelles, et les prenaient pour de la pédanterie, tandis
qu'il n'y avait dans ce jeu qu'une ressource contre
la monotonie de la solitude. Un jour un gentilhomme
des environs, qui n'avait pensé de sa vie qu'à la
chasse, vint pour emmener mes fils dans ses bois; il
resta quelque temps assis à notre table active et
silencieuse; madame Récamier écrivit de sa jolie
main un petit billet à ce gros chasseur, pour qu'il
ne fût pas trop étranger au cercle dans lequel il se
trouvait. Il s'excusa de le recevoir, en assurant qu'à
la lumière il ne pouvait pas lire l'écriture : nous
rîmes un peu du revers qu'éprouvait la bienfaisante
coquetterie de notre belle amie, et nous pensâmes
qu'un billet de sa main n'aurait pas toujours eu le
même sort. Notre vie se passait ainsi, sans que le

temps, si j'en puis juger par moi, fût un fardeau pour personne.

L'opéra de *Cendrillon* faisait beaucoup de bruit à Paris; je voulus l'aller voir représenter sur un mauvais théâtre de province, à Blois. En sortant à pied, les habitants de la ville me suivirent par curiosité, plus avides de me connaître comme exilée que sous tout autre rapport. Cette espèce de succès que le malheur me valait, plus encore que le talent, donna de l'humeur au ministre de la police, qui écrivit quelque temps après au préfet de Loiret-Cher que j'étais environnée d'une cour. « Certes, répondis-je au préfet[1], ce n'est pas du moins la puissance qui me la donne. »

J'étais toujours résolue à me rendre en Angleterre par l'Amérique; mais je voulais terminer l'impression de mon livre sur l'Allemagne. La saison s'avançait; nous étions déjà au 15 septembre, et j'entrevoyais que la difficulté de m'embarquer avec ma fille me retiendrait encore l'hiver dans je ne sais quelle ville à quarante lieues de Paris. J'ambitionnais alors Vendôme, où je connaissais quelques gens d'esprit, et d'où la communication avec la capitale était facile. Après avoir eu jadis l'une des plus brillantes maisons de Paris, je me représentais comme une vive satisfaction de m'établir à Vendôme : le sort ne m'accorda pas ce modeste bonheur.

---

[1] M. de Corbigny, homme d'un esprit aimable et éclairé.

Le 23 septembre, je corrigeai la dernière épreuve de l'*Allemagne :* après six ans de travail, ce m'était une vraie joie de mettre le mot *fin* à mes trois volumes. Je fis la liste des cent personnes à qui je voulais les envoyer dans les différentes parties de la France et de l'Europe; j'attachais un grand prix à ce livre, que je croyais propre à faire connaître des idées nouvelles à la France : il me semblait qu'un sentiment élevé sans être hostile l'avait inspiré, et qu'on y trouverait un langage qu'on ne parlait plus.

Munie d'une lettre de mon libraire, qui m'assurait que la censure avait autorisé la publication de mon ouvrage, je crus n'avoir rien à craindre, et je partis avec mes amis pour une terre de M. Matthieu de Montmorency, qui est à cinq lieues de Blois. L'habitation de cette terre est au milieu d'une forêt : je m'y promenais avec l'homme que je respecte le plus dans le monde, depuis que j'ai perdu mon père. La beauté du temps, la magnificence de la forêt, les souvenirs historiques que retraçait ce lieu où s'est donnée la bataille de Fretteval, entre Philippe Auguste et Richard Cœur-de-Lion, tout contribuait à mettre mon âme dans la disposition la plus douce et la plus calme. Mon digne ami, qui n'est occupé sur cette terre que de mériter le ciel, dans cette conversation comme dans toutes celles que nous avions eues ensemble, ne s'occupait point des affaires du temps, et ne cherchait qu'à faire du bien à mon âme. Nous repartîmes le lendemain, et dans ces plaines du Vendômois, où l'on ne rencontre pas une seule habitation, et qui, comme la mer, semblent offrir partout le même aspect, nous nous perdîmes complétement. Il était déjà minuit, et nous ne savions quelle route suivre, dans un pays toujours le même, et dont la fécondité est aussi monotone que pourrait l'être ailleurs la stérilité, lorsqu'un jeune homme à cheval, se doutant de notre embarras, vint nous prier de passer la nuit dans le château de ses parents[1]. Nous acceptâmes cette invitation, qui était un vrai service, et nous nous trouvâmes tout à coup au milieu du luxe de l'Asie et de l'élégance de la France. Les maîtres de la maison avaient passé beaucoup de temps dans l'Inde, et leur château était orné de tout ce qu'ils avaient apporté de leurs voyages. Ce séjour excitait ma curiosité, et je m'y trouvais à merveille[2]. Le lendemain, M. de Montmorency me remit un billet de mon fils, qui me pressait de revenir chez moi, parce

---

[1] Le château de Conan, appartenant à M. Chevalier, aujourd'hui préfet du Var.

[2] Inquiet de ne pas voir arriver ma mère, j'étais monté à cheval pour aller à sa rencontre, afin d'adoucir, autant qu'il était en moi, la nouvelle qu'elle devait apprendre à son retour; mais je m'égarai comme elle dans les plaines uniformes du Vendômois, et ce ne fut qu'au milieu de la nuit qu'un heureux hasard me conduisit à la porte du château où on lui avait donné l'hospitalité. Je fis réveiller M. de Montmorency, et, après lui avoir appris le surcroît de persécution que la police impériale dirigeait contre ma mère, je repartis pour achever de mettre ses papiers en sûreté, laissant à M. de Montmorency le soin de la préparer au nouveau coup qui la menaçait.

(*Note de M. de Staël fils.*)

que mon ouvrage éprouvait de nouvelles difficultés à la censure. Mes amis, qui étaient avec moi dans le château, me conjuraient de partir; je ne devinais point ce qu'ils me cachaient, et, m'en tenant à la lettre de ce que m'écrivait Auguste, je passais mon temps à examiner toutes les raretés de l'Inde, sans me douter de ce qui m'attendait. Enfin je montai en voiture, et mon brave et spirituel Vendéen, que ses propres périls n'avaient jamais ému, me serra la main les larmes aux yeux : je compris alors qu'on me faisait un mystère de quelques nouvelles persécutions, et M. de Montmorency, que j'interrogeai, m'apprit que le ministre de la police avait envoyé ses agents pour mettre en pièces les dix mille exemplaires qu'on avait tirés de mon livre, et que j'avais reçu l'ordre de quitter la France sous trois jours. Mes enfants et mes amis n'avaient pas voulu que j'apprisse une telle nouvelle chez des étrangers; mais ils avaient pris toutes les précautions possibles pour que mon manuscrit ne fût pas saisi, et ils parvinrent à le sauver quelques heures avant qu'on vînt me le demander.

Cette nouvelle douleur me prit l'âme avec une grande force. Je m'étais flattée d'un succès honorable par la publication de mon livre. Si les censeurs m'eussent refusé l'autorisation de l'imprimer, cela m'aurait paru simple; mais, après avoir subi toutes leurs observations, après avoir fait les changements qu'ils exigeaient de moi, apprendre que mon livre était mis au pilon, et qu'il fallait me séparer des

amis qui soutenaient mon courage, cela me fit verser des larmes. J'essayai cependant encore cette
fois de me surmonter, pour réfléchir à ce qu'il fallait faire dans une situation où le parti que j'allais
prendre pouvait tant influer sur le sort de ma famille. En approchant de la maison que j'habitais,
je donnai mon écritoire, qui renfermait encore
quelques notes sur mon livre, à mon fils cadet; il
sauta par-dessus un mur, pour entrer dans l'habitation par le jardin. Une Anglaise[1], mon excellente
amie, vint au-devant de moi pour m'avertir de tout
ce qui s'était passé; j'apercevais de loin les gendarmes qui erraient autour de ma demeure; mais
il ne paraît pas qu'ils me cherchassent : ils étaient
sans doute à la poursuite d'autres malheureux,
de conscrits, d'exilés, de personnes en surveillance,
enfin de toutes les classes d'opprimés qu'a créées
le régime actuel de la France.

Le préfet de Loir-et-Cher vint me demander mon
manuscrit; je lui donnai, pour gagner du temps,
une mauvaise copie qui me restait, et dont il se
contenta. J'ai appris qu'il avait été très-maltraité
peu de mois après, pour le punir de m'avoir montré
des égards; et le chagrin qu'il ressentit de la disgrâce de l'Empereur a, dit-on, été une des causes
de la maladie qui l'a fait périr dans la force de l'âge.
Malheureux pays que celui où les circonstances sont
telles, qu'un homme de son esprit et de son talent
succombe au chagrin d'une défaveur!

[1] Mademoiselle Randall.

Je vis dans les papiers que des vaisseaux améri-
cains étaient arrivés dans les ports de la Manche,
et je me décidai à faire usage de mon passe-port
pour l'Amérique, espérant qu'il me serait possible
de relâcher en Angleterre. Il me fallait quelques
jours, dans tous les cas, pour me préparer à ce
voyage, et je fus obligée de m'adresser au ministre
de la police pour demander ce peu de jours. On a
déjà vu que l'habitude du gouvernement français
est d'ordonner aux femmes, comme à des soldats,
de partir dans les vingt-quatre heures. Voici la réponse du ministre; il est curieux de voir ce style-
là [1].

POLICE GÉNÉRALE.

CABINET DU MINISTRE.

« Paris, 3 octobre 1810.

« J'ai reçu, madame, la lettre que vous m'avez
fait l'honneur de m'écrire. M. votre fils a dû vous
apprendre que je ne voyais pas d'inconvénient à ce
que vous retardassiez votre départ de sept à huit
jours; je désire qu'ils suffisent aux arrangements
qui vous restent à prendre, parce que je ne puis
vous en accorder davantage.

« Il ne faut point rechercher la cause de l'ordre
que je vous ai signifié dans le silence que vous
avez gardé à l'égard de l'Empereur dans votre der-

---

[1] Cette lettre est la même qui a été imprimée dans la préface de
l'*Allemagne*.   (*Note de M. de Staël fils.*)

nier ouvrage; ce serait une erreur : il ne pouvait pas y trouver de place qui fût digne de lui; mais votre exil est une conséquence naturelle de la marche que vous suivez constamment depuis plusieurs années. Il m'a paru que l'air de ce pays-ci ne vous convenait point, et nous n'en sommes pas encore réduits à chercher des modèles dans les peuples que vous admirez.

« Votre dernier ouvrage n'est point français; c'est moi qui en ai arrêté l'impression. Je regrette la perte qu'il va faire éprouver au libraire; mais il ne m'est pas possible de le laisser paraître.

« Vous savez, madame, qu'il ne vous avait été permis de sortir de Coppet que parce que vous aviez exprimé le désir de passer en Amérique. Si mon prédécesseur vous a laissé habiter le département de Loir-et-Cher, vous n'avez pas dû regarder cette tolérance comme une révocation des dispositions qui avaient été arrêtées à votre égard. Aujourd'hui vous m'obligez à les faire exécuter strictement; il ne faut vous en prendre qu'à vous-même.

« Je mande à M. Corbigny [1] de tenir la main à l'exécution de l'ordre que je lui ai donné, lorsque le délai que je vous accorde sera expiré.

« Je suis aux regrets, madame, que vous m'ayez contraint de commencer ma correspondance avec vous par une mesure de rigueur; il m'aurait été plus agréable de n'avoir qu'à vous offrir le témoi-

---

[1] Préfet de Loir-et-Cher.

gnage de la haute considération avec laquelle j'ai
l'honneur d'être,

Madame,

Votre très-humble et très-
obéissant serviteur,

« *Signé* le duc DE ROVIGO. »

« *P. S.* — J'ai des raisons, madame, pour vous
indiquer les ports de Lorient, la Rochelle, Bordeaux
et Rochefort, comme étant les seuls ports dans lesquels vous pouvez vous embarquer. Je vous invite
à me faire connaître celui que vous aurez choisi[1]. »

Le ton mielleux avec lequel on me dit que l'air
de ce pays ne me convient pas, la dénégation de
la véritable cause qui avait fait supprimer mon
livre, sont dignes de remarque. En effet, le ministre de la police avait montré plus de franchise
en s'exprimant verbalement sur mon affaire : il
avait demandé pourquoi je ne nommais ni l'Empereur, ni les armées, dans mon ouvrage sur
l'Allemagne. « Mais, lui répondit-on, l'ouvrage
étant purement littéraire, je ne vois pas comment un tel sujet aurait pu y être amené. —
Pense-t-on, dit alors le ministre, que nous ayons
fait dix-huit années la guerre en Allemagne pour
qu'une personne d'un nom aussi connu imprime

---

[1] Ce *post-scriptum* est facile à comprendre : il avait pour but de
m'empêcher d'aller en Angleterre.

un livre sans parler de nous? Ce livre sera détruit, et nous aurions dû mettre l'auteur à Vincennes. »

En recevant la lettre du ministre de la police, je ne fis attention qu'à une seule phrase, celle qui m'interdisait les ports de la Manche. J'avais déjà appris que, soupçonnant mon intention d'aller en Angleterre, on cherchait à m'en empêcher. Ce nouveau chagrin était vraiment au-dessus de mes forces : en quittant ma patrie naturelle, il me fallait celle de mon choix ; en m'éloignant des amis de ma vie entière, il me fallait au moins trouver ces amis de tout ce qui est bon et noble, avec lesquels, sans les connaître personnellement, l'âme est toujours en sympathie. Je vis s'écrouler à la fois tout ce qui soutenait mon imagination : je voulus un moment encore m'embarquer sur un vaisseau chargé pour l'Amérique, dans l'espoir qu'il serait pris en route; mais j'étais trop ébranlée pour me décider à une résolution si forte ; et, comme on me donnait pour toute alternative l'Amérique ou Coppet, je m'arrêtai à ce dernier parti, car un sentiment profond m'attirait toujours vers Coppet, malgré les peines qu'on m'y faisait éprouver.

Mes deux fils essayèrent de voir l'Empereur à Fontainebleau, où il était alors; on leur fit dire qu'ils seraient arrêtés s'ils y restaient : à plus forte raison m'était-il interdit à moi d'y aller. Il fallait retourner en Suisse, de Blois où j'étais, sans m'approcher de Paris à moins de quarante lieues. Le ministre de la police avait dit, en termes de corsaire, qu'à

trente-huit lieues *j'étais de bonne prise*. Ainsi, quand
l'Empereur exerce le droit arbitraire de l'exil, ni
la personne exilée, ni ses amis, ni même ses enfants, ne peuvent arriver à lui pour plaider la cause
de l'infortuné qu'on arrache à ses affections et à
ses habitudes ; et ces exils, qui maintenant sont
irrévocables, surtout quand il s'agit des femmes, ces
exils, que l'Empereur lui-même a appelés avec
raison des *proscriptions*, sont prononcés sans qu'il
soit possible de faire entendre aucune justification,
en supposant que le tort d'avoir déplu à l'Empereur
en admette une.

Quoique les quarante lieues me fussent ordon-
nées, il me fallut passer par Orléans, ville assez
triste, mais où habitent de très-pieuses personnes
qui se sont retirées dans cet asile. En me prome-
nant à pied dans la ville, je m'arrêtai devant le monument élevé au souvenir de Jeanne d'Arc : certes,
pensais-je alors, quand elle délivra la France du
pouvoir des Anglais, cette France était encore bien
plus libre, bien plus France qu'à présent. C'est une
sensation singulière que d'errer ainsi dans une ville
où l'on ne connaît qui que ce soit, et où l'on n'est
pas connu. Je trouvais une sorte de jouissance
amère à me pénétrer de mon isolement, à regarder
encore cette France que j'allais quitter peut-être
pour toujours, sans parler à personne, sans être
distraite de l'impression que le pays même faisait
sur moi. Quelquefois ceux qui passaient s'arrêtaient
pour me regarder, parce que j'avais, je pense, mal-

gré moi, une expression de douleur, mais ils continuaient bientôt après leur route, car depuis longtemps on est bien accoutumé à voir souffrir.

A cinquante lieues de la frontière de Suisse, la France est hérissée de citadelles, de maisons d'arrêt, de villes servant de prison, et l'on ne voit partout que des individus contraints par la volonté d'un seul homme, des conscrits du malheur qui sont tous enchaînés loin des lieux où ils voudraient vivre. A Dijon, des prisonniers espagnols qui avaient refusé de prêter le serment venaient sur la place de la ville sentir le soleil à midi, parce qu'ils le prenaient alors un peu pour leur compatriote; ils s'enveloppaient d'un manteau souvent déchiré, mais qu'ils savaient porter avec noblesse, et ils s'enorgueillissaient de leur misère, qui venait de leur fierté; ils se complaisaient dans leurs souffrances, qui les associaient aux malheurs de leur intrépide patrie. On les voyait quelquefois entrer dans un café, seulement pour lire la gazette, afin de pénétrer le sort de leurs amis à travers les mensonges de leurs ennemis; leur visage était alors immobile, mais non sans expression, et l'on y apercevait la force réprimée par la volonté. Plus loin, à Auxonne, était la demeure de prisonniers anglais, qui, la veille, avaient sauvé de l'incendie une des maisons de la ville où on les tenait enfermés. A Besançon, il y avait encore des Espagnols. Parmi les exilés français qu'on rencontre dans toute la France, une personne angélique habitait la cita-

delle de Besançon, pour ne pas quitter son père.
Depuis longtemps, et à travers tous les genres de
périls, mademoiselle de Saint-Simon partageait le
sort de celui qui lui a donné la vie.

A l'entrée de la Suisse, sur le haut des montagnes qui la séparent de la France, on aperçoit le
château de Joux, dans lequel sont détenus des prisonniers d'État, dont souvent le nom même ne parvient pas à leurs parents. C'est dans cette prison
que Toussaint Louverture est mort de froid : il méritait son malheur, puisqu'il avait été cruel; mais
l'homme qui avait le moins droit de le lui infliger,
c'était l'Empereur, puisqu'il s'était engagé à lui garantir sa liberté et sa vie. Je passai au pied de ce
château un jour où le temps était horrible; je pensais à ce nègre transporté tout à coup dans les Alpes,
et pour qui ce séjour était l'enfer de glace; je pensais à de plus nobles êtres qui y avaient été ren-
fermés, à ceux qui y gémissaient encore, et je me
disais aussi que, si j'étais là, je n'en sortirais de ma
vie. Rien ne peut donner l'idée au petit nombre de
peuples libres qui restent encore sur la terre de
cette absence de sécurité, état habituel de toutes les
créatures humaines sous l'empire de Napoléon. Dans
les autres gouvernements despotiques, il y a des
usages, des lois, une religion que le maître n'enfreint jamais, quelque absolu qu'il soit; mais en
France, et dans l'Europe France, comme tout est
nouveau, le passé ne saurait être une garantie, et
l'on peut tout craindre comme tout espérer, sui-

vant qu'on sert ou non les intérêts de l'homme qui
ose se donner lui-même, et lui seul, pour but à la
race humaine entière.

CHAPITRE II

Retour à Coppet. — Persécutions diverses.

En revenant à Coppet, traînant l'aile comme le
pigeon de la Fontaine, je vis l'arc-en-ciel se lever
sur la maison de mon père; j'osai prendre ma part
de ce signe d'alliance; il n'y avait rien dans mon
triste voyage qui me défendît d'y aspirer. J'étais
alors presque résignée à vivre dans ce château, en
ne publiant plus rien sur aucun sujet; mais il fallait au moins, en faisant le sacrifice des talents que
je me flattais de posséder, trouver du bonheur dans
mes affections, et voici de quelle manière on ar-
rangea ma vie privée, après m'avoir dépouillée de
mon existence littéraire.

Le premier ordre que reçut le préfet de Genève
fut de signifier à mes deux fils qu'il leur était interdit d'entrer en France, sans une nouvelle autorisation de la police. C'était pour les punir d'avoir
voulu parler à Bonaparte en faveur de leur mère.
Ainsi la morale du gouvernement actuel est de dé-
nouer les liens de famille, pour substituer à tout la
volonté de l'Empereur. On cite plusieurs généraux
qui ont déclaré que si Napoléon leur ordonnait de
jeter leurs femmes et leurs enfants dans la rivière,
ils n'hésiteraient pas à lui obéir. La traduction de

cela, c'est qu'ils préfèrent l'argent que leur donne
l'Empereur à la famille qu'ils tiennent de la nature. Il y a beaucoup d'exemples de cette manière
de penser, mais il y en a peu de l'impudence qui
porte à la dire. J'éprouvai une douleur mortelle en
voyant pour la première fois ma situation peser sur
mes fils, à peine entrés dans la vie. On se sent très-
ferme dans sa propre conduite, quand elle est fondée sur une conviction sincère; mais, dès que les
autres souffrent à cause de nous, il est presque impossible de ne pas se faire des reproches. Mes deux
fils cependant écartèrent très-généreusement de
moi ce sentiment, et nous nous soutînmes mutuellement par le souvenir de mon père.

Quelques jours plus tard, le préfet de Genève
m'écrivit une seconde lettre pour me demander,
au nom du ministre de la police, les épreuves de
mon livre qui devaient me rester encore; le ministre savait très-exactement le compte de ce que j'a-
vais remis et conservé, et ses espions l'avaient fort
bien servi. Je lui donnai, dans ma réponse, la satisfaction de convenir qu'on l'avait parfaitement
instruit; mais je lui dis en même temps que cet
exemplaire n'était plus en Suisse, et que je ne pouvais ni ne voulais le donner. J'ajoutai cependant
que je m'engageais à ne pas le faire imprimer sur
le continent, et je n'avais pas grand mérite à le
promettre; car quel gouvernement continental eût
alors pu laisser publier un livre interdit par l'Empereur?

Peu de temps après, le préfet de Genève[1] fut destitué, et l'on crut assez généralement que c'était à cause de moi. Il était de mes amis; néanmoins il ne s'était pas écarté des ordres qu'il avait reçus : bien que ce fût un des hommes les plus honnêtes et les plus éclairés de France, il entrait dans ses principes d'obéir avec scrupule au gouvernement qu'il servait; mais aucune vue d'ambition, aucun calcul personnel, ne lui donnaient le zèle requis. Ce fut encore un grand chagrin pour moi que d'être ou de passer pour la cause de la destitution d'un tel homme. Il fut généralement regretté dans son département, et, dès qu'on crut que j'étais pour quelque chose dans sa disgrâce, tout ce qui prétendait aux places s'éloigna de ma maison, comme on fuit une contagion funeste. Il me restait toutefois à Genève plus d'amis qu'aucune autre ville de province en France ne m'en aurait offert; car l'héritage de la liberté a laissé dans cette ville beaucoup de sentiments généreux; mais on ne peut se faire une idée de l'anxiété qu'on éprouve, quand on craint de compromettre ceux qui viennent nous voir. Je m'informais avec exactitude de toutes les relations d'une personne avant de l'inviter; car, si elle avait seulement un cousin qui voulût une place, ou qui la possédât, c'était demander un acte d'héroïsme romain que de lui proposer seulement à dîner.

[1] M. de Barante, père de M. Prosper de Barante, membre de la Chambre des pairs.

Enfin, au mois de mars 1811, un nouveau préfet arriva de Paris. C'était un de ces hommes supérieurement adaptés au régime actuel, c'est-à-dire ayant une assez grande connaissance des faits, et une parfaite absence de principes en matière de gouvernement; appelant abstraction toute règle fixe, et plaçant sa conscience dans le dévouement au pouvoir. La première fois que je le vis, il me dit tout de suite qu'un talent comme le mien était fait pour célébrer l'Empereur, que c'était un sujet digne du genre d'enthousiasme que j'avais montré dans *Corinne*. Je lui répondis que, persécutée comme je l'étais par l'Empereur, toute louange de ma part, adressée à lui, aurait l'air d'une requête, et que j'étais persuadée que l'Empereur lui-même trouverait mes éloges ridicules dans une semblable circonstance. Il combattit avec force cette opinion; il revint plusieurs fois chez moi pour me prier, au nom de mon intérêt, disait-il, d'écrire pour l'Empereur, ne fût-ce qu'une feuille de quatre pages : cela suffirait, assurait-il, pour terminer toutes les peines que j'éprouvais. Ce qu'il me disait, il le répétait à toutes les personnes que je connaissais. Enfin, un jour il vint me proposer de chanter la naissance du roi de Rome; je lui répondis en riant que je n'avais aucune idée sur ce sujet, et que je m'en tiendrais à faire des vœux pour que sa nourrice fût bonne. Cette plaisanterie finit les négociations du préfet avec moi, sur la nécessité que j'écrivisse en faveur du gouvernement actuel.

Peu de temps après, les médecins ordonnèrent à mon fils cadet les bains d'Aix en Savoie, à vingt lieues de Coppet. Je choisis pour y aller les premiers jours de mai, époque où les eaux sont encore désertes. Je prévins le préfet de ce petit voyage, et j'allai m'enfermer dans une espèce de village où il n'y avait pas alors une seule personne de ma connaissance. A peine y avais-je passé dix jours, qu'il m'arriva un courrier du préfet de Genève pour m'ordonner de revenir. Le préfet du Mont-Blanc, où j'étais, eut peur aussi que je ne partisse d'Aix pour aller en Angleterre, disait-il, écrire contre l'Empereur; et, bien que Londres ne fût pas très-voisin d'Aix en Savoie, il fit courir ses gendarmes pour défendre qu'on me donnât des chevaux de poste sur la route. Je suis tentée de rire aujourd'hui de toute cette activité *préfectoriale* contre une aussi pauvre chose que moi; mais, alors, je mourais de peur à la vue d'un gendarme. Je craignais toujours que d'un exil si rigoureux on ne passât bientôt à la prison, ce qui était pour moi plus terrible que la mort. Je savais qu'une fois arrêtée, une fois cet esclandre bravé, l'Empereur ne se laisserait plus parler de moi, si toutefois quelqu'un en avait le courage; ce qui n'était guère probable dans cette cour, où la terreur règne à chaque instant de la journée et pour chaque détail de la vie.

Je revins à Genève, et le préfet me signifia que non-seulement il m'interdisait d'aller, sous aucun prétexte, dans les pays réunis à la France, mais

qu'il me conseillait de ne point voyager en Suisse
et de ne jamais m'éloigner dans aucune direction
à plus de deux lieues de Coppet. Je lui objectai
qu'étant domiciliée en Suisse, je ne concevais pas
bien de quel droit une autorité française pouvait
me défendre de voyager dans un pays étranger. Il
me trouva sans doute un peu niaise de discuter
dans ce temps-ci une question de droit, et me répéta son conseil, singulièrement voisin d'un ordre.
Je m'en tins à ma protestation; mais le lendemain
j'appris qu'un des littérateurs les plus distingués
de l'Allemagne, M. Schlegel, qui depuis huit ans
avait bien voulu se charger de l'éducation de mes
fils, venait de recevoir l'ordre, non-seulement de
quitter Genève, mais même Coppet. Je voulus encore représenter qu'en Suisse le préfet de Genève
n'avait pas d'ordre à donner; mais on me dit que,
si j'aimais mieux que cet ordre passât par l'ambassadeur de France, j'en étais bien la maîtresse; que
cet ambassadeur s'adresserait au landamman, et
le landamman au canton de Vaud, qui renverrait
M. Schelgel de chez moi. En faisant faire ce détour
au despotisme, j'aurais gagné dix jours, mais rien
de plus. Je voulus savoir pourquoi l'on m'ôtait la
société de M. Schlegel, mon ami et celui de mes
enfants. Le préfet, qui avait l'habitude, comme la
plupart des agents de l'Empereur, de joindre des
phrases doucereuses à des actes très-durs, me dit
que c'était par intérêt pour moi que le gouvernement éloignait de ma maison M. Schlegel, qui me

rendait antifrançaise. Vraiment touchée de ce soin paternel du gouvernement, je demandai ce qu'avait fait M. Schlegel contre la France ; le préfet m'objecta ses opinions littéraires, et entre autres une brochure de lui, dans laquelle, en comparant la *Phèdre* d'Euripide à celle de Racine, il avait donné la préférence à la première. C'était bien délicat pour un monarque corse, de prendre ainsi fait et cause pour les moindres nuances de la littérature française. Mais, dans le vrai, on exilait M. Schlegel parce qu'il était mon ami, parce que sa conversation animait ma solitude, et que l'on commençait à mettre en œuvre le système qui devait se manifester, de me faire une prison de mon âme, en m'arrachant toutes les jouissances de l'esprit et de l'amitié.

Je repris la résolution de partir, à laquelle la douleur de quitter mes amis et les cendres de mes parents m'avait si souvent fait renoncer. Mais une grande difficulté restait à résoudre : c'était le choix des moyens du départ. Le gouvernement français mettait de telles entraves au passe-port pour l'Amérique, que je n'osai plus recourir à ce moyen. D'ailleurs, j'avais des raisons de craindre qu'au moment où je m'embarquerais on ne prétendît qu'on avait découvert que je voulais aller en Angleterre, et qu'on ne m'appliquât le décret qui condamnait à la prison ceux qui tentaient de s'y rendre sans l'autorisation du gouvernement. Il me paraissait donc infiniment préférable d'aller en Suède, dans cet ho-

norable pays dont le nouveau chef annonçait déjà
la glorieuse conduite qu'il a su soutenir depuis.
Mais par quelle route se rendre en Suède? Le préfet
m'avait fait savoir de toutes les manières que partout où la France commanderait je serais arrêtée;
et comment arriver là où elle ne commandait pas?
Il fallait nécessairement passer par la Russie, puisque toute l'Allemagne était soumise à la domination française. Mais, pour arriver en Russie, il fallait traverser la Bavière et l'Autriche. Je me fiais
au Tyrol, bien qu'il fût réuni à un État confédéré,
à cause du courage que ses malheureux habitants
avaient montré. Quant à l'Autriche, malgré le
funeste abaissement dans lequel elle était tombée,
j'estimais assez son monarque pour croire qu'il ne
me livrerait pas; mais je savais aussi qu'il ne pourrait me défendre. Après avoir sacrifié l'antique
honneur de sa maison, quelle force lui restait-il en
aucun genre? Je passais donc ma vie à étudier la
carte de l'Europe pour m'enfuir, comme Napoléon
l'étudiait pour s'en rendre maître, et ma campagne,
ainsi que la sienne, avait toujours la Russie pour
objet. Cette puissance était le dernier asile des opprimés; ce devait être celle que le dominateur de
l'Europe voulait abattre.

CHAPITRE III

Voyage en Suisse avec M. de Montmorency.

Résolue à m'en aller par la Russie, j'avais besoin d'un passe-port pour y entrer. Mais une difficulté nouvelle se présentait ; il fallait écrire à Pétersbourg même pour avoir ce passe-port : telle était la formalité que les circonstances politiques avaient rendue nécessaire ; et, quoique je fusse certaine de ne pas éprouver de refus d'un caractère aussi généreux que celui de l'empereur Alexandre, je pouvais craindre que dans les bureaux de ses ministres on ne dît que j'avais demandé un passe-port, et que, l'ambassadeur de France en étant instruit, l'on ne me fît arrêter, pour m'empêcher d'accomplir mon projet. Il fallait donc aller d'abord à Vienne, pour demander de là mon passe-port, et l'y attendre. Les six semaines qu'exigeaient l'envoi de ma lettre et le retour de la réponse devaient se passer sous la protection d'un ministère qui avait donné l'archiduchesse d'Autriche à Bonaparte ; était-il possible de s'y confier ? Néanmoins, en restant, moi, comme otage, sous la main de Napoléon, non-seulement je renonçais à tout exercice de mes talents personnels, mais j'empêchais mes fils d'avoir une carrière : ils ne pouvaient servir ni pour Bonaparte ni contre lui ; aucun établissement n'était possible pour ma fille, puisqu'il fallait ou m'en séparer, ou la confiner à Coppet ; et si cependant

j'étais arrêtée dans ma fuite, c'en était fait du sort
de mes enfants, qui n'auraient point voulu se détacher de ma destinée.

C'est au milieu de ces anxiétés qu'un ami de
vingt années, M. Matthieu de Montmorency, voulut
venir me voir, comme il l'avait déjà fait plusieurs
fois depuis mon exil. On m'écrivit, il est vrai, de
Paris, que l'Empereur avait exprimé sa désapprobation contre toute personne qui irait à Coppet, et
notamment contre M. de Montmorency, s'il y venait encore. Mais, je l'avoue, je m'étourdis sur ces
propos de l'Empereur, qu'il prodigue quelquefois
pour effrayer, et je ne luttai pas fortement contre
M. de Montmorency, qui, dans sa générosité, cherchait à me rassurer par ses lettres. J'avais tort sans
doute ; mais qui pouvait se persuader qu'on ferait
un crime à l'ancien ami d'une femme exilée de
venir passer quelques jours auprès d'elle? La vie de
M. de Montmorency, entièrement consacrée à des
œuvres de piété ou à des affections de famille, l'é-
loignait tellement de toute politique, qu'à moins de
vouloir exiler les saints, il me semblait impossible
de s'attaquer à un tel homme. Je me demandais
aussi à quoi bon ; question que je me suis toujours
faite quand il s'agissait de la conduite de Napoléon.
Je sais qu'il fera, sans hésiter, tout le mal qui
pourra lui être utile à la moindre chose ; mais je
ne devine pas toujours jusqu'où s'étend dans tous
les sens, vers les infiniment petits comme vers les
infiniment grands, son immense égoïsme.

Quoique le préfet m'eût fait dire qu'il me conseillait de ne pas voyager en Suisse, je ne tins pas compte d'un conseil qui ne pouvait être un ordre formel. J'allai au-devant de M. de Montmorency à Orbe, et de là je lui proposai, comme but de promenade en Suisse, de revenir par Fribourg, pour voir l'établissement des femmes trappistes, qui est peu éloigné de celui des hommes, dans la Val-Sainte.

Nous arrivâmes au couvent par une grande pluie, après avoir été obligés de faire un quart de lieue à pied. Comme nous nous flattions d'entrer, le procureur de la Trappe, qui a la direction du couvent des femmes, nous dit que personne ne pouvait y être reçu. J'essayai pourtant de sonner à la porte du cloître ; une religieuse arriva derrière l'ouverture grillée à travers laquelle la tourière peut parler aux étrangers. « Que voulez-vous ? me dit-elle avec une voix sans modulation, comme serait celle des ombres. — Je désirerais, lui dis-je, voir l'intérieur de votre couvent. — Cela ne se peut pas, me répondit-elle.— Mais je suis bien mouillée, lui dis-je, et j'ai besoin de me sécher. » Elle fit partir alors je ne sais quel ressort qui ouvrit la porte d'une chambre extérieure, dans laquelle il m'était permis de me reposer ; mais aucun être vivant ne parut. A peine me fus-je assise quelques instants, que je m'impatientai de ne pouvoir pénétrer dans l'intérieur de la maison, et je sonnai de nouveau. La même tourière revint : je lui demandai encore si aucune femme n'avait été reçue dans le couvent; elle me répondit qu'on pouvait y entrer quand on avait l'intention de se faire religieuse. « Mais, lui dis-je, comment puis-je savoir si je veux rester dans votre maison, puisqu'il ne m'est pas permis de la connaître? — Oh! me répondit-elle alors, c'est inutile; je suis bien sûre que vous n'avez pas de vocation pour notre état. » Et, en achevant ces mots, elle referma sa lucarne. Je ne sais pas à quels signes cette religieuse s'était aperçue de mes dispositions mondaines; il se peut qu'une manière vive de parler, si différente de la leur, suffise pour leur faire reconnaître les voyageurs qui ne sont que des curieux. L'heure des vêpres étant arrivée, je pus aller dans l'église entendre chanter les religieuses; elles étaient derrière une grille noire et serrée, à travers laquelle on ne pouvait rien apercevoir. Seulement on entendait le bruit des sabots qu'elles portaient, et celui des banquettes de bois qu'elles levaient pour s'asseoir. Leurs chants n'avaient rien de sensible, et je crus remarquer, soit dans leur manière de prier, soit dans l'entretien que j'eus après avec le père trappiste qui les dirigeait, que ce n'était pas l'enthousiasme religieux tel que nous le concevons, mais des habitudes sévères et graves qui pouvaient faire supporter un tel genre de vie. L'attendrissement de la piété même épuiserait les forces : une sorte d'âpreté d'âme est nécessaire à une existence aussi rude.

Le nouveau père abbé des trappistes établis dans

les vallées du canton de Fribourg a encore ajouté
aux austérités de l'ordre. On ne peut se faire une
idée des souffrances de détail que l'on impose aux
religieux ; on va jusqu'à leur défendre, quand ils
sont debout depuis plusieurs heures de suite, de
s'appuyer contre la muraille, d'essuyer la sueur de
leur front ; enfin, on remplit chaque instant de leurs
jours par la douleur, comme les gens du monde
le font par la jouissance. Rarement ils deviennent
vieux, et les religieux à qui ce lot échoit en partage
le considèrent comme une punition du ciel. Un pareil établissement serait une barbarie, si l'on forçait d'y entrer, ou si l'on dissimulait en rien tout
ce qu'on y souffre. Mais on distribue à qui veut le
lire un écrit imprimé dans lequel on exagère plutôt
qu'on n'adoucit les rigueurs de l'ordre ; et cependant il se trouve des novices qui veulent s'y vouer,
et ceux qui sont reçus ne s'échappent point, bien
qu'ils le puissent sans la moindre difficulté. Tout
repose, à ce qu'il m'a paru, sur la puissante idée
de la mort : les institutions et les amusements de
la société sont destinés dans le monde à tourner
notre pensée uniquement vers la vie ; mais, quand
la contemplation de la mort s'empare à un certain
degré du cœur de l'homme, et qu'il s'y joint une
ferme croyance à l'immortalité de l'âme, il n'y a
pas de bornes au dégoût qu'il peut prendre pour
tout ce qui compose les intérêts de la terre ; et, les
souffrances paraissant le chemin de la vie future,
on est avide d'en avoir, comme un voyageur qui se

fatigue volontiers pour parcourir plus vite la route
qui conduit au but de ses désirs. Mais ce qui m'étonnait et m'attristait en même temps, c'était de voir
des enfants élevés avec cette rigueur; leurs pauvres
cheveux rasés, leurs jeunes visages déjà sillonnés,
cet habit mortuaire dont ils étaient revêtus avant
de connaître la vie, avant de l'avoir abdiquée volontairement, tout me révoltait contre les parents qui
les avaient placés là. Dès qu'un pareil état n'est pas
adopté par le choix libre et constant de celui qui le
professe, il inspire autant d'horreur qu'il faisait
naître de respect. Le religieux avec qui je m'entretenais ne parlait que de la mort; toutes ses idées
venaient d'elle, ou s'y rapportaient : la mort est le
monarque souverain de ce séjour. Comme nous
nous entretenions des tentations du monde, je dis
au père trappiste combien je l'admirais d'avoir ainsi
tout sacrifié pour s'y dérober. « Nous sommes des
poltrons, me dit-il, qui nous sommes retirés dans
une forteresse, parce que nous ne nous sentions pas
le courage de nous battre en plaine. » Cette réponse était aussi spirituelle que modeste[1].

[1] J'accompagnais ma mère dans l'excursion qu'elle raconte ici.
Frappé de la beauté sauvage du lieu, et intéressé par la conversation spirituelle du trappiste qui nous avait reçus, je lui demandai
l'hospitalité jusqu'au lendemain, me proposant de passer la montagne à pied, pour aller voir le grand couvent de la Val-Sainte, et
de rejoindre, à Fribourg, ma mère et M. de Montmorency. Ce religieux, avec lequel je continuai de m'entretenir, n'eut pas de peine
à s'apercevoir que je haïssais le gouvernement impérial, et je crus
deviner qu'il partageait mon sentiment. Du reste, après l'avoir re-

Peu de jours après que nous eûmes visité ces lieux, le gouvernement français ordonna que l'on saisît le père abbé, M. de l'Estrange; que les biens de l'ordre fussent confisqués, et que les pères fussent renvoyés de Suisse. Je ne sais ce qu'on reprochait à M. de l'Estrange, mais il n'est guère vraisemblable qu'un tel homme se mêlât des affaires de ce monde; encore moins les religieux, qui ne sortaient jamais de leur solitude. Le gouvernement suisse fit chercher partout M. de l'Estrange, et j'espère, pour l'honneur de ce gouvernement, qu'il eut soin de ne pas le trouver. Néanmoins les mal-

mercié de sa bonté, je le perdis entièrement de vue, et je ne croyais pas qu'il eût conservé le moindre souvenir de moi.

Cinq ans après, dans les premiers mois de la Restauration, ce ne fut pas sans surprise que je reçus une lettre de ce même trappiste. Il ne doutait pas, me disait-il, que, le roi légitime étant remonté sur son trône, je n'eusse beaucoup d'amis à la cour, et il me priait d'employer leur crédit à faire rendre à son ordre les biens qu'il possédait en France. La lettre était signée le père A..., prêtre et procureur de la Trappe; et il ajoutait en *post-scriptum :* « Si vingt trois ans d'émigration et quatre campagnes dans un régiment de chasseurs à cheval de l'armée de Condé me donnent quelques droits à la faveur royale, je vous prie de les faire valoir. » Je ne pus m'empêcher de rire et du crédit que me supposait ce bon religieux, et de l'usage qu'il en demandait à un protestant. Je renvoyai sa lettre à M. de Montmorency, dont le crédit valait mieux que le mien, et j'ai lieu de croire que la pétition a réussi.

Du reste, ces trappistes, retirés dans les hautes vallées du canton de Fribourg, n'étaient pas aussi étrangers à la politique que leur séjour et leur habit devaient le faire croire. J'ai appris depuis qu'ils servaient d'intermédiaire à la correspondance du clergé de France avec le pape, alors prisonnier à Savone. Certes, ce fait n'excuse pa la rigueur avec laquelle ces religieux ont été traités par Bona parte mais il en donne l'explication.   (*Note de M. de Staël fils.*)

heureux magistrats des pays qu'on appelle les alliés de la France sont très-souvent chargés d'arrêter ceux qu'on leur désigne, ignorant s'ils livrent
des victimes innocentes ou coupables au grand Lé-
viathan qui juge à propos de les engloutir. On saisit
les biens des trappistes, c'est-à-dire leur tombe,
car ils ne possédaient guère autre chose, et l'ordre
fut dispersé. On prétend qu'un trappiste, à Gênes,
était monté en chaire pour rétracter le serment de
fidélité qu'il avait prêté à l'Empereur, déclarant que
depuis la captivité du pape il croyait tout ecclésiastique délié de ce serment. Au sortir de cet acte de
repentir, il avait été, dit-on aussi, jugé par une
commission militaire, et fusillé. On pouvait, ce me
semble, le croire assez puni pour que l'ordre entier
ne fût pas responsable de sa conduite.

Nous rejoignîmes Vevey par les montagnes, et je
proposai à M. de Montmorency de faire une course
jusqu'à l'entrée du Valais, que je n'avais jamais vu.
Nous nous arrêtâmes à Bex, dernier village suisse,
car le Valais était déjà réuni à la France. Une bri-
gade portugaise était partie de Genève pour aller
occuper le Valais : singulière destinée de l'Europe,
que des Portugais en garnison à Genève, allant
prendre possession d'une partie de la Suisse au
nom de la France! J'étais curieuse de voir dans le
Valais les crétins, dont on m'avait si souvent parlé.
Cette triste dégradation de l'homme est un grand
sujet de réflexion; mais il en coûte excessivement
de voir la figure humaine ainsi devenue un objet de

répugnance et d'horreur. J'observai cependant, dans quelques-uns de ces imbéciles, une sorte de vivacité qui tient à l'étonnement que leur font éprouver les objets extérieurs. Comme ils ne reconnaissent jamais ce qu'ils ont déjà vu, ils sont surpris chaque fois, et le spectacle du monde, dans tous ses détails, est tous les jours nouveau pour eux; c'est peut-être la compensation de leur triste état, car sûrement il y en a une. Il y a quelques années qu'un crétin, ayant commis un assassinat, fut condamné à mort : comme on le conduisait au supplice, il crut, se voyant entouré de beaucoup de peuple, qu'on l'accompagnait ainsi pour lui faire honneur, et il se tenait droit, nettoyait son habit en riant pour se rendre plus digne de la fête. Était-il permis de punir un tel être du forfait que son bras avait commis?

On voit, à trois lieues de Bex, une cascade fameuse, où l'eau tombe d'une montagne très-élevée. Je proposai à mes amis de l'aller voir, et nous fûmes de retour avant l'heure du dîner. Il est vrai que cette cascade était sur le territoire du Valais, par conséquent alors sur le territoire de la France, et j'oubliai que l'on ne me permettait de cette France que l'espace de terrain qui sépare Coppet de Genève. Revenue chez moi, le préfet non-seulement me blâma d'avoir osé voyager en Suisse, mais il me donna comme une grande preuve de son indulgence le silence qu'il garderait sur le délit que j'avais commis, en mettant le pied sur le territoire

de l'empire français. J'aurais pu dire, comme dans
la fable de la Fontaine :

Je tondis de ce pré la largeur de ma langue ;

mais j'avouai tout simplement le tort que j'avais eu
d'aller voir cette cascade suisse, sans songer qu'elle
était en France.

CHAPITRE IV

Exil de M. de Montmorency et de madame Récamier. — Nouvelles
persécutions.

Ces chicanes continuelles sur les moindres acci-
dents de ma vie me la rendaient odieuse, et je ne pouvais me distraire par l'occupation ; car le souvenir
du sort qu'on avait fait éprouver à mon livre, et la
certitude de ne pouvoir plus rien publier à l'avenir, décourageaient mon esprit, qui a besoin d'é-
mulation pour être capable de travail. Néanmoins
je ne pouvais encore me résoudre à quitter pour
jamais et les rives de la France, et la demeure de
mon père, et les amis qui m'étaient restés fidèles.
Toujours je croyais partir, et toujours je me donnais
à moi-même des prétextes pour rester, lorsque le
dernier coup fut porté à mon âme : Dieu sait si j'en
ai souffert !

M. de Montmorency vint passer quelques jours
avec moi à Coppet, et la méchanceté de détail du
maître d'un si grand empire est si bien calculée,
qu'au retour du courrier qui annonçait son arrivée

chez moi il reçut sa lettre d'exil. L'Empereur n'eût pas été content, si cet ordre ne lui avait pas été signifié chez moi et s'il n'y avait pas eu dans la lettre même du ministre un mot qui indiquât que j'étais la cause de cet exil. M. de Montmorency chercha, de toutes les manières, à m'adoucir cette nouvelle; mais, je le dis à Bonaparte pour qu'il s'applaudisse d'avoir atteint son but, je poussai des cris de douleur en apprenant l'infortune que j'avais attirée sur la tête de mon généreux ami; et jamais mon cœur, si éprouvé depuis tant d'années, ne fut plus près du désespoir. Je ne savais comment étourdir les pensées déchirantes qui se succédaient en moi, et je recourus à l'opium pour suspendre quelques heures l'angoisse que je ressentais. M. de Montmorency, calme et religieux, m'invitait à suivre son exemple; mais la conscience du dévouement qu'il avait daigné me montrer le soutenait; et moi, je m'accusais des cruelles suites de ce dévouement, qui le séparaient de sa famille et de ses amis. Je priais Dieu sans cesse; mais ma douleur ne me laissait point de relâche, et ma vie me faisait mal à chaque instant.

Dans cet état, il m'arrive une lettre de madame Récamier, de cette belle personne qui a reçu les hommages de l'Europe entière, et qui n'a jamais délaissé un ami malheureux. Elle m'annonçait qu'en se rendant aux eaux d'Aix en Savoie elle avait l'intention de s'arrêter chez moi, et qu'elle y serait dans deux jours. Je frémis que le sort de M. de

Montmorency ne l'atteignit. Quelque invraisembla-
ble que cela fût, il m'était ordonné de tout craindre
d'une haine si barbare et si minutieuse tout ensemble, et j'envoyai un courrier au-devant de madame Récamier, pour la supplier de ne pas venir à
Coppet. Il fallait la savoir à quelques lieues, elle qui
m'avait constamment consolée par les soins les plus
aimables; il fallait la savoir là, si près de ma demeure, et qu'il ne me fût pas permis de la voir encore, peut-être pour la dernière fois! Je la conjurai
de ne pas s'arrêter à Coppet; elle ne voulut pas céder à ma prière : elle ne put passer sous mes fenêtres sans rester quelques heures avec moi, et c'est
avec des convulsions de larmes que je la vis entrer
dans ce château où son arrivée était toujours une
fête. Elle partit le lendemain, et se rendit à l'instant chez une de ses parentes, à cinquante lieues
de la Suisse. Ce fut en vain; le cruel exil la frappa :
elle avait eu l'intention de me voir, c'était assez;
une généreuse pitié l'avait inspirée, il fallait qu'elle
en fût punie. Les revers de fortune qu'elle avait
éprouvés lui rendaient très-pénible la destruction
de son établissement naturel. Séparée de tous ses
amis, elle a passé des mois entiers dans une petite
ville de province, livrée à tout ce que la solitude
peut avoir de plus monotone et de plus triste. Voilà
le sort que j'ai valu à la personne la plus brillante
de son temps; et le chef des Français, si fameux par
leur galanterie, s'est montré sans égard pour la
plus jolie femme de Paris. Le même jour il a frappé

la naissance et la vertu dans M. de Montmorency, la beauté dans madame Récamier, et, si j'ose le dire, en moi quelque réputation de talent. Peut-être s'est-il aussi flatté d'attaquer le souvenir de mon père dans sa fille, afin qu'il fût bien dit que sur cette terre, ni les morts ni les vivants, ni la piété ni les charmes, ni l'esprit ni la célébrité, n'étaient de rien sous son règne. On s'était rendu coupable quand on avait manqué aux nuances délicates de la flatterie, en n'abandonnant pas quiconque était frappé de sa disgrâce. Il ne reconnaît que deux classes d'hommes, ceux qui le servent, et ceux qui s'avisent, non de lui nuire, mais d'exister par eux-mêmes. Il ne veut pas que, dans l'univers, depuis les détails de ménage jusqu'à la direction des empires, une seule volonté s'exerce sans relever de la sienne.

« Madame de Staël, disait le préfet de Genève, s'est fait une existence agréable chez elle; ses amis et les étrangers viennent la voir à Coppet; l'Empereur ne veut pas souffrir cela. » Et pourquoi me tourmentait-il ainsi? pour que j'imprimasse un éloge de lui; et que lui faisait cet éloge à travers les milliers de phrases que la crainte et l'espérance se sont empressées à lui offrir? Bonaparte a dit une fois : « Si l'on me donnait à choisir entre faire moi-même une belle action ou induire mon adversaire à commettre une bassesse, je n'hésiterais pas à préférer l'avilissement de mon ennemi. » Voilà toute l'explication du soin particulier qu'il a mis à dé-

chirer ma vie. Il me savait attachée à mes amis, à
la France, à mes ouvrages, à mes goûts, à la société; il a voulu, en m'ôtant tout ce qui composait
mon bonheur, me troubler assez pour que j'écrivisse une platitude, dans l'espoir qu'elle me vau-
drait mon rappel. En m'y refusant, je dois le dire,
je n'ai pas eu le mérite de faire un sacrifice : l'Empereur voulait de moi une bassesse, mais une bassesse inutile; car, dans un temps où le succès est
divinisé, le ridicule n'eût pas été complet, si j'a-
vais réussi à venir à Paris, par quelque moyen que
ce pût être. Il fallait, pour plaire à notre maître,
vraiment habile dans l'art de dégrader ce qu'il reste
encore d'âmes fières, il fallait que je me déshono-
rasse pour obtenir mon retour en France, qu'il se
moquât de mon zèle à le louer, lui qui n'avait cessé
de me persécuter, et que ce zèle ne me servît à rien.
Je lui ai refusé ce plaisir vraiment raffiné; c'est le
seul mérite que j'aie eu dans la longue lutte qu'il
a établie entre sa toute-puissance et ma faiblesse.

La famille de M. de Montmorency, désespérée de
son exil, souhaita, comme elle le devait, qu'il s'é-
loignât de la triste cause de cet exil, et je vis partir
cet ami sans savoir si jamais sa présence honorerait
encore ma demeure sur cette terre. C'est le 31
août 1811 que je brisai le premier et le dernier de
mes liens avec ma patrie; je le brisai, du moins,
par les rapports humains qui ne peuvent plus exister entre nous; mais je ne lève jamais les yeux au
ciel sans penser à mon respectable ami, et j'ose

croire aussi que dans ses prières il me répond. La destinée ne m'accorde plus une autre correspondance avec lui.

Quand l'exil de mes deux amis fut connu, une foule de chagrins de tout genre m'assaillirent ; mais un grand malheur rend comme insensible à toutes les peines nouvelles. Le bruit se répandit que le ministre de la police avait déclaré qu'il ferait mettre un corps de garde au bas de l'avenue de Coppet, pour arrêter quiconque viendrait me voir. Le préfet de Genève, qui était chargé, par ordre de l'Empereur, disait-il, de m'*annuler* (c'est son expression), ne manquait pas une occasion d'insinuer, ou même d'annoncer que toute personne qui avait quelque chose à craindre ou à désirer du gouvernement ne devait pas venir chez moi.

M. de Saint-Priest, ci-devant ministre du roi, et collègue de mon père, daignait m'honorer de son affection ; ses filles, qui redoutaient avec raison qu'on ne le renvoyât de Genève, se joignirent à moi pour le prier de ne pas me voir. Néanmoins, au milieu de l'hiver, à l'âge de soixante-dix-huit ans, il fut exilé, non-seulement de Genève, mais de la Suisse ; car il est tout à fait reçu, comme on l'a vu par mon exemple, que l'Empereur exile de Suisse aussi bien que de France ; et, quand on objecte aux agents français qu'il s'agit pourtant d'un pays étranger, dont l'indépendance est reconnue, ils lèvent les épaules, comme si on les ennuyait par des subtilités métaphysiques. En effet, c'est une

vraie subtilité que de vouloir distinguer en Europe
autre chose que des préfets-rois, et des préfets recevant directement des ordres de l'empereur de
France. Si les soi-disant pays alliés diffèrent des
provinces françaises, c'est parce qu'on les ménage
un peu moins qu'elles. Il reste en France un certain souvenir d'avoir été appelée la *grande nation*,
qui oblige quelquefois l'Empereur à des ménagements; il en était ainsi du moins, mais cela devient
chaque jour moins nécessaire. Le motif qu'on donna
pour l'exil de M. de Saint-Priest, c'est qu'il n'avait
pas obtenu de ses fils de donner leur démission du
service de Russie. Ses fils avaient trouvé pendant
l'émigration un accueil généreux en Russie; ils y
avaient été élevés, leur intrépide bravoure y était
justement récompensée; ils étaient couverts de
blessures, ils étaient désignés entre les premiers
pour leurs talents militaires; l'aîné a déjà plus de
trente ans. Comment un père aurait-il pu exiger
que l'existence de ses fils ainsi fondée fût sacrifiée
à l'honneur de venir se faire mettre en surveillance
sur le territoire français? Car c'est là le sort digne
d'envie qui leur était réservé. Je fus tristement heureuse de n'avoir pas vu M. de Saint-Priest depuis
quatre mois, quand il fut exilé; sans cela personne
n'aurait douté que ce ne fût moi qui avais fait porter
sur lui la contagion de ma disgrâce.

Non-seulement les Français, mais les étrangers,
étaient avertis qu'ils ne devaient pas venir chez
moi. Le préfet se tenait en sentinelle pour empê-

cher même des anciens amis de me revoir. Un jour
entre autres, il me priva, par ses soins officiels, de
la société d'un Allemand dont la conversation m'é-
tait extrêmement agréable; et je lui dis, cette fois,
qu'il aurait bien dû s'épargner cette recherche de
persécutions. « Comment! me répondit-il, c'est
pour vous rendre service que je me suis conduit
ainsi : j'ai fait sentir à votre ami qu'il vous com-
promettrait en venant chez vous. » Je ne pus m'empêcher de rire à cet ingénieux argument. « Oui,
continua-t-il avec un sérieux imperturbable, l'Empereur, voyant qu'on vous préfère à lui, vous en
saurait mauvais gré. — Ainsi, lui dis-je, l'Empereur exige que mes amis particuliers, et peut-être
bientôt mes enfants, m'abandonnent pour lui complaire; cela me paraît un peu fort. D'ailleurs, ajou-
tai-je, je ne vois pas bien comment on compromet-
trait une personne dans ma situation, et ce que
vous me dites me rappelle un révolutionnaire à
qui, dans le temps de la Terreur, on s'adressait
pour qu'il tâchât de sauver un de ses amis de l'é-
chafaud. « Je craindrais de lui nuire, répondit-il,
« en parlant pour lui. » Le préfet sourit de ma cita-
tion, mais continua les raisonnements qui, appuyés
de quatre cent mille baïonnettes, paraissent toujours pleins de justesse. Un homme, à Genève, me
disait : « Ne trouvez-vous pas que le préfet déclare
ses opinions avec beaucoup de franchise? — Oui,
répondis-je, il dit avec sincérité qu'il est dévoué à
l'homme puissant; il dit avec courage qu'il est du

parti le plus fort, je ne sens pas bien le mérite d'un tel aveu. »

Plusieurs personnes indépendantes continuaient à me témoigner à Genève une bienveillance dont je garderai à jamais un profond souvenir. Mais jusqu'à des employés des douanes se croyaient en état de diplomatie vis-à-vis de moi ; et, de préfets en sous-préfets, et en cousins des uns et des autres, une terreur profonde se serait emparée d'eux tous, si je ne leur avais pas épargné, autant qu'il était en moi, l'anxiété de faire ou de ne pas faire une visite. A chaque courrier, le bruit se répandait que d'autres de mes amis avaient été exilés de Paris pour avoir conservé des relations avec moi ; il était de mon devoir strict de ne plus voir un seul Français marquant, et très-souvent je craignais même de nuire aux personnes du pays où je vivais, dont la courageuse amitié ne se démentait point envers moi. J'éprouvais deux mouvements contraires, et, je le crois, tous les deux également naturels : j'étais triste quand on m'abandonnait, et cruellement inquiète pour ceux qui me montraient de l'attachement. Il est difficile qu'une situation plus douloureuse à tous les instants puisse se représenter dans la vie. Pendant près de deux ans qu'elle a duré, je n'ai pas vu revenir une fois le jour sans me désoler d'avoir à supporter l'existence que ce jour recommençait.

Mais pourquoi ne partiez-vous pas? dira-t-on, et ne cessait-on de me dire de tous les côtés. Un homme que je ne dois pas nommer [1], mais qui sait, je l'espère, à quel point je considère l'élévation de son caractère et de sa conduite, me dit : « Si vous restez, il vous traitera comme Marie Stuart : dix-neuf ans de malheur, et la catastrophe à la fin. » Un autre, spirituel, mais peu mesuré dans ses paroles, m'écrivit qu'il y avait du déshonneur à rester après tant de mauvais traitements. Je n'avais pas besoin de ces conseils pour désirer avec passion de partir; du moment que je ne pouvais plus revoir mes amis, que je n'étais plus qu'une entrave à l'existence de mes enfants, ne devais-je pas me décider? Mais le préfet répétait, de toutes les manières, que je serais arrêtée si je partais; qu'à Vienne comme à Berlin on me ferait réclamer, et que je ne pourrais même faire aucun préparatif de voyage sans qu'il en fût informé; car il savait, disait-il, tout ce qui se passait chez moi. A cet égard, il se vantait; et, l'événement l'a prouvé, c'était un fat en fait d'espionnage. Mais qui n'aurait pas été effrayé du ton d'assurance avec lequel il disait à tous mes amis que je ne pourrais faire un pas sans être saisie par les gendarmes?

CHAPITRE V

Départ de Coppet.

Je passai huit mois dans un état que l'on ne saurait peindre, essayant mon courage chaque jour, et

[1] Le comte Elzéar de Sabron.

chaque jour faiblissant à l'idée de la prison. Tout
le monde, assurément, la redoute; mais mon imagination a tellement peur de la solitude, mes amis
me sont tellement nécessaires pour me soutenir,
pour m'animer, pour me présenter une perspective nouvelle, quand je succombe sous la fixité
d'une impression douloureuse, que jamais la mort
ne s'est offerte à moi sous des traits aussi cruels
que la prison, que le secret où l'on peut rester des
années sans qu'aucune voix amie se fasse entendre
de vous. On m'a dit qu'un de ces Espagnols qui ont
défendu Saragosse avec la plus étonnante intrépidité pousse des cris dans le donjon de Vincennes,
où on le retient enfermé; tant cette affreuse solitude fait mal aux hommes les plus énergiques!
D'ailleurs, je ne pouvais me dissimuler que je n'é-
tais pas une personne courageuse; j'ai de la hardiesse dans l'imagination, mais de la timidité dans
le caractère, et tous les genres de périls se présentent à moi comme des fantômes. L'espèce de talent
que j'ai me rend les images tellement vivantes, que
si les beautés de la nature y gagnent, les dangers
aussi en deviennent plus redoutables. Tantôt je craignais la prison, tantôt les brigands si j'étais obligée
de traverser la Turquie, la Russie m'étant fermée
par quelques combinaisons politiques; tantôt aussi
la vaste mer qu'il me fallait traverser, de Constantinople jusqu'à Londres, me remplissait de terreur
pour ma fille et pour moi. Néanmoins j'avais toujours le besoin de partir; un mouvement intérieur

de fierté m'y excitait; mais je pouvais dire comme un Français très-connu : « Je tremble des dangers auxquels mon courage va m'exposer. » En effet, ce qui ajoute à la grossière barbarie de persécuter les femmes, c'est que leur nature est tout à la fois irritable et faible; elles souffrent plus vivement des peines, et sont moins capables de la force qu'il faut pour y échapper.

Un autre genre de terreur aussi agissait sur moi : je craignais qu'à l'instant où mon départ serait connu de l'Empereur, il ne fît mettre dans les gazettes un de ces articles tels qu'il sait les dicter, quand il veut assassiner moralement. Un sénateur me disait un jour que Napoléon était le meilleur journaliste qu'il connût. En effet, si l'on appelle ainsi l'art de diffamer les individus et les nations, il le possède au suprême degré. Les nations s'en tirent; mais il a acquis, dans les temps révolutionnaires pendant lesquels il a vécu, un certain tact des calomnies à la portée du vulgaire, qui lui fait trouver les mots les plus propres à circuler parmi ceux dont tout l'esprit consiste à répéter les phrases que le gouvernement a fait publier pour leur usage. Si le *Moniteur* accusait quelqu'un d'avoir volé sur le grand chemin, aucune gazette, ni française, ni allemande, ni italienne, ne pourrait admettre sa justification. On ne peut se représenter ce que c'est qu'un homme à la tête d'un million de soldats et d'un milliard de revenu, disposant de toutes les prisons de l'Europe, ayant les rois pour geôliers, et usant de l'imprimerie pour parler, quand les opprimés ont à peine l'intimité de l'amitié pour répondre; enfin, pouvant rendre le malheur ridicule; exécrable pouvoir dont l'ironique jouissance est la dernière insulte que les génies infernaux puissent faire supporter à la race humaine !

Quelque indépendance de caractère que l'on eût, je crois qu'on ne pouvait se défendre de frissonner en attirant de tels moyens contre soi; du moins j'éprouvais, je l'avoue, ce mouvement; et, malgré la tristesse de ma situation, souvent je me disais qu'un toit pour s'abriter, une table pour se nourrir, un jardin pour se promener, étaient un lot dont il fallait savoir se contenter; mais, tel qu'il était, ce lot, on ne pouvait se répondre de le conserver en paix; un mot pouvait échapper, un mot pouvait être redit, et cet homme, dont la puissance va toujours croissant, jusqu'à quel point d'irritation ne peut-il pas arriver? Quand il faisait un beau soleil, je reprenais courage; mais, quand le ciel était couvert de brouillards, les voyages m'effrayaient, et je découvrais en moi des goûts casaniers, étrangers à ma nature, mais que la peur y faisait naître; le bien-être physique me paraissait plus que je ne l'avais cru jusqu'alors, et toute fatigue m'épouvantait. Ma santé, cruellement altérée par tant de peines, affaiblissait aussi l'énergie de mon caractère, et j'ai vraiment abusé, pendant ce temps, de la patience de mes amis, en remettant sans cesse mes projets en délibération, et en les accablant de mes incertitudes.

J'essayai une seconde fois d'obtenir un passe-port pour l'Amérique; on me fit attendre jusqu'au milieu de l'hiver la réponse que je demandais, et l'on finit par me refuser. J'offris de m'engager à ne rien faire imprimer sur aucun sujet, fût-ce un bouquet à Iris, pourvu qu'il me fût permis d'aller vivre à Rome : j'eus l'amour-propre de rappeler *Corinne*, en demandant la permission d'aller vivre en Italie. Sans doute le ministre de la police trouva que jamais pareil motif n'avait été inscrit sur ses registres, et ce Midi, dont l'air était si nécessaire à ma santé, me fut impitoyablement refusé.

On ne cessait de me déclarer que ma vie entière se passerait dans l'enceinte des deux lieues dont Coppet est éloigné de Genève. Si je restais, il fallait me séparer de mes fils, qui étaient dans l'âge de chercher une carrière; j'imposais à ma fille la plus triste perspective, en lui faisant partager mon sort. La ville de Genève, qui a conservé de si nobles traces de la liberté, se laissait cependant graduellement gagner par les intérêts qui la liaient aux distributeurs de places en France. Chaque jour le nombre de ceux avec qui je pouvais m'entendre diminuait, et tous mes sentiments devenaient un poids sur mon âme, au lieu d'être une source de vie. C'en était fait de mon talent, de mon bonheur, de mon existence, car il est affreux de ne servir en rien ses enfants, et de nuire à ses amis. Enfin, les

nouvelles que je recevais m'annonçaient de toutes
parts les formidables préparatifs de l'Empereur ; il
était clair qu'il voulait d'abord se rendre maître des
ports de la Baltique en détruisant la Russie, et
qu'après il comptait se servir des débris de cette
puissance pour les traîner contre Constantinople :
son intention était de partir ensuite de là pour conquérir l'Afrique et l'Asie. Il avait dit, peu de temps
avant de quitter Paris : « Cette vieille Europe m'ennuie. » Et en effet elle ne suffit plus à l'activité de
son maître. Les dernières issues du continent pouvaient se fermer d'un instant à l'autre, et j'allais
me trouver en Europe comme dans une ville de
guerre dont toutes les portes sont gardées par des
soldats.

Je me décidai donc à m'en aller pendant qu'il
restait encore un moyen de se rendre en Angleterre ;
et ce moyen, c'était le tour de l'Europe entière. Je
fixai le 15 de mai pour mon départ, dont les préparatifs étaient combinés depuis longtemps, dans le
secret le plus absolu. La veille de ce jour, mes
forces m'abandonnèrent entièrement, et je me persuadai, pour un moment, qu'une telle terreur ne
pouvait être ressentie que quand il s'agissait d'une
mauvaise action. Tantôt je consultais tous les genres
de présages de la manière la plus insensée ; tantôt,
ce qui était plus sage, j'interrogeais mes amis et
moi-même sur la moralité de ma résolution. Il
semble que le parti de la résignation en toutes
choses soit le plus religieux, et je ne suis pas éton-

née que des hommes pieux soient arrivés à se faire
une sorte de scrupule des résolutions qui partent
de la volonté spontanée. La nécessité semble porter
un caractère divin, tandis que la résolution de
l'homme peut tenir à son orgueil. Cependant aucune de nos facultés ne nous a été donnée en vain,
et celle de se décider pour soi-même a aussi son
usage. D'autre part, tous les gens médiocres ne
cessent de s'étonner que le talent ait des besoins
différents des leurs. Quand il a du succès, le succès
est à la portée de tout le monde ; mais, lorsqu'il
cause des peines, lorsqu'il excite à sortir des voies
communes, ces mêmes gens ne le considèrent plus
que comme une maladie, et presque comme un
tort. J'entendais bourdonner autour de moi les lieux
communs auxquels tout le monde se laisse prendre :
N'a-t-elle pas de l'argent? ne peut-elle pas bien
vivre et bien dormir dans un bon château? Quelques personnes d'un ordre plus élevé sentaient que
je n'avais pas même la sécurité de ma triste situation, et qu'elle pouvait empirer sans jamais s'améliorer. Mais l'atmosphère qui m'entourait conseillait le repos, parce que depuis six mois il n'était pas
arrivé de persécutions nouvelles, et que les hommes
croient toujours que ce qui est est ce qui sera. C'est
du milieu de toutes ces circonstances appesantis-
santes qu'il fallait prendre une des résolutions les
plus fortes qui pût se rencontrer dans la vie privée
d'une femme. Mes gens, à l'exception de deux personnes très-sûres, ignoraient mon secret ; la plupart

de ceux qui venaient chez moi ne s'en doutaient pas, et j'allais, par une seule action, changer en entier ma vie et celle de ma famille. Déchirée par l'incertitude, je parcourus le parc de Coppet ; je m'assis dans tous les lieux où mon père avait coutume de se reposer pour contempler la nature ; je revis ces mêmes beautés des ondes et de la verdure que nous avions souvent admirées ensemble ; je leur dis adieu en me recommandant à leur douce influence. Le monument qui renferme les cendres de mon père et de ma mère, et dans lequel, si le bon Dieu le permet, les miennes doivent être déposées, était une des principales causes de mes regrets, en m'éloignant des lieux que j'habitais : mais je trouvais presque toujours, en m'en approchant, une sorte de force qui me semblait venir d'en haut. Je passai une heure en prière devant cette porte de fer qui s'est refermée sur les restes du plus noble des humains, et là mon âme fut convaincue de la nécessité de partir. Je me rappelai ces vers fameux de Claudien[1], dans lesquels il exprime l'espèce de doute qui s'élève dans les âmes les plus religieuses, lorsqu'elles voient la terre abandonnée aux mé-

---

[1]
Sæpe mihi dubiam traxit sententia mentem,
Curarent superi terras, an nullus inesset
Rector, et incerto fluerent mortalia casu.

. . . .

Abstulit hunc tandem Rufini pœna tumultum
Absolvitque deos. Jam non ad culmina rerum
Injustos crevisse queror; tolluntur in altum
Ut lapsu graviore ruant.

chants et le sort des mortels comme flottant au gré
du hasard. Je sentais que je n'avais plus la force
d'alimenter l'enthousiasme qui développait en moi
tout ce que je puis avoir de bon, et qu'il me fallait
entendre parler ceux qui pensaient comme moi,
pour me fier à ma propre croyance et conserver le
culte que mon père m'avait inspiré. J'invoquai plusieurs fois, dans cette anxiété, la mémoire de mon
père, de cet homme, le Fénelon de la politique,
dont le génie était en tout l'opposé de celui de Bonaparte; et il en avait, du génie, car il.en faut au
moins autant pour se mettre en harmonie avec le
ciel que pour évoquer à soï tous les moyens déchaî-
nés par l'absence des lois divines et humaines. J'allai revoir le cabinet de mon père, où son fauteuil,
sa table et ses papiers sont encore à la même place;
j'embrassai chaque trace chérie, je pris son manteau, que jusqu'alors j'avais ordonné de laisser sur
sa chaise, et je l'emportai avec moi pour m'en envelopper, si le messager de la mort s'approchait de
moi. Ces adieux terminés, j'évitai le plus que je pus
les autres adieux, qui me faisaient trop de mal, et
j'écrivis aux amis que je quittais, en ayant pris
soin que ma lettre ne leur fût remise que plusieurs
jours après mon départ.

Le lendemain samedi, 23 mai 1812, à deux
heures après midi, je montai dans ma voiture, en
disant que je reviendrais pour dîner; je ne pris avec
moi aucun paquet quelconque; j'avais mon éventail
à la main, ma fille le sien, et seulement mon fils et

M. Rocca portaient dans leurs poches ce qu'il nous fallait pour quelques jours de voyage. En descendant l'avenue de Coppet, en quittant ainsi ce château qui était devenu pour moi comme un ancien et bon ami, je fus près de m'évanouir : mon fils me prit la main, et me dit : «Ma mère, songe que tu pars pour l'Angleterre[1].» Ce mot ranima mes esprits. J'étais cependant à près de deux mille lieues de ce but, où la route naturelle m'aurait si promptement conduite ; mais du moins chaque pas m'en rapprochait. Je renvoyai, à quelques lieues de là, un de mes gens pour annoncer chez moi que je ne reviendrais que le lendemain, et je continuai ma route jour et nuit, jusqu'à une ferme au delà de Berne, où j'avais donné rendez-vous à M. Schlegel, qui voulait bien m'accompagner ; c'était aussi là que je devais quitter mon fils aîné, qui a été élevé par l'exemple de mon père jusqu'à l'âge de quatorze ans, et dont les traits le rappellent. Une seconde fois tout mon courage m'abandonna ; cette Suisse encore si calme et toujours si belle, ces habitants qui savent être libres par leurs vertus, lors même qu'ils ont perdu l'indépendance politique, tout ce pays me retenait ; il me semblait qu'il me disait de ne pas le quitter. Il était encore temps de revenir ; je n'avais point fait de pas irréparables. Quoique le

---

[1] L'Angleterre était alors l'espoir de quiconque souffrait pour la cause de la liberté ; pourquoi faut-il qu'après la victoire ses ministres aient si cruellement trompé l'attente de l'Europe !

(*Note de M. de Staël fils.*)

préfet se fût avisé de m'interdire la Suisse, je voyais
bien que c'était par la crainte que je n'allasse plus
loin. Enfin, je n'avais pas encore passé la barrière
qui ne me laissait plus la possibilité de retourner;
l'imagination a de la peine à soutenir cette pensée.
D'un autre côté, il y avait aussi de l'irréparable
dans la résolution de rester; car, ce moment passé,
je sentais, et l'événement l'a bien prouvé, que je ne
pourrais plus m'échapper. D'ailleurs, il y a je ne
sais quelle honte à recommencer des adieux si so-
lennels, et l'on ne peut guère ressusciter pour ses
amis plus d'une fois. Je ne sais ce que je serais devenue, si cette incertitude, à l'instant même de
l'action, avait duré plus longtemps, car ma tête en
était troublée. Mes enfants me décidèrent, et en
particulier ma fille, à peine âgée de quatorze ans.
Je m'en remis, pour ainsi dire, à elle, comme si la
voix de Dieu devait se faire entendre par la bouche
d'un enfant[1]. Mon fils s'en alla, et, quand je ne le

---

[1] C'était peu d'être parvenu à quitter Coppet, en trompant la surveillance du préfet de Genève; il fallait encore obtenir des passe-
ports pour traverser l'Autriche, et que ces passe-ports fussent sous un
nom qui n'attirât pas l'attention des diverses polices qui se partageaient l'Allemagne. Ma mère me chargea de cette démarche, et l'émotion que j'en éprouvai ne cessera jamais d'être présente à ma pensée.
C'était, en effet, un pas décisif; les passe-ports une fois refusés, ma
mère retombait dans une situation beaucoup plus cruelle : ses projets étaient connus; toute fuite devenait désormais impossible, et les
rigueurs de son exil eussent été chaque jour plus intolérables. Je
ne crus pouvoir mieux faire que de m'adresser au ministre d'Autriche, avec cette confiance dans les sentiments de ses semblables
qui est le premier mouvement de tout honnête homme. M. de
Schraut n'hésita pas à m'accorder ces passe-ports tant désirés; et j'es-

vis plus, je pus dire comme lord Russel : *La douleur de la mort est passée.* Je montai dans ma voiture
avec ma fille ; une fois l'incertitude finie, je ras-
semblai mes forces dans mon âme, et j'en trouvai
pour agir qui m'avaient manqué en délibérant.

CHAPITRE VI

Passage en Autriche, 1812.

C'est ainsi qu'après dix ans de persécutions toujours croissantes, d'abord renvoyée de Paris, puis
reléguée en Suisse, puis confinée dans mon château, puis enfin condamnée à l'horrible douleur de
ne plus revoir mes amis et d'avoir été cause de
leur exil, c'est ainsi que je fus obligée de quitter
en fugitive deux patries, la Suisse et la France, par
l'ordre d'un homme moins Français que moi ; car

père qu'il me permettra d'exprimer ici la reconnaissance que j'en
conserve. A une époque où l'Europe était encore courbée sous le
joug de Napoléon, où la persécution exercée contre ma mère éloignait d'elle des personnes qui devaient peut-être au zèle courageux
de son amitié la conservation de leur fortune ou de leur vie, je ne
fus pas surpris, mais je fus vivement touché du généreux procédé
de M. le ministre d'Autriche.

Je quittai ma mère pour retourner à Coppet, où me rappelaient
ses intérêts de fortune ; et, quelques jours après, un frère, qu'une
mort cruelle nous a enlevé à l'entrée de sa carrière, alla rejoindre
ma mère à Vienne avec ses gens et sa voiture de voyage. Ce ne fut
que ce second départ qui donna l'éveil à la police du préfet du Léman : tant il est vrai qu'aux autres qualités d'espionnage il faut
encore joindre la bêtise. Heureusement ma mère était déjà hors de
l'atteinte des gendarmes, et elle put continuer le voyage dont on va
lire le récit.　　　　　　　　　　　(*Note de M. de Staël fils.*)

je suis née sur les bords de cette Seine où sa tyrannie seule le naturalise. L'air de ce beau pays
n'est pas pour lui l'air natal; peut-il comprendre
la douleur d'en être exilé, lui qui ne considère cette
fertile contrée que comme l'instrument de ses victoires? Où est sa patrie? c'est la terre qui lui est
soumise. Ses concitoyens? ce sont les esclaves qui
obéissent à ses ordres. Il se plaignait un jour de
n'avoir pas eu à commander, comme Tamerlan, à
des nations auxquelles le raisonnement fût étranger. J'imagine que maintenant il est content des
Européens; leurs mœurs, comme leurs armées,
sont assez rapprochées des Tartares.

Je ne devais rien craindre en Suisse, puisque je
pouvais toujours prouver que j'avais le droit d'y
être; mais, pour en sortir, je n'avais qu'un passe-
port étranger; il fallait traverser un État confédéré, et si quelque agent français eût demandé au
gouvernement de Bavière de ne pas me laisser passer, qui ne sait avec quel regret, mais néanmoins
avec quelle obéissance, il eût exécuté les ordres
qu'il aurait reçus? J'entrai dans le Tyrol avec une
grande considération pour ce pays, qui s'était battu
par attachement pour ses anciens maîtres, mais
avec un grand mépris pour ceux des ministres autrichiens qui avaient pu conseiller d'abandonner
des hommes compromis par leur attachement pour
leur souverain. On dit qu'un diplomate subalterne,
chef du département de l'espionnage en Autriche,
s'avisa un jour, pendant la guerre, de soutenir à

la table de l'empereur qu'on devait abandonner les Tyroliens; M. de H., gentilhomme tyrolien, conseiller d'État au service d'Autriche, qui, par ses actions et ses écrits, a fait voir le courage d'un guerrier et le talent d'un historien, repoussa ces indignes discours avec le mépris qu'ils méritaient. L'empereur témoigna toute son approbation à M. de H., et par là il montra du moins que ses sentiments étaient étrangers à la conduite politique qu'on lui faisait tenir. C'est ainsi que la plupart des souverains de l'Europe, au moment où Bonaparte s'est rendu maître de la France, étaient de fort honnêtes gens comme hommes privés, mais n'existaient déjà plus comme rois, puisqu'ils se remettaient en entier du gouvernement des affaires publiques aux circonstances et à leurs ministres.

L'aspect du Tyrol rappelle la Suisse; cependant il n'y a pas dans le paysage autant de vigueur ni d'originalité; les villages n'annoncent pas autant d'abondance; c'est enfin un pays qui a été sagement gouverné, mais qui n'a jamais été libre, et c'est comme peuple montagnard qu'il s'est montré capable de résistance. On cite peu d'hommes remarquables dans le Tyrol; d'abord le gouvernement autrichien n'est guère propre à développer le génie; et, de plus, le Tyrol, par ses mœurs comme par sa situation géographique, devrait être réuni à la confédération suisse; son incorporation à la monarchie autrichienne n'étant pas conforme à sa nature, il n'a pu développer dans cette union que les nobles qualités des habitants des montagnes, le courage et la fidélité.

Le postillon qui nous menait nous fit voir un rocher sur lequel l'empereur Maximilien, grand-père de Charles-Quint, avait failli périr : l'ardeur de la chasse l'avait tellement emporté, qu'il avait suivi le chamois jusqu'à des hauteurs dont il ne pouvait plus redescendre. Cette tradition est encore populaire dans le pays, tant le culte du passé est nécessaire aux nations. Le souvenir de la dernière guerre était vivant dans l'âme des peuples : les paysans nous montraient les sommités des montagnes sur lesquelles ils s'étaient retranchés; leur imagination se retraçait l'effet qu'avait produit leur belle musique guerrière, lorsqu'elle avait retenti du haut des collines dans les vallées. En nous montrant le palais du prince royal de Bavière, à Inspruck, ils nous disaient que Hofer, ce courageux paysan, chef de l'insurrection, avait demeuré là; ils nous racontaient l'intrépidité qu'une femme avait montrée, quand les Français étaient entrés dans son château; enfin, tout annonçait en eux le besoin d'être une nation, plus encore que l'attachement personnel à la maison d'Autriche.

C'est dans une église d'Inspruck qu'est le fameux tombeau de Maximilien; j'y allai, me flattant bien de n'être reconnue de personne, dans un lieu éloigné des capitales où résident les agents français. La figure de Maximilien, en bronze, est à genoux sur un sarcophage, au milieu de l'église, et trente

statues du même métal, rangées de chaque côté du
sanctuaire, représentent les parents et les ancêtres
de l'empereur. Tant de grandeurs passées, tant
d'ambitions jadis formidables rassemblées en famille autour d'un tombeau, étaient un spectacle
qui portait profondément à la réflexion : on rencontrait là Philippe le Bon, Charles le Téméraire, Marie
de Bourgogne; et, au milieu de ces personnages
historiques, un héros fabuleux, Dietrich de Berne.
La visière baissée dérobait la figure des chevaliers;
mais quand on soulevait cette visière, un visage
d'airain paraissait sous un casque d'airain, et les
traits du chevalier étaient de bronze comme son
armure. La visière de Dietrich de Berne est la seule
qui ne puisse être soulevée; l'artiste a voulu indiquer par là le voile mystérieux qui couvre l'histoire
de ce guerrier.

D'Inspruck, je devais passer par Salzbourg, pour
arriver de là aux frontières autrichiennes. Il me
semblait que toutes mes inquiétudes seraient finies,
quand je serais entrée sur le territoire de cette monarchie que j'avais connue si sûre et si bonne. Mais
le moment que je redoutais le plus, c'était le passage de la Bavière à l'Autriche; car c'était là qu'un
courrier pouvait m'avoir précédée, pour défendre
de me laisser passer. Je n'avais pas été très-vite,
malgré cette crainte; car ma santé, abîmée par
tout ce que j'avais souffert, ne me permettait pas
de voyager la nuit. J'ai souvent éprouvé, dans cette
route, que les plus vives terreurs ne sauraient l'em-

porter sur un certain abattement physique, qui fait redouter les fatigues plus que la mort. Je me flattais cependant d'arriver sans obstacle, et déjà ma peur se dissipait en approchant du but que je croyais assuré, lorsque, en entrant dans l'auberge de Salzbourg, un homme s'approcha de M. Schlegel, qui m'accompagnait, et lui dit en allemand qu'un courrier français était venu demander une voiture arrivant d'Inspruck, avec une femme et une jeune fille, et qu'il avait annoncé qu'il repasserait pour en savoir des nouvelles. Je ne perdis pas un mot de ce que disait le maître de l'auberge, et je pâlis de terreur. M. Schlegel aussi fut ému pour moi; il fit de nouvelles questions qui confirmèrent toutes que ce courrier était Français, qu'il venait de Munich, qu'il avait été jusqu'à la frontière d'Autriche pour m'attendre, et que, ne me trouvant pas, il était revenu au-devant de moi. Rien ne paraissait alors plus clair : c'était tout ce que j'avais redouté avant de partir et pendant le voyage. Je ne pouvais plus m'échapper, puisque ce courrier, qu'on disait déjà à la poste, devait nécessairement m'atteindre. Je pris à l'instant la résolution de laisser ma voiture, M. Schlegel et ma fille à l'auberge, et de m'en aller seule à pied, dans les rues de la ville, pour entrer au hasard dans la première maison dont l'hôte ou l'hôtesse aurait une bonne physionomie. Ie voulais en obtenir un asile pour quelques jours. Pendant ce temps, ma fille et M. Schlegel auraient dit qu'ils allaient me rejoindre en

Autriche, et je serais partie après, déguisée en
paysanne. Toute chanceuse qu'était cette ressource,
il ne m'en restait pas d'autre, et je me préparais
en tremblant à l'entreprise, lorsque je vis entrer
dans ma chambre ce courrier tant redouté, qui n'é-
tait autre que M. Rocca. Après m'avoir accompagnée le premier jour de mon voyage, il était retourné à Genève pour terminer quelques affaires,
et maintenant il venait me rejoindre, et se faisait
passer pour un courrier français, afin de profiter
de la terreur que ce nom inspire, surtout aux alliés
de la France, et de se faire donner des chevaux plus
vite. Il avait pris la route de Munich, s'était hâté
d'aller jusqu'à la frontière d'Autriche, voulant s'assurer que personne ne m'y avait précédée ni an-
noncée. Il revenait au-devant de moi pour me dire
que je n'avais rien à craindre, et pour monter sur
le siége de ma voiture en passant cette frontière,
qui me semblait le plus redoutable, mais aussi le
dernier de mes périls. Ainsi ma cruelle peur se
changea en un sentiment très-doux de sécurité et
de reconnaissance.

Nous parcourûmes cette ville de Salzbourg, qui
renferme tant de beaux édifices, mais qui, comme
la plupart des principautés ecclésiastiques de l'Allemagne, présente aujourd'hui un aspect très-désert.
Les ressources tranquilles de ce genre de gouvernement ont fini avec lui. Les couvents aussi étaient
conservateurs; on est frappé des nombreux établissements et des édifices que des maîtres céliba-

taires ont élevés dans leur résidence : tous ces souverains paisibles ont fait du bien à leur nation. Un
archevêque de Salzbourg, dans le dernier siècle, a
percé une route qui se prolonge de plusieurs cen-
taines de pas sous une montagne, comme la grotte
de Pausilippe à Naples : sur le frontispice de la
porte d'entrée on voit le buste de l'archevêque, et
en bas pour inscription : *Te saxa loquuntur* (les
pierres parlent de toi). Cette inscription a de la
grandeur.

J'entrai enfin dans cette Autriche que j'avais vue
si heureuse il y avait quatre années ; déjà un changement sensible me frappa, c'est celui qu'avaient
produit la dépréciation du papier-monnaie et les
variations de tout genre que l'incertitude des opé-
rations de finance a introduites dans sa valeur. Rien
ne démoralise le peuple comme ces oscillations
continuelles qui font de chaque individu un agio-
teur, et présentent à toute la classe laborieuse une
manière de gagner de l'argent par la ruse et sans
le travail. Je ne trouvais plus dans le peuple la
même probité qui m'avait frappée quatre ans plus
tôt : ce papier-monnaie met l'imagination en mouvement sur l'espoir d'un gain rapide et facile, et
les chances hasardeuses bouleversent l'existence
graduelle et sûre qui fait la base de l'honnêteté des
classes moyennes. Pendant mon séjour en Autriche,
un homme fut pendu pour avoir fait de faux billets
au moment où l'on avait démonétisé les anciens ; il
s'écriait, en marchant au supplice, que ce n'était

pas lui qui avait volé, mais l'État. Et en effet il est impossible de faire comprendre à des gens du peuple qu'il est juste de les punir pour avoir spéculé dans leurs propres affaires comme le gouvernement dans les siennes. Mais ce gouvernement était l'allié du gouvernement français, et doublement son allié, puisque son chef était le très-patient beau-père d'un terrible gendre. Quelles ressources donc pouvait-il lui rester? Le mariage de sa fille lui avait valu d'être libéré de deux millions de contributions tout au plus; le reste avait été exigé avec ce genre de justice dont on est si facilement capable, et qui consiste à traiter ses amis comme ses ennemis : de là venait la pénurie des finances. Un autre malheur aussi est résulté de la dernièreguerre, et surtout de la dernière paix; l'inutilité du mouvement généreux qui avait illustré les armes autrichiennes dans les batailles d'Essling et de Wagram, a refroidi la nation pour son souverain, qu'elle aimait vivement jadis. Il en est de même de tous les princes qui ont traité avec l'empereur Napoléon; il s'en est servi comme de receveurs chargés de lever des impôts pour son compte : il les a forcés de pressurer leurs sujets pour lui payer les taxes qu'il exigeait; et, quand il lui a convenu de destituer ces souverains, les peuples, détachés d'eux par le mal même qu'ils avaient fait pour obéir à l'Empereur, ne les ont pas défendus contre lui. L'empereur Napoléon a l'art de rendre la situation des pays, soi-disant en paix, tellement malheureuse, que tout changement leur est agréable, et qu'une fois forcés de donner des hommes et de l'argent à la France, ils ne sentent guère l'inconvénient d'y être réunis. Ils ont tort cependant, car tout vaut mieux que de perdre le nom de nation; et comme les malheurs de l'Europe sont causés par un seul homme, il faut conserver avec soin ce qui peut renaître quand il ne sera plus.

Avant d'arriver à Vienne, comme j'attendais mon second fils, qui devait me rejoindre avec mes gens et mon bagage, je m'arrêtai pendant un jour à cette abbaye de Melk, placée sur une hauteur d'où l'empereur Napoléon avait contemplé les divers détours du Danube, et loué le paysage sur lequel il allait fondre avec ses armées. Il s'amuse souvent à faire des morceaux poétiques sur les beautés de la nature qu'il va ravager, et sur les effets de la guerre dont il va accabler le genre humain. Après tout, il a raison de s'amuser de toutes les manières aux dépens de la race humaine qui le souffre. L'homme n'est arrêté dans la route du mal que par l'obstacle ou par le remords : personne ne lui a présenté l'un, et il s'est très-facilement affranchi de l'autre. Moi, qui suivais solitairement ses traces sur la terrasse d'où l'on voyait au loin la contrée, j'en admirais la fécondité, et je m'étonnais de voir que les dons du ciel réparent si vite les désastres causés par les hommes. Ce sont les richesses morales qui ne reviennent plus, ou qui sont, du moins, perdues pour des siècles.

CHAPITRE VII

Séjour à Vienne.

J'arrivai heureusement à Vienne le 6 de juin, deux heures avant le départ d'un courrier que M. le comte de Stackelberg, ambassadeur de Russie, envoyait à Wilna, où était alors l'empereur Alexandre. M. de Stackelberg, qui se conduisit envers moi avec cette noble délicatesse, l'un des traits les plus éminents de son caractère, écrivit, par ce courrier, pour demander mon passe-port, et m'assura que sous trois semaines je pouvais avoir la réponse. Il s'agissait de passer ces trois semaines quelque part; mes amis autrichiens, qui m'avaient accueillie de la manière la plus aimable, m'assurèrent que je pouvais rester à Vienne sans crainte. La cour alors était à Dresde, à la grande réunion de tous les princes allemands rassemblés pour offrir leurs hommages à l'empereur de France. Napoléon s'était arrêté à Dresde sous le prétexte de négocier encore de là, pour éviter la guerre avec la Russie, c'est-à-dire pour obtenir, par sa politique, le même résultat que par ses armes. Il ne voulait pas d'abord admettre le roi de Prusse à son banquet de Dresde; il savait trop combien le cœur de ce malheureux monarque répugne à ce qu'il se croit obligé de faire. M. de Metternich obtint, dit-on, pour lui cette humiliante faveur. M. de Hardemberg, qui l'accom-

pagnait, fit observer à l'empereur Napoléon que la
Prusse avait payé un tiers de plus que les contributions promises. L'Empereur lui répondit, en lui
tournant le dos : « Compte d'apothicaire ; » car il
a un plaisir secret à se servir d'expressions vulgaires pour mieux humilier ceux qui en sont l'objet. Il mit assez de coquetterie dans sa manière
d'être avec l'empereur et l'impératrice d'Autriche,
parce qu'il lui importait que le gouvernement autrichien prît une part active à sa guerre avec la
Russie. « Vous voyez bien, dit-il, à ce qu'on assure,
à M. de Metternich, que je ne puis jamais avoir le
moindre intérêt à diminuer la puissance de l'Autriche, telle qu'elle existe maintenant ; car d'abord
il me convient que mon beau-père soit un prince
très-considéré ; d'ailleurs je me fie plus aux anciennes dynasties qu'aux nouvelles. Le général Bernadotte n'a-t-il pas pris le parti de faire la paix avec
l'Angleterre ? » Et en effet le prince royal de Suède,
comme on le verra par la suite, s'était courageuse-
ment déclaré pour les intérêts du pays qu'il gouvernait.

L'empereur de France ayant quitté Dresde pour
passer en revue ses armées, l'impératrice alla s'é-
tablir pendant quelque temps à Prague avec sa
famille. Napoléon, en partant, régla lui-même l'é-
tiquette qui devait exister entre le père et la fille,
et l'on doit penser qu'elle n'était pas facile, puisqu'il
aime presque autant l'étiquette par défiance que
par vanité, c'est-à-dire comme un moyen d'isoler

tous les individus entre eux, sous prétexte de marquer leurs rangs.

Les dix premiers jours que je passai à Vienne ne furent troublés par aucun nuage, et j'étais ravie de me trouver ainsi au milieu d'une société qui me plaisait, et dont la manière de penser répondait à la mienne; car l'opinion n'était point favorable à l'alliance avec Napoléon, et le gouvernement l'avait conclue sans être appuyé par l'assentiment national. En effet, une guerre dont l'objet ostensible était le rétablissement de la Pologne pouvait-elle être faite par la puissance qui avait contribué au partage de la Pologne, et retenait encore en ses mains, avec plus de persistance que jamais, le tiers de cette Pologne?

Trente mille hommes étaient envoyés par le gouvernement autrichien pour rétablir la confédération de Pologne à Varsovie, et presque autant d'espions s'attachaient aux pas des Polonais de Gallicie, qui voulaient avoir des députés à cette confédération. Il fallait donc que le gouvernement autrichien parlât contre les Polonais, en soutenant leur cause, et qu'il dît à ses sujets de Gallicie : « Je vous défends d'être de l'avis que je soutiens. » Quelle métaphysique! on la trouverait bien embrouillée si la peur n'expliquait pas tout.

Parmi les nations que Bonaparte traîne après lui, la seule qui mérite de l'intérêt, ce sont les Polonais. Je crois qu'ils savent aussi bien que nous qu'ils ne sont que le prétexte de la guerre, et que l'Empe-

reur ne se soucie pas de leur indépendance. Il n'a
pu s'abstenir d'exprimer plusieurs fois à l'Empereur Alexandre son dédain pour la Pologne, par
cela seulement qu'elle veut être libre; mais il lui
convient de la mettre en avant contre la Russie, et
les Polonais profitent de cette circonstance pour se
rétablir comme nation. Je ne sais s'ils y réussiront,
car le despotisme donne difficilement la liberté, et
ce qu'ils regagneront dans leur cause particulière,
ils le perdront dans la cause de l'Europe. Ils seront
Polonais, mais Polonais aussi esclaves que les trois
nations dont ils ne dépendront plus. Quoi qu'il en
soit, les Polonais sont les seuls Européens qui puissent servir sans honte sous les drapeaux de Bonaparte. Les princes de la confédération du Rhin
croient y trouver leur intérêt en perdant leur honneur; mais l'Autriche par une combinaison vraiment remarquable, y sacrifie tout à la fois son honneur et son intérêt. L'empereur Napoléon voulait
obtenir de l'archiduc Charles de commander ces
trente mille hommes; mais l'archiduc s'est heureusement refusé à cet affront; et quand je le vis
se promener seul, en habit gris, dans les allées du
Prater, je retrouvai pour lui tout mon ancien respect.

Ce même employé qui avait si indignement conseillé de livrer les Tyroliens était à Vienne, en l'absence de M. de Metternich, chargé de la police des
étrangers, et il s'en acquittait comme on va voir.
Pendant les premiers jours il me laissa tranquille;

j'avais déjà passé un hiver à Vienne, très-bien accueillie par l'empereur, l'impératrice et toute la cour : il était donc difficile de me dire que cette fois on ne voulait pas me recevoir, parce que j'étais en disgrâce auprès de l'empereur Napoléon, surtout lorsque cette disgrâce était en partie causée par les éloges que j'avais donnés dans mon livre à la morale et au génie littéraire des Allemands. Mais ce qui était encore plus difficile, c'était de se risquer à déplaire en rien à une puissance à laquelle il faut convenir qu'ils pouvaient bien me sacrifier, après tout ce qu'ils avaient déjà fait pour elle. Je crois donc qu'après que j'eus passé quelques jours à Vienne, il arriva au chef de la police quelques renseignements plus précis sur ma situation à l'égard de Bonaparte, et qu'il se crut obligé de me surveiller. Or voici sa manière de surveiller : il établit à ma porte, dans la rue, des espions qui me suivaient à pied quand ma voiture allait doucement, et qui prenaient des cabriolets pour ne pas me perdre de vue dans mes courses à la campagne. Cette manière de faire la police me paraissait réunir tout à la fois le machiavélisme français à la lourdeur allemande. Les Autrichiens se sont persuadés qu'ils ont été battus faute d'avoir autant d'esprit que les Français, et que l'esprit des Français consiste dans leurs moyens de police ; en conséquence, ils se sont mis à faire de l'espionnage avec méthode, à organiser ostensiblement ce qui tout au moins doit être caché ; et, destinés par la nature à être honnêtes gens, ils se

sont fait une espèce de devoir d'imiter un État jacobin et despotique tout ensemble :

Je devais m'inquiéter cependant de cet espionnage, quand il suffisait du moindre sens commun
pour voir que je n'avais d'autre but que de fuir.
On m'alarma sur l'arrivée de mon passe-port russe ;
on prétendit que l'on me le ferait attendre plusieurs
mois, et qu'alors la guerre m'empêcherait de passer. Il m'était aisé de juger que je ne pourrais pas
rester à Vienne, du moment que l'ambassadeur de
France serait de retour : que deviendrais-je alors ?
Je suppliai M. de Stackelberg de me donner une
manière de passer par Odessa pour me rendre à
Constantinople. Mais, Odessa étant russe, il fallait
également un passe-port de Pétersbourg pour y
arriver ; il ne restait donc d'ouvert que la route
directe de Turquie par la Hongrie, et cette route,
passant sur les confins de la Servie, était sujette à
mille dangers. On pouvait encore gagner le port de
Salonique à travers l'intérieur de la Grèce ; l'archiduc François avait suivi ce chemin pour se rendre
en Sardaigne ; mais l'archiduc François monte très-
bien à cheval, et c'est ce dont je n'étais guère capable : encore moins pouvais-je me résoudre à exposer une aussi jeune fille que la mienne à un tel
voyage. Il fallait donc, quoi qu'il m'en coûtât, me
résoudre à me séparer d'elle, pour l'envoyer par le
Danemark et la Suède, accompagnée de personnes
sûres. Je conclus, à tout hasard, un accord avec un
Arménien, pour qu'il me conduisît à Constanti-

nople. Je me proposais de passer de là par la Grèce,
la Sicile, Cadix et Lisbonne; et quelque chanceux
que fût ce voyage, il offrait à l'imagination une
grande perspective. Je fis demander au bureau des
affaires étrangères, dirigé par un subalterne en
l'absence de M. de Metternich, un passe-port qui
me permît de sortir d'Autriche par la Hongrie, ou
par la Gallicie, suivant que j'irais à Pétersbourg ou
à Constantinople. On me fit répondre qu'il fallait
me décider; qu'on ne pouvait pas donner un passe-
port pour sortir par deux frontières différentes, et
que même, pour aller à Presbourg, qui est la première ville de Hongrie, à six lieues de Vienne, il
fallait une autorisation du comité des États. Certes,
on ne pouvait s'empêcher de le penser, l'Europe,
jadis si facilement ouverte à tous les voyageurs, est
devenue, sous l'influence de l'empereur Napoléon,
comme un grand filet qui vous enlace à chaque
pas. Que de gênes, que d'entraves pour les moindres mouvements! Et conçoit-on que les malheureux gouvernements que la France opprime, s'en
consolent en faisant peser de mille manières sur
leurs sujets le misérable reste de pouvoir qu'on
leur a laissé!

CHAPITRE VIII

Départ de Vienne.

Obligée de choisir, je me décidai pour la Gallicie,
qui me conduisait au pays que je préférais, la Rus-

sie. Je me persuadai qu'une fois éloignée de Vienne, toutes ces tracasseries, suscitées sans doute par le gouvernement français, cesseraient, et qu'en tout cas je pourrais, s'il était nécessaire, partir de Gallicie pour regagner Bucharest par la Transylvanie. La géographie de l'Europe, telle que Napoléon l'a faite, ne s'apprend que trop bien par le malheur : les détours qu'il fallait prendre pour éviter sa puissance étaient déjà de près de deux mille lieues ; et maintenant, en partant de Vienne même, j'étais réduite à emprunter le territoire asiatique pour y échapper. Je partis donc sans avoir reçu mon passeport de Russie, espérant calmer ainsi les inquiétudes que la police subalterne de Vienne concevait de la présence d'une personne qui était en disgrâce auprès de l'empereur Napoléon. Je priai un de mes amis de me rejoindre en marchant jour et nuit, dès que la réponse de Russie serait arrivée, et je m'acheminai sur la route. Je fis mal de prendre un tel parti, car à Vienne j'étais défendue par mes amis et par l'opinion publique ; je pouvais de là facilement m'adresser à l'empereur ou à son premier ministre ; mais, une fois confinée dans une ville de province, je n'avais plus affaire qu'aux pesantes méchancetés d'un sous-ordre, qui voulait se faire un mérite de ses procédés envers moi auprès du gouvernement français ; voici comment il s'y prit.

Je m'arrêtai quelques jours à Brunn, capitale de la Moravie, où l'on retenait en exil un colonel anglais, M. Mills, homme d'une bonté et d'une obli-

geance parfaites, et, suivant l'expression anglaise,
tout à fait *inoffensif*. On le rendait horriblement
malheureux, sans prétexte et sans utilité. Mais le
ministère autrichien se persuade apparemment qu'il
se donnera l'air de la force en se faisant persécu-
teur : les avisés ne s'y trompent pas, et, comme le
disait un homme d'esprit, sa manière de gouverner,
en fait de police, ressemble à ces sentinelles pla-
cées sur la citadelle de Brunn, à demi détruite; il
fait exactement la garde autour des ruines. A peine
étais-je à Brunn, qu'on me suscita tous les genres
de tracasseries sur mes passe-ports et sur ceux de
mes compagnons de voyage. Je demandai la permission d'envoyer mon fils à Vienne, pour donner
à cet égard les éclaircissements nécessaires; on me
déclara qu'il n'était pas permis à mon fils plus qu'à
moi de faire une lieue en arrière. J'ignore si l'empereur d'Autriche ou M. de Metternich étaient instruits de toutes ces absurdes platitudes; mais je
rencontrai à Brunn, dans les employés du gouvernement, à quelques exceptions près, une crainte
de se compromettre qui me parut tout à fait digne
du régime actuel de la France; et même, il faut en
convenir, quand les Français ont peur, ils sont plus
excusables, car, sous l'empereur Napoléon, il s'agit
au moins de l'exil, de la prison ou de la mort.

Le gouverneur de Moravie, homme d'ailleurs fort
estimable, m'annonça qu'on m'ordonnait de traverser la Gallicie le plus vite possible, et qu'il m'était
interdit de m'arrêter plus de vingt-quatre heures à

Lanzut, où j'avais l'intention d'aller. Lanzut est la terre de la princesse Lubomirska, sœur du prince Adam Czartorinski, maréchal de la confédération polonaise, que les troupes autrichiennes allaient soutenir. La princesse Lubomirska était elle-même généralement considérée par son caractère person-'nel,·et surtout par la généreuse bienfaisance avec laquelle elle se servait de sa fortune; de plus, son attachement à la maison d'Autriche était connu, et, quoique Polonaise, elle n'avait point pris part à l'esprit d'opposition qui s'est toujours manifesté en Pologne contre le gouvernement autrichien. Son neveu et sa nièce, le prince Henri et la princesse Thérèse, avec qui j'avais le bonheur d'être liée, sont doués l'un et l'autre des qualités les plus brillantes et les plus aimables; on pouvait sans doute les croire très-attachés à leur patrie polonaise; mais il était alors assez difficile de faire un crime de cette opi-nion, quand on envoyait le prince de Schwarzenberg, à la tête de trente mille hommes, se battre pour le rétablissement de la Pologne. A quoi n'en sont pas réduits ces malheureux princes à qui l'on dit sans cesse qu'il faut obéir aux circonstances? c'est leur proposer de gouverner à tout vent. Les succès de Bonaparte font envie à la plupart des gouvernants d'Allemagne; ils se persuadent que c'est pour avoir été trop honnêtes gens qu'ils ont été battus, tandis que c'est pour ne l'avoir point été assez. Si les Alle-mands avaient imité les Espagnols, s'ils s'étaient dit : Quoi qu'il arrive, nous ne supporterons pas le

joug étranger, ils seraient encore une nation, et
leurs princes ne traîneraient pas dans les salons, je
ne dis pas de l'empereur Napoléon, mais de tous
ceux sur lesquels un rayon de sa faveur est tombé.
L'empereur d'Autriche et sa spirituelle compagne
conservent sûrement autant de dignité qu'ils le
peuvent dans leur situation; mais cette situation
est si fausse en elle-même, qu'on ne peut la relever. Aucune des actions du gouvernement autrichien en faveur de la domination française ne saurait être attribuée qu'à la peur, et cette muse
nouvelle inspire de tristes chants.

J'essayai de représenter au gouverneur de Moravie que, si l'on me poussait ainsi avec tant de politesse vers la frontière, je ne saurais que devenir
n'ayant pas mon passe-port russe, et que je me ver-
rais contrainte, ne pouvant ni revenir ni avancer,
à passer ma vie à Brody, ville frontière entre la
Russie et l'Autriche, où les juifs se sont établis
pour faire le commerce de transport d'un empire à
l'autre. « Ce que vous me dites est vrai, me répondit le gouverneur; mais voici mon ordre. » Depuis
quelque temps, les gouvernements ont trouvé l'art
de persuader qu'un agent civil est soumis à la
même discipline qu'un officier : la réflexion, dans
ce second cas, est interdite, ou du moins elle trouve
rarement sa place; mais on aurait de la peine à
faire comprendre à des hommes responsables devant la loi, comme le sont tous les magistrats en
Angleterre, qu'il ne leur est pas permis de juger

l'ordre qu'on leur donne. Et qu'arrive-t-il de cette servile obéissance? si elle n'avait que le chef suprême pour objet, elle pourrait encore se concevoir dans une monarchie absolue; mais, en l'absence de ce chef ou de celui qui le représente, un subalterne peut abuser à son gré de ces mesures de police, infernale découverte des gouvernements arbitraires, et dont la vraie grandeur ne fera jamais usage.

Je partis pour la Gallicie, et cette fois, je l'avoue, j'étais complétement abattue; le fantôme de la tyrannie me poursuivait partout; je voyais ces Allemands, que j'avais connus si honnêtes, dépravés par la funeste mésalliance qui semblait avoir altéré le sang même des sujets, comme celui de leur souverain. Je crus qu'il n'y avait plus d'Europe que par delà les mers ou les Pyrénées, et je désespérais d'atteindre un asile selon mon âme. Le spectacle de la Gallicie n'était pas propre à ranimer les espérances sur le sort de la race humaine. Les Autrichiens ne savent pas se faire aimer des peuples étrangers qui leur sont soumis. Pendant qu'ils ont possédé Venise, la première chose qu'ils ont faite a été de défendre le carnaval, qui était devenu, pour ainsi dire, une institution, tant il y avait de temps qu'on parlait du carnaval de Venise. Les hommes les plus roides de la monarchie furent choisis pour gouverner cette ville joyeuse; aussi les peuples du Midi aiment-ils presque mieux être pillés par des Français que régentés par des Autrichiens.

Les Polonais aiment leur patrie comme un ami malheureux : la contrée est triste et monotone, le peuple ignorant et paresseux : on y a toujours voulu la liberté, on n'a jamais su l'y établir. Mais les Polonais croient devoir et pouvoir gouverner la Pologne, et ce sentiment est naturel. Cependant l'éducation du peuple y est si négligée, et toute espèce d'industrie lui est si étrangère, que les juifs se sont emparés de tout le commerce, et font vendre aux paysans, pour une provision d'eau-de-vie, toute la récolte de l'année prochaine. La distance des seigneurs aux paysans est si grande, le luxe des uns et l'affreuse misère des autres offrent un contraste si choquant, que probablement les Autrichiens y ont apporté des lois meilleures que celles qui y existaient. Mais un peuple fier, et celui-ci l'est dans sa détresse, ne veut pas qu'on l'humilie, même en lui faisant du bien, et c'est à quoi les Autrichiens n'ont jamais manqué. Ils ont divisé la Gallicie en cercles, et chacun de ces cercles est commandé par un fonctionnaire allemand; quelquefois un homme distingué se charge de cet emploi, mais le plus souvent c'est une espèce de brutal pris dans les rangs subalternes, et qui commande despotiquement aux plus grands seigneurs de la Pologne. La police qui, dans les temps actuels, a remplacé le tribunal secret, autorise les mesures les plus oppressives. Or, qu'on se représente ce que c'est que la police, c'est-à-dire ce qu'il y a de plus subtil et de plus arbitraire dans le gouvernement, confiée aux mains grossières d'un capitaine de cercle. On voit à chaque poste de la Gallicie trois espèces de personnes accourir autour des voitures des voyageurs, les marchands juifs, les mendiants polonais et les espions allemands. Le pays ne semble habité que par ces trois espèces d'hommes. Les mendiants, avec leur longue barbe et leur ancien costume sarmate, inspirent une profonde pitié; il est bien vrai que s'ils voulaient travailler, ils ne seraient plus dans cet état : mais on ne sait si c'est orgueil ou paresse qui leur fait dédaigner le soin de la terre asservie.

On rencontre sur les grands chemins des processions de femmes et d'hommes portant l'étendard de la croix, et chantant des psaumes ; une profonde expression de tristesse règne sur leur visage : je les ai vus quand on leur donnait, non pas de l'argent, mais des aliments meilleurs que ceux auxquels ils étaient accoutumés, regarder le ciel avec étonnement, comme s'ils ne se croyaient pas faits pour jouir de ces dons. L'usage des gens du peuple, en Pologne, est d'embrasser les genoux des seigneurs, quand ils les rencontrent ; on ne peut faire un pas dans un village sans que les femmes, les enfants, les vieillards vous saluent de cette manière. On voit au milieu de ce spectacle de misère quelques hommes vêtus en mauvais fracs qui espionnaient le malheur ; car c'était là le seul objet qui pût s'offrir à leur vue. Les capitaines de cercles refusaient des passe-ports aux seigneurs polonais, dans la crainte qu'ils ne se vissent les uns les autres, ou qu'ils n'allassent à Varsovie. Ils obligeaient ces seigneurs à comparaître tous les huit jours, pour constater leur présence. Les Autrichiens proclamaient ainsi de toutes les manières qu'ils se savaient détestés en Pologne, et ils partageaient leurs troupes en deux moitiés : l'une chargée de soutenir au dehors les intérêts de la Pologne, et l'autre qui devait au dedans empêcher les Polonais de servir cette même cause. Je ne crois pas que jamais un pays ait été plus misérablement gouverné, du moins sous les rapports politiques, que ne l'était alors la Gallicie ; et c'est apparemment pour dérober ce spectacle aux regards qu'on était si difficile pour le séjour, ou même pour le passage des étrangers dans ce pays.

Voici la manière dont la police autrichienne se conduisit envers moi pour hâter mon voyage : il faut, dans cette route, faire viser son passe-port par chaque capitaine de cercle ; et de trois postes l'une on trouvait l'un de ces chefs-lieux de cercle. C'est dans les bureaux de la police de ces villes que l'on avait fait placarder qu'il fallait me surveiller quand je passerais. Si ce n'était pas une rare impertinence que de traiter ainsi une femme, et une femme persécutée pour avoir rendu justice à l'Allemagne, on ne pourrait s'empêcher de rire de cet excès de bêtise, qui fait afficher en lettres majuscules des mesures de police dont le secret fait toute la force. Cela me rappelait M. de Sartines, qui avait proposé

de donner une livrée aux espions. Ce n'est pas que
le directeur de toutes ces platitudes n'ait, dit-on,
une sorte d'esprit; mais il a tellement envie de
complaire au gouvernement français, qu'il cherche
surtout à se faire honneur de ses bassesses le plus
ostensiblement qu'il peut. Cette surveillance proclamée s'exécutait avec autant de finesse qu'elle
était conçue : un caporal ou un commis, ou tous
les deux ensemble, venaient regarder ma voiture
en fumant leur pipe, et quand ils en avaient fait le
tour, ils s'en allaient sans même daigner me dire
si elle était en bon état : ils auraient du moins
alors servi à quelque chose. J'avançais lentement
pour attendre le passe-port russe, mon seul moyen
de salut dans cette circonstance. Un matin je me
détournai de ma route pour aller voir un château
ruiné qui appartenait à la princesse maréchale. Je
passai, pour y arriver, par des chemins dont on n'a
pas l'idée sans avoir voyagé en Pologne. Au milieu
d'une espèce de désert que je traversais seule avec
mon fils, un homme à cheval me salua en français;
je voulus lui répondre : il était déjà loin. Je ne
puis exprimer l'effet que produisit sur moi cette
langue amie, dans un moment si cruel. Ah! si les
Français devenaient libres, comme on les aimerait!
ils seraient les premiers eux-mêmes à mépriser
leurs alliés de ce moment-ci. Je descendis dans la
cour de ce château tout en décombres; le concierge,
sa femme et ses enfants vinrent au-devant de moi,
et embrassèrent mes genoux. Je leur avais fait sa-

voir par un mauvais interprète que je connaissais
la princesse Lubomirska ; ce nom suffit pour leur
inspirer de la confiance : ils ne doutèrent point de
ce que je disais , bien que je fusse arrivée dans un
très-mauvais équipage. Ils m'ouvrirent une salle
qui ressemblait à une prison, et, au moment où j'y
entrai, l'une des femmes vint y brûler des parfums.
Il n'y avait ni pain blanc ni viande, mais un vin
exquis de Hongrie, et partout des débris de magnificence se trouvaient à côté de la plus grande misère. Ce contraste se retrouve souvent en Pologne ;
il n'y a pas de lits dans les maisons mêmes où règne
l'élégance la plus recherchée. Tout semble esquisse
dans ce pays, et rien n'y est terminé ; mais ce qu'on
ne saurait trop louer, c'est la bonté du peuple et
la générosité des grands : les uns et les autres sont
aisément remués par tout ce qui est bon et beau, et
les agents que l'Autriche y envoie semblent des
hommes de bois au milieu de cette nation mobile.

Enfin mon passe-port de Russie arriva, et j'en
serai reconnaissante toute ma vie, tant il me fit plaisir. Mes amis de Vienne étaient parvenus, dans le
même moment, à écarter de moi la maligne influence de ceux qui croyaient plaire à la France en
me tourmentant. Je me flattai, cette fois, d'être
tout à fait à l'abri de nouvelles peines ; mais j'ou-
bliais que la circulaire qui ordonnait à tous les capitaines de cercles de me surveiller n'était pas
encore révoquée, et que c'était directement du mi-

nistère que je tenais la promesse de faire cesser ces
ridicules tourments. Je crus pouvoir suivre mon
premier projet, et m'arrêter à Lanzut, ce château
de la princesse Lubomirska, si fameux en Pologne,
parce qu'il réunit tout ce que le goût et la magnificence peuvent offrir de plus parfait. Je me faisais
un grand plaisir d'y revoir le prince Henri Lubo-
mirski, dont la société, ainsi que celle de sa charmante femme, m'avait fait passer, à Genève, les
moments les plus doux. Je me proposais d'y rester
deux jours, et de continuer ma route bien vite,
puisque de toutes parts on annonçait la guerre dé-
clarée entre la France et la Russie. Je ne vois pas
trop ce qu'il y avait de redoutable pour le repos de
l'Autriche dans mon projet : c'était une bizarre
idée que de craindre mes relations avec les Polonais, puisque les Polonais servaient alors Bonaparte. Sans doute, et je le répète, on ne peut les
confondre avec les autres peuples tributaires de la
France : il est affreux de ne pouvoir espérer la liberté que d'un despote, et de n'attendre l'indépendance de sa propre nation que de l'asservissement
du reste de l'Europe ; mais enfin, dans cette cause
polonaise, le ministère autrichien était plus suspect
que moi, car il donnait ses troupes pour la soutenir, et moi je consacrais mes pauvres forces à proclamer la justice de la cause européenne, défendue
alors par la Russie. Au reste, le ministère autrichien et les gouvernements alliés de Bonaparte ne
savent plus ce que c'est qu'une opinion, une con-

science, une affection; il ne leur reste, de l'inconséquence de leur propre conduite et de l'art avec
lequel la diplomatie de Napoléon les a enlacés,
qu'une seule idée nette, celle de la force, et ils
font tout pour lui complaire.

CHAPITRE IX

Passage en Pologne.

J'arrivai dans les premiers jours de juillet au
chef-lieu du cercle dont dépend Lanzut; ma voiture s'arrêta devant la poste, et mon fils alla comme
à l'ordinaire faire viser mon passe-port. Au bout
d'un quart d'heure, je m'étonnais de ne pas le revoir, et je priai M. Schlegel d'aller savoir à quoi tenait ce retard. Tous les deux revinrent suivis d'un
homme dont je n'oublierai de ma vie la figure : un
sourire gracieux sur des traits stupides donnait à
sa physionomie l'expression la plus désagréable.
Mon fils, hors de lui, m'apprit que le capitaine du
cercle lui avait déclaré que je ne pouvais rester plus
de huit heures à Lanzut, et que, pour s'assurer de
mon obéissance à cet ordre, un de ses commissaires
me suivrait jusqu'au château, y entrerait avec moi,
et ne me quitterait qu'après que j'en serais partie.
Mon fils avait représenté à ce capitaine qu'abîmée
de fatigue, comme je l'étais, j'avais besoin de plus
de huit heures pour me reposer, et que la vue d'un
commissaire de police, dans mon état de souffrance,
pourrait me causer un ébranlement très-funeste. Le

capitaine lui avait répondu avec une brutalité qu'on
ne saurait rencontrer que chez des subalternes allemands; l'on ne rencontre aussi que là ce respect
obséquieux pour le pouvoir, qui succède immédiatement à l'arrogance envers les faibles. Les mouvements de l'âme de ces hommes ressemblent aux
évolutions d'un jour de parade; elle fait demi-tour
à droite et demi-tour à gauche, selon l'ordre qu'on
leur donne.

Le commissaire chargé de me surveiller se fatiguait donc en révérences jusqu'à terre; mais il ne
voulait modifier en rien sa consigne. Il monta dans
une calèche dont les chevaux touchaient les roues
de derrière de ma berline. L'idée d'arriver ainsi
chez un ancien ami, dans un lieu de délices où je
me faisais une fête de passer quelques jours, cette
idée me fit un mal que je ne pus surmonter; il s'y
joignit aussi, je crois, l'irritation de sentir derrière
moi cet insolent espion, bien facile à tromper assurément, si l'on en avait eu l'envie, mais qui faisait
son métier avec un insupportable mélange de pédanterie et de rigueur [1]. Je pris une attaque de

---

[1] Pour expliquer combien étaient vives et justement fondées les
angoisses qu'éprouvait ma mère dans ce voyage, je dois dire que
l'attention de la police autrichienne n'était pas dirigée sur elle seule.
Le signalement de M. Roca avait été envoyé sur toute la route, avec
ordre de l'arrêter en qualité d'officier français : et quoiqu'il eût
donné sa démission, quoique ses blessures le missent hors d'état de
continuer son service militaire, nul doute que s'il avait été livré à la
France, on ne l'eût traité avec la dernière rigueur. Il avait donc
voyagé seul et sous un nom supposé, et c'est à Lanzut qu'il avait
donné rendez-vous à ma mère. Y étant arrivé avant elle, et ne soup-

nerfs au milieu de la route, et l'on fut obligé de me descendre de ma voiture, et de me coucher sur le bord du fossé. Ce misérable commissaire imagina que c'était le cas d'avoir pitié de moi, et il envoya, sans sortir lui-même de sa voiture, son domestique pour me chercher un verre d'eau. Je ne puis dire la colère que j'éprouvais contre moi-même, de la faiblesse de mes nerfs; la compassion de cet homme était une dernière offense que j'aurais voulu du moins m'épargner. Il repartit en même temps que ma voiture, et j'entrai avec lui dans la cour du château de Lanzut. Le prince Henri, qui ne se doutait de rien de pareil, vint au-devant de moi avec la gaieté la plus aimable; il fut d'abord effrayé de ma pâleur, et je lui appris tout de suite quel hôte singulier j'amenais avec moi; dès lors son sang-froid, sa fermeté et son amitié pour moi ne se démentirent pas un instant. Mais conçoit-on un ordre de choses dans lequel un commissaire de police s'établisse à la table d'un grand seigneur, tel que le prince Henri, ou plutôt à celle de qui que ce soit, sans son con-

çonnant pas qu'elle pût être escortée par un commissaire de police, il venait à sa rencontre, plein de joie et de confiance. Le danger auquel il s'exposait, sans le savoir, glaça de terreur ma mère, qui eut à peine le temps de lui faire signe de retourner sur ses pas; et sans la généreuse présence d'esprit d'un gentilhomme polonais, qui fournit à M. Rocca les moyens de s'échapper, il eût infailliblement été reconnu et arrêté par le commissaire.

Ignorant quel pourrait être le sort de son manuscrit, et dans quelles circonstances publiques ou privées elle pourrait le faire paraître, ma mère a cru devoir supprimer ces détails, qu'il m'est aujourd'hui permis de faire connaître. *(Note de M. de Staël fils.)*

sentement? Après le souper, ce commissaire s'approcha de mon fils, et lui dit, avec ce son de voix mielleux que j'ai particulièrement en aversion, quand il sert à dire des paroles blessantes : « Je devrais, d'après mes ordres, passer la nuit dans la chambre de madame votre mère, afin de m'assurer qu'elle n'a de conférence avec personne; mais je n'en ferai rien, par égard pour elle. — Vous pouvez ajouter aussi par égard pour vous, répondit mon fils; car si vous mettez, de nuit, le pied dans la chambre de ma mère, je vous jetterai par la fenêtre. — Ah ! monsieur le baron, » répondit le commissaire en se courbant plus bas qu'à l'ordinaire, parce que cette menace avait un faux air de puissance qui ne laissait pas de le toucher. Il alla se coucher, et le lendemain, à déjeuner, le secrétaire du prince s'en empara si bien, en lui donnant à manger et à boire, que j'aurais pu, je crois, rester quelques heures de plus; mais j'étais honteuse d'attirer une telle scène chez mon aimable hôte. Je ne me donnai pas le temps de voir ces beaux jardins qui rappellent le climat du Midi, dont ils offrent les productions, ni cette maison qui a été l'asile des émigrés français persécutés, et où les artistes ont envoyé les tributs de leurs talents, en retour de tous les services que leur avait rendus la dame du château.

Le contraste de ces douces et brillantes impressions avec la douleur et l'indignation que j'éprouvais était intolérable : le souvenir de Lanzut, que j'ai tant de raisons d'aimer, me fait frissonner quand il se retrace à moi.

Je m'éloignai donc de cette demeure en versant des larmes amères, et ne sachant pas ce qui m'était réservé pendant les cinquante lieues que j'avais encore à parcourir sur le territoire autrichien. Le commissaire me conduisit jusqu'aux confins de son cercle, et, quand il me quitta, il me demanda si j'étais contente de lui : la bêtise de cet homme désarma mon ressentiment. Ce qu'il y a de particulier à toutes ces persécutions, qui n'étaient point jadis dans le caractère du gouvernement autrichien, c'est qu'elles sont exécutées par ses agents avec autant de rudesse que de gaucherie : ces ci-devant honnêtes gens portent, dans les vilaines choses qu'on exige d'eux, l'exactitude scrupuleuse qu'ils mettaient dans les bonnes, et leur esprit borné dans cette nouvelle manière de gouverner, qui ne leur était point connue, leur fait faire cent sottises, soit par maladresse, soit par grossièreté. Ils prennent la massue d'Hercule pour tuer une mouche, et pendant cet inutile effort les choses les plus importantes pourraient leur échapper.

En sortant du cercle de Lanzut, je rencontrai encore, jusqu'à Léopol, capitale de la Gallicie, des grenadiers qui étaient placés de poste en poste pour s'assurer de ma marche. J'aurais eu regret au temps qu'on faisait perdre à ces braves gens, si je n'avais pensé qu'il valait encore mieux qu'ils fussent là qu'à la malheureuse armée que l'Autriche livrait à Napoléon. Arrivée à Léopol, j'y retrouvai l'ancienne Autriche dans le gouverneur et le commandant de la province, qui me reçurent tous les deux avec une politesse parfaite, et me donnèrent ce que je souhaitais avant tout, un ordre pour passer d'Autriche en Russie. Telle fut la fin de mon séjour dans cette monarchie, que j'avais vue puissante, juste et probe. Son alliance avec Napoléon, tant qu'elle a duré, l'a réduite au dernier rang parmi les nations. L'histoire n'oubliera point, sans doute, qu'elle s'est montrée très-belliqueuse dans ses longues guerres contre la France, et que son dernier effort pour résister à Bonaparte fut inspiré par un enthousiasme national très-digne d'éloge; mais le souverain de ce pays, cédant à ses conseillers plus qu'à son propre caractère, a détruit tout à fait cet enthousiasme, en arrêtant son essor. Les malheureux qui ont péri dans les champs d'Essling et de Wagram, pour qu'il y eût encore une monarchie autrichienne et un peuple allemand, ne s'attendaient guère que leurs compagnons d'armes se battraient, trois ans après, pour que l'empire de Bonaparte s'étendît jusqu'aux frontières de l'Asie, et qu'il n'y eût pas, dans l'Europe entière, même un désert où les proscrits, depuis les rois jusqu'aux sujets, pussent trouver un asile; car tel est le but et l'unique but de la guerre de la France contre la Russie.

CHAPITRE X

Arrivée en Russie.

On n'était guère accoutumé à considérer la
Russie comme l'État le plus libre de l'Europe :
mais le joug que l'empereur de France fait peser
sur tous les États du continent est tel, qu'on se croit
dans une république dès qu'on arrive dans un pays
où la tyrannie de Napoléon ne peut plus se faire
sentir. C'est le 14 juillet que j'entrai en Russie ; cet
anniversaire du premier jour de la Révolution me
frappa singulièrement : ainsi se refermait pour
moi le cercle de l'histoire de France qui, le 14 juillet 1789, avait commencé[1]. Quand la barrière qui
sépare l'Autriche de la Russie s'ouvrit pour me
laisser passer, je jurai de ne jamais remettre les
pieds dans un pays soumis d'une manière quelconque à l'empereur Napoléon. Ce serment me per-
mettra-t-il jamais de revoir la belle France ?

Le premier homme qui me reçut en Russie, ce
fut un Français autrefois commis dans les bureaux
de mon père ; il me parla de lui les larmes aux
yeux, et ce nom ainsi prononcé me parut un heureux augure. En effet, dans cet empire russe, si
faussement appelé barbare, je n'ai éprouvé que des

---

[1] C'est le 14 juillet 1817 que ma mère nous a été enlevée et que
Dieu l'a reçue dans son sein. Quelle âme ne serait pas saisie d'une
émotion religieuse, en méditant sur ces rapprochements mystérieux
qu'offre la destinée humaine ?   (*Note de M. de Staël fils.*)

impressions nobles et douces : puisse ma reconnaissance attirer des bénédictions de plus sur ce peuple et sur son souverain ! J'entrais en Russie dans un moment où l'armée française avait déjà pénétré très-avant sur le territoire russe, et cependant aucune persécution, aucune gêne n'arrêtait un instant l'étranger voyageur : ni moi, ni mes compagnons, nous ne savions un mot de russe ; nous ne parlions que le français, la langue des ennemis qui dévastaient l'empire ; je n'avais pas même avec moi, par une suite de hasards fâcheux, un seul domestique qui parlât russe ; et, sans un médecin allemand (le docteur Renner), qui le plus généreusement du monde voulut bien nous servir d'interprète jusqu'à Moscou, nous aurions vraiment mérité ce nom de *sourds et muets* que les Russes donnent aux étrangers dans leur langue. Eh bien ! dans cet état, notre voyage eût encore été sûr et facile, tant est grande en Russie l'hospitalité des nobles et du peuple ! Dès nos premiers pas, nous apprîmes que la route directe de Pétersbourg était déjà occupée par les armées, et qu'il fallait passer par Moscou pour nous y rendre. C'étaient deux cents lieues de détour ; mais nous en faisions déjà quinze cents, et je m'applaudis maintenant d'avoir vu Moscou.

La première province qu'il nous fallut traverser, la Volhynie, fait partie de la Pologne russe : c'est un pays fertile, inondé de juifs comme la Gallicie, mais beaucoup moins misérable. Je m'arrêtai dans

le château d'un seigneur polonais auquel j'étais recommandée ; il me conseilla de me hâter d'avancer,
parce que les Français marchaient sur la Volhynie,
et qu'ils pourraient bien y entrer dans huit jours.
Les Polonais, en général, aiment mieux les Russes
que les Autrichiens ; les Russes et les Polonais sont
de race esclavone; ils ont été ennemis, mais ils se
considèrent mutuellement, tandis que les Allemands, plus avancés que les Esclavons dans la civilisation européenne, ne savent pas leur rendre justice à d'autres égards. Il était facile de voir que les
Polonais, en Volhynie, ne redoutaient pas l'entrée
des Français; mais, bien que leur opinion fût connue, on ne leur faisait pas éprouver ces persécutions de détail qui ne font qu'exciter la haine sans
la contenir. C'était cependant toujours un pénible
spectacle que celui d'une nation soumise par une
autre : il faut plusieurs siècles avant que l'unité soit
si bien établie, qu'elle fasse oublier le nom de
vainqueur et celui de vaincu.

À Gimotir, chef-lieu de la Volhynie, on me raconta que le ministre de la police russe avait été
envoyé à Wilna, pour savoir le motif de l'agression
de l'empereur Napoléon, et protester selon les
formes contre son entrée sur le territoire de Russie.
On aura de la peine à croire aux sacrifices sans
nombre que l'empereur Alexandre a faits pour conserver la paix. Et en effet, loin que Napoléon pût
accuser l'empereur Alexandre d'avoir manqué au
traité de Tilsitt, l'on aurait pu bien plutôt lui re-

procher une fidélité trop scrupuleuse à ce funeste traité; et c'était Alexandre qui eût été en droit de faire la guerre à Napoléon, comme y ayant manqué le premier.

L'empereur de France se livra, dans sa conversation avec M. de Balasheff, ministre de la police, à ces inconcevables indiscrétions qu'on prendrait pour de l'abandon, si l'on ne savait pas qu'il lui convient d'augmenter la terreur qu'il inspire, en se montrant au-dessus de tous les genres de calcul. « Croyez-vous, dit-il à M. de Balasheff, que je me soucie de ces jacobins de Polonais? » Et en effet on assure qu'il existe une lettre adressée, il y a quelques années, à M. de Romanzoff, par un des ministres de Napoléon, dans laquelle on propose de rayer de tous actes européens le nom de Pologne et de Polonais. Quel malheur pour cette nation que l'empereur Alexandre n'ait pas pris le titre de roi de Pologne et associé la cause de ce peuple opprimé à celle de toutes les âmes généreuses! Napoléon demanda à un de ses généraux, devant M. de Balasheff, s'il avait jamais été à Moscou, et ce que c'était que cette ville; le général dit qu'elle lui avait paru plutôt un grand village qu'une capitale. « Et combien y a-t-il d'églises? continua l'empereur. — Environ seize cents, lui répondit-on. — C'est inconcevable, reprit Napoléon, dans un temps où l'on n'est plus religieux. — Pardon, sire, dit M. de Balasheff, les Russes et les Espagnols le sont encore. » Admirable réponse, et qui présageait, on

devait l'espérer, que les Moscovites seraient les
Castillans du Nord.

Néanmoins l'armée française faisait des progrès
rapides, et l'on est si accoutumé à voir les Français
triompher de tout au dehors, quoique chez eux ils
ne sachent résister à aucun genre de joug, que je
pouvais craindre avec raison de les rencontrer déjà
sur la route même de Moscou. Bizarre sort pour
moi, que de fuir d'abord les Français, au milieu
desquels je suis née, qui ont porté mon père en
triomphe, et de les fuir jusqu'aux confins de l'Asie!
Mais enfin quelle est la destinée, grande ou petite,
que l'homme choisi pour humilier l'homme ne
bouleverse pas? Je me crus forcée d'aller à Odessa,
ville devenue prospère par l'administration éclairée
du duc de Richelieu, et de là j'aurais été à Constantinople et en Grèce : je me consolais de ce grand
voyage en pensant à un poëme sur Richard Cœur-
de-Lion, que je me propose d'écrire, si ma vie et
ma santé y suffisent. Ce poëme est destiné à peindre
les mœurs et la nature de l'Orient, et à consacrer
une grande époque de l'histoire anglaise, celle où
l'enthousiasme des croisades a fait place à l'enthousiasme de la liberté. Mais, comme on ne peut
peindre que ce qu'on a vu, de même qu'on ne saurait exprimer que ce qu'on a senti, il faut que j'aille
à Constantinople, en Syrie et en Sicile, pour y suivre les traces de Richard. Mes compagnons de
voyage, jugeant mieux de mes forces que moi-
même, me dissuadèrent d'une telle entreprise, et

m'assurèrent qu'en me pressant, je pourrais aller en poste plus vite qu'une armée. On va voir qu'en effet je n'eus pas beaucoup de temps de reste.

CHAPITRE XI

Kiew.

Résolue à poursuivre mon voyage en Russie, je me dirigeai sur Kiew, ville principale de l'Ukraine, et jadis de toute la Russie, car cet empire a commencé par établir sa capitale au midi. Les Russes avaient alors des rapports continuels avec les Grecs établis à Constantinople, et en général avec les peuples de l'Orient, dont ils ont pris les habitudes sous beaucoup de rapports. L'Ukraine est un pays très-fertile, mais nullement agréable; vous voyez de grandes plaines de blé qui semblent cultivées par des mains invisibles, tant les habitations et les habitants sont rares. Il ne faut pas s'imaginer qu'en approchant de Kiew ni de la plupart de ce qu'on appelle des villes en Russie, on voie rien qui ressemble aux villes de l'Occident; les chemins ne sont pas mieux soignés, des maisons de campagne n'annoncent pas une contrée plus peuplée. En arrivant dans Kiew, le premier objet que j'aperçus, ce fut un cimetière : j'appris ainsi que j'étais près d'un lieu où des hommes étaient rassemblés. La plupart des maisons de Kiew ressemblent à des tentes, et de loin la ville a l'air d'un camp; on ne peut s'empêcher de croire qu'on a pris modèle sur les demeures ambulantes des

Tartares pour bâtir en bois des maisons qui ne paraissent pas non plus d'une grande solidité. Peu de jours suffisent pour les construire; de fréquents incendies les consument, et l'on envoie à la forêt pour se commander une maison, comme au marché pour faire ses provisions d'hiver. Au milieu de ces cabanes s'élèvent pourtant des palais, et surtout des églises dont les coupoles vertes et dorées frappent singulièrement les regards. Quand, le soir, le soleil darde ses rayons sur ces voûtes brillantes, on croit voir une illumination pour une fête, plutôt qu'un édifice durable.

Les Russes ne passent jamais devant une église sans faire le signe de la croix, et leur longue barbe ajoute beaucoup à l'expression religieuse de leur physionomie. Ils portent pour la plupart une grande robe bleue, serrée autour du corps par une ceinture rouge; l'habit des femmes a aussi quelque chose d'asiatique, et l'on y remarque ce goût pour les couleurs vives qui nous vient des pays où le soleil est si beau, qu'on aime à faire ressortir son éclat par les objets qu'il éclaire. Je pris en peu de temps tellement de goût à ces habits orientaux, que je n'aimais pas à voir des Russes vêtus comme le reste des Européens : il me semblait alors qu'ils allaient entrer dans cette grande régularité du despotisme de Napoléon, qui fait présent à toutes les nations de la conscription d'abord, puis des taxes de guerre, puis du Code Napoléon, pour régir de la même manière des nations toutes différentes.

Le Dniéper, que les anciens appelaient *Bory-sthène*, passe à Kiew, et l'ancienne tradition du pays assure que c'est un batelier qui, en le traversant, trouva ses ondes si pures, qu'il voulut fonder une ville sur ses bords. En effet, les fleuves sont les plus grandes beautés de la nature en Russie. A peine si l'on y rencontre des ruisseaux, tant le sable en obstrue le cours. Il n'y a presque point de variété d'arbres; le triste bouleau revient sans cesse dans cette nature peu inventive : on y pourrait regretter même les pierres, tant on est quelquefois fatigué de ne rencontrer ni collines ni vallées, et d'avancer toujours sans voir de nouveaux objets. Les fleuves délivrent l'imagination de cette fatigue : aussi les prêtres bénissent-ils ces fleuves. L'empereur, l'impératrice et toute la cour vont assister à la cérémonie de la bénédiction de la Néva, dans le moment du plus grand froid de l'hiver. On dit que Wladimir, au commencement du onzième siècle, déclara que toutes les ondes du Borysthène étaient saintes, et qu'il suffisait de s'y plonger pour être chrétien; le baptême des Grecs se faisant par immersion, des milliers d'hommes allèrent dans ce fleuve abjurer leur idolâtrie. C'est ce même Wladimir qui avait envoyé des députés dans divers pays pour savoir laquelle de toutes les religions il lui convenait le mieux d'adopter; il se décida pour le culte grec, à cause de la pompe des cérémonies. Il le préféra peut-être encore par des motifs plus importants : en effet, le culte grec, en excluant l'empire du pape, donne au souverain de la Russie les pouvoirs spirituels et temporels tout ensemble.

La religion grecque est nécessairement moins intolérante que le catholicisme; car étant accusée de schisme, elle ne peut guère se plaindre des hérétiques : aussi toutes les religions sont admises en Russie, et, depuis les bords du Don jusqu'à ceux de la Néva, la fraternité de patrie réunit les hommes, lors même que les opinions théologiques les séparent. Les prêtres grecs sont mariés, et presque jamais les gentilshommes n'entrent dans cet état : il en résulte que le clergé n'a pas beaucoup d'ascendant politique; il agit sur le peuple, mais il est très-soumis à l'empereur.

Les cérémonies du culte grec sont au moins aussi belles que celles des catholiques; les chants d'église sont ravissants : tout porte à la rêverie dans ce culte; il a quelque chose de poétique et de sensible, mais il me semble qu'il captive plus l'imagination qu'il ne dirige la conduite. Quand le prêtre sort du sanctuaire, où il reste enfermé pendant qu'il communie, on dirait qu'il voit s'ouvrir les portes du jour; le nuage d'encens qui l'environne, l'argent, l'or et les pierreries qui brillent sur ses vêtements et dans l'église, semblent venir du pays où l'on adorait le soleil. Les sentiments recueillis qu'inspire l'architecture gothique en Allemagne, en France et en Angleterre, ne peuvent se comparer en rien à l'effet des églises grecques; elles rappellent plutôt les minarets des Turcs et des Arabes que nos temples. Il ne faut pas non plus s'attendre à y trouver, comme en Italie, la pompe des beaux-arts; leurs ornements les plus remarquables, ce sont des vierges et des saints couronnés de diamants et de rubis. La magnificence est le caractère de tout ce qu'on voit en Russie; le génie de l'homme ni les dons de la nature n'en font point la beauté.

Les cérémonies des mariages, des baptêmes et des enterrements sont nobles et touchantes; on y retrouve quelques anciennes coutumes du paganisme grec, mais seulement celles qui, ne tenant en rien au dogme, peuvent ajouter à l'impression des trois grandes scènes de la vie, la naissance, le mariage et la mort. Parmi les paysans russes, l'usage s'est encore conservé de parler au mort avant de se séparer pour toujours de ses restes. « D'où vient, lui dit-on, que tu nous as abandonnés? étais-tu donc malheureux sur cette terre? ta femme n'était-elle pas belle et bonne? pourquoi donc l'as-tu quittée? » Le mort ne répond rien, mais le prix de l'existence est ainsi proclamé en présence de ceux qui la conservent encore.

On montre à Kiew des catacombes qui rappellent un peu celles de Rome, et l'on vient y faire des pèlerinages à pied, de Casan et d'autres villes qui touchent à l'Asie; mais ces pèlerinages coûtent moins en Russie que partout ailleurs, bien que les distances soient beaucoup plus grandes. Le caractère de ce peuple est de ne craindre ni la fatigue ni les souffrances physiques; il y a de la patience et de

l'activité dans cette nation, de la gaieté et de la
mélancolie. On y voit réunis les contrastes les plus
frappants, et c'est ce qui peut en faire présager de
grandes choses ; car, d'ordinaire, il n'y a que les
êtres supérieurs qui possèdent des qualités opposées ; les masses sont, pour la plupart, d'une seule
couleur.

Je fis à Kiew l'essai de l'hospitalité russe. Le gouverneur de la province, le général Miloradowitsch,
me combla des soins les plus aimables ; c'était un
aide de camp de Souvarow, intrépide comme lui :
il m'inspira plus de confiance que je n'en avais
alors dans les succès militaires de la Russie. Je n'a-
vais rencontré jusque-là que quelques officiers de
l'école allemande, qui ne participaient en rien au
caractère russe. Je vis dans le général Miloradowitsch un véritable Russe, impétueux, brave,
confiant, et nullement dirigé par l'esprit d'imitation, qui dérobe quelquefois à ses compatriotes
jusqu'à leur caractère national. Il me raconta des
traits de Souvarow qui prouvent que cet homme
étudiait beaucoup, quoiqu'il conservât l'instinct
original qui tient à la connaissance immédiate des
hommes et des choses. Il cachait ses études pour
frapper davantage l'imagination de ses troupes, en
se donnant, en toutes choses, l'air inspiré.

Les Russes ont, selon moi, beaucoup plus de rapports avec les peuples du Midi, ou plutôt de l'O-
rient, qu'avec ceux du Nord. Ce qu'ils ont d'européen tient aux manières de la cour, les mêmes

dans tous les pays ; mais leur nature est orientale.
Le général Miloradowitsch me raconta qu'un régiment de Kalmouks avait été mis en garnison à
Kiew, et que le prince de ces Kalmouks était un
jour venu lui avouer qu'il souffrait beaucoup de
passer l'hiver enfermé dans une ville, et qu'il voudrait obtenir la permission de camper dans la forêt
voisine. On ne pouvait guère lui refuser un plaisir
si facile ; aussi alla-t-il, avec sa troupe, au milieu
de la neige, s'établir dans les chariots qui leur servent en même temps de cahutes. Les soldats russes
supportent à peu près de même les fatigues et les
souffrances du climat ou de la guerre; et le peuple,
dans toutes les classes, a un mépris des obstacles
et des peines physiques qui peut le porter aux plus
grandes choses. Ce prince kalmouk, auquel des
maisons de bois paraissaient une demeure trop recherchée, au milieu de l'hiver, donnaient des diamants aux dames qui lui plaisaient dans un bal; et
comme il ne pouvait se faire entendre d'elles, il
remplaçait les compliments par des présents,
comme cela se passe dans l'Inde et dans ces contrées silencieuses de l'Orient, où la parole a moins
de puissance que chez nous. Le général Miloradowitsch m'invita, pour le soir même de mon départ, à un bal chez une princesse moldave. J'eus
un vrai regret de ne pouvoir y aller. Tous ces noms
de pays étrangers, de nations qui ne sont presque
plus européennes, réveillent singulièrement l'imagination. On se sent, en Russie, à la porte d'une

autre terre, près de cet Orient d'où sont sorties tant
de croyances religieuses, et qui renferme encore
dans son sein d'incroyables trésors de persévérance
et de réflexion.

CHAPITRE XII

Route de Kiew à Moscou.

Environ neuf cents verstes séparaient encore Kiew
de Moscou. Mes cochers russes me menaient comme
l'éclair, en chantant des airs dont les paroles
étaient, m'a-t-on assuré, des compliments et des
encouragements pour leurs chevaux : « Allez, leur
disaient-ils, mes amis ; nous nous connaissons,
marchez vite. » Je n'ai rien vu de barbare dans ce
peuple ; au contraire, ses formes ont quelque chose
d'élégant et de doux qu'on ne retrouve point ailleurs. Jamais un cocher russe ne passe devant une
femme, de quelque âge ou de quelque état qu'elle
soit, sans la saluer, et la femme lui répond par une
inclination de tête qui est toujours noble et gracieuse. Un vieillard, qui ne pouvait se faire entendre de moi, me montra la terre, et puis le ciel,
pour m'indiquer que l'une serait bientôt, pour lui,
le chemin de l'autre. Je sais bien qu'on peut m'objecter, avec raison, de grandes atrocités que l'on
rencontre dans l'histoire de Russie ; mais, d'abord,
j'en accuserais plutôt les boyards, dépravés par le
despotisme qu'ils exerçaient ou qu'ils souffraient,
que la nation elle-même. D'ailleurs les dissensions

politiques, partout et dans tous les temps, dénaturent le caractère national, et rien n'est plus déplorable, dans l'histoire, que cette suite de maîtres élevés et renversés par le crime ; mais telle est la fatale condition du pouvoir absolu sur la terre. Les employés civils d'une classe inférieure, tous ceux qui attendent leur fortune de leur souplesse ou de leurs intrigues, ne ressemblent en rien aux habitants de la campagne, et je conçois tout le mal qu'on a dit et qu'on doit dire d'eux ; mais il faut chercher à connaître une nation guerrière par ses soldats et par la classe d'où l'on tire les soldats, les paysans.

Quoiqu'on me conduisît avec une grande rapidité, il me semblait que je n'avançais pas, tant la contrée était monotone. Des plaines de sables, quelques forêts de bouleaux, et des villages à grande distance les uns des autres, composés de maisons de bois, toutes taillées sur le même modèle, voilà les seuls objets qui s'offrissent à mes regards. J'éprouvais cette sorte de cauchemar qui saisit quelquefois la nuit, quand on croit marcher toujours et n'avancer jamais. Il me semblait que ce pays était l'image de l'espace infini, et qu'il fallait l'éternité pour le traverser. A chaque instant, on voyait passer des courriers qui allaient avec une incroyable vitesse ; ils étaient assis sur un banc de bois placé en travers d'une petite charrette traînée par deux chevaux, et rien ne les arrêtait un instant. Les cahots les faisaient quelquefois sauter à deux pieds au-dessus de leur voiture ; ils retombaient avec une adresse étonnante, et se hâtaient de dire *en avant* en russe, avec une énergie semblable à celle des Français un jour de bataille. La langue esclavonne est singulièrement retentissante ; je dirais presque qu'elle a quelque chose de métallique ; on croit entendre frapper l'airain quand les Russes prononcent de certaines lettres de leur langue, tout à fait différentes de celles dont se composent les dialectes de l'Occident.

L'on voyait passer des corps de réserve qui se rapprochaient à la hâte du théâtre de la guerre ; des Cosaques se rendaient un à un à l'armée, sans ordre et sans uniforme, avec une grande lance à la main, et une espèce de vêtement grisâtre dont ils mettaient l'ample capuchon sur leur tête. Je m'étais fait une tout autre idée de ces peuples ; ils habitent derrière le Dniéper ; là, leur façon de vivre est indépendante, à la manière des sauvages ; mais ils se laissent gouverner despotiquement à la guerre. On est accoutumé à voir.en beaux uniformes, d'une couleur éclatante, les plus redoutables des armées. Les couleurs ternes dont ces Cosaques sont revêtus font un autre genre de peur : on dirait que ce sont des revenants qui fondent sur vous.

A moitié chemin, entre Kiew et Moscou, comme nous étions déjà près des armées, les chevaux devinrent plus rares. Je commençai à craindre d'être arrêtée dans mon voyage, au moment même où la nécessité de se hâter était la plus pressante ; et lorsque je passais cinq ou six heures devant une poste, puisqu'il y avait rarement une chambre dans laquelle on pût entrer, je pensais, en frémissant, à cette armée qui pourrait m'atteindre à l'extrémité de l'Europe, et rendre ma position tout à la fois tragique et ridicule; car il en est ainsi du non-succès dans une entreprise de ce genre; les circonstances qui m'y forçaient n'étant pas généralement connues, on aurait demandé pourquoi j'avais quitté ma demeure, bien qu'on m'en eût fait une prison, et d'assez bonnes gens n'auraient pas manqué de dire, avec un air de componction, que c'était bien malheureux, mais que j'aurais mieux fait de ne pas partir. Si la tyrannie n'avait pour elle que ses partisans directs, elle ne se maintiendrait jamais; la chose étonnante, et qui manifeste plus que tout la misère humaine, c'est que la plupart des hommes médiocres sont au service de l'événement; ils n'ont pas la force de penser plus haut qu'un fait, et quand un oppresseur a triomphé et qu'une victime est perdue, ils se hâte de justifier, non pas précisément le tyran, mais la destinée dont il est l'instrument. La faiblesse d'esprit et de caractère est sans doute la cause de cette servilité; mais il y a dans l'homme aussi un certain besoin de donner raison au sort, quel qu'il soit, comme si c'était une manière de vivre en paix avec lui.

J'atteignis enfin la partie de ma route qui m'éloignait du théâtre de la guerre, et j'arrivai dans les gouvernements d'Orel et de Toula, dont il a tant

été question depuis dans les bulletins des deux
armées. Je fus reçue dans ces demeures solitaires, car c'est ainsi que paraissent les villes de
province en Russie, avec une parfaite hospitalité.
Plusieurs gentilshommes des environs vinrent
à mon auberge me complimenter sur mes écrits,
et j'avoue que je fus flattée de me trouver une réputation littéraire à cette distance de ma patrie. La
femme du gouverneur me reçut à l'asiatique, avec
du sorbet et des roses ; sa chambre était élégam-
ment ornée d'instruments de musique et de tableaux. On voit partout en Europe le contraste de
la richesse et de la misère ; mais en Russie ce n'est,
pour ainsi dire, ni l'une ni l'autre qui se fait remarquer. Le peuple n'est pas pauvre ; les grands
savent mener, quand il le faut, la même vie que le
peuple ; c'est le mélange des privations les plus
dures et des jouissances les plus recherchées qui
caractérise ce pays. Ces mêmes seigneurs, dont la
maison réunit tout ce que le luxe des diverses parties du monde a de plus éclatant, se nourrissent en
voyage bien plus mal que nos paysans de France,
et savent supporter, non-seulement à la guerre,
mais dans plusieurs circonstances de la vie, une
existence physique très-désagréable. La rigueur du
climat, les marais, les forêts, les déserts, dont se
compose une grande partie du pays, mettent
l'homme en lutte avec la nature. Les fruits et les
fleurs même ne viennent que dans des serres ; les
légumes ne sont pas généralement cultivés ; il n'y

a de vignes nulle part. La manière de vivre habituelle des paysans, en France, ne peut s'obtenir en Russie que par des dépenses très-fortes. L'on n'y a le nécessaire que par le luxe : de là vient que, quand le luxe est impossible, on renonce même au nécessaire. Ce que les Anglais appellent *comfort*, et que nous exprimons par l'aisance, ne se rencontre guère en Russie. Vous ne trouveriez jamais rien d'assez parfait pour satisfaire en tout genre l'imagination des grands seigneurs russes; mais, quand cette poésie de richesse leur manque, ils boivent l'hydromel, couchent sur une planche, et voyagent jour et nuit dans un chariot ouvert, sans regretter le luxe auquel on les croirait accoutumés. C'est plutôt comme magnificence qu'ils aiment la fortune, que sous le rapport des plaisirs qu'elle donne; semblables encore en cela aux Orientaux, qui exercent l'hospitalité envers les étrangers, les comblent de présents, et négligent souvent le bien-être habituel de leur propre vie. C'est une des raisons qui expliquent ce beau courage avec lequel les Russes ont supporté la ruine que leur a fait subir l'incendie de Moscou. Plus accoutumés à la pompe extérieure qu'au soin d'eux-mêmes, ils ne sont point amollis par le luxe, et le sacrifice de l'argent satisfait leur orgueil autant et plus que la magnificence avec laquelle ils le dépensent. Ce qui caractérise ce peuple, c'est quelque chose de gigantesque en tout genre : les dimensions ordinaires ne lui sont applicables en rien. Je ne veux pas dire

par là que ni la vraie grandeur ni la stabilité ne s'y
rencontrent; mais la hardiesse, mais l'imagination
des Russes ne connaît pas de bornes; chez eux tout
est colossal plutôt que proportionné, audacieux
plutôt que réfléchi, et si le but n'est pas atteint,
c'est parce qu'il est dépassé.

CHAPITRE XIII

Aspect du pays. — Caractère du peuple russe.

J'approchais toujours davantage de Moscou, et
rien n'annonçait une capitale. Les villages de bois
n'étaient pas moins distants les uns des autres; on
ne voyait pas plus de mouvement sur les vastes
plaines qu'on appelle de grands chemins, on n'entendait pas plus de bruit; les maisons de campagne
n'étaient pas plus nombreuses : il y a tant d'espace
en Russie, que tout s'y perd, même les châteaux,
même la population. On dirait qu'on traverse un
pays dont la nation vient de s'en aller. L'absence
d'oiseaux ajoute à ce silence; les bestiaux aussi
sont rares, ou du moins ils sont placés à une
grande distance de la route. L'étendue fait tout disparaître, excepté l'étendue même, qui poursuit l'i-
magination, comme de certaines idées métaphysiques dont la pensée ne peut plus se débarrasser,
quand elle en est une fois saisie.

La veille de mon arrivée à Moscou, je m'arrêtai,
le soir d'un jour très-chaud, dans une prairie assez
agréable; des paysannes vêtues pittoresquement,

selon la coutume du pays, revenaient de leurs travaux en chantant ces airs d'Ukraine, dont les paroles vantent l'amour et la liberté avec une sorte de mélancolie qui tient du regret. Je les priai de danser, et elles y consentirent. Je ne connais rien de plus gracieux que ces danses du pays, qui ont toute l'originalité que la nature donne aux beaux-arts; une certaine volupté modeste s'y fait remarquer; les bayadères de l'Inde doivent avoir quelque chose d'analogue à ce mélange d'indolence et de vivacité, charme de la danse russe. Cette indolence et cette vivacité indiquent la rêverie et la passion, deux éléments des caractères que la civilisation n'a encore ni formés ni domptés. J'étais frappée de la gaieté douce de ces paysannes, comme je l'avais été, dans des nuances différentes, de celle de la plupart des gens du peuple auxquels j'avais eu affaire en Russie. Je crois bien qu'ils sont terribles quand leurs passions sont provoquées; et comme ils n'ont point d'instruction, ils ne savent pas dompter leur violence. Ils ont, par une suite de la même ignorance, peu de principes de morale, et le vol est très-fréquent en Russie, mais aussi l'hospitalité; ils vous donnent comme ils vous prennent, selon que la ruse ou la générosité parle à leur imagination; l'une et l'autre excitent l'admiration de ce peuple. Il y a dans cette manière d'être un peu de rapport avec les sauvages; mais il me semble que maintenant les nations européennes n'ont de vigueur que quand elles sont ou ce qu'on appelle

barbares, c'est-à-dire non éclairées, ou libres; mais
ces nations, qui n'ont appris de la civilisation que
l'indifférence pour tel ou tel joug, à condition que
leur coin du feu n'en soit pas troublé; ces nations qui n'ont appris de la civilisation que l'art
d'expliquer la puissance et de raisonner la servitude, sont faites pour être vaincues. Je me représente souvent ce que doivent être maintenant ces
lieux que j'ai vus si calmes, ces aimables jeunes
filles, ces paysans à longues barbes qui suivaient
si tranquillement le sort que la Providence leur
avait tracé : ils ont péri ou ils sont en fuite, car nul
d'entre eux ne s'est mis au service du vainqueur.

Une chose digne de remarque, c'est à quel point
l'esprit public est prononcé en Russie. La réputation d'invincible que des succès multipliés ont
donnée à cette nation, la fierté naturelle aux
grands, le dévouement qui est dans le caractère du
peuple, la religion, dont la puissance est profonde,
la haine des étrangers que Pierre Ier a tâché de détruire pour éclairer et civiliser son pays, mais qui
n'en est pas moins restée dans le sang des Russes,
et qui se réveille dans l'occasion, toutes ces causes
réunies font de cette nation un peuple très-éner-
gique. Quelques mauvaises anecdotes des règnes
précédents, quelques Russes qui ont fait des dettes
sur le pavé de Paris, quelques bons mots de Diderot, ont mis dans la tête des Français que la Russie
ne consistait que dans une cour corrompue, des
officiers chambellans et un peuple d'esclaves : c'est

une grande erreur. Cette nation, il est vrai, ne
peut se connaître d'ordinaire qu'après un très-long
examen ; mais, dans les circonstances où je l'ai ob-
servée, tout ressortait en elle, et jamais on ne peut
voir un pays sous un jour plus avantageux que dans
une époque de malheur et de courage. On ne saurait trop le répéter, cette nation est composée des
contrastes les plus frappants. Peut-être le mélange
de la civilisation européenne et du caractère asiatique en est-il la cause.

L'accueil des Russes est si obligeant, qu'on se
croirait, dès le premier jour, lié avec eux, et peut-
être au bout de dix ans ne le serait-on pas. Le silence russe est tout à fait extraordinaire ; ce silence
porte uniquement sur ce qui leur inspire un vif intérêt. Du reste, ils parlent tant qu'on veut ; mais
leur conversation ne ne vous apprend rien que leur
politesse ; elle ne trahit ni leurs sentiments ni leurs
opinions. On les a souvent comparés à des Français ;
et cette comparaison me semble la plus fausse du
monde. La flexibilité de leurs organes leur rend
l'imitation en toutes choses très-facile ; ils sont Anglais, Français, Allemands, dans leurs manières,
selon que les circonstances les y appellent ; mais
ils ne cessent jamais d'être Russes, c'est-à-dire impétueux et réservés tout ensemble, plus capables
de passion que d'amitié, plus fiers que délicats,
plus dévots que vertueux, plus braves que chevaleresques, et tellement violents dans leurs désirs,
que rien ne peut les arrêter lorsqu'il s'agit de les

satisfaire. Ils sont beaucoup plus hospitaliers que
les Français ; mais la société ne consiste pas chez
eux, comme chez nous, dans un cercle d'hommes
et de femmes d'esprit, qui se plaisent à causer ensemble. On se réunit comme l'on va à une fête,
pour trouver beaucoup de monde, pour avoir des
fruits et des productions rares de l'Asie ou de l'Europe, pour entendre de la musique, pour jouer ;
enfin pour se donner des émotions vives par les
objets extérieurs, plutôt que par l'esprit et l'âme :
ils réservent l'usage de l'un et de l'autre pour les
actions et non pour la société. D'ailleurs, comme ils
sont, en général, très-peu instruits, ils trouvent peu
de plaisir aux conversations sérieuses, et ne mettent
point leur amour-propre à briller par l'esprit qu'on
y peut montrer. La poésie, l'éloquence, la littérature, ne se rencontrent point en Russie ; le luxe,
la puissance et le courage sont les principaux objets
de l'orgueil et de l'ambition ; toutes les autres manières de se distinguer semblent encore efféminées
et vaines à cette nation.

Mais le peuple est esclave, dira-t-on ; quel caractère peut-on lui supposer ? Certes je n'ai pas besoin
de dire que tous les gens éclairés souhaitent que le
peuple russe sorte de cet état, et celui qui le souhaite le plus peut-être, c'est l'empereur Alexandre :
mais cet esclavage de Russie ne ressemble pas pour
ses effets à celui dont nous nous faisons l'idée dans
l'Occident : ce ne sont point, comme sous le régime féodal, des vainqueurs qui ont imposé de dures

lois aux vaincus ; les rapports des grands avec le péuple ressemblent plutôt à ce qu'on appelait la famille des esclaves chez les anciens, qu'à l'état des serfs chez les modernes. Le tiers état n'existe pas en Russie ; c'est un grand inconvénient pour le progrès des lettres et des beaux-arts ; car c'est d'ordinaire dans cette troisième classe que les lumières se développent ; mais cette absence d'intermédiaire entre les grands et le peuple fait qu'ils s'aiment davantage les uns les autres. La distance entre les deux classes paraît plus grande, parce qu'il n'y a point de degrés entre ces deux extrémités ; et dans le fait, elles se touchent de plus près, n'étant point séparées par une classe moyenne. C'est une organisation sociale tout à fait défavorable aux lumières des premières classes, mais non pas au bonheur des dernières. Au reste, là où il n'y a pas de gouvernement représentatif, c'est-à-dire dans les pays où le monarque décrète encore la loi qu'il doit exécuter, les hommes sont souvent plus avilis par le sacrifice même de leur raison et de leur caractère que dans ce vaste empire où quelques idées simples de religion et de patrie mènent une grande masse guidée par quelques chefs. L'immense étendue de l'empire russe fait aussi que le despotisme des grands n'y pèse pas en détail sur le peuple ; enfin, surtout, l'esprit religieux et militaire domine tellement dans la nation, qu'on peut faire grâce à bien des travers, en faveur de ces deux grandes sources des belles actions. Un homme de beaucoup d'es-

prit disait que la Russie ressemblait aux pièces de
Shakspeare, où tout ce qui n'est pas faute est sublime, où tout ce qui n'est pas sublime est faute.
Rien de plus juste que cette observation ; mais dans
la grande crise où se trouvait la Russie quand je
l'ai traversée, l'on ne pouvait qu'admirer l'énergie
de résistance et la résignation aux sacrifices que
manifestait cette nation ; et l'on n'osait presque pas,
en voyant de telles vertus, se permettre de remarquer ce qu'on aurait blâmé dans d'autres temps.

CHAPITRE XIV

Moscou.

Des coupoles dorées annoncent de loin Moscou ;
cependant, comme le pays environnant n'est qu'une
plaine, ainsi que toute la Russie, on peut arriver
dans la grande ville sans être frappé de son étendue. Quelqu'un disait avec raison que Moscou était
plutôt une province qu'une ville. En effet, l'on y
voit des cabanes, des maisons, des palais, un bazar
comme en Orient, des églises, des établissements
publics, des pièces d'eau, des bois, des parcs. La
diversité des mœurs et des nations qui composent
la Russie se montrait dans ce vaste séjour. Voulez-
vous, me disait-on, acheter des châles de cache-
mire dans le quartier des Tartares ? Avez-vous vu
la ville chinoise ? L'Asie et l'Europe se trouvaient
réunies dans cette immense cité. On y jouissait de
plus de liberté qu'à Pétersbourg, où la cour doit

nécessairement exercer beaucoup d'influence. Les
grands seigneurs établis à Moscou ne recherchaient
point les places ; mais ils prouvaient leur patriotisme par des dons immenses faits à l'État, soit pour
des établissements publics pendant la paix, soit
comme secours pendant la guerre. Les fortunes
colossales des grands seigneurs russes sont em-
ployées à former des collections de tous genres, à
des entreprises, à des fêtes dont les *Mille et une
Nuits* ont donné les modèles ; et ces fortunes se
perdent aussi très-souvent par les passions effrénées de ceux qui les possèdent. Quand j'arrivai dans
Moscou, il n'était question que des sacrifices que
l'on faisait pour la guerre. Un jeune comte de Mo-
monoff levait un régiment pour l'État, et n'y voulait servir que comme sous-lieutenant ; une comtesse Orloff, aimable et riche à l'asiatique, donnait
le quart de son revenu. Lorsque je passais devant
ces palais entourés de jardins, où l'espace était prodigué dans une ville comme ailleurs au milieu de
la campagne, on me disait que le possesseur de cette
superbe demeure venait de donner mille paysans à
l'État ; cet autre, deux cents. J'avais de la peine à
me faire à cette expression, *donner des hommes ;*
mais les paysans eux-mêmes s'offraient avec ardeur,
et leurs seigneurs n'étaient dans cette guerre que
leurs interprètes.

Dès qu'un Russe se fait soldat, on lui coupe la
barbe, et de ce moment il est libre. On voulait que
tous ceux qui auraient servi dans la milice fussent

aussi considérés comme libres ; mais alors la nation l'aurait été, car elle s'est levée presque en
entier. Espérons qu'on pourra sans secousse amener cet affranchissement si désiré ; mais, en attendant, on voudrait que les barbes fussent conser-
vées, tant elles donnent de force et de dignité à la
physionomie. Les Russes à longue barbe ne passent
jamais devant une église sans faire le signe de la
croix, et leur confiance dans les images visibles de
la religion est très-touchante. Leurs églises portent
l'empreinte de ce goût de luxe qu'ils tiennent de
l'Asie ; on n'y voit que des ornements d'or, d'argent
et de rubis. On dit qu'un homme en Russie avait
proposé de composer un alphabet avec des pierres
précieuses, et d'écrire ainsi la Bible. Il connaissait
la meilleure manière d'intéresser à la lecture l'i-
magination des Russes. Cette imagination, jusqu'à
présent néanmoins, ne s'est manifestée ni par les
beaux-arts, ni par la poésie. Ils arrivent très-vite
en toutes choses jusqu'à un certain point, et ne vont
pas au delà. L'impulsion fait faire les premiers pas,
mais les seconds appartiennent à la réflexion ; et
ces Russes, qui n'ont rien des peuples du Nord,
sont, jusqu'à présent, très-peu capables de méditation.

Quelques-uns des palais de Moscou sont en bois,
afin qu'ils puissent être bâtis plus vite, et que l'inconstance naturelle à la nation, dans tout ce qui
n'est pas la religion et la patrie, se satisfasse en
changeant facilement de demeure. Plusieurs de ces

beaux édifices ont été construits pour une fête : on les destinait à l'éclat d'un jour, et les richesses dont on les a décorés les ont fait durer jusqu'à cette époque de destruction universelle. Un grand nombre de maisons sont colorées en vert, en jaune, en rose, et sculptées en détail comme des ornements de dessert.

Le Kremlin, cette citadelle où les empereurs de Russie se sont défendus contre les Tartares, est entouré d'une haute muraille crénelée et flanquée de tourelles qui, par leurs formes bizarres, rappellent plutôt un minaret de Turquie qu'une forteresse comme la plupart de celles de l'Occident. Mais, quoique le caractère extérieur des édifices de la ville soit oriental, l'impression du christianisme se retrouvait dans cette multitude d'églises si vénérées qui attiraient les regards à chaque pas. On se rappelait Rome en voyant Moscou ; non assurément que les monuments y fussent du même style, mais parce que le mélange de la campagne solitaire et des palais magnifiques, la grandeur de la ville et le nombre infini des temples, donnent à la Rome asiatique quelques rapports avec la Rome européenne.

C'est vers les premiers jours d'août qu'on me fit voir l'intérieur du Kremlin : j'y arrivai par l'escalier que l'empereur Alexandre avait monté peu de jours auparavant, entouré d'un peuple immense qui le bénissait et lui promettait de défendre son empire à tout prix. Ce peuple a tenu parole. On m'ouvrit d'abord les salles où l'on renfermait les armes des anciens guerriers de Russie : les arsenaux de ce genre sont plus dignes d'intérêt dans les autres pays de l'Europe. Les Russes n'ont pas pris part aux temps de la chevalerie; ils ne se sont pas mêlés des croisades. Constamment en guerre avec les Tartares, les Polonais et les Turcs, l'esprit militaire s'est formé chez eux au milieu des atrocités de tout genre qu'entraînaient la barbarie des nations asiatiques et celle des tyrans qui gouvernaient la Russie. Ce n'est donc pas la bravoure généreuse des Bayard ou des Percy, mais l'intrépidité d'un courage fanatique qui s'est manifestée dans ce pays depuis plusieurs siècles. Les Russes, dans les rapports de la société, si nouveaux pour eux, ne se signalent point par l'esprit de chevalerie, tel que les peuples d'Occident le conçoivent; mais ils se sont toujours montrés terribles contre leurs ennemis. Tant de massacres ont eu lieu dans l'intérieur de la Russie, jusqu'au règne de Pierre le Grand et par delà, que la moralité de la nation, et surtout celle des grands seigneurs, doit en avoir beaucoup souffert. Ces gouvernements despotiques, dont la seule limite est l'assassinat du despote, bouleversent les principes de l'honneur et du devoir dans la tête des hommes; mais l'amour de la patrie, l'attachement aux croyances religieuses, se sont maintenus dans toute leur force à travers les débris de cette sanglante histoire, et la nation qui conserve de telles vertus peut encore étonner le monde.

On me conduisit de l'ancien arsenal, dans les chambres occupées jadis par les czars, et où l'on conserve les vêtements qu'ils portaient le jour de leur couronnement. Ces appartements n'ont aucun genre de beauté, mais ils s'accordent très-bien avec la vie dure que menaient et que mènent encore les czars. La plus grande magnificence règne dans le palais d'Alexandre; mais lui-même couche sur la dure, et voyage comme un officier cosaque.

On faisait voir dans le Kremlin un trône partagé qui fut occupé d'abord par Pierre Ier et Ivan, son frère. La princesse Sophie, leur sœur, se plaçait derrière la chaise d'Ivan, et lui dictait ce qu'il devait dire; mais cette force empruntée ne résista pas longtemps à la force native de Pierre Ier, et bientôt il régna seul. C'est à dater de son règne que les czars ont cessé de porter le costume asiatique. La grande perruque du siècle de Louis XIV arriva avec Pierre Ier, et, sans porter atteinte à l'admiration qu'inspire ce grand homme, il y a je ne sais quel contraste désagréable entre la férocité de son génie et la régularité cérémonieuse de son vêtement. A-t-il eu raison d'effacer, autant qu'il le pouvait, les mœurs orientales du sein de sa nation? devait-il placer sa capitale au nord et à l'extrémité de son empire? C'est une grande question qui n'est point encore résolue : les siècles seuls peuvent commenter de si grandes pensées.

Je montai sur le clocher de la cathédrale, appelée *Yvan-Veliki*, d'où l'on domine toute la ville : de là

je voyais ce palais des czars qui ont conquis par
leurs armes les couronnes de Kasan, d'Astrakan et
de Sibérie. J'entendais les chants de l'église où le
catholicos, prince de Géorgie, officiait au milieu
des habitants de Moscou, et formait une réunion
chrétienne entre l'Asie et l'Europe. Quinze cents
églises attestaient la dévotion du peuple moscovite.

Les établissements de commerce à Moscou portaient un caractère asiatique ; des hommes à tur-
ban, d'autres habillés selon les divers costumes de
tous les peuples de l'Orient, étalaient les marchan-
dises les plus rares ; les fourrures de la Sibérie et
les tissus de l'Inde offraient toutes les jouissances du
luxe à ces grands seigneurs dont l'imagination se
plaît aux zibelines des Samoïèdes comme aux rubis
des Persans. Ici, le jardin et le palais Rozamouski
renfermaient la plus belle collection de plantes et
de minéraux ; ailleurs, un comte de Bouterlin avait
passé trente ans de sa vie à rassembler une belle
bibliothèque : parmi les livres qu'il possédait, il y
en avait sur lesquels on trouvait des notes de la
main de Pierre 1er. Ce grand homme ne se doutait
pas que cette même civilisation européenne dont il
était si jaloux viendrait dévaster les établissements
d'instruction publique qu'il avait fondés au milieu
de son empire, dans le but de fixer, par l'étude,
l'esprit impatient des Russes.

Plus loin était la maison des enfants trouvés, l'une
des plus touchantes institutions de l'Europe, des
hôpitaux pour toutes les classes de la société se fai-

saient remarquer dans les divers quartiers de la ville; enfin, l'œil ne pouvait se porter que sur des richesses ou sur des bienfaits, sur des édifices de luxe ou de charité, sur des églises ou sur des palais, qui répandaient du bonheur ou de l'éclat sur une vaste portion de l'espèce humaine. On aperçoit les sinuosités de la Moskowa, de cette rivière qui, depuis la dernière invasion des Tartares, n'avait plus roulé de sang dans ses flots : le jour était superbe; le soleil semblait se complaire à verser ses rayons sur les coupoles étincelantes. Je me rappelai ce vieux archevêque, Platon, qui venait d'écrire à l'empereur Alexandre une lettre pastorale dont le style oriental m'avait vivement émue : il envoyait l'image de la Vierge, des confins de l'Europe, pour conjurer loin de l'Asie l'homme qui voulait faire porter aux Russes tout le poids des nations enchaînées sur ses pas. Un moment la pensée me vint que Napoléon pourrait se promener sur cette même tour d'où j'admirais la ville qu'allait anéantir sa présence; un moment je songeai qu'il s'enorgueillirait de remplacer, dans le palais des czars, le chef de la grande horde, qui sut aussi s'en emparer pour un temps ; mais le ciel était si beau, que je repoussai cette crainte. Un mois après, cette belle ville était en cendres, afin qu'il fût dit que tout pays qui s'était allié avec cet homme serait ravagé par les feux dont il dispose. Mais combien ces Russes et leur monarque n'ont-ils pas racheté cette erreur ! Le malheur même de Moscou a régé-

néré l'empire, et cette ville religieuse a péri comme
un martyr, dont le sang répandu donne de nouvelles forces aux frères qui lui survivent.

Le fameux comte Rostopschin, dont le nom a
rempli les bulletins de l'Empereur, vint me voir,
et m'invita à dîner chez lui. Il avait été ministre
des affaires étrangères de Paul Ier; sa conversation
avait de l'originalité, et l'on pouvait aisément apercevoir que son caractère se montrerait d'une manière très-prononcée, si les circonstances l'exigeaient. La comtesse Rostopschin voulut bien me
donner un livre qu'elle avait écrit sur le triomphe
de la religion, très-pur de style et de morale.
J'allai la voir à sa campagne, dans l'intérieur de
Moscou; il fallait traverser, pour y arriver, un lac et
un bois : c'est à cette maison, l'un des plus agréables
séjours de la Russie, que le comte Rostopschin a
mis lui-même le feu à l'approche de l'armée française. Certes, une telle action devrait exciter un
certain genre d'admiration, même chez des ennemis. L'empereur Napoléon a cependant comparé
le comte Rostopschin à Marat, oubliant que le gouverneur de Moscou sacrifiait ses propres intérêts,
et que Marat incendiait les maisons des autres; ce
qui ne laisse pas cependant de faire une différence.
Ce qu'on aurait pu reprocher au comte Rostopschin, c'est d'avoir dissimulé trop longtemps
les mauvaises nouvelles des armées, soit qu'il se
flattât lui-même, soit qu'il crût nécessaire de
flatter les autres. Les Anglais, avec cette admi-

rable droiture qui distingue toutes leurs actions, rendent compte aussi véridiquement de leurs revers que de leurs succès, et l'enthousiasme se soutient chez eux par la vérité, quelle qu'elle soit. Les Russes ne peuvent atteindre encore à cette perfection morale, qui est le résultat d'une constitution libre.

Aucune nation civilisée ne tient autant des sauvages que le peuple russe; et quand les grands ont de l'énergie, ils se rapprochent aussi des défauts et des qualités de cette nature sans frein. On a beaucoup vanté le mot fameux de Diderot : *Les Russes sont pourris avant d'être mûrs*. Je n'en connais pas de plus faux; leurs vices mêmes, à quelques exceptions près, n'appartiennent pas à la corruption, mais à la violence. Un désir russe, disait un homme supérieur, ferait sauter une ville; la fureur et la ruse s'emparent d'eux tour à tour, quand ils veulent accomplir une résolution quelconque, bonne ou mauvaise. Leur nature n'est point changée par la civilisation rapide que Pierre Ier leur a donnée; elle n'a, jusqu'à présent, formé que leurs manières; heureusement pour eux, ils sont toujours ce que nous appelons barbares, c'est-à-dire conduits par un instinct souvent généreux, toujours involontaire, qui n'admet la réflexion que dans le choix des moyens, et non dans l'examen du but : je dis heureusement pour eux, non que je prétende vanter la barbarie; mais je désigne par ce nom une certaine énergie primitive qui peut seule

remplacer dans les nations la force concentrée de
la liberté.

Je vis à Moscou les hommes les plus éclairés dans
la carrière des sciences et des lettres ; mais là,
comme à Pétersbourg, presque toutes les places de
professeurs sont remplies par des Allemands. Il y
a grande disette en Russie d'hommes instruits,
dans quelque genre que ce soit ; les jeunes gens ne
vont, pour la plupart, à l'Université que pour entrer plus vite dans l'état militaire. Les charges civiles, en Russie, donnent un rang qui correspond
à un grade dans l'armée ; l'esprit de la nation est
tourné tout entier vers la guerre ; dans tout le
reste, administration, économie politique, instruction publique, etc., les autres peuples de l'Europe
l'emportent jusqu'à présent sur les Russes. Ils
s'essayent néanmoins dans la littérature ; la douceur et l'éclat des sons de leur langue se fait remarquer par ceux mêmes qui ne la comprennent
pas ; elle doit être très-propre à la musique et à la
poésie. Mais les Russes ont, comme tant d'autres
peuples du continent, le tort d'imiter la littérature
française, qui, par ses beautés mêmes, ne convient
qu'aux Français. Il me semble que les Russes de-
vraient faire dériver leurs études littéraires des
Grecs plutôt que des Latins. Les caractères de l'écriture russe, si semblables à ceux des Grecs, les anciennes communications des Russes avec l'empire
de Byzance, leurs destinées futures, qui les con-
duiront peut-être vers les illustres monuments

d'Athènes et de Sparte, tout doit porter les Russes à l'étude du grec ; mais il faut surtout que leurs écrivains puisent la poésie dans ce qu'ils ont de plus intime au fond de l'âme. Leurs ouvrages, jusqu'à présent, sont composés, pour ainsi dire, du bout des lèvres, et jamais une nation si véhémente ne peut être remuée par de si grêles accords.

CHAPITRE XV

Route de Moscou à Pétersbourg.

Je quittai Moscou avec regret. Je m'arrêtai quelque temps dans un bois, près de la ville, où, les jours de fête, les habitants viennent danser, et fêter le soleil dont la splendeur est de si courte durée, même à Moscou. Qu'est-ce donc, en s'avançant vers le nord ? Ces éternels bouleaux, qui fatiguent par leur monotonie, deviennent eux-mêmes très-rares, dit-on, lorsqu'on s'approche d'Archangel ; on les conserve là comme des orangers en France. Le pays de Moscou à Pétersbourg n'est que sable d'abord, et marais ensuite ; dès qu'il pleut, la terre devient noire, et l'on ne sait plus où trouver le grand chemin. Les maisons de paysans néanmoins annoncent partout l'aisance ; ils ornent leurs demeures avec des colonnes ; des arabesques sculptées en bois entourent leurs fenêtres. Quoique ce fût en été que je traversasse ce pays, j'y sentais le menaçant hiver qui semblait se cacher derrière les nuages ; quand on me présentait des fruits, leur

saveur était âpre, parce que leur maturité avait été
trop précipitée; une rose me causait de l'émotion,
comme un souvenir de nos belles contrées, et les
fleurs elles-mêmes paraissaient porter leurs têtes
avec moins d'orgueil, comme si la main glacée du
Nord eût été déjà prête à la saisir.

Je passai par Novogorod, qui était, il y a six siècles, une république associée aux villes hanséati-
ques, et qui a conservé longtemps un esprit d'indépendance républicaine. On se plaît à dire que la
liberté n'a été réclamée en Europe que dans le
dernier siècle; c'est plutôt le despotisme qui est une
invention moderne. En Russie même, l'esclavage
des paysans n'a été introduit qu'au seizième siècle.
Jusqu'au règne de Pierre Ier, la formule de tous les
ukases était : *Les boyards ont avisé, le czar ordon-
nera.* Pierre Ier, quoique à beaucoup d'égards il ait
fait un bien infini à la Russie, abaissa les grands,
et réunit sur sa tête le pouvoir temporel et le pouvoir spirituel, afin de ne pas rencontrer d'obstacles à ses desseins. Richelieu se conduisait de
même en France; aussi Pierre Ier l'admirait-il
beaucoup. On sait qu'en voyant son tombeau à
Paris, il s'écria : « Grand homme! je donnerais
la moitié de mon empire pour apprendre de toi
à gouverner l'autre. » Le czar, dans cette occasion, était trop modeste, car il avait sur Richelieu,
d'abord l'avantage d'être un grand guerrier, et de
plus, le fondateur de la marine et du commerce de
son pays; tandis que Richelieu n'a fait que gouver-

ner tyranniquement au dedans et astucieusement au dehors. Mais revenons à Novogorod : Ivan Vasiliéwitch s'en empara en 1470; il détruisit la liberté de cette ville; il fit transporter à Moscou, dans le Kremlin, la grande cloche nommée en russe *Wetchevoy kolokol*, au son de laquelle les citoyens s'assemblaient sur la place pour délibérer sur les intérêts publics. En perdant la liberté, Novogorod vit chaque jour disparaître sa population, son commerce, ses richesses; tant le souffle du pouvoir arbitraire, dit le meilleur historien de la Russie, est desséchant et destructeur! Encore aujourd'hui, cette ville de Novogorod offre un aspect singulièrement triste; une vaste enceinte annonce que la ville était jadis grande et peuplée, et l'on n'y voit que des maisons éparses dont les habitants semblent placés là comme des figures qui pleurent sur les tombeaux. C'est peut-être aussi maintenant le spectacle qu'offre cette belle ville de Moscou; mais l'esprit public la rebâtira, comme il l'a reconquise.

CHAPITRE XVI

Saint-Pétersbourg.

De Novogorod jusqu'à Pétersbourg il n'y a presque plus que des marais, et l'on arrive dans l'une des plus belles villes du monde, comme si, d'un coup de baguette, un enchanteur faisait sortir toutes les merveilles de l'Europe et de l'Asie du sein des déserts. La fondation de Pétersbourg est la plus

grande preuve de cette ardeur de la volonté russe,
qui ne connaît rien d'impossible; tout est humble
aux alentours; la ville est bâtie sur un marais, et
le marbre même y repose sur des pilotis; mais on
oublie, en voyant ces superbes édifices, leurs fra-
giles fondements, et l'on ne peut s'empêcher de
méditer sur le miracle d'une si belle ville bâtie en
si peu de temps. Ce peuple, qu'il faut toujours
peindre par des contrastes, est d'une persévérance
inouïe contre la nature, ou contre les armées en-
nemies. La nécessité trouva toujours les Russes
patients et invincibles; mais, dans le cours ordinaire de la vie, ils sont très-inconstants. Les mêmes
hommes, les mêmes maîtres ne leur inspirent pas
longtemps de l'enthousiasme; la réflexion seule
peut garantir la durée des sentiments et des opinions dans le calme habituel de la vie, et les Russes,
comme tous les peuples soumis au despotisme, sont
plus capables de dissimulation que de réflexion.

En arrivant à Pétersbourg, mon premier sentiment fut de remercier le ciel d'être au bord de la
mer. Je vis flotter sur la Néva le pavillon anglais,
signal de la liberté, et je sentis que je pouvais, en
me confiant à l'Océan, rentrer sous la puissance
immédiate de la Divinité; c'est une illusion dont
on ne saurait se défendre, que de se croire plus
sous la main de la Providence, quand on est livré
aux éléments, que lorsqu'on dépend des hommes,
et surtout de l'homme qui semble une révélation
du mauvais principe sur cette terre.

En face de la maison que j'habitais à Pétersbourg était la statue de Pierre Ier; on le représente à cheval, gravissant une montagne escarpée au milieu de serpents qui veulent arrêter les pas de son cheval. Ces serpents, il est vrai, sont mis là pour soutenir la masse immense du cheval et du cavalier; mais cette idée n'est pas heureuse; car, dans le fait, ce n'est pas l'envie qu'un souverain peut redouter; ceux qui rampent ne sont pas non plus ses ennemis, et Pierre Ier, surtout, n'eut rien à craindre, pendant sa vie, que des Russes qui regrettaient les anciens usages de leur pays. Toutefois l'admiration que l'on conserve pour lui est une preuve du bien qu'il a fait à la Russie ; car cent ans après leur mort les despotes n'ont plus de flatteurs. On voit écrit sur le piédestal de la statue : *A Pierre premier, Catherine seconde.* Cette inscription simple, et néanmoins orgueilleuse, a le mérite de la vérité. Ces deux grands hommes ont élevé très-haut la fierté russe ; et savoir mettre dans la tête d'une nation qu'elle est invincible, c'est la rendre telle, au moins dans ses propres foyers; car la conquête est un hasard qui dépend peut-être encore plus des fautes des vaincus que du génie du vainqueur.

On prétend avec raison que l'on ne peut, à Pétersbourg, dire d'une femme qu'elle est vieille comme les rues, tant les rues elles-mêmes sont modernes. Les édifices sont encore d'une blancheur éblouissante, et la nuit, quand la lune les éclaire, on croit voir de grands fantômes blancs qui regar-

dent, immobiles, le cours de la Néva. Je ne sais ce
qu'il y a de particulièrement beau dans ce fleuve,
mais jamais les flots d'aucune rivière ne m'ont paru
si limpides. Des quais de granit de trente verstes de
de long bordent ses ondes, et cette magnificence
du travail de l'homme est digne de l'eau transpa-
rente qu'elle décore. Si Pierre Ier avait dirigé de pareils travaux vers le midi de son empire, il n'aurait
pas obtenu ce qu'il désirait, une marine ; mais
peut-être se serait-il mieux conformé au caractère
de sa nation. Les Russes habitants de Pétersbourg
ont l'air d'un peuple du Midi condamné à vivre au
Nord, et faisant tous ses efforts pour lutter contre
un climat qui n'est pas d'accord avec sa nature.
Les habitants du Nord sont d'ordinaire très-casa-
niers, et redoutent le froid, précisément parce qu'il
est leur ennemi de tous les jours. Les gens du peuple, parmi les Russes, n'ont pris aucune de ces habitudes ; les cochers attendent dix heures à la
porte, pendant l'hiver, sans se plaindre ; ils se
couchent sur la neige, sous leurs voitures, et trans-
portent les mœurs des lazzaroni de Naples au
soixantième degré de latitude. Vous les voyez établis sur les marches des escaliers, comme les Allemands dans leur duvet : quelquefois ils dorment
debout, la tête appuyé contre un mur. Tour à tour
indolents ou impétueux, ils se livrent alternativement au sommeil ou à des fatigues incroyables.
Quelques-uns s'enivrent, et diffèrent en cela des
peuples du Midi, qui sont très-sobres ; mais les

Russes le sont aussi, et d'une manière à peine croyable, quand les difficultés de la guerre l'exigent.

Les grands seigneurs russes montrent, à leur manière, les goûts des habitants du Midi. Il faut aller voir les diverses maisons de campagne qu'ils se sont bâties au milieu d'une île formée par la Néva, dans l'enceinte même de Pétersbourg. Les plantes du Midi, les parfums de l'Orient, les divans de l'Asie, embellissent ces demeures. Des serres immenses, où mûrissent des fruits de tous les pays, forment un climat factice. Les possesseurs de ces palais tâchent de ne pas perdre le moindre rayon du soleil, pendant qu'il paraît sur leur horizon; ils le fêtent comme un ami qui va bientôt s'en aller, mais qu'ils ont connu jadis dans une contrée plus heureuse.

Le lendemain de mon arrivée, j'allai dîner chez l'un des négociants les plus estimés de la ville, qui exerçait l'hospitalité russe, c'est-à-dire qu'il plaçait sur le toit de sa maison un pavillon pour annoncer qu'il dînait chez lui, et cette invitation suffisait à tous ses amis. Il nous fit dîner en plein air, tant on était content de ces pauvres jours d'été, dont il restait encore quelques-uns auxquels nous n'aurions guère donné ce nom dans le midi de l'Europe. Le jardin était très-agréable; des arbres, des fleurs l'embellissaient; mais à quatre pas de la maison recommençait le désert ou le marais. Le nature, aux environs de Pétersbourg, a l'air d'un ennemi qui se ressaisit de ses droits dès que l'homme cesse un moment de lutter contre lui.

Le matin suivant je me rendis à l'église de Notre-Dame de Casan, bâtie par Paul Ier, sur le modèle de Saint-Pierre de Rome. L'intérieur de l'église, décoré d'un grand nombre de colonnes de granit, est de la plus grande beauté ; mais l'édifice lui-même déplaît, précisément parce qu'il rappelle Saint-Pierre, et qu'il en diffère d'autant plus qu'on a voulu l'imiter. On ne fait pas en deux ans ce qui a coûté un siècle aux premiers artistes de l'univers. Les Russes voudraient, par la rapidité, échapper au temps comme à l'espace ; mais le temps ne conserve que ce qu'il a fondé, et les beaux-arts, dont l'inspiration semble la première source, ne peuvent cependant se passer de la réflexion.

J'allai de Notre-Dame de Casan au couvent de Saint-Alexandre-Newski, lieu consacré à un des héros souverains de la Russie, qui étendit ses conquêtes jusqu'aux rives de la Néva. L'impératrice Élisabeth, fille de Pierre Ier, lui a fait construire un cercueil d'argent, sur lequel on a coutume de poser une pièce de monnaie, comme gage du vœu que l'on recommande au saint. Le tombeau de Souvarow est dans ce couvent d'Alexandre, mais il n'y a que son nom qui le décore ; c'est assez pour lui, mais non pas pour les Russes, auxquels il a rendu de si grands services. Au reste, cette nation est si militaire, qu'elle s'étonne moins qu'une autre des hauts faits en ce genre. Les plus grandes familles de Russie ont élevé des tombeaux à leurs parents dans le cimetière qui tient à l'église de Newski, mais aucun de ces monuments n'est digne de remarque; ils ne sont pas beaux, sous le rapport de l'art, et nulle idée grande n'y frappe l'imagination. Il est vrai que la pensée de la mort produit peu d'effet sur les Russes; soit courage, soit inconstance dans les impressions, les longs regrets ne sont guère dans leur caractère; ils sont plus capables de superstition que d'émotion : la superstition se rapporte à cette vie, et la religion à l'autre; la superstition se lie à la fatalité, et la religion à la vertu; c'est par la vivacité des désirs terrestres qu'on devient superstitieux, et c'est, au contraire, par le sacrifice de ces mêmes désirs qu'on est religieux.

M. de Romanzow, ministre des affaires étrangères de Russie, me combla des politesses les plus aimables, et c'était à regret que je pensais qu'il avait été tellement dans le système de l'empereur Napoléon, qu'il aurait dû, comme les ministres anglais, se retirer quand ce système était rejeté. Sans doute, dans une monarchie absolue, la volonté du maître explique tout; mais la dignité d'un premier ministre exige peut-être que des paroles opposées ne sortent pas de la même bouche. Le souverain représente l'État, et l'État peut changer de politique quand les circonstances l'exigent; mais le ministre n'est qu'un homme, et un homme, sur des questions de cette importance, ne doit avoir qu'une opinion dans le cours de sa vie. Il est impossible d'avoir de meilleures manières que M. de Romanzow, et de recevoir plus noblement les étrangers. J'étais chez lui lorsqu'on annonça l'envoyé d'Angleterre, lord Tirconnel, et l'amiral Bentinck, tous les deux d'une figure remarquable : c'étaient les premiers Anglais qui reparaissaient sur ce continent, dont la tyrannie d'un seul homme les avait bannis. Après dix ans d'une si terrible lutte, après dix ans pendant lesquels les succès et les revers avaient toujours trouvé les Anglais fidèles à la boussole de leur politique, la conscience, ils revenaient enfin dans le pays qui, le premier, s'affranchissait de la monarchie universelle. Leur accent, leur simplicité, leur fierté, tout réveillait dans l'âme le sentiment du vrai en toutes choses, que Napoléon a trouvé l'art d'obscurcir aux yeux de ceux qui n'ont lu que ses gazettes, et n'ont entendu que ses agents. Je ne sais pas même si les adversaires de Napoléon sur le continent, entourés constamment d'une fausse opinion qui ne cesse de les étourdir, peuvent se confier sans trouble à leur propre sentiment. Si j'en puis juger par moi, je sais que souvent, après avoir entendu tous les conseils de prudence ou de bassesse dont on est abîmé dans l'atmosphère bonapartiste, je ne savais plus que penser de ma propre opinion; mon sang me défendait d'y renoncer, mais ma raison ne suffisait pas toujours pour me préserver de tant de sophismes. Ce fut donc avec une vive émotion que j'entendis de nouveau la voix de cette Angleterre, avec laquelle on est presque toujours sûr d'être d'accord, quand on cherche à mériter l'estime des honnêtes gens et de soi-même.

Le lendemain, le comte Orloff m'invita à venir passer la journée dans l'île qui porte son nom; c'est la plus agréable de toutes celles que forme la Néva : des chênes, production rare pour ce pays, ombragent le jardin. Le comte et la comtesse Orloff emploient leur fortune à recevoir les étrangers avec autant de facilité que de magnificence : on est à son aise chez eux comme dans un asile champêtre, et l'on y jouit de tout le luxe des villes. Le comte Orloff est un des grands seigneurs les plus instruits qu'on puisse rencontrer en Russie, et son amour pour son pays porte un profond caractère, dont on ne peut s'empêcher d'être ému. Le premier jour que je passai chez lui, la paix venait d'être proclamée avec l'Angleterre : c'était un dimanche; et dans son jardin, ouvert ce jour-là aux promeneurs, on voyait un grand nombre de ces marchands à barbe, qui conservent en Russie le costume des moujiks, c'est-à-dire des paysans. Plusieurs se rassemblèrent pour écouter l'excellente musique du comte Orloff; elle nous fit entendre l'air anglais *God save the king* (Dieu protége le roi), qui est le chant de la liberté dans un pays où le monarque en est le premier gardien. Nous étions tous émus, et nous applaudîmes à cet air national pour tous les Européens; car il n'y a plus que deux espèces d'hommes en Europe, ceux qui servent la tyrannie et ceux qui savent la haïr. Le comte Or-

loff s'approcha des marchands russes et leur dit
que l'on célébrait la paix de l'Angleterre avec la
Russie : ils firent alors le signe de la croix, et re-
mercièrent le ciel de ce que la mer leur était encore une fois ouverte.

L'île Orloff est au centre de toutes celles où les
grands seigneurs de Pétersbourg, et l'empereur et
l'impératrice eux-mêmes, ont choisi, pendant l'été,
leur séjour. Non loin de là est l'île Strogonoff, dont
le riche propriétaire a fait venir de Grèce des anti-
quités d'un grand prix. Sa maison était ouverte tous
les jours, pendant sa vie, et quiconque y avait été
présenté pouvait y revenir ; il n'invitait jamais personne à dîner ou à souper pour tel jour : il était
convenu qu'une fois admis l'on était toujours bien
reçu ; souvent il ne connaissait pas la moitié des
personnes qui dînaient chez lui ; mais ce luxe d'hospitalité lui plaisait comme tout autre genre de magnificence. Beaucoup de maisons, à Pétersbourg,
ont à peu près la même coutume ; il est aisé d'en
conclure que ce que nous entendons, en France,
par les plaisirs de la conversation, ne saurait s'y
rencontrer : la société est beaucoup trop nombreuse
pour qu'un entretien d'une certaine force puisse
jamais s'y établir. Toute la bonne compagnie a des
manières parfaites, mais il n'y a ni assez d'instruction parmi les nobles, ni assez de confiance entre
des personnes qui vivent sans cesse sous l'influence
d'une cour et d'un gouvernement despotiques, pour
que l'on puisse connaître les charmes de l'intimité.

La plupart des grands seigneurs de Russie s'expriment avec tant de grâce et de convenance, qu'on se fait souvent illusion, au premier abord, sur le degré d'esprit et de connaissances de ceux avec qui l'on s'entretient. Le début est presque toujours d'un homme ou d'une femme de beaucoup d'esprit; mais quelquefois aussi, à la longue, l'on ne retrouve que le début. On ne s'est point accoutumé, en Russie, à parler du fond de son âme ni de son esprit; on avait naguère si peur de ses maîtres, qu'on n'a point encore pu s'habituer à la sage liberté qu'on doit au caractère d'Alexandre.

Quelques gentilshommes russes ont essayé de briller en littérature, et ont fait preuve de talent dans cette carrière; mais les lumières ne sont pas assez répandues pour qu'il y ait un jugement public formé par l'opinion de chacun. Le caractère des Russes est trop passionné pour aimer les pensées le moins du monde abstraites; il n'y a que les faits qui les amusent : ils n'ont pas encore eu le temps ni le goût de réduire les faits en idées générales. D'ailleurs toute pensée signifiante est toujours plus ou moins dangereuse, au milieu d'une cour où l'on s'observe les uns les autres, et où le plus souvent même on s'envie.

Le silence de l'Orient est transformé en des paroles aimables, mais qui ne pénètrent pas d'ordinaire jusqu'au fond des choses. On se plaît un moment dans cette atmosphère brillante, qui dissipe agréablement la vie; mais à la longue on ne

s'y instruit pas, on n'y développe pas ses facultés,
et les hommes qui passent ainsi leur temps n'ac-
quièrent aucune capacité pour l'étude ou pour les
affaires. Il n'en était pas ainsi de la société de Paris :
on a vu des hommes formés seulement par les entretiens piquants ou sérieux que faisait naître la
réunion des nobles et des gens de lettres.

CHAPITRE XVII

La famille impériale.

Je vis enfin ce monarque, absolu par les lois
comme par les mœurs, et si modéré par son propre penchant. Présentée d'abord à l'impératrice
Élisabeth, elle m'apparut comme l'ange protecteur
de la Russie. Ses manières sont très-réservées, mais
ce qu'elle dit est plein de vie, et c'est au foyer de
toutes les pensées généreuses que ses sentiments et
ses opinions ont pris de la force et de la chaleur.
Je fus émue, en l'écoutant, par quelque chose
d'inexprimable, qui ne tenait point à sa grandeur,
mais à l'harmonie de son âme ; il y avait longtemps
que je ne connaissais plus l'accord de la puissance
et de la vertu. Comme je m'entretenais avec l'impératrice, la porte s'ouvrit, et l'empereur Alexandre
me fit l'honneur de venir me parler. Ce qui me
frappa d'abord en lui, c'est une expression de bonté
et de dignité telle, que ces deux qualités paraissent
inséparables, et qu'il semble n'en avoir fait qu'une
seule. Je fus aussi très-touchée de la simplicité

noble avec laquelle il aborda les grands intérêts de
l'Europe, dès les premières phrases qu'il voulut
bien m'adresser. J'ai toujours considéré comme un
signe de médiocrité cette crainte de traiter les
questions sérieuses, qu'on a inspirée à la plupart
des souverains de l'Europe; ils ont peur de prononcer des mots qui aient un sens réel. L'empereur
Alexandre, au contraire, s'entretint avec moi comme
l'auraient fait les hommes d'État de l'Angleterre,
qui mettent leur force en eux-mêmes, et non dans
les barrières dont on peut s'environner. L'empereur Alexandre, que Napoléon a tâché de faire méconnaître, est un homme d'un esprit et d'une instruction remarquables, et je ne crois pas qu'il pût
trouver dans son empire un ministre plus fort que
lui dans tout ce qui tient au jugement des affaires
et à leur direction. Il ne me cacha point qu'il re-
grettait l'admiration à laquelle il s'était livré dans
ses rapports avec Napoléon. L'aïeul d'Alexandre
avait de même ressenti un grand enthousiasme pour
Frédéric II. Dans ces sortes d'illusions qu'inspire
un homme extraordinaire il y a toujours un motif
généreux, quelques erreurs qui puissent en résulter.
L'empereur Alexandre peignait cependant avec beaucoup de sagacité l'effet qu'avaient produit sur lui ces
conversations de Bonaparte, dans lesquelles il disait
les choses les plus opposées, comme si l'on avait dû
toujours s'étonner de chacune, sans songer qu'elles
étaient contradictoires. Il me racontait aussi les
leçons à la Machiavel que Napoléon avait cru con-

venable de lui donner. « Voyez, lui disait-il, j'ai
soin de brouiller mes ministres et mes généraux
entre eux, afin qu'ils me révèlent les torts les uns
des autres ; j'entretiens autour de moi une jalousie
continuelle par la manière dont je traite ceux qui
m'environnent : un jour l'un se croit préféré, le lendemain l'autre, et jamais aucun ne peut être assuré
de ma faveur. » Quelle théorie tout à la fois commune et vicieuse ! et ne viendra-t-il pas une fois un
homme supérieur à cet homme qui en démontrera
l'inutilité ? Ce qu'il faut à la cause sacrée de la morale, c'est qu'elle serve d'une manière éclatante à
de grands succès dans le monde ; celui qui sent
toute la dignité de cette cause lui sacrifierait avec
bonheur tous les succès ; mais il faut encore apprendre à ces présomptueux, qui croient trouver
la profondeur de la pensée dans les vices de l'âme,
que s'il y a quelquefois de l'esprit dans l'immoralité,
il y a du génie dans la vertu. En me convainquant
de la bonne foi de l'empereur Alexandre dans ses
rapports avec Napoléon, je fus en même temps persuadée qu'il n'imiterait pas l'exemple des malheureux souverains de l'Allemagne, et ne signerait pas
de paix avec celui qui est l'ennemi des peuples autant
que des rois. Une âme noble ne peut être trompée
deux fois par la même personne. Alexandre donne et
retire sa confiance avec la plus grande réflexion.
Sa jeunesse et ses avantages extérieurs ont pu seuls,
dans le commencement de son règne, le faire soupçonner de légèreté ; mais il est sérieux, autant que

pourrait l'être un homme qui aurait connu le malheur. Alexandre m'exprima ses regrets de n'être pas un grand capitaine : je répondis à cette noble modestie qu'un souverain était plus rare qu'un général, et que soutenir l'esprit public de sa nation par son exemple, c'était gagner la plus importante des batailles, et la première de ce genre qui eût été gagnée. L'empereur me parla avec enthousiasme de sa nation et de tout ce qu'elle était capable de devenir. Il m'exprima le désir, que tout le monde lui connaît, d'améliorer l'état des paysans encore soumis à l'esclavage. « Sire, lui dis-je, votre caractère est une constitution pour votre empire, et votre conscience en est la garantie. — Quand cela serait, me répondit-il, je ne serais jamais qu'un accident heureux [1]. » Belles paroles, les premières, je crois, de ce genre qu'un monarque absolu ait prononcées! Que de vertus il faut pour juger le despotisme en étant despote! et que de vertus pour n'en jamais abuser, quand la nation qu'on gouverne s'étonne presque d'une si grande modération!

A Pétersbourg surtout, les grands seigneurs ont moins de libéralité dans leurs principes que l'empereur lui-même. Habitués à être les maîtres absolus de leurs paysans, ils veulent que le monarque, à son tour, soit tout-puissant pour maintenir la hié-

---

[1] Ce mot est déjà cité dans les *Considérations sur la Révolution française;* mais il mérite d'être répété. Tout ceci, du reste, je dois le rappeler, a été écrit à la fin de 1812.

(*Note de M. de Staël fils.*)

rarchie du despotisme. L'état des bourgeois n'existe
pas encore en Russie; mais cependant il commence
à se former : les fils des prêtres, ceux des négociants, quelques paysans qui ont obtenu de leurs
seigneurs la liberté de se faire artistes, peuvent
être considérés comme un troisième ordre dans
l'État. La noblesse russe, d'ailleurs, ne ressemble
pas à celle d'Allemagne ou de France; on est noble
en Russie dès qu'on a un grade militaire. Sans
doute les grandes familles, telles que les Narischkin, les Dolgorouki, les Gallitzin, etc., seront toujours au premier rang dans l'empire; mais il n'en
est pas moins vrai que les avantages aristocratiques appartiennent à des hommes que la volonté
du prince a créés nobles en un jour, et toute l'ambition des bourgeois est de faire leurs fils officiers,
afin qu'ils soient dans la classe privilégiée. De là
vient que toute éducation est finie à quinze ans;
on se précipite dans l'état militaire le plus tôt possible, et tout le reste est négligé. Certes ce n'est
pas le moment de blâmer un ordre de choses qui
a produit une si belle résistance; dans un temps
plus calme, on pourrait dire avec vérité qu'il y a,
sous les rapports civils, de grandes lacunes dans
l'administration intérieure de la Russie. L'énergie
et la grandeur sont dans la nation; mais l'ordre et
les lumières manquent souvent encore, soit dans
le gouvernement, soit dans la conduite privée des
individus. Pierre Ier, en rendant européenne la Russie, lui a donné sûrement de grands avantages;

mais il a fait payer ces avantages par l'établissement d'un despotisme que son père avait préparé, et qui a été consolidé par lui. Catherine II, au contraire, a tempéré l'usage du pouvoir absolu, dont elle n'était point l'auteur. Si les circonstances politiques de l'Europe ramenaient la paix, c'est-à-dire si un seul homme ne dispensait plus le mal sur la terre, on verrait Alexandre uniquement occupé d'améliorer son pays, chercher lui-même quelles sont les lois qui pouvaient garantir à la Russie le bonheur dont elle ne peut être assurée que pendant la vie de son maître actuel.

De chez l'empereur j'allai chez sa respectable mère, cette princesse à qui la calomnie n'a jamais pu supposer un sentiment qui ne fût pour son époux, pour ses enfants, ou pour la famille des infortunés dont elle est la protectrice. Je raconterai plus loin de quelle manière elle dirige cet empire de charité qu'elle exerce au milieu de l'empire tout-puissant de son fils. Elle demeure au palais de la Tauride, et, pour arriver dans son appartement, il faut traverser une salle bâtie par le prince Potemkin : cette salle est d'une grandeur incomparable; un jardin d'hiver en occupe une partie, et on voit les plantes et les arbres à travers les colonnes qui entourent l'enceinte du milieu. Tout est colossal dans cette demeure; les conceptions du prince qui l'a construite étaient bizarrement gigantesques. Il faisait bâtir des villes en Crimée, seulement pour que l'impératrice les vît sur son passage; il ordonnait

l'assaut d'une forteresse pour plaire à une belle
femme, la princesse Dolgorouki, qui avait dédaigné
son hommage. La faveur de sa souveraine l'a créé
ce qu'il s'est montré ; mais l'on voit néanmoins dans
la plupart des grands hommes de la Russie, tels
que Menzikoff, Souvarow, Pierre Ier lui-même, et
plus anciennement encore, Ivan Basiliéwitch, quelque chose de fantasque, de violent et d'ironique
tout ensemble. L'esprit était chez eux une arme
plutôt qu'une jouissance, et c'était par l'imagination qu'ils étaient menés. Générosité, barbarie,
passions effrénées, religion superstitieuse, tout se
rencontrait dans le même caractère. Encore aujourd'hui, la civilisation, en Russie, n'a pas pénétré
jusqu'au fond, même chez les grands seigneurs ;
ils imitent extérieurement les autres peuples, mais
tous sont russes dans l'âme, et c'est ce qui fait leur
force et leur originalité, l'amour de la patrie étant,
après celui de Dieu, le plus beau sentiment que
les hommes puissent éprouver. Il faut que cette
patrie soit fortement distincte des autres contrées
qui l'environnent, pour inspirer un attachement
prononcé ; les peuples qui se confondent par
nuances les uns dans les autres, ou qui sont di-
visés en plusieurs États détachés, ne se dévouent
pas avec une véritable passion à l'association con-
ventionnelle à laquelle ils ont attaché le nom de
patrie.

CHAPITRE XVIII

Mœurs des grands seigneurs russes.

J'allai passer un jour à la campagne de M. Narischkin, grand chambellan de la cour, homme aimable, facile et poli, mais qui ne sait pas exister
sans une fête; c'est chez lui qu'on a vraiment l'idée
de cette vivacité dans les goûts, qui explique les
défauts et les qualités des Russes. La maison de
M. Narischkin est toujours ouverte, et, quand il n'a
que vingt personnes à sa campagne, il s'ennuie de
cette retraite philosophique. Obligeant pour les
étrangers, toujours en mouvement, et néanmoins
très-capable de la réflexion qu'il faut pour bien se
conduire dans une cour; avide des jouissances d'i-
magination, et ne trouvant ces jouissances que dans
les choses, et non dans les livres; impatient partout
ailleurs qu'à la cour, spirituel quand il lui est avantageux de l'être, magnifique plutôt qu'ambitieux,
et cherchant en tout une certaine grandeur asiatique dans laquelle la fortune et le rang se signalent
plus que les avantages particuliers à la personne. Sa
campagne est aussi agréable que peut l'être une nature créée de main d'homme : tout le pays environnant est aride et marécageux; c'est une oasis que
cette demeure. En montant sur la terrasse, on voit
le golfe de Finlande, et l'on aperçoit dans le loin-
tain le palais que Pierre Ier avait fait bâtir sur ses
bords; mais l'espace qui sépare de la mer et du pa-

lais est presque inculte, et le parc de M. Narischkin charme seul les regards. Nous allâmes dîner
dans la maison des Moldaves, c'est-à-dire dans une
salle construite selon le goût de ces peuples; elle
était arrangée pour se garantir de l'ardeur du soleil, précaution assez inutile en Russie. Cependant
l'imagination est tellement frappée de l'idée qu'on
vit chez un peuple qui n'est au Nord que par accident, qu'il paraît naturel d'y retrouver les usages
du Midi, comme si les Russes devaient faire arriver
un jour à Pétersbourg le climat de leur ancienne
patrie. La table était couverte de fruits de tous les
pays, suivant la coutume tirée de l'Orient, de ne
faire paraître que les fruits, tandis qu'une foule de
serviteurs apportent à chaque convive les viandes
et les légumes qu'il faut pour les nourrir.

On nous fit entendre cette musique de cors particulière à la Russie, et dont on a souvent parlé. Sur
vingt musiciens, chacun fait entendre une seule
et même note, toutes les fois qu'elle revient; ainsi
chacun de ces hommes porte le nom de la note
qu'il est chargé d'exécuter. On dit, en les voyant
passer : Voilà le *sol*, le *mi* ou le *ré* de M. Narischkin. Les cors vont en grossissant de rang en rang,
et quelqu'un appelait, avec raison, cette musique
un *orgue vivant*. De loin l'effet en est très-beau; la
justesse et la pureté de l'harmonie font naître les
plus nobles pensées; mais, quand on s'approche de
ces pauvres musiciens, qui sont là comme des
tuyaux ne rendant un son, et ne pouvant participer

par leur propre émotion à celle qu'ils produisent, le plaisir se refroidit : on n'aime pas à voir les beaux-arts transformés en arts mécaniques, et pouvant s'apprendre de force comme l'exercice.

Des habitants de l'Ukraine, vêtus de rouge, vinrent ensuite nous chanter des airs de leur pays, singulièrement agréables, tantôt gais, tantôt mélancoliques, tantôt l'un et l'autre tout ensemble. Ces airs cessent quelquefois brusquement au milieu de la mélodie, comme si l'imagination de ces peuples se fatiguait à terminer ce qui lui plaisait d'abord, on trouvait plus piquant de suspendre le charme dans le moment même où il agit avec le plus de puissance. C'est ainsi que la sultane des *Mille et une Nuits* interrompt toujours son récit lorsque l'intérêt est le plus vif.

M. Narischkin, au milieu de ces plaisirs variés, proposa de porter un toast au succès des armes réunies des Russes et des Anglais, et donna, dans cet instant, le signal à son artillerie, presque aussi bruyante que celle d'un souverain. L'ivresse de l'espérance saisit tous les convives ; moi, je me sentis baignée de larmes. Fallait-il qu'un tyran étranger me réduisît à désirer que les Français fussent vaincus ! « Je souhaite, dis-je alors, la chute de celui qui opprime la France comme l'Europe ; car les véritables Français triompheront s'il est repoussé. » Les Anglais, les Russes, et M. Narischkin le premier, approuvèrent mon impression, et ce nom de France, jadis semblable à celui d'Armide,

fut encore entendu avec bienveillance par les chevaliers de l'Orient et de la mer, qui allaient combattre contre elle.

Des Kalmouks aux traits aplatis sont élevés chez
les seigneurs russes, comme pour conserver un
échantillon de ces Tartares que les Esclavons ont
vaincus. Dans ce palais Narischkin couraient deux
ou trois de ces Kalmouks à demi sauvages. Ils sont
assez agréables dans l'enfance, mais ils perdent,
dès l'âge de vingt ans, tout le charme de la jeunesse;
opiniâtres, quoique esclaves, ils amusent leurs
maîtres par leur résistance, comme un écureuil
qui se débat entre les barreaux de sa cage. Cet
échantillon de l'espèce humaine avilie était pénible
à regarder; il me semblait voir, au milieu de toutes
les pompes du luxe, une image de ce que l'homme
peut devenir quand il n'a de dignité ni par la religion ni par les lois, et ce spectacle rabaissait l'orgueil que peuvent inspirer les jouissances de la
splendeur.

De longues voitures de promenade, attelées des
plus beaux chevaux, nous conduisirent, après dîner,
dans le parc. C'était à la fin d'août; cependant le
ciel était pâle, les gazons d'un vert presque arti-
ficiel, parce qu'ils n'étaient entretenus qu'à force
de soins. Les fleurs mêmes semblaient une jouissance aristocratique, tant il fallait de frais pour en
avoir. On n'entendait point le ramage des oiseaux
dans les bois, ils ne se fiaient point à cet été d'un
moment; on ne voyait pas non plus de bestiaux

dans les prairies; on n'aurait pas osé leur livrer
des plantes qui avaient coûté tant de peines à cul-
tiver. L'eau coulait à peine, et seulement à l'aide
des machines qui la dirigeaient dans le jardin, où
toute cette nature avait l'air d'une décoration de
fête qui disparaîtrait quand les spectateurs n'y seraient plus. Nos calèches s'arrêtèrent devant une
fabrique du jardin qui représentait un camp tar̂-
tare; là, tous les musiciens réunis commencèrent
à se faire entendre de nouveau : le bruit des cors et
des cymbales enivrait la pensée. Pour mieux achever de s'étourdir, on imitait, pendant l'été, ces
traîneaux dont la rapidité console les Russes de
l'hiver; on roulait sur des planches, du haut d'une
montagne en bois, avec la vitesse d'un éclair. Ce
jeu charmait les femmes aussi bien que les hommes,
et leur faisait partager un peu ces plaisirs de la
guerre qui consistent dans l'émotion du danger et
dans la promptitude animée de tous les mouvements.
Ainsi se passait le temps ; car on renouvelait
presque tous les jours ce qui me paraissait une
fête.

A quelques différences près, la plupart des
grandes maisons de Pétersbourg ont la même manière d'être; il ne peut y être question, comme
on voit, d'aucun genre d'entretien suivi, et l'instruction n'est d'aucune utilité dans ce genre de
société; mais, quand on fait tant que de vouloir
réunir chez soi un grand nombre de personnes,
les fêtes sont, après tout, la seule façon de prévenir

l'ennui que la foule dans les salons fait toujours
naître.

Au milieu de tout ce bruit, y a-t-il de l'amour?
demanderaient les Italiennes, qui ne connaissent
guère d'autre intérêt dans la société que le plaisir
de voir celui dont elles veulent se faire aimer. J'ai
passé trop peu de temps à Pétersbourg pour me
faire une idée juste de ce qui tient à l'intérieur des
familles ; cependant il m'a semblé que, d'une part,
il y avait plus de vertus domestiques qu'on ne le
disait ; mais que, de l'autre, l'amour sentimental y
était très-rarement connu. Les coutumes de l'Asie,
qui se retrouvent à chaque pas, font que les femmes
ne se mêlent point de l'intérieur de leur ménage ;
c'est le mari qui dirige tout, et la femme seulement
se pare de ses dons, et reçoit les personnes qu'il invite. Le respect des mœurs est déjà bien plus grand
qu'il ne l'était, à Pétersbourg, du temps de ces
souverains et souveraines qui dépravaient l'opinion
par leur exemple. Les deux impératrices actuelles
ont fait aimer les vertus dont elles offrent le modèle. Cependant, à cet égard comme à beaucoup
d'autres, les principes de morale ne sont point fixe-
ment établis dans la tête des Russes. L'ascendant
du maître y a toujours été si fort, que d'un règne
à l'autre toutes les maximes sur tous les sujets peuvent être changées. Les Russes, hommes et femmes,
portent d'ordinaire dans l'amour l'impétuosité qui
les caractérise ; mais leur esprit de changement les
fait aussi renoncer facilement à leurs choix. Un

certain désordre d'imagination ne permet pas de
trouver du bonheur dans la durée. La culture d'esprit, qui multiplie le sentiment par la poésie et les
beaux-arts, est très-rare chez les Russes, et, dans
ces natures fantasques et véhémentes, l'amour est
plutôt une fête ou un délire qu'une affection profonde et réfléchie. C'est donc un tourbillon continuel que la bonne compagnie en Russie, et peut-
être que l'extrême prudence à laquelle un gouvernement despotique accoutume, fait que les Russes
sont charmés de n'être point exposés, par l'entraînement de la conversation, à parler sur des sujets
qui puissent avoir une conséquence quelconque.
C'est à cette réserve qui, sous divers règnes, ne
leur a été que trop nécessaire, qu'il faut attribuer
le manque de vérité dont on les accuse. Les raffi-
nements de la civilisation altèrent en tous pays la
sincérité du caractère; mais quand le souverain a
le pouvoir illimité d'exiler, d'emprisonner, d'envoyer en Sibérie, etc., etc., sa puissance est quelque chose de trop fort pour la nature humaine. On
aurait pu rencontrer des hommes assez fiers pour
dédaigner la faveur, mais il faut de l'héroïsme
pour braver la persécution, et l'héroïsme ne peut
être une qualité universelle.

Aucune de ces réflexions, on le sait, ne s'applique
au gouvernement actuel, puisque son chef est parfaitement juste comme empereur, et singulièrement généreux comme homme. Mais les sujets
conservent les défauts de l'esclavage, longtemps .

après que le souverain même voudrait les leur ôter. On a vu néanmoins, par la suite de cette guerre, que de vertus les Russes mêmes de la cour ont montrées. Quand j'étais à Pétersbourg, on ne voyait presque pas de jeunes gens dans la société; tous étaient partis pour l'armée. Des hommes mariés, des fils uniques, des seigneurs, possesseurs d'une immense fortune, servaient en qualité de simples volontaires, et lorsqu'ils ont vu leurs terres et leurs maisons ravagées, ils n'ont songé à ces pertes que pour se venger, et jamais pour capituler avec l'ennemi. De telles qualités l'emportent sur tout ce qu'une administration encore vicieuse, une civilisation nouvelle et des institutions despotiques peuvent avoir entraîné d'abus, de désordres et de travers.

CHAPITRE XIX

Établissements d'instruction publique. — Institut de Sainte-Catherine.

Nous allâmes voir le cabinet d'histoire naturelle, qui est remarquable par les productions de la Sibérie. Les fourrures de ce pays ont excité l'avidité des Russes, comme les mines d'or du Mexique celle des Espagnols. Il y a eu un temps, en Russie, pendant lequel la monnaie de change consistait encore en peaux de martre et d'écureuil, tant le besoin de se garantir des frimas était universel. Ce qu'il y a de plus curieux dans le musée de Pétersbourg, c'est une riche collection d'ossements d'animaux antédiluviens, et en particulier les restes du mammouth gigantesque qui a été trouvé presque intact dans les glaces de la Sibérie. Il paraît, d'après les observations géologiques, que le monde a une histoire bien plus ancienne que celle que nous connaissons : l'infini fait peur en toutes choses. Maintenant les habitants et les animaux même de cette extrémité du monde habité sont comme pénétrés du froid qui fait expirer la nature à quelques lieues au delà de leur contrée; la couleur des animaux se confond avec celle de la neige, et la terre semble se perdre dans les glaces et les brouillards qui terminent ici-bas la création. Je fus frappée de la figure des habitants du Kamtchatka, qu'on trouve parfaitement imitée dans le cabinet de Pétersbourg. Les prêtres de ce pays, nommés *shamanes*, sont des espèces d'improvisateurs; ils portent par-dessus leur tunique d'écorce d'arbre une sorte de réseau d'acier, auquel sont attachés plusieurs morceaux de fer, dont le bruit est très-fort dès que l'improvisateur s'agite; il a des moments d'inspiration qui ressemblent beaucoup à des attaques de nerfs, et c'est plutôt par la sorcellerie que par le talent qu'il fait impression sur le peuple. L'imagination, dans des pays aussi tristes, n'est guère remarquable que par la peur, et la terre même semble repousser l'homme par l'épouvante qu'elle lui cause.

Je vis ensuite la citadelle dans l'enceinte de laquelle est l'église où sont déposés les cercueils de tous les souverains, depuis Pierre le Grand : ces

cercueils ne sont point enfermés dans des monuments; ils sont exposés comme le jour de la cérémonie funèbre, et l'on se croit tout près de ces
morts, dont une simple planche paraît nous séparer. Lorsque Paul Ier parvint au trône, il fit couronner les restes de son père, Pierre III, qui, n'ayant
pas reçu cet honneur pendant sa vie, ne pouvait
être placé à la citadelle. On recommença, par l'ordre de Paul Ier, la cérémonie de l'enterrement pour
son père et pour sa mère, Catherine II. L'un et
l'autre furent de nouveau exposés; de nouveau,
quatre chambellans gardèrent leurs corps comme
s'ils eussent expiré la veille, et les deux cercueils
sont placés l'un à côté de l'autre, forcés de vivre en
paix sous l'empire de la mort. Parmi les souverains
qui ont possédé le pouvoir despotique transmis par
Pierre Ier, il en est plusieurs qu'une conspiration
sanglante a renversés du trône. Ces mêmes courtisans, qui n'ont pas la force de dire à leur maître la
moindre vérité, savent conspirer contre lui, et la
plus profonde dissimulation accompagne nécessairement ce genre de révolution politique; car il faut
combler de respects celui qu'on veut assassiner. Et
cependant que deviendrait un pays gouverné despotiquement, si un tyran au-dessus de toutes les
lois n'avait rien à craindre des poignards? Horrible
alternative, et qui suffit pour montrer ce que c'est
que des institutions où il faut compter le crime
comme balance des pouvoirs.

Je rendis hommage à Catherine II, en allant à son

habitation à la campagne (Sarskozelo). Ce palais et le jardin sont arrangés avec beaucoup d'art et de magnificence; mais déjà l'air était très-froid, bien que nous fussions à peine au 1ᵉʳ de septembre, et c'était un constraste singulier que ces fleurs du Midi agitées par le vent du nord. Tous les traits qu'on recueille de Catherine II, comme souveraine, pénètrent d'admiration pour elle; et je ne sais si les Russes ne lui doivent pas, plus qu'à Pierre Iᵉʳ, l'heureuse persuasion qu'ils sont invincibles, persuasion qui a tant contribué à leurs succès. Le charme d'une femme tempérait l'action du pouvoir, et mêlait de la galanterie chevaleresque au succès dont on lui faisait hommage. Catherine II avait au suprême degré le bon sens du gouvernement; un esprit plus brillant que le sien aurait moins ressemblé à du génie, et sa haute raison inspirait un profond respect à ces Russes, qui se défient de leur propre imagination, et souhaitent qu'on la dirige avec sagesse. Tout près de Sarskozelo est le palais de Paul Iᵉʳ, demeure charmante, parce que l'impératrice douairière et ses filles y ont placé les chefs-d'œuvre de leurs talents et de leur bon goût. Ce lieu rappelle l'admirable patience de cette mère et de ses filles, que rien n'a pu détourner de leurs vertus domestiques.

Je me laissais aller au plaisir que me causaient les objets nouveaux que je visitais chaque jour, et je ne sais comment j'avais oublié la guerre dont dépendait le sort de l'Europe; ce m'était un si vif

plaisir d'entendre exprimer à tout le monde les
sentiments que j'avais étouffés si longtemps dans
mon âme, qu'il me semblait que l'on n'avait plus
rien à craindre, et que de telles vérités étaient tou-
tes-puissantes dès qu'elles étaient connues. Néanmoins les revers se succédaient sans que le public
en fût informé. Un homme d'esprit a dit que tout
était mystère à Pétersbourg, quoique rien ne fût
secret : et, en effet, on finit par découvrir le vrai;
mais l'habitude de se taire est telle parmi les courtisans russes, qu'ils dissimulent la veille ce qui doit
être connu le lendemain, et que c'est toujours involontairement qu'ils révèlent ce qu'ils savent. Un
étranger me dit que Smolensk était pris, et Moscou
dans le plus grand danger. Le découragement s'empara de moi. Je crus voir recommencer la déplorable histoire des paix d'Autriche et de Prusse, amenées par la conquête de leurs capitales. C'était le
même tour, joué pour la troisième fois; mais il
pouvait encore réussir. Je n'apercevais pas l'esprit
public, l'apparente mobilité des impressions des
Russes m'empêchait de l'observer. L'abattement
avait glacé tous les esprits, et j'ignorais que,
chez ces hommes aux impressions véhémentes,
cet abattement précède un réveil terrible. On voit
de même, dans les gens du peuple, une paresse
inconcevable jusqu'au moment où leur activité
se ranime; alors elle ne connaît aucun obstacle,
ne redoute aucun danger, et semble triompher des
éléments comme des hommes.

Je savais que l'administration intérieure, celle de la guerre comme celle de la justice, tombaient souvent entre les mains les plus vénales, et que, par les dilapidations que se permettaient les employés subalternes, l'on ne pouvait avoir aucune idée juste ni du nombre des troupes, ni des mesures prises pour les approvisionner ; car le mensonge et le vol sont inséparables, et dans un pays où la civilisation est si nouvelle, la classe intermédiaire n'a ni la simplicité des paysans, ni la grandeur des boyards ; et nulle opinion publique ne contient encore cette troisième classe, dont l'existence est si récente, et qui a perdu la naïveté de la foi populaire sans avoir appris le point d'honneur. On voyait aussi se développer des sentiments d'envie entre les chefs de l'armée. Il est dans la nature d'un gouvernement despotique de faire naître, même malgré lui, la jalousie parmi ceux qui l'entourent : la volonté d'un seul homme pouvant changer en entier le sort de chaque individu, la crainte et l'espérance ont trop de marge pour ne pas agiter sans cesse cette jalousie, d'ailleurs très-excitée par un autre mouvement, la haine des étrangers. Le général qui commandait l'armée russe, M. Barclay de Tolly, quoique né sur le territoire de l'empire, n'était pas purement de la race esclavone, et c'en était assez pour qu'il ne pût conduire les Russes à la victoire : de plus, il avait tourné ses talents distingués vers les systèmes des campements, des positions, des manœuvres, tandis que l'art militaire qui con-

vient aux Russes, c'est l'attaque. Les faire reculer, même par un calcul sage et bien raisonné,
c'est refroidir en eux cette impétuosité dont ils tirent toute leur force. Les auspices de la campagne
étaient donc les plus tristes du monde, et le silence
qu'on gardait à cet égard était plus effrayant encore.
Les Anglais donnent dans leurs feuilles publiques
le compte le plus exact, homme par homme, des
blessés, des prisonniers et des tués dans chaque
affaire; noble candeur d'un gouvernement qui est
aussi sincère envers la nation qu'envers son monarque, leur reconnaissant à tous les deux les
mêmes droits à savoir dans quel état est la chose
publique. Je me promenais avec une tristesse profonde dans cette belle ville de Pétersbourg, qui
pouvait devenir la proie du vainqueur. Quand, le
soir, je revenais des îles et que je voyais la pointe
dorée de la citadelle, qui semblait jaillir dans les
airs comme un rayon de feu, lorsque la Néva réfléchissait les quais de marbre et les palais qui l'entourent, je me représentais toutes ces merveilles flé-
tries par l'arrogance d'un homme qui viendrait
dire, comme Satan sur le haut de la montagne :
« Les royaumes de la terre sont à moi. » Tout ce
qu'il y avait de beau et de bon à Pétersbourg me
semblait en présence d'une destruction prochaine,
et je ne savais en jouir sans que cette douloureuse
pensée me poursuivît.

J'allai voir les établissements d'éducation que
l'impératrice a fondés, et là, plus encore qu'au mi-

lieu des palais, mon anxiété redoublait; car il suffit
que le souffle de la tyrannie de Bonaparte ait ap-
proché des institutions qui tendent à l'amélioration
de l'espèce humaine pour que leur pureté soit altérée. L'institut de Sainte-Catherine se compose de
deux maisons, contenant chacune deux cent cinquante jeunes filles nobles ou bourgeoises; elles y
sont élevées sous l'inspection de l'impératrice, avec
des soins qui surpassent ceux mêmes qu'une famille
riche pourrait donner à ses enfants. L'ordre et l'é-
légance se font remarquer dans les moindres détails
de cet institut, et le sentiment de religion et de morale le plus pur y préside à tout ce que les beaux-
arts peuvent développer. Les femmes russes ont si
naturellement de la grâce, qu'en entrant dans cette
salle, où toutes les jeunes filles nous saluèrent, je
n'en vis pas une seule qui ne mît dans cette révérence toute la politesse et la modestie que cette simple action pouvait exprimer. Les jeunes personnes
furent invitées à nous montrer les divers talents
qui les distinguaient, et l'une d'elles, sachant par
cœur des morceaux des meilleurs écrivains français,
me récita quelques-unes des pages les plus éloquentes de mon père, dans son *Cours de morale religieuse*. Cette attention si délicate venait peut-être
de l'impératrice elle-même. J'éprouvais l'émotion
la plus vive en entendant prononcer ce langage qui,
depuis tant d'années, n'avait plus d'asile que dans
mon cœur. Par delà l'empire de Bonaparte, en tout
pays la postérité commence, et la justice se mani-

feste envers ceux qui, dans la tombe même, ont
ressenti l'atteinte de ses calomnies impériales. Les
jeunes personnes de l'institut de Sainte-Catherine,
avant de se mettre à table, chantaient des psaumes
en chœur; ce grand nombre de voix, si pures et si
douces, me causa un attendrissement mêlé d'amertume. Que ferait la guerre, au milieu d'établissements si paisibles? où ces colombes fuiraient-elles
les armes du vainqueur? Après le repas, les jeunes
filles se rassemblèrent dans une salle superbe, où
elles dansèrent toutes ensemble. La beauté de leurs
traits n'avait rien de frappant, mais leur grâce était
extraordinaire; ce sont des filles de l'Orient, avec
toute la décence que les mœurs chrétiennes ont introduite parmi les femmes. Elles exécutèrent d'a-
bord une ancienne danse sur l'air *Vive Henri IV,
vive ce roi vaillant!* Combien il y avait loin des temps
que rappelait cet air à l'époque actuelle! Deux petites filles de dix ans, avec des mines rondes, termi-
nèrent le ballet par le pas russe : cette danse prend
quelquefois le caractère voluptueux de l'amour; mais,
exécutée par des enfants, l'innocence de cet âge s'y
mêlait à l'originalité nationale. On ne saurait peindre l'intérêt qu'inspiraient ces talents aimables, cultivés par la main délicate et généreuse d'une femme
et d'une souveraine.

Un institut pour les sourds-muets, un autre pour
les aveugles, sont également sous l'inspection de
l'impératrice. L'empereur, de son côté, donne beaucoup de soins à l'école des cadets, dirigée par un

homme d'un esprit supérieur, le général Klinger.
Tous ces établissements sont vraiment utiles, mais
on pourrait leur reprocher trop de splendeur. Au
moins faudrait-il que sur divers points de l'empire on pût fonder, non des écoles aussi soignées,
mais quelques établissements qui donnassent au
peuple des connaissances élémentaires. Tout a commencé par le luxe, en Russie; et le faîte a, pour
ainsi dire, précédé les fondements. Il n'y a que deux
grandes villes en Russie, Pétersbourg et Moscou; les
autres méritent à peine d'être citées; elles sont d'ailleurs séparées par de très-grandes distances : les
châteaux mêmes des grands seigneurs sont si éloignés les uns des autres, qu'à peine si les propriétaires peuvent communiquer entre eux. Enfin, les
habitants sont tellement dispersés dans cet empire,
que les connaissances des uns ne peuvent guère être
utiles aux autres. Les paysans ne comptent qu'à
l'aide d'une machine à calculer, et les commis de la
poste eux-mêmes suivent cette méthode. Les popes
grecs ont beaucoup moins de savoir que les curés
catholiques, et surtout que les ministres protestants;
de manière que le clergé, en Russie, n'est point propre à instruire le peuple, comme dans d'autres pays
de l'Europe. Le lien de la nation consiste dans la
religion et le patriotisme; mais il n'y a point un foyer
de lumières dont les rayons puissent se répandre
sur toutes les parties de l'empire, et les deux capitales ne sauraient encore communiquer aux provinces ce qu'elles ont recueilli en fait de littérature

et de beaux-arts. Si ce pays avait pu jouir de la paix, il aurait éprouvé tous les genres d'améliorations sous le règne bienfaisant d'Alexandre. Mais qui sait si les vertus développées par une telle guerre ne sont pas précisément celles qui doivent régénérer les nations?

Les Russes n'ont eu, jusqu'à présent, d'hommes de génie que pour la carrière militaire; dans tous les autres arts ils ne sont qu'imitateurs: mais aussi l'imprimerie n'a été introduite chez eux que depuis cent vingt ans. Les autres peuples européens se sont civilisés à peu près simultanément, et ils ont pu mêler leur génie naturel aux connaissances acquises : chez les Russes, ce mélange ne s'est point encore opéré. De même qu'on voit deux rivières, après leur jonction, couler dans le même lit sans confondre leurs flots, de même la nature et la civilisation sont réunies chez les Russes, sans être identifiées l'une avec l'autre : et, suivant les circonstances, le même homme s'offre à vous tantôt comme un Européen qui semble n'exister que dans les formes sociales, tantôt comme un Esclavon qui n'écoute que les passions les plus furieuses. Le génie leur viendra dans les beaux-arts, et surtout dans la littérature, quand ils auront trouvé le moyen de faire entrer leur véritable naturel dans le langage, comme ils le montrent dans les actions.

Je vis représenter une tragédie russe, dont le sujet était la délivrance des Moscovites lorsqu'ils repoussèrent les Tartares par delà Casan. Le prince de Smolensk paraissait dans l'ancien costume des boyards, et l'armée tartare s'appelait la *Horde dorée*. Cette pièce était presque en entier selon les règles de l'art dramatique français ; le rhythme des vers, la déclamation, la coupe des scènes, tout était français ; une seule situation tenait aux mœurs russes, c'était la terreur profonde qu'inspirait à une jeune fille la crainte de la malédiction de son père. L'autorité paternelle est presque aussi forte dans le peuple russe qu'en Chine, et c'est toujours chez le peuple qu'il faut chercher la séve du génie national. La bonne compagnie de tous les pays se ressemble, et rien n'est moins propre que ce monde élégant à fournir des sujets de tragédie. Parmi tous ceux qu'offre l'histoire de Russie, il en est un qui m'a frappé particulièrement. Ivan le Terrible, étant déjà devenu vieux, assiégeait Novogorod. Les boyards, le voyant affaibli, lui demandèrent s'il ne voulait pas donner le commandement de l'assaut à son fils. Sa fureur fut si grande à cette proposition, que rien ne put l'apaiser : son fils se prosterna à ses pieds ; il le repoussa avec un coup d'une telle violence, que deux jours après le malheureux en mourut. Le père alors, au désespoir, devint indifférent à la guerre comme au pouvoir, et ne survécut que peu de mois à son fils. Cette révolte d'un vieillard despote contre la marche du temps est quelque chose de grand et de solennel ; et l'attendrissement qui succède à la fureur, dans cette âme féroce, représente l'homme tel qu'il sort des mains

de la nature, tantôt irrité par l'égoïsme, tantôt
retenu par l'affection.

Une loi de Russie infligeait la même peine à celui qui estropiait le bras d'un homme qu'à celui
qui le tuait. En effet, l'homme, en Russie, consiste
surtout dans sa force militaire ; tous les autres
genres d'énergie tiennent à des mœurs et à des institutions que l'état actuel de la Russie n'a point
encore développées. Les femmes cependant semblaient pénétrées, à Pétersbourg, de cet honneur
patriotique qui fait la puissance morale d'un État.
La princesse Dolgorouki, la baronne de Strogonoff,
et plusieurs autres également du premier rang, savaient déjà qu'une partie de leur fortune avait gran-
dement souffert par le ravage de la province de
Smolensk, et elles paraissaient n'y songer que pour
encourager leurs pareilles à tout sacrifier comme
elles. La princesse Dolgorouki me raconta qu'un
vieillard à longue barbe, placé sur une hauteur qui
domine Smolensk, disait, en pleurant, à son petit-
fils qu'il tenait sur ses genoux : « Jadis, mon enfant, les Russes allaient remporter des victoires à
l'extrémité de l'Europe ; maintenant les étrangers
viennent les attaquer chez eux. » Cette douleur du
vieillard ne fut pas vaine, et nous verrons bientôt
combien ses larmes ont été rachetées.

CHAPITRE XX

Départ pour la Suède. — Passage en Finlande.

L'empereur quitta Pétersbourg, et l'on apprit qu'il était allé à Abo, où il devait voir le général Bernadotte, prince royal de Suède. Dès ce moment il n'y eut plus de doute sur le parti que ce prince avait résolu de prendre dans la guerre actuelle, et il n'en était point de plus important alors pour le salut de la Russie, et par conséquent pour celui de l'Europe. On en verra l'influence se développer dans la suite de ce récit. La nouvelle de l'entrée des Français à Smolensk arriva pendant la conférence du prince de Suède et de l'empereur de Russie; c'est là qu'Alexandre prit, avec lui-même et avec le prince royal, son allié, l'engagement de ne jamais signer la paix. « Pétersbourg serait pris, dit-il, que je me retirerais en Sibérie. J'y reprendrais nos anciennes coutumes, et, comme nos ancêtres à longues barbes, nous reviendrions de nouveau conquérir l'empire. — Cette résolution affranchira l'Europe, » s'écria le prince de Suède, et sa prédiction commence à s'accomplir.

Je revis une seconde fois l'empereur Alexandre à son retour d'Abo, et l'entretien que j'eus l'honneur d'avoir avec lui me convainquit tellement de la fermeté de sa volonté, que, malgré la prise de Moscou et tous les bruits qui s'ensuivaient, je ne crus pas que jamais il cédât. Il voulut bien me dire qu'après la prise de Smolensk le maréchal Berthier avait écrit au général en chef russe relativement à quelques affaires militaires, et qu'il finissait sa lettre en disant que l'empereur Napoléon conservait toujours la plus tendre amitié pour l'empereur Alexandre, fade persiflage que l'empereur de Russie reçut comme il le devait. Napoléon lui avait donné des leçons de politique et des leçons de guerre, s'abandonnant, dans les premières, au charlatanisme du vice, et dans les secondes, au plaisir de montrer une insouciance dédaigneuse. Il s'était trompé sur l'empereur Alexandre; il avait pris la noblesse de son caractère pour la duperie : il n'avait pas su apercevoir que si l'empereur de Russie s'était laissé emporter trop loin par son enthousiasme pour lui, c'est parce qu'il le croyait partisan des premiers principes de la révolution française, qui s'accordent avec ses propres opinions; mais jamais Alexandre n'a eu l'idée de s'associer avec Napoléon pour asservir l'Europe. Napoléon crut, dans cette circonstance comme dans toutes les autres, parvenir à aveugler un homme par son intérêt faussement représenté; mais il rencontra de la conscience, et ses calculs furent tous déjoués; car c'est là un élément dont il ne connaît pas la force, et qu'il ne fait jamais entrer dans ses combinaisons.

Quoique M. Barclay de Tolly fût un militaire très-estimé, comme il avait éprouvé des revers dans le commencement de la campagne, l'opinion désignait, pour le remplacer, un général très-renommé, le prince Kutusow : il prit le commandement quinze jours avant l'entrée des Français à Moscou, et ne put arriver à l'armée que six jours avant la grande bataille qui se donna presque aux portes de cette ville, à Borodino. J'allai le voir la veille de son départ; c'était un vieillard plein de grâce dans les manières, et de vivacité dans la physionomie, quoiqu'il eût perdu un œil par une des nombreuses blessures qu'il avait reçues dans les cinquante années de sa carrière militaire. En le regardant, je craignais qu'il ne fût pas de force à lutter contre les hommes âpres et jeunes qui fondaient sur la Russie de tous les coins de l'Europe; mais les Russes, courtisans à Pétersbourg, redeviennent Tartares à l'armée; et l'on a vu, par Souvarow, que ni l'âge ni les honneurs ne peuvent énerver leur énergie physique et morale. Je fus émue en quittant cet illustre maréchal Kutusow; je ne savais si j'embrassais un vainqueur ou un martyr, mais je vis qu'il comprenait la grandeur de la cause dont il était chargé. Il s'agissait de défendre, ou plutôt de rétablir toutes les vertus morales que l'homme doit au christianisme, toute la dignité qu'il tient de Dieu, toute l'indépendance que lui permet la nature; il s'agissait de reprendre tous ces biens des griffes d'un seul homme, car il ne faut pas plus accuser les Français que les Allemands et les Italiens qui le suivaient, des attentats de ses armées. Avant de partir, le général Kutusow alla faire sa prière dans l'église de Notre-Dame de Casan, et tout le peuple, qui suivait ses

pas, lui cria de sauver la Russie. Quel moment pour
un être mortel! Son âge ne lui permettait pas d'espérer de survivre aux fatigues de la campagne; mais
il y des instants où l'homme a besoin de mourir
pour satisfaire son âme.

Certaine de l'opinion généreuse et de la conduite
noble du prince de Suède, je me confirmai plus que
jamais dans la résolution que j'avais prise d'aller à
Stockholm avant de m'embarquer pour l'Angleterre;
et, vers la fin de septembre, je quittai Pétersbourg
pour me rendre en Suède par la Finlande. Mes nouveaux amis, ceux que la conformité des sentiments
avait rapprochés de moi, vinrent me dire adieu :
sir Robert Wilson, qui va chercher partout une
occasion de se battre, et d'enflammer ses amis
par son esprit; M. de Stein, homme d'un caractère antique, qui ne vit que dans l'espoir de voir
sa patrie délivrée; l'envoyé d'Espagne, le ministre d'Angleterre, lord Tyrconnel; le spirituel amiral Bentinck; Alexis de Noailles, le seul émigré
français de la tyrannie impériale, le seul qui fût là,
comme moi, pour témoigner pour la France; le colonel Dornberg, cet intrépide Hessois que rien n'a
détourné de son but; et plusieurs Russes dont les
noms ont été depuis célèbres par leurs exploits. Jamais le sort du monde n'avait couru plus de dangers; personne n'osait se le dire, mais chacun le savait : moi seule, comme femme, je n'étais pas exposée, mais je pouvais compter pour quelque chose ce
que j'avais souffert. Je ne savais pas, en disant adieu

à ces dignes chevaliers de la race humaine, qui
d'entre eux je reverrais, et déjà deux n'existent
plus. Quand les passions des hommes se soulèvent
les unes contre les autres, quand les nations s'attaquent avec furie, on reconnaît en gémissant la destinée humaine dans les malheurs de l'humanité;
mais quand un seul être, semblable à ces idoles
des Lapons encensées par la peur, répand sur la
terre le malheur par torrents, on éprouve je ne sais
quel effroi superstitieux qui porte à considérer tous
les honnêtes gens comme des victimes.

Lorsqu'on entre en Finlande, tout annonce qu'on
a passé dans un autre pays, et qu'on a affaire à
une autre race qu'à la race esclavonne. On dit que
les Finnois viennent immédiatement du nord de l'A-
sie, et que leur langue n'a point de rapport avec le
suédois, qui est un intermédiaire entre l'anglais et
l'allemand. Les figures des Finnois sont pourtant,
pour la plupart, tout à fait germaniques; leurs cheveux blonds, leur teint blanc, ne ressemblent en
rien à la vivacité des figures russes; mais aussi
leurs mœurs sont plus douces : les gens du peuple y
ont une probité réfléchie, qu'ils doivent à l'instruction du protestantisme et à la pureté des mœurs.
Vous voyez, le dimanche, les jeunes filles revenir
du sermon, à cheval, et les jeunes gens les suivant.
On trouve souvent l'hospitalité chez des pasteurs de
Finlande, qui considèrent comme leur devoir de
loger des voyageurs, et rien n'est plus pur et plus
doux que l'accueil qu'on reçoit dans ces familles :

il n'y a presque point de châteaux ni de grands seigneurs en Finlande, de manière que les pasteurs
sont, d'ordinaire, les premiers parmi les habitants
du pays. Dans quelques chansons finnoises, les
jeunes filles offrent à leurs amants de leur sacrifier
la demeure du pasteur, quand même on la leur
donnerait en partage. Cela rappelle ce mot d'un
jeune berger qui disait : « Si j'étais roi, je garderais
mes moutons à cheval. » L'imagination même ne
va guère au delà de ce que l'on connaît.

L'aspect de la nature est très-différent, en Finlande, de ce qu'il est en Russie : au lieu des marais et des plaines qui entourent Pétersbourg, on
retrouve des rochers, presque des montagnes, et
des forêts ; mais à la longue, on s'aperçoit que ces
montagnes sont monotones, ces forêts composées
des mêmes arbres, le sapin et le bouleau. Les
énormes blocs de granit qu'on voit épars dans la
campagne et sur les bords des grandes routes,
donnent au pays un air de vigueur ; mais il y a peu
de vie autour de ces grands ossements de la terre,
et la végétation commence à décroître, depuis la
latitude de la Finlande jusqu'au dernier degré de
la terre animée. Nous traversâmes une forêt à demi
consumée par le feu : les vents du nord, qui accrois-
sent l'activité des flammes, rendent les incendies
très-fréquents, soit dans les villes, soit dans les campagnes. L'homme, de toutes les manières, a de la
peine à lutter contre la nature dans ces climats
glacés. On rencontre peu de villes en Finlande, et

celles qui existent ne sont guère peuplées. Il n'y a
pas de centre, pas d'émulation, rien à dire et bien
peu à faire dans une province du nord suédois ou
russe, et, pendant huit mois de l'année, toute la
nature vivante s'endort. L'empereur Alexandre
s'empara de la Finlande à la suite du traité de
Tilsitt, et dans un moment où les facultés troublés
du roi qui régnait alors en Suède, Gustave IV, le
mettaient hors d'état de défendre son pays. Le caractère moral de ce prince était très-digne d'estime;
mais, dès son enfance, il avait reconnu lui-même
qu'il ne pouvait pas tenir les rênes du gouvernement. Les Suédois se battirent, en Finlande, avec
le plus grand courage; mais, sans un chef guerrier
sur le trône, une nation peu nombreuse ne saurait
triompher d'un ennemi puissant. L'empereur
Alexandre devint maître de la Finlande par la conquête et par des traités fondés sur la force; mais il
faut lui rendre la justice de dire qu'il ménagea
cette province nouvelle, et respecta la liberté dont
elle jouissait. Il laissa aux Finnois tous leurs privi-
léges relativement à la levée des impôts et des
hommes; il vint avec générosité au secours des
villes incendiées, et ses faveurs compensèrent jusqu'à un certain point, ce que les Finnois possédaient
comme droit, si toutefois des hommes libres peuvent
accéder volontairement à cette sorte d'échange. Enfin, une des idées dominantes du dix-neuvième siècle,
les limites naturelles, rendaient la Finlande aussi
nécessaire à la Russie que la Norwége à la Suède,

et l'on peut dire avec vérité que partout où ces limites naturelles n'ont pas existé, elles ont été l'objet de guerres perpétuelles.

Je m'embarquai à Abo, capitale de la Finlande. Il y a une université dans cette ville, et l'on s'y essaye un peu à la culture de l'esprit; mais les ours et les loups sont si près de là pendant l'hiver, que toute la pensée est absorbée par la nécessité de s'assurer une vie physique tolérable; et la peine qu'il faut pour cela dans les pays du Nord consume une grande partie du temps que l'on consacre, ailleurs, aux jouissances des arts de l'esprit. On peut dire, en revanche, que les difficultés mêmes dont la nature environne les hommes donnent plus de fermeté à leur caractère, et ne laissent pas entrer dans leur esprit tous les désordres causés par l'oisiveté. Néanmoins à chaque instant je regrettais ces rayons du Midi, qui avaient pénétré jusque dans mon âme.

Les idées mythologiques des habitants du Nord leur représentent sans cesse des spectres et des fantômes; le jour est là tout aussi favorable aux apparitions que la nuit : quelque chose de pâle et de nuageux semble appeler les morts à revenir sur la terre, à respirer l'air froid comme la tombe dont les vivants sont entourés. Dans ces contrées, les deux extrêmes se manifestent d'ordinaire plutôt que les degrés intermédiaires : ou l'on est uniquement occupé de conquérir sa vie sur la nature, ou les travaux de l'esprit deviennent très-facilement

mystiques, parce que l'homme tire tout de lui-
même, et n'est en rien inspiré par les objets extérieurs.

Depuis que j'ai été si cruellement persécutée par
l'Empereur, j'ai perdu toute espèce de confiance
dans le sort; je crois cependant davantage à la protection de la Providence, mais ce n'est pas sous la
forme du bonheur sur cette terre. Il s'ensuit que
toute résolution m'épouvante, et néanmoins l'exil
oblige souvent à s'y déterminer. Je craignais la mer,
et chacun me disait : « Tout le monde fait ce passage, et il n'arrive rien à personne. » Tels sont les
discours qui rassurent presque tous les voyageurs;
mais l'imagination ne se laisse pas enchaîner par
ce genre de consolations, et toujours cet abîme,
dont un si faible obstacle vous sépare, tourmente la
pensée. M. Schlegel s'aperçut de l'effroi que j'é-
prouvais sur la frêle embarcation qui devait nous
conduire à Stockholm. Il me montra, près d'Abo,
la prison où l'un des plus malheureux rois de
Suède, Éric XIV, avait été renfermé pendant quelque temps avant de mourir dans une autre prison
près de Gripsholm. « Si vous étiez là, me dit-il, combien vous envieriez le passage de cette mer, qui
maintenant vous épouvante! » Cette réflexion si juste
donna bientôt un autre cours à mes idées, et les premiers jours de notre navigation me furent assez agréables. Nous passions à travers des îles, et quoiqu'il
y ait beaucoup plus de danger près du rivage qu'en
pleine mer, on n'éprouve jamais cette terreur que

fait ressentir l'aspect des flots qui semblent toucher
au ciel. Je me faisais montrer la terre, à l'horizon,
d'aussi loin que je pouvais l'apercevoir : l'infini fait
autant de peur à notre vue qu'il plaît à notre âme.
Nous passâmes devant l'île d'Aland, où les plénipo-
tentiaires de Pierre Ier et de Charles XII traitèrent
de la paix, et tâchèrent de fixer des bornes à leur
ambition sur cette terre glacée, que le sang de leurs
sujets avait pu seul réchauffer un moment. Nous
espérions arriver le lendemain à Stockholm, mais
un vent décidément contraire nous obligea de jeter
l'ancre sur la côte d'une île toute couverte de rochers entremêlés de quelques arbres, qui ne s'élevaient guère plus haut que les pierres dont ils sortaient. Cependant nous nous hâtâmes de nous promener sur cette île, pour sentir la terre sous nos
pieds.

J'ai toujours été fort sujette à l'ennui, et, loin de
savoir m'occuper dans ces moments tout à fait
vides, qui semblent destinés à l'étude. . . . . . .
. . . .
. . . .

Ici le manuscrit est interrompu.

Après une traversée qui ne fut pas sans danger, ma mère débarqua
à Stockholm. Accueillie en Suède avec une parfaite bonté, elle y
passa huit mois, et ce fut là qu'elle écrivit le journal qu'on vient de
lire. Peu de temps après elle partit pour Londres, et y publia son
ouvrage sur l'*Allemagne*, que la police impériale avait supprimé.
Mais sa santé, déjà cruellement altérée par les persécutions de Bona-

parte, ayant souffert des fatigues d'un long voyage, ma mère se crut obligée d'entreprendre sans délai l'histoire de la vie politique de M. Necker, et d'ajourner tout autre travail jusqu'à ce qu'elle eût achevé celui dont sa tendresse filiale lui faisait un devoir. Elle conçut alors le plan des *Considérations sur la Révolution française*. Cet ouvrage même, elle n'a pu le terminer, et le manuscrit de ses *Dix années d'exil* est resté dans son portefeuille tel que je le publie aujourd'hui. *(Note de M. de Staël fils.)*

FIN.

TABLE DES MATIÈRES

NOTICE

DIX ANNÉES D'EXIL.

PREMIÈRE PARTIE.

SECONDE PARTIE.

PARIS. — IMP. SIMON RAÇON ET COMP., RUE D'ERFURTH, 1.

www.ingramcontent.com/pod-product-compliance
Lightning Source LLC
Chambersburg PA
CBHW050550270326
41926CB00012B/1987